U0329213

老报刊里的
日本侵华实录

第2卷·侵华教育篇

谢华　主编

哈爾濱工業大學出版社
HARBIN INSTITUTE OF TECHNOLOGY PRESS

序

■张同新

这套四卷本（6册）的《老报刊里的日本侵华实录》，分为(战争侵略篇、侵华教育篇、侵华经济篇、侵华政治文化篇），由哈尔滨工业大学出版社即将付梓出版。全书收录的文章全部是日本帝国主义侵略中国14年间的，也是中国人民与日本侵略者作殊死博斗的抗日战争14年期间，老报刊作者的当年之作。这套书的编者谢华先生将1931～1945年期间我国出版的诸多报刊刊载的记述、评论日本侵华罪行文章作了系统的梳理，全方位、多角度地再现那段悲壮历史，揭露了日本侵略者所犯下的滔天罪行，向世人揭开一幕幕鲜为人知的血腥史实，会让当代人真实感悟到当年的日本侵略中国的战争场景，了解中国的苦难，控诉日本人的野蛮行径，讴歌中国各族人民抗击日本侵略者的不屈不挠的爱国情操。

由于种种原因，抗战中留下来的资料较少，《老报刊里的日本侵华实录》选用二三百篇老报刊上的图文“原汁原味”地再现了当时日本侵华的真实记载，再现了二战期间日本入侵中国的罪恶行径。字字血、声声泪，让炎黄子孙义愤填膺。这些当年侵华日军吹嘘“战果”的图文，今天都成为其侵略的罪证。可以说，这是3500万中国冤魂的大控诉！

任何善良的人民都会为无辜人民的惨死而颤栗、愤怒！发生在二十世纪三四十年代那场腥风血雨的战争，日本军国主义的野蛮侵略，使我国陷入了前所未有的民族大灾难。从1931年策动的“九一八事变”侵占我东北三省，到1935年制造“华北事变”，日本鲸吞中国的野心日益膨胀，以1937年“七七事变”“八一三”对上海的侵略为标志，日本发动了全面侵华战争。

日寇铁蹄任意践踏我国的大好河山，以极端野蛮的方式进行侵略、掠夺、杀戮、奴役。他们屠杀中国军民，强行掠取劳工，蹂躏和摧残妇女，进行细菌战和化学战，制造了一起起灭绝人性的惨案，犯下了一桩桩令人发指的罪行。侵华日军在中国到处实行“烧光、杀光、抢光”的“三光政策”，已为中外人士包括日本人民所公认，也为大批参加侵华战争的日本官兵所证实。但冈村宁茨——这个曾经担任日本华北方面军司令官和中国派遣军总司令官等职的“它”，对自己所犯下的战争罪行不是悔过，而是厚颜无耻地吹捧，并公然矢口否认他指挥侵华日军实行的“三光政策”，还吹捧自己始终是信守“戒烧”“戒淫”“戒杀”信条的。更有甚者，日本还有人著书立说，“日本无罪”“日本不是侵略国”“南京大屠杀之虚构”等，否认日本在中国制造的屠杀惨案，否认他们所犯下的滔天罪行，并为被历史钉在耻辱柱上的战犯扬幡招魂。

而战后一些有良知的日本学者也到过中国进行实地考察，写出了符合历史事实的学术著作，如吉田光义先生多次到河北日本制造无人区的村庄考察，著有《华北无人区》一书，他赠送给我的那一本，仍然保存在我的书架上。这些中日友好人士的当代之作，与本书收集当年之作结合起来看，现在日本的右翼势力否认侵略历史，捏造历史，以他们的前辈的罪恶行径为荣，其用心之险恶，便一目了然了。

作者都是当年的历史见证人。我也在日本实行殖民统治下的伪满洲国生活过，亲眼所见日本大兵抓劳工、强征“国兵”“出荷”抢粮、摧残百姓的暴行，亲身体验了日本的奴化教育，后来我走上了研究中国现代史的道路。这套书的不少文章我都涉猎过，备感亲切。这套书的出版无论从学术研究看，还是从反对日本帝国主义复活，坚持中日友好，维护亚洲及世界和平等政治意义看，都是一个难得的资料。

谢华先生是多年来一直喜好收藏老报刊的收藏家，长期致力于报刊史的编撰整理工作。他编辑出版《老报刊里的日本侵华实录》(4卷 6 册)，正是对这段历史的最好见证，既有助于今人更好地了解二战的历史事实与细节，也进一步充实研究了这些珍贵文献，挖掘出其内在价值，为还原史实、推动相关研究发挥了更大的作用。

揭露与研究日本侵略中国的罪行，是中国抗日战争史的一个重要课题，也是中日关系史的一个重要课题，长期以来一直为中国人民和世界和平正义人士所关注。还在那场战争期间，中外众多报刊就对日本侵华罪行给予了特别的关注，进行了大量的报道和揭露。战后，国民政府和中国解放区救济总会对日本侵华罪行进行了大量的调查；远东国际军事法庭也派员来中国对日本战犯的罪行进行了调查、取证。这些，成为研究日本侵略中国罪行的重要的历史文献。苏联伯力审判，特别是新中国成立初期对日本战犯的审判，使揭露和研究日本侵华罪行提升到一个新的境界。1972年以来，以《中日联合声明》为基础，随着中日邦交正常化的发展，正视历史，妥善解决战争遗留问题，发展中日和平友好关系，成为强大的历史洪流。

但是，由于侵华日军销毁、藏匿其罪证，美国着眼于远东战略而掩护大批日本战犯逃脱国际法庭的追究，日本政府一直绝对保守秘密，因而，使日本侵华罪行的许多重大问题或被掩藏、或被阻断而未遗留下来。迄今尚未见有关全面、系统地研究日本侵略中国罪行的“文献性”史作问世。

今天，那场战争已经过去80多个年头了，中日两国正在《中日联合声明》等三个文件的基础上，致力于建立和平与发展的友好合作伙伴关系。但是，日本军国主义发动的那场侵华战争，造成中国3 500万人伤亡，6 000亿美元经济损失。我国人民的生命财产遭到历史上从未有过的空前大浩劫，千百万同胞家破人亡，或留下残疾而悲痛终生。这样空前的民族灾难，无论如何也无法抹去人们头脑中的记忆。

《老报刊里的日本侵华实录》一书，作为第一套系统地揭露与研究日本侵略中国罪行的史作，力图在吸收长期研究和积累成果的基础上，运用新的档案文献和调查资料，对日本帝国主义侵略中国的罪行做出较为系统、全面的论述。其主要特点是，把它作为日本侵华史和中日关系史的一个典型来考察，从历史、现实与未来发展的角度，来阐述日本侵略中国罪行的历史发展，分析其历史特点，论证其罪行、罪责，揭示其亟待解决的遗留问题，回击日本右翼势力否认侵华罪行、复活日本军国主义的图谋。

“以史为鉴可以知兴替”。日本侵华战争，是一个铁血写成的历史，正视这段历史具有很强的现实意义，在一定意义上影响着中日关系的走向，也影响日本人民的命运与日本国的前途。历史的教训值得人们永远记取。时至今日，日本朝野右翼势力猖獗，竭力美化侵略战争，鼓吹皇国史观，妄图复活日本军国主义，重温建立“大东亚共荣圈”的迷梦；日本司法机关还一直沿用100年前天皇宪法来审视中国受害者民间诉讼案，或者完全无视中国受害者的事实，或者不得不承认中国受害者事实，却自相矛盾地顽固坚持判决中国受害者败诉。因而，引起了中国人民和亚洲各国人民的忧虑和愤慨。“前事不忘，后事之师”。正视历史，才能更好地面向未来，防止历史悲剧的再演，使中日两国及亚洲各国沿着和平与发展的友好合作关系而稳定、持久发展。

《老报刊里的日本侵华实录》一书，不仅是详细记录日军侵华的滔天罪行，更重要的是让更多的日本青少年记住“军备亡国”的道理，从而也是对日本右翼势力有力的回击。日本长崎、广岛的居民，每年都纪念遭受原子弹爆炸造成的历史悲剧，这是很有意义的。希望长崎、广岛的民众在纪念这次灾难的受害同胞时，能想到造成这场历史灾难的罪魁祸首，正是供奉在东京靖国神社的法西斯恶魔，从而坚持日本要走和平发展，与中国、亚洲及世界各国和平友好的道路，防止与反对当初发动侵略战争的孝子贤孙们，妄图以新形式走复活军国主义道路。这些人的阴谋如果得逞，不仅是亚洲及世界的不幸，更主要的是日本人民的不幸。他们的阴谋如果得逞，日本人民受到的灾难将远远超过1945年的长崎与广岛。让我们牢记历史，中日两国人民团结起来，共同为建立中日友好、和谐世界做共同努力。

如果说这套书还有着美中不足之处，就是内容还有充实的空间，不少珍贵的文章尚未收入，相信此书会推动这项工作有更大进展。

2015年6月17日于北京西顶长弓斋

目录 CONTENTS

中华教育界

《中华教育界》是中华民国元年（1912）1月由上海中华书局创办的教育月刊，是中国最早出版的教育期刊之一。该刊问世之时，适值“国基方才奠定，政体突然变更”，本着“为民国服务”的宗旨，广泛探讨新兴教育思想、教育内容、教育政策、教育设施和教学方法等。该刊前期，在内容上，形成了教育评论，教育论著，中小学教育研究，国外教育译述，国内外教育新闻等比较固定的栏目。每期还附有数帧校舍或是学生活动的彩色插页。民国26年（1937）8月，刊物出到第25卷第8期时，因日本侵略军进攻上海而停刊。民国36年（1947）1月复刊，由《中华教育界》杂志社编辑，舒新城任社长。此后，该刊便致力于“教育普及于全国，文化深入于民间”以及传播新的教育学说和方法，除介绍资本主义国家教育理论和经验外，也介绍当时苏联的先进教育理论与实践经验，提倡科学教育、电化教育以及卫生与健康教育、生活教育等。同时，对中国共产党解放区先进的教育经验也作了传播。中华人民共和国成立后，因中华书局业务方向改变，该刊于1950年12月停刊。

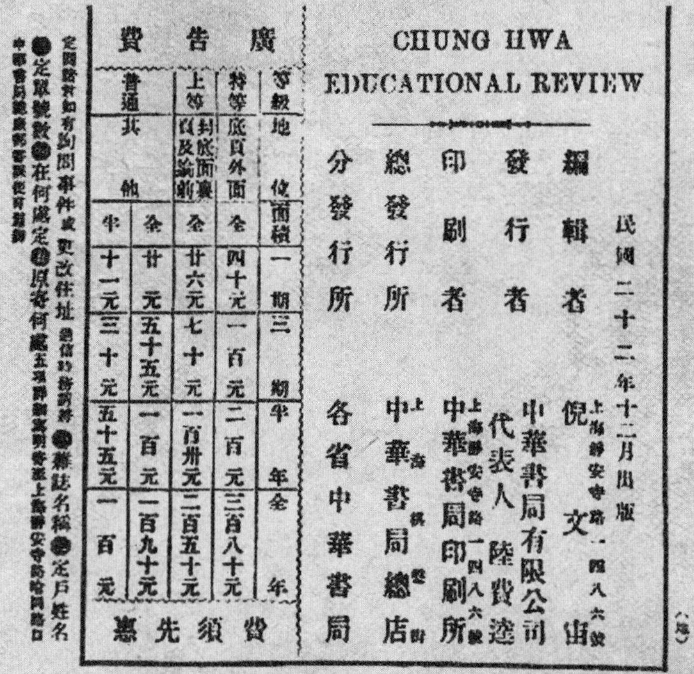
CHUNG HWA
EDUCATIONAL REVIEW

民國二十二年十二月出版

編輯者 倪文宙 上海靜安寺路一四八六號
發行者 中華書局有限公司 代表人 陸費逵
印刷者 中華書局印刷所 上海靜安寺路一四八六號
總發行所 上海 中華書局總店 棋盤街
分發行所 各省中華書局

廣告費

等級	地位	面積	一期	三期	半年	全年
特等	底頁外面	全	四十元	一百元	二百元	三百八十元
上等	封底面裏頁及論前	全	廿六元	七十元	一百卅元	二百五十元
普通	其他	全	廿元	五十五元	一百元	一百九十元
普通	其他	半	十一元	三十元	五十五元	一百元

費須先惠

定閱諸君如有詢問事件或更改住址 請信內務須將 ●雜誌名稱 ●定戶姓名 ●定單號數 ●在何處定 ●原寄何處 五項詳細寫明寄至上海靜安寺路哈同路口 中華書局雜誌郵寄課俾有頭緒

《中华教育界》版权页

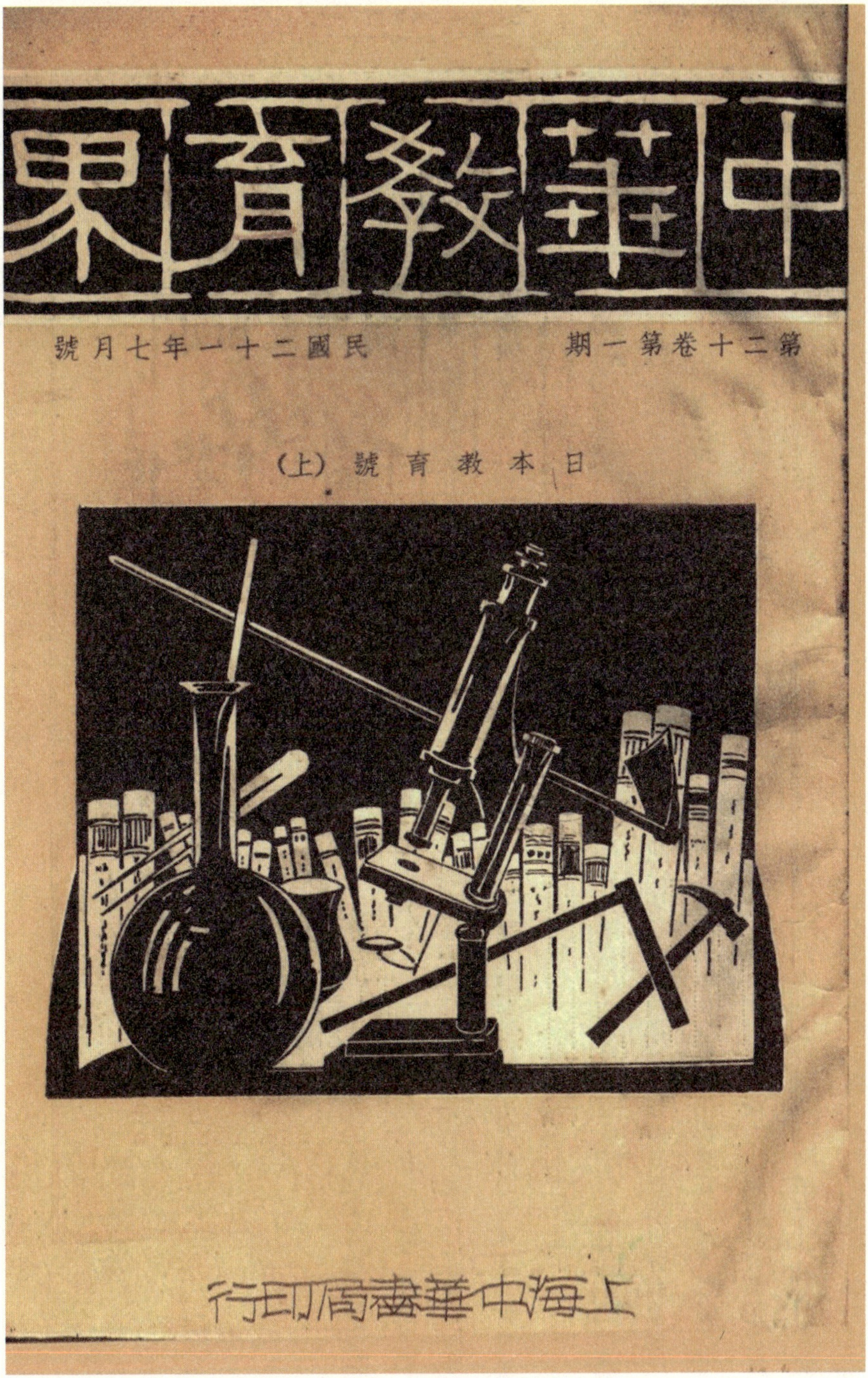

中華教育界

第二十卷第一期　民國二十一年七月號

日本教育號（上）

上海中華書局印行

《中华教育界》封面

日本在殖民地之教育設施

漆琪生

（一）日本對殖民地之教育政策

日本帝國主義者自身，遭受着自然的和地理的制限，除却積極的向外侵略，猛烈的掠奪殖民地而外，則無法以解決其內在的矛盾而使之迅速的發展。因之，牠自從明治維新以來，即次第的發揮其帝國主義之能事，橫暴的侵凌亞洲大陸的弱小國家，而實現其開拓殖民地的陰謀。始而奪去了我的台灣琉球，繼而併吞了我之朝鮮和樺太，强據着廣大的殖民地。同時，牠復施行種種政策，以鞏固其殖民地的統治，而維持其支配者的地位。

可是帝國主義用以鞏固其殖民地之武力政策，不僅不能使殖民地的被支配民族絕對臣服，反往往促成被支配民族的勇猛的反抗。比較可以緩和被支配民族的反抗，博得被支配民族的忠順的有效的方策，祗有麻醉劑的文化政策而已。特別是就中的教育政策，這是蒙蔽和欺瞞被支配民族什九奏效的仙丹。所以近代歐美帝國主義諸列强，無一不醉心於殖民地教育之巧黠，企圖藉此以鞏固其殖民地之絕對的支配之特權。

帝國主義初期的殖民地教育政策，大率採取愚民主義，即是努力的使殖民地的土著民族愚魯無智。良好的教育設施，殖民地土著民族皆不能參與及享受，文化特惠完全爲支配民族所獨占。其對於殖民地的教育設施，匪特力避高級教育機關之建設，抑且力求普通教育機關之簡陋。然而時至今日，情形則大變，帝國主義對於殖民地的愚民主義之教育政策，至今漸失效能，且常爲被支配民族反抗之資料，於是遂不能不改而採用同化主義之教育政策。此種政策之目的，乃在使弱勢力的殖民地之土著民族，皆於昏醉迷離之環境中不知不覺爲優勢的支配民族之文化所薰染，忘棄其自身固有之文化，而與支配民族相同化，融爲一體，消弭其反抗之情緒，永世臣服。所以現今帝國主義國家對於殖民地教育之設施，務求充分輸入本國之文化，絕滅殖民地固有之文化，種種教育設施，皆與本國無異，以便圓滿達到其同化之目的。

日本帝國主義對其殖民地教育設施之歷程，仍然如是，明治時代之殖民地教育政策仍爲愚民主義，但至大正中葉則改變爲同化主義。日本帝國主義殖民地教育政策如斯之改善，夙爲其金融資本主義發展必然之結果。惟斯種同化政策之險毒，較之愚民政策超越百倍，能使殖民地土著民族受其剝削壓迫之陰毒，而不思反抗。故凡居日本帝國主義壓迫下之殖民地民族，必將因日本帝國主義之殖民地教育政策爲之推進，而罹絕種滅族之慘禍，豈不可畏！

茲進而考察日本帝國主義對其殖民地教育設施之實況。

（二）朝鮮之教育設施

日本帝國主義最大的殖民地之朝鮮，原爲亞洲古國之一，風俗教化，猶尚我國，淵源數千年，迨至見滅於日本帝國主義後，情形遽變。蓋日本帝國主義對於朝鮮之暴壓舉世無二，深恐其懷舊圖叛，故努力於朝鮮固有文化之破壞，務使既成文化毫無遺跡，朝鮮人民對於前代之歷史，漸失其憑弔懷念之所，忘却獨立自主之觀念，翕然從其支配。所以日本帝國主義對於朝鮮教育設施之方針：第一，在求破壞朝鮮固有文化；第二，在使朝鮮人民漸趨愚昧；第三，在謀日本文化積極侵入；第四，在圖日韓民族熔於一爐。第一第二之色彩，特別在明治時代表現最濃。

日本帝國主義自併呑朝鮮後，明治四十四年頒布朝鮮教育令，規定其對於殖民地之教育方針。該教育令主要之點有五：

(1) 抑制漢學之發達
(2) 努力日本文化之普遍
(3) 鉗制鮮人之思想
(4) 降低鮮人之智識

專門學校爲最高教育機關，其下則爲高等普通學校，實業學校，與普通學校等。普通學校爲最低教育機關，卽爲日本帝國主義殖民地教育之出發點。教育教程着重日本文日本語之普及，限制漢文與朝鮮文之使用。學年共五年，而程度則僅等於小學三年而已。高等普通學校爲中級教育機關，學年凡四年，程度等於中學之三年，教科以理科爲中心。蓋此種學校純爲培植技術技師而設，且純爲鉗制鮮人政治思想之發達而設，故其教科傾重理科而輕視文科。與高等普通學校同級之教育機關，尚有實業學校，與實業實習科，以及女子師範科三種。專門學校爲朝鮮之最高學府，學年凡四年，學科純爲中級之理科科學。與專門學校同級之教育機關，尚有專門實業科與師範科二種，其學年爲三年或二年。

由上所述，可知明治時代日本帝國主義對於朝鮮之教育設施，完全爲愚民主義；然此種愚民主義之教育政策，終以時代之進化，不能收圓滿之效果，甚而促進朝鮮人民猛烈之反對，至是日本帝國主義遂不得不改變其從來之態度，採取同化政策，努力輸入日本文化，將朝鮮人民逐日同化，卒於大正十一年二月各種教育機關。該新教育令之主點：

(1) 力謀日本文化之普及
(2) 廢除日韓文化之隔閡
(3) 增進鮮人吸收日本文化之機會
(4 努力朝鮮固有文化之日本化

所以新教育令所規定之教育設施，仍與日本內地相似，最高教育機關爲大學，次爲專門學校；再次爲高等普通學校，職業學校；最低教育機關則爲普通學校。同時復開放日本人所獨享之尋常小學校與中學校，允許朝鮮子弟亦得入此等學校同等肄業。自斯以後日本帝國主義同化鮮人之企圖，因得漸次實現。茲特將明治時代朝鮮之學制與現行學制，圖列於左，以資比較。

明治四十四年朝鮮教育令所規定之學制

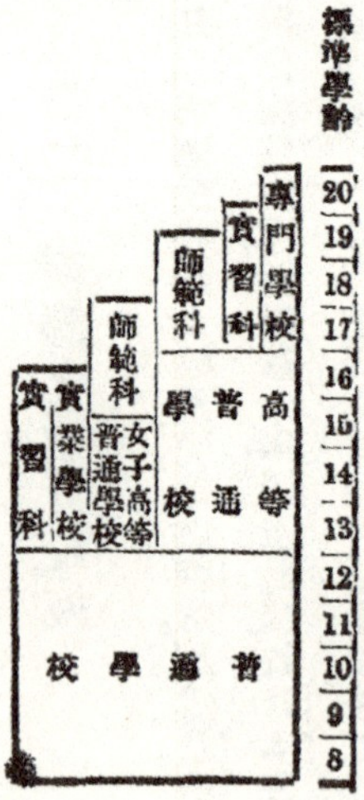

大正十一年新朝鮮教育令所規定之學制

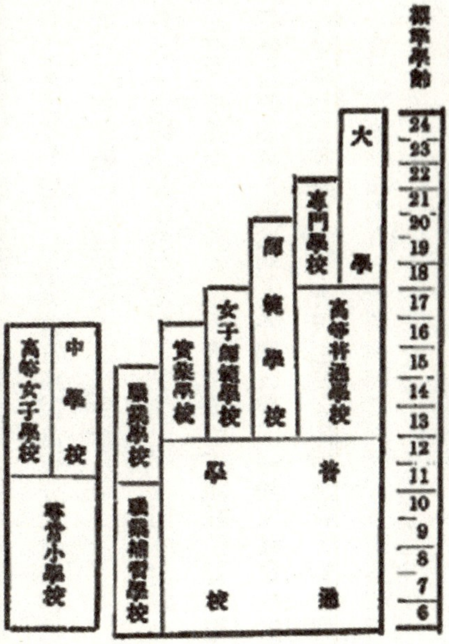

自新朝鮮教育令頒布後，朝鮮學校數目與學生數目，皆隨學制之更善而逐漸增多，現試將歷年增加概況，列示如下：（公私立合計）

年份	普通學校 學校數	普通學校 學生數	小學校 學校數	小學校 學生數
明治四四年	一八〇	二三九五一	一三四	一七八八四
大正三年	四〇三	五九三九七	二六四	二八五九二
同六年	四六三	八四二八三	三四二	三七九一一
同九年	五九五	一〇七二八二	三九九	四五六九九
同十一年	八五五	二三六一七二	四一九	五一九一八
同十四年	一二五四	四〇七五四一	四四八	五六一七七
昭和三年	一三一五	四六四二六三	四五三	五八七二五
昭和六年	一五三七	六二九四〇五	四六三	六〇七一四

昭和六年，朝鮮現有之學校總數與學生總數如左（公私立統計）

種別		校數	職員數	學生數
普通教育	小學校	四六三	二、〇三九	六〇、七一四
	中學校	一一	二四七	五、四六三
	高等女學	二三	三〇九	七、〇五六
	普通學校	一、五三七	八、八四四	六二九、四〇五
	高等普通學校	二四	五一一	一〇、五五八
	高等女子普通	一五	二〇七	三、五五三
書堂		一四、九五七	一五、四六九	一九一、六七二
實業教育	工業學校	一	三四	一三五
	農業學校	二四	二二一	四、一六四
	商業學校	二一	三一〇	四、二〇五
	水產學校	四	二三	二〇一
	女子實業學校	一	二	二五〇
	實業補習學校	六五	二七二	二、六一〇
師範教育	師範學校	一四	二〇三	二、四二九
專門學校	法學專門學校	一	一五	一九〇
	醫學專門學校	一	一〇五	三五一
	高等工業學校	一	六一	一七七
	高等商業學校	一	四五	二三三
	高等農林學校	一	五〇	一五一
	私立專門學校	五	一六〇	六六四
帝國大學	預科	一	二七	三〇六
	本科學部	二	一〇八	四七一

總合上述，日本帝國主義在朝鮮之教育設施，一種純爲同化朝鮮人民而設置，一種純爲教育日本移民而設置，前述之普通學校等即屬前者，小學校中學校即屬後者。二種學校之設備，至有差異，高等普通學校平均學生一人所負擔之學校經費，尚不及尋常小學校平均學生一人所負之數額。由此可見日本帝國主義殖民地教育政策之同化主義，尚未充分。

最後，關於朝鮮之教育經費，雖仍取自朝鮮民衆所完納之租稅，但其支出形式則可概分爲三種：（但私立學校不在此例）一爲總督府預算之支出；二爲地方道廳預算之支出；三爲府郡廳預算之支出。年額總計，約佔朝鮮官廳歲計百分之四。昭和六年朝鮮官立教育機關總經費達一千三百餘萬元。

此外，日本帝國主義在朝鮮之教育設施，除學校而外，尚設有圖書館三所，博物館一所。並在總督府指揮之下，組織監督朝鮮人民行動鉗制朝鮮人民思想之各種教育團體，如涼風會，教化會，太和會，家長會等，是皆日本帝國主義者御用之教育集社，陰受日本當局之襄助，而爲日本帝國主義者以教育方式夷滅鮮人之助手。

（三）台灣之教育設施

日本帝國主義對於台灣之教育設施，大體仍如朝鮮。惟其排斥漢文學之態度，則較在朝鮮暴戾百倍。原台灣本我國屬土，風俗習慣，言語文字，無一不取法我國，而住民之最大部分皆爲我國閩粵之子弟，宜其與我國本土無所差異。但不幸自爲日本帝國主義所掠奪後，則厲行排斥漢文學，禁止台民使用漢文漢語，強迫台民改習日文日語，務使台民與我國斷絕關係，而實施其壓迫剝削手段。因之日本帝國主義對於台灣之教育方針，擯斥漢學，推廣日文，實爲其主要之目標。

日本帝國主義對於台灣之教育政策，近年仍由愚民主義轉變爲同化主義。教育設施之種類，亦可概分爲初等教育，高等普通教育，實業教育，師範教育，專門大學教育五種。

初等教育之設施共有小學校與公學二種。小學校之組織，等於日本內地之尋常小學，乃爲移住台灣之日本子弟專門肄業之機關，學校設備，極稱完善，非一般之台灣子弟所能享其惠澤。台人子弟肄業之學校爲公學，公學性質略似朝鮮之普通學校，爲日本帝國主義殖民地教育之初階。設備簡陋，學科平凡。其學年為六年。公學之內，復分初等科與高等科二科，初等科之學年為四年，高等科二年、又有於高等科中特設補習班者，以為升入高級學校之準備。

高等普通教育之機關，有中學校，高等學校，及高等女學校，及高等補習學校等。中學校高等學校完全為日本子弟教育之機關，台灣子弟入學者寥寥無幾，一般台灣子弟皆入高等補習學校。高等補習學校與朝鮮之高等普通學校相似，純為殖民地教育之專門機關。學年平均為三年。有多至四年五年者。至於中學校之學年則為四年，高等學校之學年則為三年。

實業教育之機關有商業學校，工業學校，農業學校，實業補習學校等，是皆為日本帝國主義養成下級技師之台灣人而設立者。學年大半皆為四年，惟實業補習學校則僅三年。

師範學校，男子為五年，女子為四年。純為培植教育台灣子弟同化為日本人之人材而設立，故日本當局對於入學者特別注意。

高等專門教育之設施，為大學與高等專門學校二種。台灣現有台北帝國大學一所，為台灣教育之最高學府，直轄於日本文部省。其他高等專門學校，則為台灣總督府學務課之轄屬，故其學校名稱，必冠以總督府三字，以示區別。例如總督府高等商業專門學校，總督府高等工業專門學校，總督府醫學專門學校等。帝國大學之學年為六年，高等專門學校為四年，惟醫學專門學校則為五年。

此外，尚有幼稚園，番童教育所，盲啞學校等特殊教育機關。現將昭和四年日本在台灣之教育設施，表列於左：

種別		校數	教員數	學生數
初等教育	小學校	一三三	八五一	三一、九八〇
	公學校	七五三	五、三九二	二五五、四四〇
高等普通教育	中學校	一〇	二六三	四、七九七
	高等女學校	一三	二七八	五、〇六一
實業補習學校	農業學校	二四	八一	九八四
	商業學校	三	二六	三五六
	商工業學校	一	五	一八四
	水產學校	二	四	三一
實業教育	農林學校	二	四八	七〇四
	農業學校	一	一一	一七八
	商業學校	二	五九	一、〇〇四
	工業學校	一	六三	六一一
師範教育	師範學校	四	一五四	一、三三五
高等專門學校	醫學專門	一	九九	三〇七
	農業專門帝大附屬	一	六七	一〇〇
	高等商業	一	七三	三四九
	高等學校	一	五三	六一四

台北帝國大學	文政學部	一	二三	六一
	理農學部	一	二七	五六
其他	私立學校	二〇	二六七	三、三一五
	書房	一二五	二一七	五、五二〇
	盲啞學校	二	二六	二五三

正式學校之外，尚有教會學校五所，義務學校二所，至於教育團體則有家長會，桃番會，日本語練習會，東洋文化促進會，旭日會等等，其性質仍同朝鮮之涼風會。

台灣有圖書館一，博物館一，設備尙稱完備。

台灣之教育經費，亦約佔台灣總歲計百分之四。昭和六年共達一六五〇〇〇〇元，皆由台灣總督府預算支出。

（四）結語

日本帝國主義對於殖民地所施行之同化主義之教育政策，年來愈見奏效，其在殖民地之教育設施，亦益見完善。形將使朝鮮台灣等殖民地完全轉化爲純粹之日本，各殖民地固有之文化悉數滅跡，而日本帝國主義之統治因可愈助堅確，其居心積慮之險惡，誠令人驚嘆再三！然現今日本帝國主義尙欲以此術施之我國東北三省。當此東北問題異常嚴重之際，日本帝國主義既以軍事暴力侵奪於前，現復以教育方式蠱惑於後，凡我國人，苟非急謀自救之策，則將使東北同胞定必遭遇與朝鮮台灣民衆同樣之慘禍，必致亡種滅族而後已。是以甚希憂國之士，從速起而研究日本帝國主義戕害殖民地民族之方法，特別對於教育設施更須格外注意，是所至盼。

民众导报

《民众导报》于中华民国21年（1932）3月创刊，民众导报社编辑发行，周报。社址位于上海霞飞路霞飞坊62号。该报每逢星期日出版，每册三分（优待本地读着每册铜圆六枚）。出至民国21年（1932）8月终刊。

每逢星期日出版
零售：每册三分（優待本埠讀者每册銅元六枚）
定閱：全年一元二角半年七角國外全年四元郵費在內
編輯發行：民衆導報社
社址：上海西愛咸斯路順安里十五號
中華民國二十一年八月十四日出版

《民众导报》版权页及报头

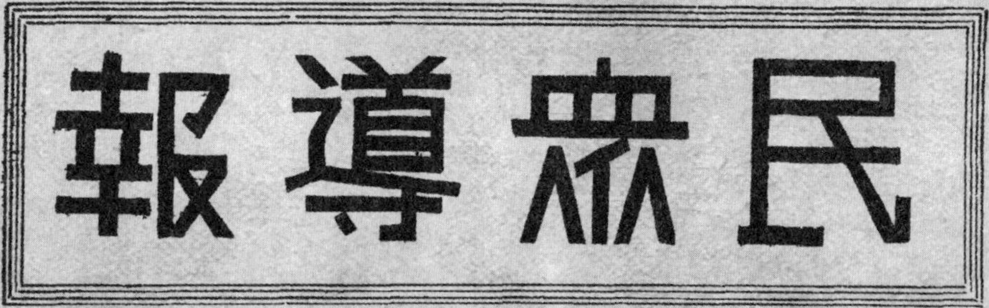

報導衆民

最近帝國主義國家之教育政策

彥婴

在階級社會裏，一切社會制度都是反映着統治者奴隸被治者的一種工具。這是自人類氏族社會之覆滅與國家制度的開端以後就有着那種的現象的。特別是教育制度，極端地暴露着特權階級這種陰謀的意義。

目前帝國主義國家的教育政策，主要的是在愚弄和麻醉被統治的人們，使他們成爲資本主義社會的忠實維護者。爲了少數豪紳資產階級的利益，不惜把成千成萬的純潔青年，造成他們爲鷹犬或馴服的奴隸。這些喪心病狂的企圖，不外表現在其次之各教育原則中：

軍國教育

軍國教育是現時帝國主義教育政策中的最重要的一種。不怕他們怎樣地對人宣傳愛和平或縮小軍備的欺騙論調，但是在背人的時候，無不在竭力的發展他們的精神的或物質的軍國主義的教育。帝國主義在學校裏不斷的散佈着愛國的國粹的或忠君的思想。鼓吹着異民族異人種的歡視的排外主義。尤其是讚美對外的戰爭。

在技術方面的軍國教育，那一國都大規模的設備着。例如英國有好多小學生就授以軍軍的知識。鎗的射擊法，大炮，飛機，坦克車的操縱法，各種軍用器具的使用法。在法國，學校裏平時的授業，無論那種科目都是與戰爭相關連的，戰具的加減法，戰塲談話，軍歌，軍樂……如果一旦對外有事，全體的少年學生都得動員，小學校可以變做兵營。

宗教教育

宗教教育的目的，在灌注僧侶主義式的教育。使青年們對于現實的苦悶守着沉默態度，祈禱上帝賜予未來天國的幸福。特別是消滅工人階級及農民羣衆底鬥爭精神。在另一方面，宗教教育不斷的脅迫和壓抑革命教員，禁止「危險」思想，誹謗革命論。不特是學校，就是各種勞動組合與政治運動中，也無不是宗教化的。在英國，連工黨裏面也有好多的牧師，還有担任宗教宣傳的專員，麥克唐納也是佈傳宗教的能手。

教育合理化

教育合理化的主要目的，即是在減少教育的經費。學校的併合，學校的封閉，院系制的變更及每級學生的加多的結果：便是辭退教員，低減月俸。延長勞動時間。這樣在國家的教費的支出項下是可以減少不少的。自然，這在社會上會增加許多失業的教師。就是在職的教員，待遇上也是漸次惡化的。而且隨時有被革退的危險。如在日本，因爲合理化的教育政策之實施，緊縮教費，雇用低薪的教員來代替高薪教員，致失業教員不絕地增加。在職教員因所入無法維持生活，常有罷教的發生。于是教員中間的左傾思想，就蔓延得無法遏止了！

對革命教員的鎮壓

現時帝國主義國家對于左翼教員的壓迫，都是盡力從事的。左傾與左翼的教員大批地在除退，監視，拘禁，處罰的高壓之下。尤其對于左翼的教員組合，是絕對封禁的。雖然這種暴力的效果還是很少，革命教員的活動能力，恐不是那些暴力所可以壓服。關于革命國際的教育組合，世界各國都有支部的設立。他們與全世界的布爾喬亞處在不兩立的境地，在資本主義國家裏努力着階級戰的一翼。

對反動教員團體的扶助

在日內瓦及其他各地方有種種反動的教員機關的設立。這種教員團體雖說是非政治的，但誰也不會相信。這種組織的目的，即在使教員們賣身投靠于資本主義。除了向學生們去撒佈着麻醉的種子之外，還兼任着帝國主義的偵探工作，在發見教員中的左傾分子時，就去告發他們。因之這種團體，是資本主義社會的撐持者，他們之所以被帝國主義的靑眼的扶助，是必然的事。

軍國主義的教育，宗教的教育，教育的合理化，對左翼教員的壓迫及御用團體的扶助諸政策，構成了帝國主義整個的教育政策。這些政策，是資本主義垂死前掙扎方法的一種。在摧毀了資本主義的經濟制度以後，那些把戲自然是沒有存在的根據了。

× × ×

電話一八四八九號

代印者　法租界格洛克路九四號　上海競新印書館　電話八〇三五八號

發行所　上海博物院路三號二樓　國際問題研究會　第二十五六號室

本刊價目　零售每期國幣一角　訂閱半年國幣一元一角　訂閱全年國幣二元

代售處　開明書店　大東書局　北新書局　新月書局　現代書局　羣衆書局　華通書局　作者書社　黎明書局　眞美善書局　及國內外各大書坊

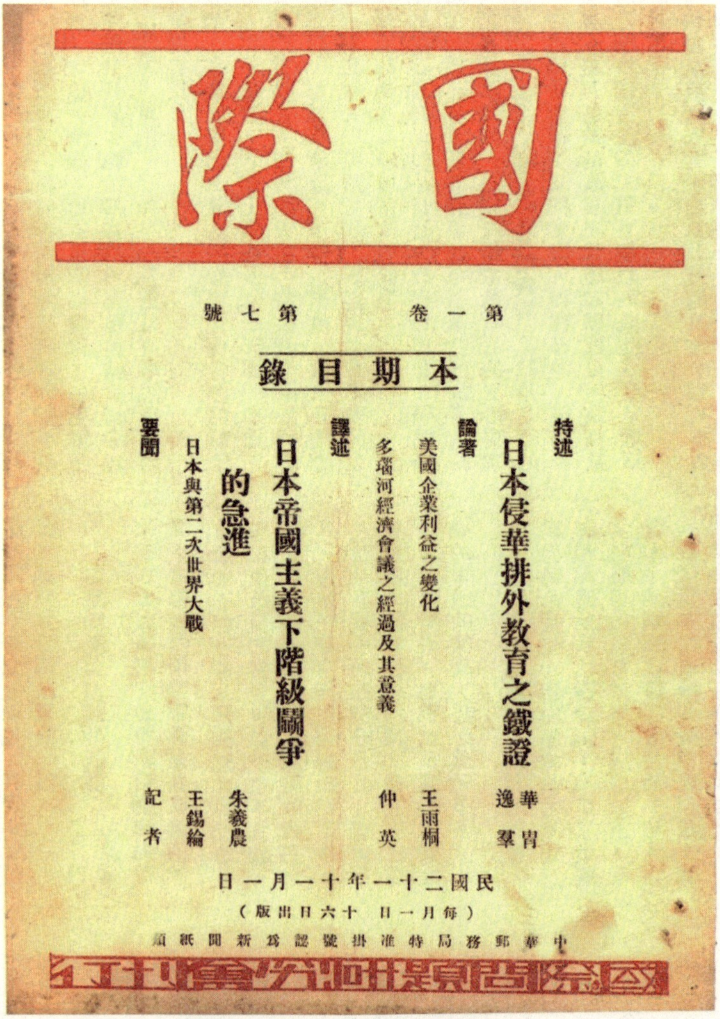
國際

第一卷　第七號

本期目錄

特述　日本侵華排外教育之鐵證　華胄　逸羣

論著　美國企業利益之變化　王雨桐

多瑙河經濟會議之經過及其意義　仲英

譯述　日本帝國主義下階級鬥爭的急進　朱義農

要聞　日本與第二次世界大戰　王錫綸

記者

民國二十一年十一月一日

（每月一日十六日出版）

中華郵務局特准掛號認為新聞紙類

國際問題研究會發行

《国祭》杂志封面及版权页

特述

日本侵華排外教育之鐵證

學育　逸軍　輯

日本每以其出於臆造而無確切根據之所謂『排日敎育』及『排外教育」之資料，向列國宣傳，以冀混淆國際觀聽，使中國處處立於不利之地位，然實際情形，適爲相反。日本之國民教育，幾大部分以侵略及侮辱中國之思想與言論，貫輸於其人民與兒童腦海之中，以爲挑發惡感及實行併呑之預備，尤以「九一八」事變之後，所有侵華排外之言論，更覺風起雲湧，十足暴露其野心而無餘。玆特搜集此項證據多種，分述如下，藉供國人之參考。如能用以自惕自勵，則譯者之願已足。玆錄本文內容之總目如次。

第一部份　日本鼓吹侵畧中國之鐵證

第一項　關於侵略中國之教材

（甲）關於歷史教科者

國　際

（1）『中國國民對於夷狄，盜賊，乞丐，皆能心悅服從』。（日本文部省（即教育部）審定三省堂編印之東洋歷史教科書）6

（2）『中國近巳土崩瓦解矣』。（同上）

（3）『吾等應注意東洋問題尤其是中國問題。觀其過去之歷史，以定將來之手段，萬不可遲誤，以圖帝國及國民之發展』（同上）

（4）『中國人廢其數千年來所行之君主政治，建設共和政體，但爲此反失其國家之中心，以致政變迭起，有如走馬燈之現象』。（同上）

（5）當南方政府總司令蔣介石佔領南京之際，其部下之暴兵曾凌辱日本居留民』。（同上）

（6）『二十一條之條約，無論任何一條，均係當然之規定，不圖中國無智之學生及以煽動爲職業者之流，竟以簽訂條約之五月七日爲國恥日，每年發狂騷動，實屬荒謬之極』。（同上）

（7）『中國歷代雖有國號，但無一定之定理的國名，其國人雖自稱爲中國或中華，均屬對外妄自尊大之美號，實無嚴密之國名也』（同上）

（8）『近徵中國太古以來，自號爲王者，恆自誇爲中國，卑他人爲蠻夷，但一度反爲蠻夷所滅亡。（中略）然安知異日滅亡今日之中華民國者，非蠻夷乎？誰能保證不致此乎？』（同上）

（乙）關於地理教科者：

（1）日本文部省編輯之「高小地理書」（三年級用）以遼東半島稱爲關東州，與日本之新領土並列，是直以租借地視爲其領土矣。

（2）三省堂編輯之「產業世界地理」，先述滿蒙產業與日本之關係，次述亞洲各地，其顚倒順序與章次，蓋顯示其侵略之野心。

（3）三省堂編印之「日本產業地理」中，末篇加入滿洲，是竟以滿洲者爲日本之領土矣。

（4）日本各學校所用之地圖，凡列各國國旗者，均不列中華民國國旗，其目無中國，由此可見。

（5）三省堂編「最近日本地圖」中，以滿蒙特設顏色，加注日本勢力範圍字樣，至遼東半島之顏色，竟與朝鮮日本等同作紅色。

（6）民國十五年出版，日本文部省編之「高小地理書」卷二中所列「世界之人種」插圖，以中國人與非洲之黑人，美洲之紅人，馬來土人並列，且用頂戴袍褂朝珠裝束，當欲藉以養成兒童卑視中國人之心理。

（7）同年文部省編「高小地理書」一卷中，「支那之交通」插圖，係一苦力推一獨輪小車，上坐舊式寬衣大袖包頭小脚之婦女二人，與歐美之舟車相比較，以顯中國之野蠻。

（8）三省堂編印「最近改訂學生世界地理」上卷目次

中，以滿蒙列入第一章，中國第三章。但滿蒙，係屬中國之領土，當然須於中國一章之分節中敘述。此種倒置編法，蓋欲顯示兒童以破壞中國領土之完整，與夫侵略滿蒙之野心而已。

（9）同書總說中，又有『滿洲地勢及歷史之關係上，均與中國本部隔絕，大有獨立之勢』。

（10）同書第三章係述中國，但其課文中不列東三省及熱河察哈爾二省，明示其兒童以該五省非為中國之領土。

（11）地理研究會著大阪田中宋榮堂出版。「高等教科第一學年用地理參考書」中故意取一舊有辮子之中國人為插圖，使與印度人馬來人並列。

（12）同書又以婦女纏足，男子吸雅片特為表明。

（13）同書又以街頭賣卜，隨街補鞋，剃頭擔，婦女小腳骨等為插圖，極其侮辱之能事。

（14）『應研究以滿蒙，為日本殖民地之價值』（同上書）

（15）『滿洲面積廣大，土地肥沃，森林礦，隨處皆是，以之作為日本殖民地，最為適宜，不待言矣』。（同上書）

（丙）關於通俗教材者：

（1）『支那革命後，雖出斷髮令，然政令不行為支那

之特色，故垂豚尾者依然甚多』。（上海東亞同文書院調查班編輯之「支那寫真講義」為日本通俗教育之重要教材）。

（2）『支那人雖為極端之守錢奴，然又不單純為守錢奴。如社會低階級之勞動者，食比犬馬粗劣，在黃金之前，縱受如何侮辱，亦所不顧，一意專心貯財。又支那人有雷同附和之通有性，為極卑怯之國民有時又有勇氣絕倫者。』（同上）

（3）『支那人徹頭徹尾，以個人主義為前提。』（同上）

（4）『支那人之附和雷同性並非到處如是。彼見與自己有利益者，則萬人爭先而附和之雷同之』。（同上）

（5）『支那人之特性為言行不一致，雖貴為總統，二三其言，亦屬常事』。（同上）

（6）『支那人富於殘忍酷薄性』（同上）

（7）『支那人為重形式之國民，不顧事實如何，拘泥於虛禮虛儀之國民也』。（同上）

（8）『支那雖為共和政治，但其國民直不解共和為何物，苟得共和之名，置一形式之大總統，施行專制政治，其國民亦能怡然受之』。（同上）

（9）『迷信性亦為支那人之特性，實為野蠻人一般之、

。』(同上)

(10)『支那人猜疑心甚強，從之吐虛言亦甚巧』(同上)

(11)『支那人性極緩慢，如手持三尺煙管，攜鳥籠而彷徨市中，其態度優閑可嘉』。(同上)

(12)「支那人雖爲極端缺乏愛國心之國民，而黨同伐異之團結力則甚強』。(同上)

(13)『支那人甯願犧牲國家而愛其子孫，日本人甯願犧牲子孫而愛國家。』(同上)

(14)『支那人最不衞生，大小便傾倒滿街，尿桶溺器，均置於床下。下流婦女甚至在道傍大小便。臭蟲蝎子，滿於居室，垃圾滿街，塵埃滿目』。(同上)

(15)『支那者半開化之國家也。國民大半不識字。一入支那市街，其非文明狀態，實可一驚』。(同上)

(16)『支那人最好者爲自己之利益，最惡者爲自己不利益，倘本人一家有幸福，則不問國家如何也』。(同上)

(17)滿蒙讀本係日本文部省社會教育會編，全書共分二十課，用父子對話體，告訴兒童侵略滿蒙之重要以及「九一八」事變之意義。

『號　外

賣報者高叫號外！號外！戰爭號外！

子　什麼號外呀!?父親！

父　滿洲的號外，你知道滿洲麽？

子　知道一點，請父親詳細給我講講。

父　你在學校讀史地，應該知道滿洲的事情，我在滿洲二十年了，牠已好像我的故鄉，支那兵的亂暴，眞是使我生氣。我現在把滿蒙及支那兵破壞我們的鐵道，支那的惡兵隊，罵我們日本和以前的俄德法三國干涉我們的忍辱以及滿洲的高粱馬賊，滿洲產物的豐富，講給你聽呀！(以下詳講滿洲情形略)

父　你明白了麽？

子　明白了！

父　現在去取滿蒙，固是我們的事，但是將來的發展是你們小孩子的責任呀！

子　父親！謝謝你！我在睡覺中都夢想着滿蒙呢！』

(丁)　關於電影方面：

(1)『極描寫東北日本軍之勇敢，中國人民及軍人之卑怯狀態』。大阪朝日新聞社每日新聞社攝製。

(2)『極力描寫中村大尉之勇敢殉難，及中國人之野

蠻殘酷』（同上）

（3）『描寫勇敢無畏之若林少佐，在鴨綠江畔殲滅馬賊情形，以顯示中國之遍地皆匪，激動其國人之仇華心理，同時掩飾其侵略之罪惡』。（日本國際電影社攝製）。

（4）『描寫華軍大呼打倒及拆毀鐵路時之情形，繼以日軍之出動，華軍之慘敗，北大營之佔領，瀋陽之佔領，片中極力表現日軍之整齊，華軍之淩亂，以及日人洋洋得意之神情，曲盡侮辱之能事』。（關東廳雇用中國流氓，奸細，乞丐，及被捕俘虜攝製。）

（戊）關於歌曲方面者：

（1）時局軍歌（西條八十作詩　松平信博作曲　日本 Victor 留聲片會社出品）

起來呀！　日本國民！
鬼怒神號，
咄！何等的暴虐！暴支呵！
慘風瀰漫了滿蒙的天空，
胡沙飛揚染血紅，
滿洲遍掛着青紗帳，（按即高粱）
再度來一戰，
我忠勇的將士，
國　際
拼將白骨換山河！
表忠塔邊秋風塞，（按表忠塔爲日本紀念日俄戰爭陣亡將士之塔在旅順）
暴支肆兇殘，
神州國威危且頗！
二千六百年的神統，
正義輝皇的日本。
這是那個畜牲，
把神聖不可侵犯的帝國權利來蹂躪。
起來呀！　國民起來！
起來，執正義的戰，
嗟！遺恨萬古徒悲戚！

（2）死守滿洲童謠　（西條八十作詩　松平信博作曲）

我的哥哥，
爲什麼而死的？
我的爸爸，
爲什麼而死的？
用赤血去換寶貴的滿洲。
死守！死守！我們的權利藪。
×　×　×　×　×
夕陽染紅了滿洲的丘，

國 際

夕陽照黃了滿洲的草，
有淚痕歷史的滿洲，
死守！死守！我們的權利啟。

× × × × ×

破我們的家， 殺掉破壞和平的敵，
傾我們的國， 討伐破壞和平的支，
有光輝歷史的滿洲，
死守！死守！ 我們的權利啟。

（3） 滿洲守備歌 （吉本浩三著）

（一）枯草裹尸報君恩， 大丈夫是不怕死的。 天地都凍了！ 荷着干戈的身，在那朔北的塞地上， 殺退暴虐的敵， 死守帝國的生命線！

（二）如鬼如獸的敗殘兵， 有馬賊又有便衣隊，妖魔似的襲來了！ 頃刻就把他們擊退， 捕滅敵人的根據地， 賴「皇軍」將士的破邪劍！

（三）看呵！ 午夜北斗星寒， 聽呵！ 胡馬長嘶不斷，我雄糾糾的武士！ 夢魂難繞着家鄉， 他的雄心， 躍躍在那荒遠的光栄的疆場上！

（四）呵！ 帝國的生命線！ 我們滿蒙的權益， 用血來守着吧！ 建忠勇義烈的殊勳， 和天地同長久呵！ 快起來！ 同胞！

六

（4） 嗚呼我的滿洲 （嚴谷小波作歌）

（一）滿洲滿洲，嗚呼我的滿洲， 千古未開的東亞寶庫，用正義的鍵，開寶庫的門， 切不許有私欲的染指。

（二）滿洲滿洲，嗚呼我的滿洲， 撲滅那附羶的蟊蠅， 芟除那害苗的莠草， 成樂土於光天之下。

（三）滿洲滿洲，嗚呼我的滿洲， 一旦開放，萬國羨望， 機不可失呵！ 遍山盈野有無窮的寶藏。

（四）滿洲滿洲，嗚呼我的滿洲， 此地我曾埋過貴重的犧牲， 築成了堅牢的基礎， 守！守！爲和平而守！

（5） 滿洲征旅之歌 （櫻井忠溫作歌）

（一）嗚呼！滿洲大地之上，
砲火喧天，長劍飛揚，
膺懲這暴戾的支那，
南北齊起了烽烟，
堂堂震天的征旗。

（二）嗚呼！滿洲大地之上，
死守！死守！十萬的忠魂，

壯士長眠的墳墓，
再不與容忍了，
酬長恨於一朝。
（三）嗚呼滿洲大地之上，
奉天堅城，已經到手，
長春吉林，他也不能守，
長驅衝到齊齊哈爾，
所向無敵，打散羣醜。

（6） 滿洲歌 （荒川義治作歌）

（一）無邊的廣野，無盡的富源，
暗雲現在已經晴了，
長眠的滿洲呵！
今日才現了黎明，
聽呀！這是曉鐘的聲。
（二）世界的福祉，人類的和平，
應該築成樂土，
大家起來定基礎，
亞細亞先驅的日本，
齊唱男兒意氣的凱歌。
（三）田疇麥浪入雲霄，
煤烟矗立衝天高，
雄圖可起落日，

國際

興安嶺外風淒，
夜闌北斗七星遙。

（7） 滿洲陣營曲 （櫻井忠溫作歌）

紅土飛揚，
高粱波動，
聽呀！大平原的那邊，
炮聲軋軋的響着，
支那兵發狂了！
向我挑戰來了！
滿洲他是難守的，
聽呀！槍劍的聲音，
坦克車的聲音，
大炮的聲音，
血潮湧起來了！
聽呀！衝鋒的吶喊，
要塞拔倒了！
堅城攻克了！
太陽旗高懸在陣頭上，
聽呀！齊唱着皇軍萬歲了！

（8） 獨立守備隊之歌 （最新日本海陸軍歌集）

（一）嗚呼滿洲大平野，在亞洲大陸的東端，
黃海的波濤，那便是牠的堤防，

七

蜿蜒三百餘里，東亞文化向着牠進行，
滿洲鐵道守護的責任，在我們雙肩上。
（二）黃塵蔽天黑淡，風吹林木如狂，
穿起征袍等着，腰間降魔劍鳴了，
熱血可以炳日，又可化鐵，
夜闌雖感冰雪膚欲裂，
爲了國防呵！不得不忍耐這困難站在前線！

（9）
憶中村震太郎大尉（同上）

（一）義勇盡忠四個字，心有四字着先鞭，
中村眞是奇男子，行程遠在興安外。
（二）保護國家和國權，不恃兵力何所恃？
重大使命在一身，赴湯蹈火有何懼！
（三）身在朔漠思故鄉，人臥露營孤枕寒，
愛妻故國心相照，寂寞夜闌北斗高，
（四）蒙古春回時已晚，杜鵑散盡白樺生，
綠陰時節出門去，落日啣山人未歸。
（五）胡馬悲鳴蹄得得，日月無光曉風吹，
忽然一發亂槍聲，暴虐無比屯墾軍。
（六）懇軍暴虐如鬼畜，從容就死眞難得，
英靈不死永久存，護國之神應崇拜。

（10）
國防歌（同上）

（一）廣袤千里的滿蒙，都被夕陽照紅了！血潮
仍在那邊燃着。
（二）排日排貨永不熄，眞是橫暴極了！大和魂
起來反抗呀！
（三）警鐘不斷的響了！滿蒙雲霧一旦消，仁義
正道是在胸中叫着！
（四）機會來了！機會來了！毫不躊躇爲了國家，
國旗光輝意氣高。
（五）前進的鼓聲動地起，起來呀！國民齊起來，
爲擁護國權起來！

（11）
滿洲進行曲（同上）

爲東洋和平，我等應捨身拼命！
有何所惜？日本生命線在那邊，
爲八千萬同胞，共守我們的權益。

（12）
嗚呼上海（同上）

（一）滿蒙的暴戾還不足，治安的上海也暴動了！
暴虐的毒牙到處伸，最可惡是便衣隊。
（二）無法無天是排日，上海居留同胞險極了！
帝國的權益被他蹂躪了！這是何等的大事！
（三）同胞的恥辱耐不住了！國家威光保不住了！
這無所不至的暴虐，睡獅在那邊亂吼了！
（四）義憤塡胸奮起吧！正義是我們的力量，
看呵！神州的意氣，皇師勇敢的我陸戰隊！

（五）要維持永久的國威，轉生七世也應來執戟，我忠勇無雙將卒的血寘可尊敬，嗚呼上海！

(13) 北滿守備歌（帝國軍歌集）

起來呀！正義的國民。膺懲呵！暴虐的支那。聯接歐亞的滿蒙鐵道，大和魂在那邊跳着。

(14) 追軍士出征滿洲歌（帝國軍歌集，土井晚翠作詞）

（一）某師團的強兵呵向亞細亞大陸的滿洲出動了！暫別奧羽的山河，待凱旋再見吧！故鄉的平野。

（二）在國防上經濟上，都是我帝國主要的關鍵，滿洲呵！死守！死守！是我們重大的使命，東亞問題在我們的雙肩。

（四）由旅順直達海城，過遼陽就是奉天府，鐵嶺過去到了公主嶺，直達長春，都是我滿洲軍的陣地呵！

（七）在世界史上，用血染成一頁的滿洲，經營有長久的光榮，把東亞之光輝，樁成我帝國的春色。

（八）躍出我九千餘萬同胞的最前線呵！駐屯在滿洲的原野上，第〇師團的強兵呵！暫別了故鄉的山河。

(15)「皇軍」進行曲（北原白秋作詞）

（一）皇軍所向，眞是無敵了！現在已席捲了滿蒙的平野，看呵！飛機的飛旋，比鳥鵲快得多了！爆擊的雙翼，映輝在天空中，疾風迅雷，我日本已有了決心了！

（二）鐵甲車所向，眞是無敵了！此地正在高粱萌芽的時候，車輪過處，砂丘都陷崩了！我日本的軍旗到處隨風飄展了！去罷！怕什麼前線的朔風吹，疾風迅雷，大地也被我轟動了！

（三）擁護權益，無人敢敵了！報國的血天天是紅的，決心吧！舉國來懲罰這暴虐的匪賊，啊！天日巍巍的皇恩，疾風迅雷，赫然一斷呀！

（四）王道蕩蕩，更是無敵了！現在仁政已佈在滿洲，劉喨的喇叭，吹破了黑暗的滿洲，現在黎明了看啊！國旗到處，疾風迅雷，播日本的仁政了！

第二項　關於侵略中國之言論

（１）『自極東之葡萄園諸民族爭奪之目標之朝鮮，與日本併合，脫去了禍亂漩渦以後，滿洲問題代之

而起，成爲諸國家及各民族鬥爭之焦點。爲極東禍亂之源泉』。

（日本東亞學藝會主事木村秀吉爲「日本之教育與滿蒙」一書所作之序）。

(2)『滿蒙之地，既爲我日本之生命線，不得不以正當之認識，告諸後來之同胞。卽對我小國民，使之有傳統認識之必要。實行此事之最適當者，厥爲全國之教育家，由此，全國教育家應先認識滿蒙問題』。（同上）

(3)『滿洲者，我日本之生命線也。與我日本之生死存亡，有最直接的關係。日本處此特殊地位，不論英美如何行動，吾等爲吾等之生存權，不得不行動，不能與彼等同其立場，同其步調』。（文學博士二下田次郎著「由教育上所見之滿蒙」）

(4)『凡日本所缺之物資，滿洲無不俱備。若滿洲併入日本，日本方能完全生存，是爲自然之配劑，先天之運命，卽有滿洲方有日本，否則日本必成爲不完全者。爲日本完全生存起見，無論如何，不得不併呑滿洲』。（同上）

(5)『吉林者，滿洲，之京都也。昔者高麗人居之，故滿洲實爲高麗人之所有物。嗣後爲漢人所取。故就主權系統上立論，今日支那本土之支那人，對於滿洲，實無猖猖爭論之資格』。（同上）

(6)『要之，滿洲非更發展不可。南美雖有巴西，但與日本遠隔，殊感不便。他如北美與澳洲，均有種種之困難，惟有滿洲距離較近，物產又富，日本今後殖民及發展之地，更無優於滿洲者矣』。（同上）

(7)『日本之敵者，全支那共和國也。（中略）日本自衞權之範圍，若僅限於日本鐵道附屬地，尙不能算爲自衞之全部。必須驅逐敵兵，攻略奉天軍營，解除其武裝，卽營口，吉林，錦州，均有佔領之必要。所以必須佔錦州者，因該處尙有多大之軍力，足以威脅滿洲之日人日軍及滿鐵，且足以妨礙新政權之成立。故日人爲自衞起見，掃蕩彼等，實爲當然之行動』（法學博士五蜷川新著「滿洲事變與日本官民之外交論」）

(8)「滿洲人現已行支那之風俗，說支那之言語，逐漸忘其滿洲語，但論實質，彼等與日本之關係，反比彼等與支那人之關係爲親密。支那人爲漢民族，滿洲人爲女眞民族在歷史上支那實無何等優越權，支那雖稱滿洲爲其領土，但純取苛稅主義，不盡其對於領土之義務。所謂對於領土之義務者有三，卽保護，開發，教化是也。三者之中，支那均未實行。日本在滿軍隊，實代而行之。故開發，保護，教化實可稱爲由日本行之。縱謂日本對滿洲無何等領土之野心，亦非尋常之關係。自支那之立場說，滿洲並非其生命線。自日本之立場言，則確爲日本之生命線，故日本對滿洲非用最後之決心而爭不可也。』（文學博士井上哲次郎著「滿洲問題與日本」）

（9）『我日本一時之行動，雖一時爲暗雲所蔽，終局必能使欲得之權利，歸於我掌握之中。支那人雖用種種譎詐，欺瞞，悖戾及其他一切狡猾之手段，但以其自私自利，到底不能取信於世界。日本當憐而教導之，不聽則懲罰之，使其皈依正果。支那雖百方抵抗，不外以繩自縛，日本不求一時之勝利，要以極大之奮鬥，滿洲固不待言矣，倘須對於中國，印度等之亞細亞諸民族……』（同上）

（10）『遠東大陸，爲我日本民族之故鄉。明治二十八年，戰役，爲國軍自上古以來徹底的擊破支那之戰爭，雪慶長文祿（按慶長文祿係日本年號，即豐臣秀吉侵明之役）。兩役戰敗之恥。在征支大總督小松宮親王統率之下，將一舉踏破北京，不幸戰爭告終，由此勝利，帝國救朝鮮於支那手中，而回復大陸與我日本上代之關係。』（日本陸軍讀本平田晉策著）

（11）『帝國爲滿洲開拓者，南滿鐵道爲文化開拓之大動脈，我陸軍爲守滿洲之長城鐵壁』。（同上）

（12）『滿蒙之權益，爲我帝國內民族生存權之重大性質，不得不膺懲支那兵之暴戾，確守我大陸之生命線，諸君不得不有新的認識。』（同上）

（13）『滿洲者，我帝國之第一防線也。滿洲不得立腳點，日本大國家不能生存。』（同上）

（14）『滿蒙爲帝國軍事上之生命地域，於經濟上亦然。此生命的地域，帝國斷然不能退却，一旦退却，則民族精神，必致死滅』。（同上）

（15）『帝國生存上不可缺之滿洲，國防第一線之滿洲，所謂日本生命線之滿洲，如果拋棄，結局帝國必致滅亡。滿蒙不得不倂吞之理由，明如觀火。至如何發揚帝國之國威，如何打開未曾有之國難，確保滿蒙之利益，含舉國全能力奮鬥之外，別無他法。支那固不値鎧袖之一觸，即世與界如敵，亦屬無妨』（日本唯一中國通前滿國璋顧問須藤理助所著「合併滿蒙」昭和七年（民國二十一年）二月出版。

（16）『支那由其四千年來所馴致之國民性，無非譎詐虛僞之結晶，其殘酷，虐殺，殘忍，非道，亦爲支那國民性之正體。如此之國民，實無以人類看待之必要。日本人尚未認識支那之正體，尚未知支那人之人面獸心，猶以對於他文明國同樣之態度與之相周旋晉接，寧非宋襄之仁乎？（同上）

(17)『由經濟及國防之見地而論，日本絕對不能退出滿蒙，拋棄滿蒙權益。滿蒙事變，實爲天與日本以一絕好之機會，此機會萬不可失，應澈底膺懲支那，擁護滿蒙之權益，爲帝國威信計，刀已出鞘，能砍則砍，不能砍亦要砍，斷無收回之理，無滿蒙則日本不能存立，滿蒙問題者，日本之生活問題也，應舉全國之能力，以掃蕩支那之橫暴』。（同上）

(18)『大和魂之運命，斷不能跼蹐於蕞爾之島上。世界中擁多餘剩面積者，有支，俄，美，三國。膨脹的日本國民，向未開無人之處女地而發展，極爲自然，不啻天賦之權利，爲生存上之要求。有何帝國主義侵略之足云。』（同上）

(19)『樹立國策務求遠而且大，吾人不特以擁護滿蒙爲最後之目的，更當進而建設滿蒙獨立國。獨立國成功之後，則百尺竿頭，更進一步，不得不謀合併滿蒙，與滿蒙主權者用和平的交涉而合併之

，外交上採此手段，毫不發生國際問題，予於此三唱合併滿蒙』（同上）

(20)『滿洲之政治的改造，應盡驅擾奪滿洲主權，虐待人民之支那軍閥官僚。（中略）至維持治安，則擾亂滿洲之支那軍閥之私兵，絕不許容留一兵一卒，在組織未完成，自衞尚無能力以前，由日本軍隊担任，最爲妥當』。（日本之中國問題專家長野朗所著滿蒙併吞乎獨立乎）。

(21)『對支滿蒙問題，絕非普通方法所能解決，縱使用萬公使千領事，均屬徒勞，其方法一而已矣。一者何也？實力威力之發揮而已。我應膺懲支那之非法，痛彈其不逞，與之爲嚴重之清算，不可躊躇，定最後之決心，取一切懸案用威力的提議，促其即刻回答，如不立即應我回答，則間不容髮斷然與之宣戰。政府決斷啊！國民覺悟啊！一切和支那清算呀！』（細野繁勝著滿蒙之重大化與實力發動）。

(22)『亞細亞大陸之高原，原爲日本民族之祖國，滿洲事變爲日本人恢復祖國之絕好機會，應舉國總動員以從事』。（旭範彥著日本之大陸建國平凡社出版）

(23)『支那者何也？今日之支那，並非當年之清國，

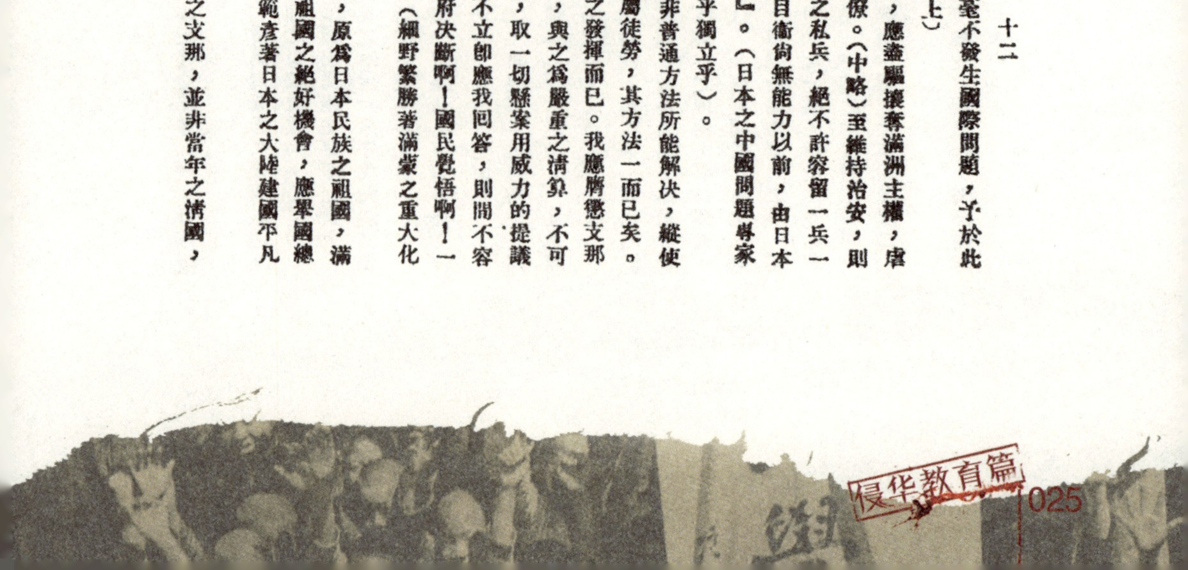

中華民國爲漢人之中國，則中國之領土，實以支那本部爲限，其主權不及於滿蒙囘藏』。(同上)

(24)『今異民族之漢人至滿蒙行使漢人中國之主權，誠屬欺天下而辱日本，莫此爲甚』！(同上)

(25)『日俄戰役之後，滿蒙領土保護權己歸日本人掌握』。(同上)

(26)『日本爲執行此項保護權，有何侵犯中國之領土干涉其內政之足云』。(同上)

(27)『滿洲不獨爲日本之生命線，實爲日，鮮，滿，蒙，我同胞之民族線，世界民族線爲日本生命線之延長，橫斷亞細亞高原，由日本朝鮮滿蒙以達土耳其何牙利』。(同上)

(28)『中華民國對滿洲爲本來無主權之國，列國承認國民政府時，日本雖亦承認，但其政權決不能及於滿洲，蓋其領土保護權事實上早已歸於日本』。(同上)

(29)『經濟絕交及排日爲支那之傳統政策，日本僅恃棉絲布匹之輸出，絕不能生存，日本有經營滿蒙之必要，且有進入亞洲大陸之必要。』(同上)

(30)『由民族的立場上說，滿蒙並非漢族所有物，實爲太古以來，我日本，朝鮮，蒙古，土耳其，匈牙利，芬蘭等大民族之所有物』。(同上)

國際

(31)『日本有絕對利用此次事變之機會，推翻中國領土權之主張。』(同上)

(32)『在清朝，滿洲之領土保護權，事實上已歸日本，清國當時行使之政權，實由日本之委任而行統治而已』(同上)

(33)『日本之派遣軍隊，並非單爲自衞，亦非行使條約上之權利，實爲行使條約以外之領土保護權』。(同上)

(34)『清朝亡後，滿洲原可由帝國自行統治之，爲避英美各國之嫉妬，方囑非滿洲人組織滿洲政府，故奉天政府官吏，不過具有日本委托之權利』。(同上)

(35)『不圖滿洲政府竟誤解名分，惡用此假裝主權，併入南京政府，揭青天白日之旗，演成滿洲發生中華民國主權之形勢』。(同上)

(36)『中華民國保守自國已乏實力，關內之政治尚不能統一，則統一關外，自屬不可能，我日本應起而排除中國之野心』。(同上)

(37)『我日本民族，道義之民族也。因太古避亂，離大陸而來此小島，以迄今日。漢民族好虛榮，善策術，不道德之極，又不知義與勇，且極卑怯，不知盡力於公共事業，至於爲國家爲世界，更無

十三

論矣，而其目的祇在私利私欲』。(同上)

(38)『國際聯盟以滿洲爲支那卽中華民國之一部，竟以一百七十萬日鮮民族歸其支配，實則支那並非中華民國之名，亦非其民族之名，中華民族，僅限於漢族，支那並非其國家之名，意義至爲漠然。大清帝國，並非今日之中華民國，故支那實無正當的國名，中華民國之領土，僅限於本部，今日世界上已無支那國，吾人仍稱中華民國爲支那者，不過習慣上之稱謂而已』。(同上)

(39)『南京政府者，不過一種海上蜃樓，乃江浙財閥、與軍閥混血之雜種混血兒也』。(米野豐實著新滿蒙國策。提唱)

(40)『滿蒙之領土權不屬於中華民國及國民黨』。(同上)

(41)『使他人飼牛而搾其牛乳，是爲支那人之先天性，南京政府之亂叫收復滿蒙，此之謂耳』。(同上)

(42)『由日本給予新獨立國以助力。我民衆應爲新國家之中堅分子及指導者』。(同上)

(43)『予以爲支那非特無國境，因無國境且無國家，蓋國境以國家組織之完成爲必要條件，有國家方有國境』。(同上)

(44)『今日支那紛亂，甚於五代，支那以文章興國，以文章亡國，今日支那之民主政治，在經典上無根據，在歷史上無先例，此民主共和論既不能成爲文章，則支那實爲不治之國家，而支那人猶以爲國家前途具有無窮希望，予以爲支那之政治與社會，毫無關涉，既無關涉，何得稱爲國家』？(矢野仁一著　近代支那論)

(45)『凡一國家，對外須一致團結，賭其生命而戰爭，支那曾有一人起而爲祖國戰爭乎？故可知國家之完成統一，並非全體支那人之要求』。(同上)

(46)『所謂近代國家，第一須有國界線國防線，今支那之國界線國境線，蒙古則隨蘇俄之勢力而變動，西藏雲南則依英國之勢力而轉移，支那國界線之證據太不充分。

第二必爲軍國主義。今日尙無徹底和平之國家，軍縮及軍備撤廢等等，孰能實行？支那則自稱爲徹底和平之國家，不能防禦他國，雖擁龐大之軍隊，均爲軍閥之私兵，毫無愛國精神，非軍國主義之國家也。

第三須圖工商產業之發達，力求輸出之增加輸入之減少，卽資本主義是也。今支那又非資本國。

第四須承認外國。但支那自古以來向抱外國爲蠻夷之思想。

第五須有有機體之組織。今支那卽主權亦不明其何在。故支那絕無現代國家之證據。』（同上）

（47）『滿蒙新國家與日本之滿洲統治機關，可絕對結合。蓋此新國家與日本之統治機關，二而一者也。吾人際此千載一時之好機，應敢然於日本帝國生命線之滿蒙，輔翼一大建國之宏業也』（日支那社社長末木儀太郎著「滿蒙新國家之建設」）

（48）『滿蒙者，滿蒙人之滿蒙也。彼支那人直不過一侵入之流民耳。若以遼，金，元，之國家爲支那所建之國家，則日本及其他各國統治支那之大部分，當然亦可稱爲支那之國家矣。自民族系統上觀察，則滿蒙之地，並非支那系統，甯可稱爲屬於日本系統』。（同上）

（49）『滿洲國統一國家之組織，以中央集權爲本位，附設顧問府，爲充分之指導。內政爲中央集權，外交軍事則委任於顧問府，由此新政府與日本政府之間，締結顧問招聘契約，握一切權能與實權，發揮顧問府之機能，以顧問府爲新國家之柱石，日本則設滿洲總督或都督之名，收統治之實，軍事則稱滿洲軍司令部，以我軍之勢力，組織統發重要機關，否則新國之建設毫無意義』。（同上）

（50）『新國家之軍事權外交權旣委任於日本，則滿洲日本統監政治，自應運而生，其關係可倣韓國統監之實例，則新國家基礎，必可穩固。覩日韓保護條約之精神，卽可知其成績最爲王道之主義，與支那治國平天下主義，亦可協調也』，（同上）

（51）『大陸者，我等之故鄉也。在三千年前之遠古，我等先祖由大陸遷徙於蕞爾之島上，建殖民國家，依我等優秀之民族性，與優美之風土，作成繁榮之國家，及世界無比之國體。但我等民族，還原於大陸之本能，無時或息，前此對朝鮮對支那之政策，爲我歷史的重要部分，朝鮮古來卽在我勢力圈之內，不幸歸後我國因貪東洋君子之名，甘於鎖港謬策，國民意氣，略形消沈，當時僅以倭寇之名，轟動於支那之南北各地。迨明治維新，我民族大陸還原之本能，又油然繼起，自覺有握大陸生命線之宿命，經四十年間之努力，得列於世界強國之一，我民族之優秀性，方爲世界所認識。不幸巴黎和會之中，僅得一五大強國之一之虛名，而人種平等案，竟爲各國所蹂躪，對滿蒙之優越權，亦被付審查，至華府會議更遭慘淡之退却矣』。（米野豐實著　新滿蒙國策之提唱）

第三項　關於排斥外國之教材

（甲）排斥俄國者：

（1）『俄人之侵寇』。『俄人或寇樺太，或掠奪擇捉，爲強暴之舉動』。（日本文部省編尋常小學日本歷史卷二）。

（2）『先是俄國侵略西比利亞，達勘察加，航入鄂霍次克海寇我北邊』。『俄人之寇掠，英人之暴行繼起』。（同上）

（3）『俄德法三國之干涉起，國民無不憤慨，臥薪嘗膽，努力報仇於他日』。（同上）

（4）『美俄法荷英五國條約與我國大爲不利，大損國權，我國上下深爲不平』。（同上）

（5）『英俄法三國恃其本國之強大，揮其侵略之惡魔手腕』。（三省堂中等教育東洋歷史教科書）。

（6）俄人以我不許通商寇樺太千島等處』。（同上）

（7）『俄寇蝦夷樺太』。『俄屢入寇』。（三省堂編日本中學歷史教科書）。

（8）『英法爲主要之侵略者』。（三省堂編中等西洋歷史教科書）。

（9）『俄人由陸上來侵略』『英俄法三國爲最著名之侵略者』。（三省堂編女子東洋歷史教科書）。

已佔領其大部份，更進而侵略阿富汗』。（同上）

（11）『俄國兇徒之一集團，時時虐殺我帝國在尼哥來埃夫斯喜地方之守備隊及居留民』。（同上）

（12）『此時彼得大帝出，開始侵略勘察加半島及千島樺太，迫與日本通商，不遂其請，遂屢屢寇我北邊。（文部省編高小三年用國史）。

（13）『俄人漸侵略千島羣島，又在伊爾庫次克設日本語學校，教漂流人學習日語，以俟侵略我國機會之到來』（三省堂編中等日本歷史教科書）。

（乙）排斥英國者：

（14）『英人之亂暴』。『英船突侵入長崎港內』。『俄人之寇掠英人之暴行繼起』。（日本文部省編尋常小學日本歷史卷二）。

（15）『美俄法荷英五國條約，與我國大爲不利，大損國權，我國上下深爲不平』。（同上）

（16）『英國之侵路』。『英俄法三國恃其本國之強大，揮其侵略之惡魔手腕』。（同上）

（17）『繼俄人入寇者英夷也』。『英船時出沒日本近海，一艘突入長崎，犯我國法極其暴虐，國人憤英俄之亂暴，大唱攘夷論』。（文部省尋常小學國史下卷）。

（18）『英法俄爲主要之侵略者』『十九世紀後半紀西方帝國主義流行，壓迫更甚，英俄法三國，實爲主要之侵略者』。（同上）

（19）『此時乏與英俄德三國交戰之實力，天皇下詔勸諭，國民奉飲泣，臥薪嘗膽，爲他日之報仇』。（同上）

（20）『由是英人漸侵略印度，滅莫臥兒帝國，併呑緬甸』。（三省堂編女子東洋歷史教科書）。

（21）『英人之殘酷』。『英人侵取印度時。其殘酷實無所不至。哈斯汀 Hasting 在印度任中，實行不當之惡政。世界中未有如哈斯汀 Hasting 之殘酷惡奴者』！（三省堂編中等東洋歷史）

（22）『英艦屢次入我近海，有上陸爲掠奪行爲者』。（同上）

（23）『近時印度人亦大起排英的運動矣』。（三省堂編西洋史）。

（內）排斥美國者：

（24）『美國態度，極爲亂暴』與『美國結通商條約，非難大起，海內騷然，攘夷之論益盛，攘夷之氣大焰』。（日本文部省編，尋常小學日本歷史卷二）。

（25）『美俄法荷英五國條約與我國大爲不利，大損國權，我國上下深爲不平』。（同上）

（26）『美國迫訂不平等條約，以兵力相逼』。（三省堂編日本中學歷史教科書）。

（27）『日本戰後，美國大起排日，與年俱進，我國不得不求正當之待遇，但爲我國國力不充，進行困難之勢，悲矣哉！悲矣哉！』（三省堂編西洋歷史教科書）。

（28）『近在將軍輦轂之下，竟有美國之黑船（按卽賊船之意。）到來，國民大驚失色，競起擦刀鎗，拂甲胄之塵，加緊訓練，攘夷論大盛』。（同上）

（29）『日人在加拿大西南部者甚多，但因受限制，移住大感困難』。（內藤虎次郎著新制東洋史永澤金港堂出版）。

（30）『近年來美國實行排斥日本移民，限制入國，並禁由夏威夷轉入，又以州法禁止土地所有權，至一九二四年，日本人遂遭禁止入國之命運矣』。（同上）

（31）『美國之佔領菲律濱，一爲對中國之位置，二爲對南亞之位置，三爲對馬來之位置，四爲對西部太平洋（日本）之位置，無非爲軍事上經濟上作一優越之地位。吾人對此，應大大留意，大大留意』。（大阪田中宋榮堂出版之高小第一學年地

理參考書）。

（32）『現今世界各國，均欲爲太平洋之霸者，尤其是美國。北於阿拉斯加，南於夏威夷，關島，菲律濱各方面，安置其布棊局的根據地，居然以太平洋霸者自命矣！但其計劃竟爲我之南洋（按即日本委任統治地）所切斷，此舉實有重大之價值』。（同上）

（33）『加拿大之日本移民約有二萬，多居於西部海岸地方，從事漁業，然最近美國大起排日，屢加壓迫，發展大感困難』。（同上）

（34）『美國排日之原因有三，（一）美人抱人種之偏見，（二）白種工人不許外人職業，（三）無智政治家之煽動』。（同上）

（35）『大正十三年美國乘日本關東大震災後日本國力最困難之時，實行移民限制法案，國民應記憶勿忘』。（三省堂女子西洋歷史教科書）。

（36）『加利福尼亞州爲我日本移民所開拓，今竟於農村中揭示"No more Japanese wanted here"之拒絕日本移民宣傳品，不要日本人矣，國民勿忘！』。（同上）

（37）『高唱和平人道之美國，尙且在女子學校教練其兵式體操，此種現象，我日本人應深深注意』。

（同上）

（丁）排斥法國者：

（38）『德俄法三國之干涉，國民不憤慨，臥薪嘗膽，努力報仇於他日。（日本文部省編尋常小學日本歷史卷二）。

（39）『美俄法荷英五國條約與我國大爲不利大損國權，我國上下深爲不平』。（同上）

（40）『英俄法三國，恃其本國之強大，揮其侵略之惡魔手腕。（同上）

（41）『英法俄三國實爲主要之侵略者』。（三省堂編中等西洋歷史教科書）。

（42）『英法俄三國人爲最著名之侵略者』。（三省堂編女子東洋歷史）。

（43）『法國起遠征之師，攻略越南，割取印度支那，以東浦塞爲保護國，越南王憤法人之橫暴，以致開戰』。（同上）

（戊）排斥德國者：

（44）『近時德國亦試其侵略之手段』。（三省堂編中等西洋教科書）。

（45）『凡我國民憤慨英俄德三國之干涉，但以此時之與三國交戰之實力，天皇下詔勸諭，國民奉詔飲泣，臥薪嘗膽，爲他日之報復』。（同上）

（己）一般之排外教材：

（46）『下外國船擊攘之論』。『朝議一變，攘夷親征』。『皆實行攘夷』。『賜攘夷之刀』。『定攘夷日期』。『看攘夷先鞭』。（文部省編尋常小學日本歷史卷二）。

（47）『外國船隻往往出沒於日本近海，上岸掠奪，或入港逞其暴行，應行擊攘之論大起。至仁孝天皇時遂命擊攘一切外國船舶』。（同上）

（48）『攘夷之論益盛，攘夷之氣焰大擧』。（同上）

（49）『此時西洋諸國，忽擴張勢力於東洋，次第迫我近海，國民大爲不平，唱攘夷論，幕府亦下外國賊船擊攘之令』。（三省堂編中等東洋歷史教科書）。

（50）『安政條約係德川幕府受外國壓迫所訂結，傷我國之體面，害我國之權利，國民憾之』。（文部編尋常小學國史下卷）。

（51）『攘夷之氣焰大擧，家茂不得已定五月十日實行攘夷』。（同上）

（52）『日本最大之功績爲制止歐洲諸國之侵略。日本尚不止制止歐洲諸國之侵略，且能使自誇天下無敵之歐洲諸强國促其反省矣』。（三省堂編女子

（53）『安政條約爲甚不利於我之不平等條約』。（三省堂中等日本歷史教科書）。

（54）『日本人對世界有何貢獻？日本人不得不覺悟應代行天伐說，破世界之霸道，或加討伐，或予征剿，以盡日本人之天職。他日掃蕩世界之腐敗，壓倒驕傲無禮之國家，爲世界之帝王，以君臨世界』。（日本文部省審定三省堂新撰國文讀本卷六）。

（55）『海洋王太平洋，美水何泱泱，東洗南北美，西洗亞澳之陸梁，南及南極大陸地，北以柏林海峽直達北冰，南北一萬哩，東西一萬一千哩還要強，面積佔地球之三分之一，比全陸地更要廣。懿與休哉！我日本帝國在其西方，我等生於斯，實有無上之榮光，我等應猛省，堅心要向此大洋，一擧進出大海原，取此大海洋周圍一切之寶藏』。（文部省尋常小學讀本）。

（56）『世界戰爭之結果，勃起國力消長之問題，至不能互讓時，國際聯盟將憑藉何種力量，使不至開戰』。（文部省審定，三省堂編中等修身第十七章）。

（57）『自新航路新世界發現以來，約四百年間，西洋

等人種，其勢力極其隆盛，亦極其橫暴。（三省堂西洋歷史教科書）。

（58）今日日本人普通對於西洋人仍稱夷人樣，意卽洋鬼子。

第四項　關於排斥外國之言論

（1）『關於滿洲問題，聞美國人有不服日本所爲者，有罵日本軍人爲狂人者，如果不服日本所爲，請以武力臨我日本，若僅以言辭威嚇，日本毫不恐懼，當以實力相周旋。美國人引用非戰公約勸告日本撤兵，美國實無以武力加於日本之權利與口實。且美國自己已引用非戰公約第二條，若向日本，在理論上實無法挑戰，故美國脅迫之言辭，視爲耳邊風可耳。若美人行背非戰公約向日本宣戰，則爲條約之叛逆者，舉世均可討伐此不法之國家！』。（法學博士五蛯川新著滿洲事變與日本官民外交論）。

（2）『吾人旣有稱霸太平洋之大計劃，則萬不能忘卻世界第一位海軍國之美國。原來工業國家，自抱天然的好戰之原則，尤其是美國，金融資本之地位業已確立，其對外政策，自帶侵略傾向，其三百年來，均爲其民族之西進攻擊史。其奪菲律濱也，合併夏威夷也，莫不爲將來管制太平洋之根

據地。經濟上與大軍備相輔而行，口唱門戶開放主義，以滿蒙之經濟的征服爲其目標，此均爲美國二十七世紀中半以來之國策，以爲能得滿洲，卽足以制世界。帝國於滿蒙關係之重大，有史以來，未有如今日之緊急者，吾人應死守遠東大陸，吾人應思及假想敵國之支那，俄國，美國』。（日本陸軍讀本第八課美國與滿洲）。

（3）『國際聯盟當初爲維持東洋和平，懇請日本加入，然而今日聯盟反蔑視日滿密切關係，及日本之立場，持親支排日之態度，忘其本來之使命，企圖壓迫日本，實所不解』。（須藤理助著「併吞滿蒙呵」）。

（4）『國際聯盟要以全會一致爲原則，今若僅以歐洲人集會，卽所謂祕密會議，不俟日本代表出席，實爲違反條約本旨之一無甚識之理事會而已。國聯無一兵一卒之武力，雖欲干涉亦不可能，所謂干涉者，自以武力爲原則，我日本人當初亦有恐懼國聯之干涉者，實屬可笑之極』。（五蛯川新著「滿洲事變與日本官民外交論」』。

（5）『主張軍縮者欲化太平洋爲其庭園，主張國際聯盟者乃欲統意維持歐洲人勢力，合五六十國奔走於世界和平，其實無非爲歐洲人政策國策之假裝

耳』。（亞細亞研究會阿部東光著）。

（6）『國聯會議以懷疑相終始，其中飽藏欺詐之心理，是爲國際間之通病。平和之名雖美，但其音與兵輪同。（按日文平和爲へイワ，兵輪亦爲へイワ）。（同上）

（7）『太平洋上之殺氣，年甚一年。美國之經營太平洋及進出於東洋，勢如破竹，其領有夏威夷，關島，菲律濱，收買阿拉斯加及亞列遜羣島，設軍港要塞於上列各地之上，被其征服者，不下幾千百萬。他如擁有海山萬重雲煙模糊廣大領土之英國，於新加坡，香港等處，建立難攻不落之要塞。其過敏之神經，籠罩支那，印度，及赤道南太平洋諸島之上。支那雖云枯木死灰，但有廣大之山場，飄然中華民國之海軍旗，亦不時游弋於太平洋之一角。其長眠泉壤下之俄國波羅的海艦隊，本與太平洋風馬牛不相及，但以大陸戰具有絕大之資格，故其海軍亦有應援海上戰之能力，且有十二分之可能性，早爲識者所鑒及。上列各點，不論在概說上想像上，誠有千百雷霆，一擊轟落之威，况超於吾人想像上之美國之舉措乎。仔細思之，則吾等之感想，應如何乎。總之，欲保世界之和平何必唱此軍縮國聯之高調，其如英美等國所企圖之海洋圈之協調互助等等，直不若爲極端之根本撤廢軍備之爲愈也』。（同上）

（8）『一手經理世界和平之本店之美國，爲欲實現起見，意製造許多美國製之公式，而此公式之通用解釋，亦完全爲美國式，我大和民族，誠莫明其妙，寧非怪事。

美製造之正義與和平之神曰：

正義之國美國啊！　和平之國美國啊！

先解決太平洋啊！

菲律濱獨立期限之約束快些取消了吧！

然後再解決支那問題啊！』（同上）

（9）『協約國四原則之成立，將我日本之山東省權益，破滅無餘，石井蘭辛協約，亦葬入墳墓之中，日英同盟同被打散，宣告離婚，巧矣哉！美國也。既買支那人精神的歡心，又予支那人以物質的援助，借款一千萬圓，投資二億圓，南京政府與美孚公司略略通融一筆，即達一千萬圓，上海電力公司即達七千萬圓，美國尙曰我無野心，結局何止買心，無非買國而已。巧矣哉！美國也』。（同上）

（10）『支那近日之反日排貨等支那四億民衆心理之態度，使美國漸入佳境矣。山雨欲來風滿樓，美國

之目的果何在乎。曰：

（一）以太平洋爲美國之庭園靈沼。

（二）以東洋爲美國資本主義帝國主義之會操場而已。

亞門！太平洋將成大築洋矣！但吾等日本人須用吾等之血液，使汝永久爲太平洋！亞門！』。（同上）

（11）『海國日本帝國實爲天佑之國家，英國雖同爲海國，但與日本毫不足比。英國不能與歐洲以外之國家的文明接觸，是爲英國重大之損失，在國防上英國與大陸過於接近，曾受羅馬及北蠻所蹂躪，外敵侵入之危險頗多，而都巴海峽在今日亦無法防止大陸空軍之襲擊，且對岸諸國，悉爲世界第一之軍國，而英國領土之分布，又極散漫，將來必致無法收拾，是均爲大英帝國之致命傷。反之日本帝國，文化則爲世界的中心，國防上極東大陸，又配布有優勢之陸軍，而太平洋上又無足以威脅帝國兵力之國家，故日本帝國實立於不敗之地』。（平田晉策著日本海軍讀本）。

（12）『我日本創新海軍之前有一悲痛之事實，國民切不可忘，是卽文久三年英，美，法，荷，四國艦隊轟擊我馬關之事。當時英國提督久巴中將，率

艦隊十七艘於八月四日擊我馬關，佔我礮台，我當時無海軍之長州軍，飲泣無法抵禦，七十門大礮遂爲敵所掠奪』。（同上）

（13）『大正年代中期，太平洋上僅有我帝國一國，故太平洋可稱我日本之海，但至大正八年（一九一九年）夏季，太平洋和平形勢，又告破裂，是年八月，美國加利培海百數十艦隊，通過巴拿馬運河東口，達哥倫港，作一長大之縱列，美國艦隊通過運河之時，太平洋又成危險之海矣』。（同上）

（14）『列國對於支那不守一貫之德義，反容認支那之不德義，以圖增加自國之利益。支那之內部的政情，實難預測，我日本國民應自覺時局之重大，守二千年來之國家，圖民族之發展』。（永澤金港堂出版新制東洋史）。

（15）『蘇俄之目標者，日本也。但我日本一旦健在，絕不許其放肆，彼竟然大修軍備，冀報帝政時代之大仇，備有八十師團百數十萬之常備兵，充實其陸空新銳之兵器，更由五年計劃發展其製造軍需品之重工業，企圖一蹴打倒日本，時時壓迫我北海漁業森林油礦及海參崴之朝鮮銀行，其傲慢無信義，其藐視我日本可知也。故處今日我日本

之立場上，應用當年日俄戰爭以前舉國一致之力以當之』。（同上）

（16）『印度三億數千萬之民衆，久受英國之暴壓，極爲苦惱，蓋壓迫異人種原爲白人種殖民政策之典型，惟自日本戰勝之後，印度民衆，大爲覺醒，故在一九一四年世界大戰時，在法國戰場上之印兵，憤英人之背信，大叫獨立，此三億數千萬之印度民衆，大有不達獨立不止之勢，印度民族，已自覺矣』。（同上）

（17）『巴拿馬運河開通之後，美國西漸之足步，更爲猛進，其帝國主義之膨脹慾，直衝至東亞之天地上』。（匝瑳胤次著昌深一日之日美危機）。

（18）『經日俄戰爭，美國始驚異日本之實力，洞察日俄兩國將來於遠東之關係，欲除去其東洋政策遂行上之障礙，出爲調人，執斡旋之勞，演威赫日本，左祖俄國之把戲，日本完全接羅斯福大總統之調停案成立條約，此爲美國對日感情變化之明證』。（同上）

（19）『支那並無獨立戰爭意思，其背後之支援國有俄美二說，但俄國自加拉罕以後，與支那已反目，故與中國協同作戰者，必爲美國。美國資本家對於支那之富源，人口，原料產地，消費市場，均極垂涎。今日美國利用其資本力及海軍力，欲掃蕩日本之勢力』。（平田晉策著極東戰爭與美國海軍）。

（2）『美國今已完全入於資本的帝國主義時代，此帝國主義的美國，抱獨占世界資源及市場之野心，於國內則組織極大之公司，於國外則爲支配金融及攻勢的貿易戰。美國之產業，已成爲世界之第一位，農牧鑛業之外，有大工業，大工業則以重工業爲中心，而重工業則飽滿戰鬬之性質，如鐵工業，化學工業，石油工業，電氣工業等，均爲近代戰爭重要之原素，美國擁有此等戰爭原素之資源，而我日本於鋼鐵石油等極爲缺乏，不得不立於失敗之地位，萬一日美開戰，我日本不得不費一番苦心也』。（同上）

（21）『美國經濟的帝國主義之特徵，既以獨占企業金融爲其野望，故美國之戰爭自以驅逐日本資本及企業於支那爲目的，爲欲達此目的，非求日本敗北不可，日本人應加努力』。（同上）

（22）『歐美各國之陰謀，不外帝國主義政策之發露，而其共同之勢力，實爲對我日本之共同壓迫而已。由是列國陽假和平之名，實行其野心之國際聯盟之發動，如此而已』。（米野豐實著，新滿蒙

國策之提倡）。

（23）『國聯今日之態度，強爲標榜人類和平，國際正義之機關，實則爲冒瀆和平之「人類叛逆之集團」，以美名以籐牌，蕓完成一二國家國際陰謀之萬惡之府而已』。（同上）

（24）『我日本不怕孤立，不必悲觀，與其受屈辱之雷同協調，甯爲自主自尊之孤立，反有光榮，反爲有力，以暴露列國之假面具，今日我政府及軍部之主張威力解決，實堪嘉許也』。（同上）

（25）『試觀白人種之侵略及殖民政策，大都壓迫先住之居族，以多數民衆爲犧牲品，謀少數人不當之利益，如印度埃及，均極好之適例也。國聯口稱維持和平，實則爲和平之破壞者』（同上）

（26）『國聯之無威權，久已暴露，故謂國聯無存在之必要亦可』。（同上）

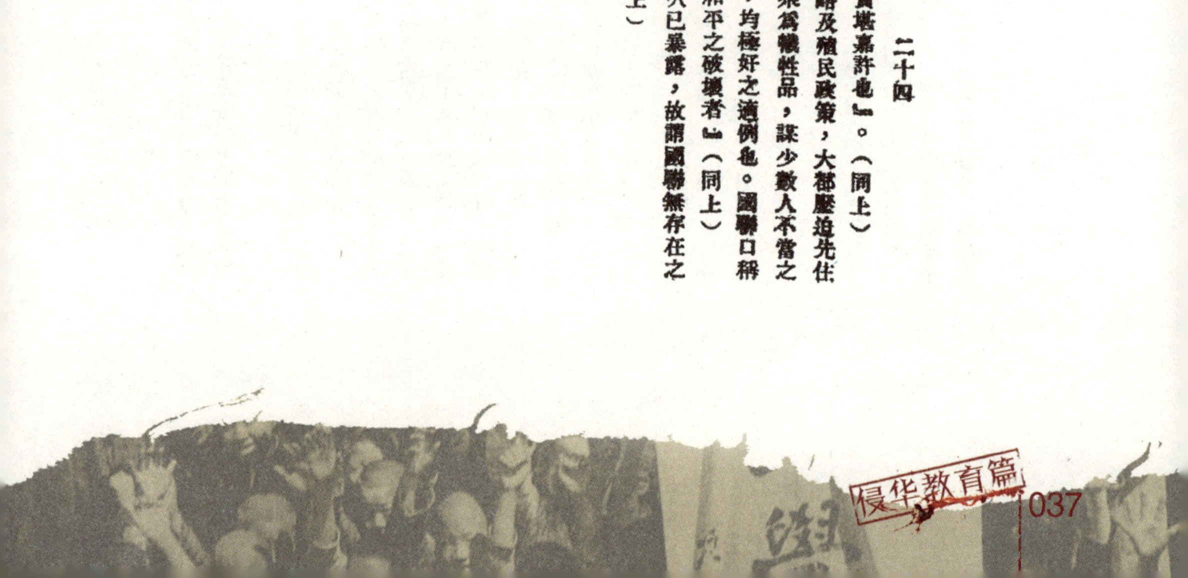

河南教育月刊

《河南教育月刊》创刊于中华民国19年（1930）10月，月刊。由河南省教育厅编辑处编印、发行，为教育类刊物。该刊主要刊登理论文章，研究高、中、初等及学前教育、平民教育等问题，涉及教育思想、教学法与课程、考试、心理、保健、师资、家庭诸方面，还有部分译文及国内外重大教育消息报道，有大量视察及实验报告与统计图表。出至民国24年（1935）5月停刊。

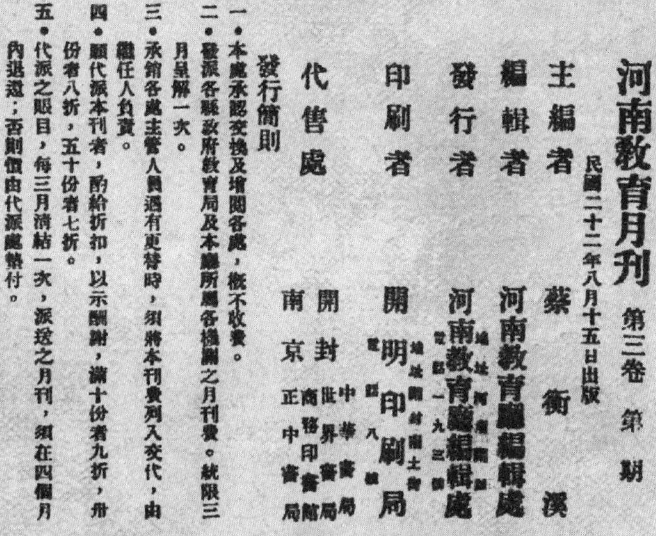

河南教育月刊 第三卷 第 期

民國二十二年八月十五日出版

主編者 蔡衡溪

編輯者 河南教育廳編輯處

發行者 河南教育廳編輯處 地址河南教育廳內 電話一九三號

印刷者 開明印刷局 地址開封南土街 電話八號

代售處 開封 中華書局 世界書局 商務印書館 南京 正中書局

發行簡則

一·本處承認交換及增閱各處，概不收費。

二·發派各縣政府教育局及本廳所屬各機關之月刊費。統限三月呈解一次。

三·承銷各處主管人員遇有更替時，須將本刊費列入交代，由繼任人負責。

四·願代派本刊者，酌給折扣，以示酬謝，滿十份者九折，卅份者八折，五十份者七折。

五·代派之賬目，每三月清結一次，派送之月刊，須在四個月內退還；否則價由代派處繳付。

《河南教育月刊》版权页

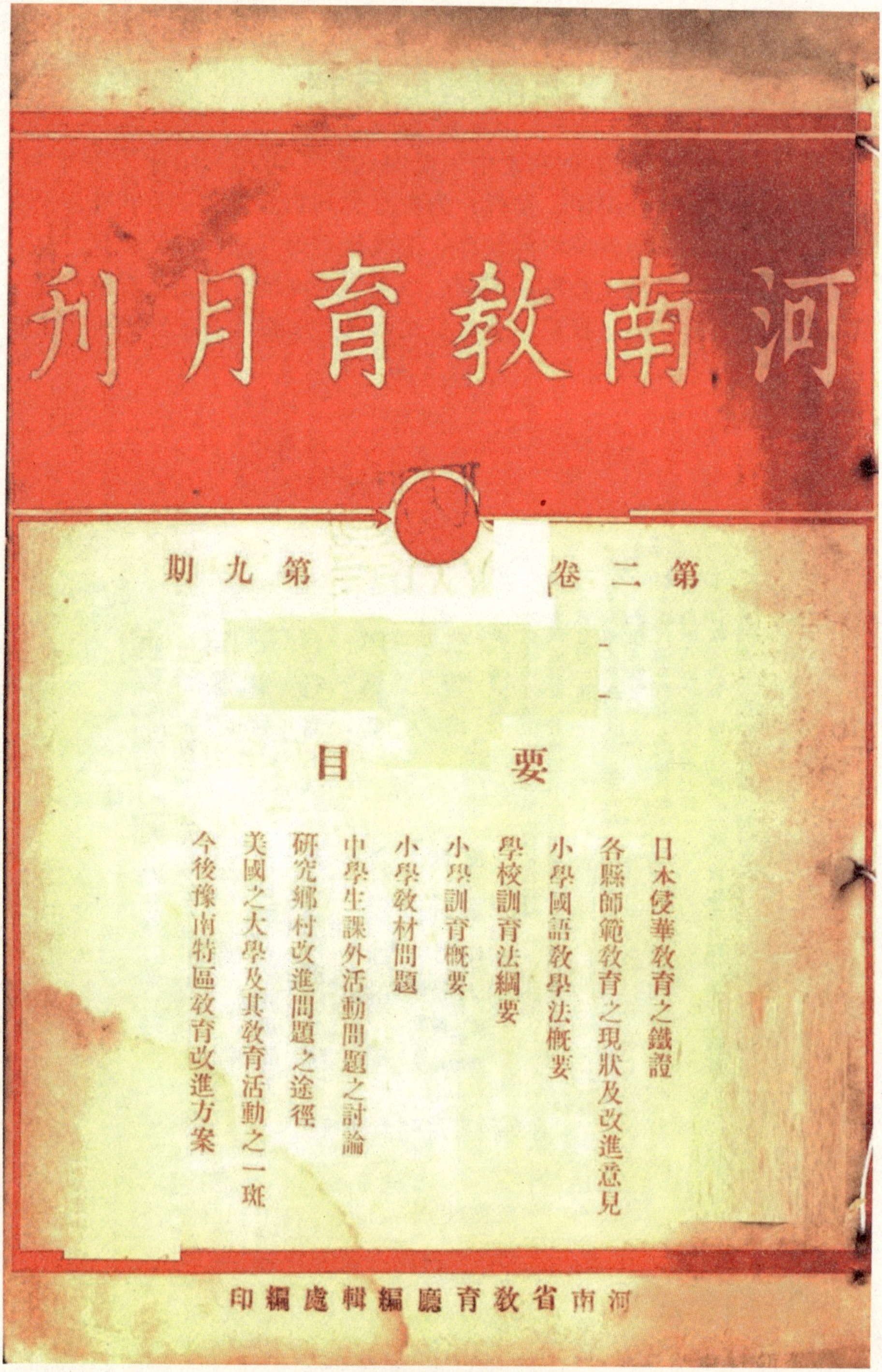
河南教育月刊
第二卷
第九期
要目
日本侵華教育之鐵證
各縣師範教育之現狀及改進意見
小學國語教學法概要
學校訓育法綱要
小學訓育概要
小學教材問題
中學生課外活動問題之討論
研究鄉村改進問題之途徑
美國之大學及其教育活動之一斑
今後豫南特區教育改進方案
河南省教育廳編輯處編印
《河南教育月刊》封面

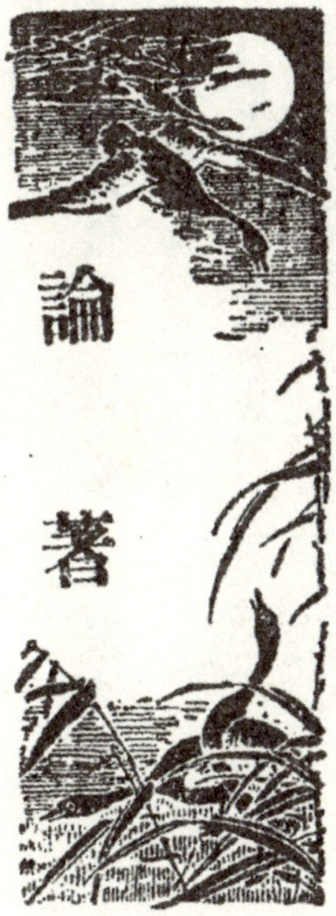

日本侵華教育之鐵證

摘錄日本侵侮中國的教材言論電影標語及歌謠

李翼廷

日本的普通教育，每以侵侮中國爲中心，，其中小學校教科書每冊之中至少必含一二課誇張其武力及侵略的色彩。一方則極力描寫中國的地大物博，以開啓其國民侵略中國的貪慾；一方則極力描寫中國衰弱無能的狀態，以養成其國民輕侮中國的心理。然後更用滿蒙是日本的生命線等言詞，以詔示其國民有非侵略中國不可的野心。現在日本人已異口同聲的說『我們的滿蒙』了；這樣下去，也許快要說到『我們的支那』了；反之，中國的教科書，對於二十一條及五三慘案等，不過爲事實的記載，而日本人則張大其詞的說『排日卽是支那的教育，支那的教育卽是排日』；又說『世界列國中教育上公然誹謗他國的，除支那而外沒有了』云云。試看現在把日本學校教育通俗教育所用的教材，言論，電影，標語，歌謠等略擇一二，請大家看看恐怕世界列國中教育上公然侵侮鄰國的，實除日本而外，沒有吧！日本教育上所載侵侮中國的教材和公私的言論如下

1 支那無地理的國名古來雖自稱中華自誇中國都是妄自尊大的是一個無嚴密國名的國家

2 支那人民對夷狄乞丐盜賊都可服從

3 支那廢數千年來的君主政治建共和政體反失却其國家的中心

4 支那民族無民族的精神極端缺乏愛國心
5 支那是半開化的國家富野蠻的迷信性
6 支那人人面獸心不是人類
7 支那四千年來所養成的國民性都是詭詐虛僞的結晶殘忍
刻薄亦是支那人的正體
8 支那古來雖自誇爲中華安知他日滅此中華民國的不是蠻
夷呢誰能保證呢
9 支那是無秩序的共和國無統治的野蠻國
10 支那國民政府是一個的破戶漢
11 支那沒有國軍軍人沒有國家的觀念是破戶漢和盜賊的集
團
12 支那已土崩瓦解吾等應注意支那問題看其過去的歷史定
將來的手段圖帝國的發展朝野應共同研究支那
13 支那不値日本鎧袖一觸
14 二十一條約都是當然又當然的規定而支那愚蠢的學生和
煽動家竟以五月七日爲國恥實屬荒謬
15 滿蒙不是支那的領土自民族上觀察屬於日本系統
16 滿洲的地勢和歷史的關係上與支那本部隔絕大可獨立
17 日本人應研究以滿蒙做日本的殖民地的價値
18 滿洲地廣而肥有大平野有大森林鑛產又富是將來工業絕
好的經營地作爲日本的殖民地再好沒有了
19 應使日本兒童明白產業中心的滿洲是日本民族活動的舞
台引起他們熱烈的研究
20 滿蒙地方既爲我日本的生命線不得不以正當的認識告訴
後來的同胞担任這責任的是全國的教育家
21 滿蒙爲日本的生命線和日本的生死存亡有最直接關係爲
日本生存權不得不行動
22 凡日本所沒有的東西滿洲都有滿洲併入日本是天然的配
劑先天的命運不得不併吞滿洲
23 滿洲本爲高麗人的今日支那人實在沒有說話的資格
24 滿洲雖日本近天然物產又富作爲日本今後殖民及發展的
場所最好不過日本中小學校的教科書應更增加滿洲的教
材使小國民飽滿滿洲的興味注意這生命線
25 日本人的敵人是支那共和國
26 支那人對滿洲在歷史上實在沒有何等優越權
27 滿洲人對日本人比對支那人尤爲歡迎蒙古人也是這樣的

28 日本的陸軍是死守滿洲的鐵壁懲支那暴兵保大陸生命線

29 滿洲是帝國糧食的寶庫斷不能退却拋棄權益

30 日本要澈底膺懲支那權擁護滿蒙權益舉全國的力量以播蕩支那

31 日本人向未開無人的處女地去發展極為自然真是天賦的權利管他什麼帝國主義侵略主義

32 日本不特以擁護滿蒙權益為最後的目的更當進而建設滿蒙獨立國然後再謀合併滿蒙

33 對支那問題的解決須用實力威力膺懲支那的不法和他算結不可躊躇定最後的決心

34 滿蒙是滿蒙人的滿蒙支那人不過是侵入的一種流氓

35 滿蒙的權益是日本有條件和無條件所有的生活的資源

36 滿蒙可以看做朝鮮第二沒有了滿蒙就不能保朝鮮日本要死滅的

37 日本再進出此滿那末整個的滿蒙富源總歸於日本了

38 日本應設法阻止支那人移入滿蒙用朝鮮人做先鋒

39 日本要征服支那必要先征服滿蒙待了根據再用商業做假面具去併吞支那的四百餘州

40 日本地理書日本地理末章必加入滿洲及關東州外國地理第一章必先說滿蒙第二章才說亞洲然後再說中國把滿蒙排在中國地理之外地圖也是這樣的國旗圖概未列中國國旗

以上所舉的不過是日本侵侮中國的教材和言論的大略，實在舉不勝舉，自從九一八，日本強佔東北以後，侵略的宣傳更為利害，其用電影宣傳的有：

（1）大阪朝日新聞社所製的滿蒙日支交戰片嗚呼中村大尉片

（2）日本國際電影社所製的若林少佐片

（3）關東廳所製的佔領北大營片（由陸軍省下令永久保存）

都是極力描寫日本軍人的勇敢，軍隊的整齊，中國軍隊的凌亂，中國人的卑怯和中國遍地皆匪，無人不變的狀態，以激動其國民輕侮中國和蔑視中國的心理；同時掩飾其侵略的罪惡，這幾種電影片天天在日本全國中小學校在鄉軍人會町會青年團等處公開演映，演映的前後，又加入種種演說，又有許多自命為支那通的派人，政客，商業團體，東亞經濟調查局員和駐在京都的十六師團將校等，到處開對支演說會，對支坐談會，滿蒙博覽會等，無不興高彩烈，氣吞一世，還有用帝國在鄉軍人會某某分會某某町會某某聯合會滿蒙建國會等所署名的標語，如：

1我們的滿蒙我們的滿蒙

2日本同胞起來國難來了殺盡暴支

3滿蒙日本的權益是神聖不可侵犯的

4實行滿洲日本統監政治

5解决滿蒙的實力武力發動機會到來了

6滿洲事變是天與日本的機會

7刀己出鞘斷不收回殺殺殺

8膺懲暴支膺懲暴支

9大和魂到大陸去

等字作到處散播，更用留聲機片收入歌謠，叫做『哈也利烏達』的流行歌，做普遍的宣傳，日本的男女老少，茶餘酒後，在街頭巷尾校庭席上，高興的唱着更是不瑞入耳了！以西條八十松平信博二人合作的時局軍歌和死守滿洲的兒歌最爲流行

1時局軍歌

起來呀！日本國民，鬼怒神泣，嗤！何等暴虐的支！慘風瀰漫了滿蒙的天空，胡砂飛揚染赤血，滿洲遍生高粱，來！重來一戰，我忠勇的將士，拚將白骨換河山！表忠塔（在旅順）邊西風寒，暴支肆兇殘，神洲國威危且頗！三千六百年的神統，正義堂皇的日本，這是那個畜牲，把神聖不可侵犯的帝國權利來蹂躪。

起來呀！國民，起來，執正義的戟，及時不把國威揚，嗟！遺萬古無窮的悲戚。

2死守滿洲歌

一，我的哥哥，爲什麼死？我的爸爸，爲什麼死？用赤血去換那寶貴的滿洲，死守死守，我們的權利藪。

二，夕陽染紅了滿洲的丘，夕陽照黃了滿洲的草，有淚痕歷史的滿洲，死守死守，我們的權利藪。

三，破家！殺掉破坏和平的敵，舉國！討伐無道暴虐的支，有光輝歷史的滿洲，死守死守，我們的權利藪。

等凡此種種，眞是肆無忌憚的極其侵略侮辱之能事，是可忍孰不可忍。

教育旬刊

《教育旬刊》创刊于中华民国21年（1932）3月，原刊名为《江西教育行政旬刊》，由江西省教育书报编译处编辑并发行。自第4卷第1期起由江西省教育厅编译处编辑。民国22年（1933）2月，又改由江西省教育厅设计委员会编译处编辑并发行，更名为《江西教育旬刊》《教育旬刊》。出刊至民国23年（1934）年9月终刊。

本刊廣告價目表

地位	全頁	半頁	四分之一
每期	六元	三元	二元
一月	十六元	八元	五元
半年	九十元	四十五元	三十元
全年	一百八十元	九十元	五十元

本刊價目表

冊數	定價
每旬一冊	七分
每月三冊	二角
半年十八冊	一元
全年三十六冊	二元

本刊全年卅六號分爲四卷每卷九期預定者不收郵費書費先繳空函定購恕不照寄

本刊編輯發行處　江西省教育廳教育設計委員會編譯部印行　地址：江西省教育廳

本刊印刷處　南昌新記合羣印刷公司　地址：六眼井三十四號　電話：第三百五十三號

本刊分售處　各縣教育局

《教育旬刊》版权页

中華郵政特准掛號立券之報紙

教育旬刊

式輝

國難教育專號

第五卷第三四期合刊第三十五號

中華民國二十二年四月一日出版

要目

江西省教育廳

教育設計委員會編譯部印行

《教育旬刊》封面

日本在我國東省之設立教育機關調查表（文化侵略之一）

學校八百九十九所圖書館二十七處博物館二處體育協會等五處

初等教育	小學校	一九處	（關東洲內）
	公學堂	一〇處	
中等教育	中學校	四處	（大連旅順）
	高等女校	二處	
師範教育	師範學校	一處	（旅順）
實業教育	商業學堂	一處	（大連）
	農業學堂	一處	（金州）
高等教育	工業大學	一處	（旅順）

以上二十九校係關東廳立

中等教育	高等女學校	一處	（大連）
實業教育	商工學校	一處	（大連）

以上二學係大連市立

初等教育	普通學校	一〇九處	（關東洲內）

以上一〇九校係文化協會設立

幼稚教育	幼稚園	二四處	（滿鐵沿線）
初等教育	小學校	二九處	（滿鐵沿線）
	公學堂	一〇處	
中等教育	中學校	四處	（鞍山 瀋陽 撫順 安東）
	高等女學校	四處	（瀋陽 撫順 安東 長春）
	中學堂	一處	（瀋陽）
實業教育	商業學校	三處	（長春 瀋陽 營口）
	農業學校	二處	（熊岳 公主嶺）
	礦山學校	一處	（撫順）

補習教育
- 實業補習學校　三二一處　（滿鐵沿線）
- 家政女學校　一處　（同）
- 日語學校　一處　（同）

專門教育
- 醫學堂　一處　（瀋陽）
- 工業專門學校　一處　（大連）
- 教育專門學校　一處　（瀋陽）

高等教育　醫科大學　一處　（瀋陽）

以上百二十六校係滿鐵公司設立

初等教育　小學校　六處　（日本租界內）

以上六校係日本僑民設立

實業學校　商業學校　一處　（大連）

補習學校　旅順日語學校　一處　（旅順）

以上二校係東洋協會設立

專門教育　日俄會學校　一處　（哈爾濱）

以上一校係日俄協會會立

初等教育
- 普通學堂　六處　（滿鐵沿線）專鮮生衆收
- 書塾　十三處　（同）　（同）

以上十九處係朝鮮總督府立

幼稚教育　幼稚園　十四處　（滿鐵沿線內）

初等教育
- 書房　三〇八處　（關東洲內）
- 小學校　七處　（滿鐵沿線）
- 普通學校　二八〇處　（日本租界內）
- 公學堂　一處　（滿鐵沿線）

補習教育
- 大連日語學校　一處　（大連）
- 羽衣女學校　一處　（大連）
- 女子技藝學校　一處　（同）
- 滿洲法政學院　一處　（同）
- 中華女子手藝學校　一處　（同）
- 海城東語學舍　一處　（海城）
- 遼陽日語學堂　一處　（遼陽）
- 同文商業學校　一處　（瀋陽）
- 同文商業學校　一處　（吉林）
- 中日懇親學堂　一處　（安東）

以上計六百〇五校均係日人私立總計日人在東省所設之學校計有八百九十九校之多

除學校外滿鐵所經營的圖書館計有二十三處藏書二十餘萬冊日僑所經營之圖書館計有四處博物館計有二處文化機關計有南滿洲教育會中日文化協會東洋協會日俄協會滿洲體育會等五處

譯 述

日本侵華之教材與言論

卜允新譯

日本教育，近以侵略我國為對象，其教材與言論，每詆毀我國，充分暴露其侵略的野心。卜君前譯日本侵華之教材與言論一則，載於本刊四卷四期中，茲復迻譯多則，特以刊入國難教育專號，俾我國教育者閱讀之餘，有所警惕！

——編 者——

（一）武力解決

——採自滿蒙問題之重大化與實力發動——

細野繁勝著

『此番滿洲事變，不是通常方法可以解決的。日本駐外使領人員，更無可以為力之處。解決之道，惟有武力發動，以懲中國破壞條約之罪惡。中國對於各種懸案，應與日本以滿意的答覆。倘中國不允日本之要求，即向其宣戰亦所不惜。日本强大的海陸軍，並非國家的裝飾品，值此千鈞一髮之際，正武力活用的機會。吾人總覽現勢，中日糾紛除訴諸武力外，頗乏解決的善策。』

（二）日本與滿蒙的關係

——採自學生世界地理誌——

『政治方面的：日俄戰後，日本取得關東州租借權。餘如長春以南的鐵道及鐵道附屬地的採鑛權，鐵道建築權，經商權，均為日本所獲得。日本勢力之蓬勃，竟達於中國自治區域。故日本在關東州及南滿各要地，宜置有守備隊之駐屯，才能維護日本的特殊權益。

交通方面的：除滿鐵本線外，如安奉，四洮，吉長三線及其他各地之鐵路建築權，亦歸日本經營。並開大阪商船南滿州鐵道會社之定期航路。滿蒙交通，均入於日本統

取之下矣。

日本雖昔與中國訂約時，載明福建省不得讓與他國。日本在該約內，復獲得關東州租借權，南滿州東部內蒙古鐵道建築權，及附屬地之鑛山森林採取權，幷顯明地將蒙古列入日本勢力範圍。凡日本商品能以到達之區，即其勢力日漸擴張之地帶也。

日俄戰役以來，日本承繼俄國在南滿洲之租借權及他項權益甚多。其勢力竟達於內蒙，此固與他處不同之情形也。以是內蒙之於日本，實有密切的關係。

日本在滿之既得權如下：

一，關東州

二，鐵道附屬地

三，土地商租，居住往來之自由，及鐵道鑛山管理權。

因上項權益，使日人向滿蒙移民人數逐年增加。」

(三)滿洲與日本殖民的價值

—採自地理參考書高等科第一年用—

『滿洲的發展是無限量的。以其土地肥美，森林蔽天，沃野千里，鑛產極豐。滿洲是絕好的工業經營地，今後交通機關發達時，蘊藏的天產，即可從事開發。無疑地，滿洲之適於日本殖民，自不待言。

中日戰役之結果，日本由中國取得南滿洲租借權，其勢力遂建立於滿洲。其所以臻此地步，實由於我人在滿洲之努力耳。日本在滿之兩種使命，一方須與美國資本戰，一方防衛蘇俄之陰謀。中國復急急皇皇，力謀在滿喪失權利之收回。我日本國民，此後須知加倍奮發，方能有補於事也。』

(四)號外

—採自滿蒙讀本—

『九月十九日的清晨，窗外傳來"號外！號外！"的呼聲。我忽然驚醒，即披衣起牀，見我父立于廊外，朗誦號外。

「父親，有何新聞？」

「天呀！中日兩國已在滿洲發生衝突。晋兒，你能閱讀此報否？」

「父親，你在滿洲多年，請將那裏的事物，講點來聽吧！」

「你校中難道沒有史地課程嗎？滿洲情形，汝至少總知道一些。」

「父啊！我只略曉得大概，難以滿足我的慾望。告我一點關於滿洲的事吧！」

「噫！自日俄戰爭開始時，余等寄居奉天垂二十年。滿洲無異余之故鄉。惟獨那暴亂無理的中國匪兵，常為日本人之隱患。兒啊！汝亦生於奉天，汝三歲時，余始挈汝歸來，滿洲乃兒之故鄉也。余今得此機會，將滿蒙狀況，啓示於汝，彌覺欣幸。滿洲共有四省，即奉天，吉林，黑龍江，熱河是也。面積大於日本的兩倍，人口約三千萬。滿洲的主要農產物，有高粱，小黎，大豆。汝所極當注意者：滿洲大豆的產額，幾佔世界百分之六十以上。他如棉花羊毛，產量甚豐，猶為日本所缺之，汝其記之。就此兩種原料每年輸入我國之價值，超過一億元以上。是項驚人的數字，試一思之可也！滿蒙牧畜事業，亦頗發達。汝若前往滿蒙，必能瞥見遍地羊羣，佈滿草原，當為驚異不置，日本土地狹小，人口激增，余每一念及，為之心怦不已。」

「今聞父所言，滿蒙景色，兒已領會。」

「汝能明瞭該地情況，余心殊樂。」

「然！我今完全了解。」

「自今以往，開發滿蒙的責任，應由我日本國民担負之。惟汝輩青年，亦有相當任務在也。」

「謝父美意。現在時鐘已鳴十一下，兒將寢矣，但願今宵於夢中見滿蒙也。」

(五)太平洋歌

——採自文部省尋常小學讀本十二冊第三十課——

「海王之王太平洋，
扶桑日出位其旁，
後代子孫兮多幸福，
孕育於慈懷兮永無疆，
我等熱望兮如巨浪，
探汝岸之寶藏兮日月久長。」

(六)保衛滿洲歌

——採自帝國軍歌集——

「我的哥哥，已陣亡在沙場，
我的父親，亦遭遇殺傷。
滿洲是英勇衛士的墓地，
那兒的權利要保衛到底。
我的哥哥為何而死？
我時父親為何傷亡？
實血換來的滿洲，
要保衛權利到底。」

(七)送某師團軍士出發歌

——採自帝國軍歌集——

「世界史，雖被赤血染紅。

日本滿蒙政策永久不息。
遠東的光輝和榮耀，
是帝國煊赫的春裝。」

(八)滿洲營陣曲

—採自帝國軍歌集—

『胡塵飛揚，
遍地高築起波紋。
聽呀—鬼哭神嚎，
烽烟迎面來。
狂暴華兵如開餅。
彼焉能長保滿洲。
聽呀！刀槍齊鳴響隆隆，
我方義士殉身臥血泊。
聽呀—前面的空喊雄叫，
營砦傾覆，
金湯毀滅。
日本軍旗飄揚空際。
聽呀—一片凱旋慶祝聲。」

(九)中國人之性質

—採自支那寫眞帖附載通俗支那事情講義—

「中國人民，謂為極端的守財奴，或非過甚其辭。中國勞動階級之生活，較犬馬猶劣，苟給與黃金的引誘，則一切侮辱，可以不顧，專以斂錢為本務。

中國人愛國心雖缺乏，惟政治上黨派的組織能力，頗為強旺。在中日交涉進行的過程中，中國人民有全國排貨運動的組織，反對購買日貨，並稱之為愛國心的發現，此舉誠荒謬已極。排貨運動，純為中國總商會發出之通電所激起，竟指明日本之要求條件，將陷華人於奴隸境域，華人之私產，將被日本充公，即個人自由，亦必大受束縛等語。以吾人觀之，該商會果具有愛國心發動的熱忱，應發之通電，乃聲明日本之要求，係確保華人之自由並與以生財之機會。而排貨運動，即為中國政府所煽動，亦必遏止無疑。反之，應向其本國政府發起請願運動，督促政府立允日本之要求。

總之，中國各派之領袖人物，無絲毫國家觀念。論其實質，惟黨同伐異而已。如彼等個人之私利感受危險時，所謂黨派者，亦落沒不堪聞問矣。

中國乃半開化的國家，生活標準，異常低下。全國文盲，佔百分之九十以上，一入中國衙署，其野蠻狀況，任何人遇之，當吃一驚。」

(十)中國的國民性

——採自滿蒙合併論——

『中國之國民性，其顯著者爲狡猾，虛僞，殘酷。四千年歷史的結晶，僅僅如是。

對待中國人的態度，不能以人類視之。多數日本國民不明中國之狀況及其惡性，致目中國爲文明國家，豈非至愚之事乎？』

（十一）中國的政體

——採自東洋歷史教科書第四十六章——

『中國爲世界存在最古的國家。其歷史遠在四千五百年前黃帝時代。中國曾經多次的革命，王朝起伏，變化無常。考其發生革命之原因，實獨裁政治有以使然。證以明太祖由布衣而爲皇帝者的事實，即表明中國政體所具的特異之點，日本政體在任何方面，均優於中國也。』

（十二）革命期內中國人民的態度

——採自東洋歷史教科書——

『如遇不事苛徵的帝王，姑無論其爲夷狄，爲盜賊，爲乞丐，中國人民，均心悅誠服而崇拜之。』

（十三）日本人之覺悟

『中國今日的趨勢，確有土崩瓦解的可能。中國的興衰，實與日本國運相關連。我日本國民，對於東洋問題，尤其是中國問題，宜隨時加以深刻的注意。吾人應熟習中國過去的歷史，以謀將來應付的對策，使日本民族有極度發達之一日。』

（十四）中華民國及其種族

——採自東洋史第十七章——

『中華民國的革命，其目的在推翻滿清，成立五族共和的政統。當時的滿洲人，多往中國內部居住，滿洲即爲中國移民所盤踞。滿洲在名義上雖爲中國的領土，實則滿洲與日本的利害關係，較與中國爲密切。

中國廢除君主政治後，即採用共和制度。因此變遷，遂失其國家的中心力量，於是政變屢起，使吾人觀之，儼然若走馬燈戲之表演也。』

（十五）豐臣秀吉

——採自尋常小學讀本——

『豐臣秀吉爲一諳練軍事的人材，身經百戰，每戰必克。當其跨馬馳騁之時，敵人望之，無不膽寒而逃。秀吉攻朝鮮時，中國派援兵往救，卒以日軍之勇武，華軍見之

（四）派全權大使附有隨員現任官吏而任大使之隨員者得以其爲額外隨員其薪俸及額外事項另以勅令規定。

（五）關東軍特務部仍舊存在部員綜由特派全權大使之隨員兼任。

（六）在滿領事本歸駐華公使館管轄今後改屬特派大使。

（七）滿鐵之教育衛生土木等事項仍照舊由滿鐵施行。滿鐵總裁須受特派大使指揮滿鐵附屬地之行政權歸關東廳。

初次駐滿特命全權大使一職，即由武藤信義充任，同時兼關東軍司令官關東廳長官三要職，這樣，避免了干預滿洲政府的痕跡，而實際統一了在東北之行政機關，以經營東三省貫徹侵略政策的實質上的宏效。其辦法與併合朝鮮前的設置朝鮮總監，正是如出一軌，有後先輝映之妙。

5. 顯微鏡下的滿洲國

1. 產生的因緣

帝國主義之獲得殖民地照例有兩個簡單方式；第一個是先割裂了一塊土地製造起一個名義上的獨立國家，然後再徐圖其變爲自己的殖民地；第二個是先割裂了一塊土地爲自己的殖民地，然後再度時察勢，允許牠在未來獨立，以緩和殖民地人民的反抗。前期的帝國主義往往採取第二個方式。日本是後進的資本帝國主義，世界上的殖民地早已分割殆盡，所以牠只有採取第一個方式，從老大的中國邊疆上打算，處心積慮，化蠶爲蛹，化蛹爲蛾地層層進展。過去之於朝鮮是這樣，現在之於東三省還是這樣。

所以「滿洲國」之成立決不是突然的事情，而是日本錦囊妙計中早已蓄有的陰謀。舉一個例作證：一九二六年的時候，受日本津貼，盡力爲日本人促進強硬滿蒙政策的喬治白朗生李（George B. Ree）氏在久被公認日本宣傳機關遠東時報上發表長論，詳述日本以後對滿洲的計劃，其目的在使東三省脫離中國而宣布歸日本保護，他主張；

『倘中國人堅欲提出日本在滿洲權利之爭論，日本應當贊助滿洲人在滿洲建立一政府，宣告脫離北京，然後日本與新國締結一種聯盟，於聯盟之下，日本成爲滿洲之「保護者」』

像這樣的議論，在日本各種報紙刊物上，更屢見不鮮，可見其蓄意已非一朝一夕，目前「滿洲國」的成立，只不過表示着東北已墮入了帝國主義的掌握，爲日本侵略東北的一次劃期的清算而已。

「滿洲國」的成立在日帝國主義侵略政策上，還有進一步的意義，這便是使僞國能取得了締結條約的地位與權力，把種種權益在條約的締結上，全部奉送於日本，把暴力刼掠所得的贓物上，添上了合法的保障，而且還可以如老外交家堀口九萬氏所主張的日僞締結安全保障條約，作爲對付中國及國際的根據，而使東

北，數 … 併 … 後
至大學 … 爲 … ，
以教育 … 展 … 才 … 果
所指？ … 中 … 茲 … 則 … 本
路教育 …
1. … 課 … 數 … 中 … 國
爲必修 … 業 … 內 … 中 … 特
注重， … 用 … 而
2. … 必
然後從 … 海 … 國 … 先 … 師
作種 … 時 … 作 … 細 … 書
3. … 學 … 商 … 必 … 於 … 關 … 物
隨時提出 … 爲 … 多 … 九 … 如
關 … 天 … 情況
4. … 閱 … 籍 … 所 … 某
學，警 … 年 … 本 … 人 … 食
從死 … 生 … 力 … 發
5. … 中 … 物 … 人 … 中 … 座
，可資 … 內 … 館 … 品 … 擴 … 復 … 家

，用意無非在操作青年勇氣，誘起侵略野心。

不僅青年教育如此，即幼年兒童，亦極意訓練其侵略的心性。其童謠有之：『我要到中國去，你也去吧！這窄狹的日本，我們已經住厭了！在海的那邊，有個中國，他們有四萬萬人在等着我們。我到中國去了！你也去吧！』

倘有兒歌一首，尤值注意：錄之如下：

「我們的東京，是「日本」最好的都城；
誰告我！誰為我們造成？
不消說——
這是我們祖宗所造成的！
這是我們祖宗所造成的！
……
我們的東京，是「東方」最好的都城。
誰告我！誰為我們造成？
不消說——
這是我們的祖宗所造成的！
這是我們的祖宗所造成的！
……
我們的東京，還要做「世界」最好的都城！
誰告我！這是誰的責任？
不消說——
是我們的責任！
是我們的責任！」

由此可見在幼兒心苗，已佈滿侵略影響。此種侵略教育的狀況，令人可怕！

最近報載日本文部省（即教育部）將所有教育機關，分四部動員：㈠第一步先動員百萬人之男女青年團；㈡第二部動員四百萬人之全國婦人聯合會，對二千萬家庭婦人，促其奮起，為國犧牲；㈢第三步動員全國小學職員及童子軍；㈣最後動員二萬之青年軍事訓練所。

總觀上述各節，近年日本一切教育設施，自小學以至大學，自幼兒以至成人，無論學校教育，職業教育，家庭教育，或社會教育，均以侵略我國為對象，為目標。最近且全國動員，向我積極侵略。國亡無日，我輩教育者應如何警醒奮發，領導青年，喚起民衆，力圖自救！

黑白

《黑白》半月刊于中华民国22年（1933）11月在上海创刊，停刊于民国24年（1935）5月。由上海东北协会编辑并发行，原由上海东北协会编印，3卷起由上海黑白半月刊社编印，吴铁城题写刊名。其他题名《黑白半月刊》。该刊属于综合性刊物。

该刊主要撰稿人有金刚、石竹、铭智、一叶、子曰、陆韶、牧民、傅苏、天泽、何之、滕雪翚、郭心秋、谷木清等。主要栏目有论评、译述、文艺、专载、漫画、中外大事记、东北小闻、东北评坛、时论介绍、参考资料等。

《黑白》主要揭露日军侵略、强占我国领土的种种罪行；歌颂我同胞为收复失地不畏牺牲、英勇抵抗的精神；号召国民要“明是非，辨黑白”、“以身作则”，以使“世风清明，国力昌盛”，早日收复失去的“白山黑水”。该刊不仅注重从文字上揭露日军在东北犯下的罪行，以通讯、时评、论述、诗词的形式谴责日本的侵略，同时还用图片详实地记录东北在日本铁蹄之下的悲惨境况，漫画、木刻、摄影等作品时有刊发，以图文并茂的形式记录了日军的罪行。其所报道的范围不仅涉及日军在东北地区的奴化教育、经济掠夺、军事压制，同时还包括对伪满洲国甘心充当日本统治工具的行为进行了严厉谴责和深刻揭露。

作为一份综合性刊物，该刊以民族主义的进步立场，呼唤国人对东北问题的关注，其论调充满了对东北遭遇的深切同情，对日军及伪军罪行的憎恶，所刊文章对于研究当时出于日本统治下的东北政治、经济、教育形势具有重大参考价值。

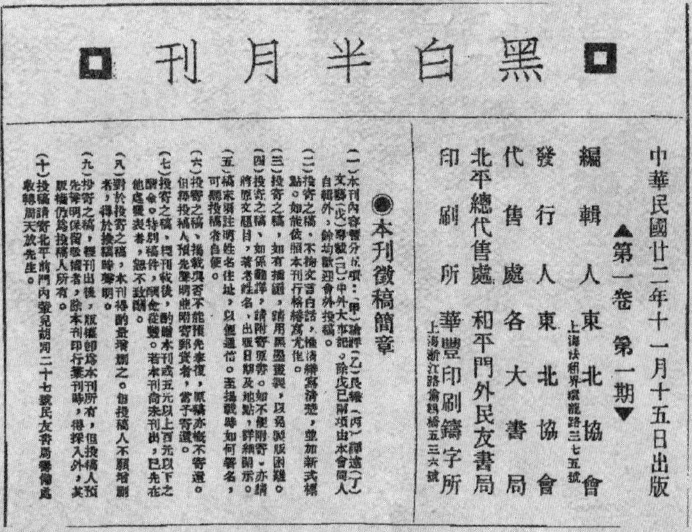

黑白半月刊

中華民國廿二年十一月十五日出版

▲第一卷 第一期▼

編輯人 東北協會 上海法租界環龍路三七五號

發行人 東北協會

代售處 各大書局

北平總代售處 和平門外民友書局

印刷所 華豐印刷鑄字所 上海浙江路餘鐵橋五三六號

◉本刊徵稿簡章

（一）本刊內容暫分六項：（甲）論評（乙）民輿（丙）譯述（丁）文藝（戊）尋載（己）中外大事記。除戊己兩項由本會同人自編外，餘均歡迎會外投稿。

（二）投寄之稿，不拘文言白話，惟請繕寫清楚，並加新式標點。如能依照本刊行格繕寫尤佳。

（三）投寄之稿，如有插圖，請用黑墨畫製，以免製版困難。

（四）投寄之稿，如係翻譯，請附寄原著。如不便附寄，亦請將原文題目，著者姓名，出版日期及地點，詳細開示。

（五）稿末須註明姓名住址，以便通信。至揭載時如何署名，可聽投稿者自便。

（六）投寄之稿，揭載與否不能預先奉復，原稿亦概不寄還。但經投稿人預先聲明並附寄郵資者，當予寄還。

（七）投寄之稿，揭刊載後，酌贈本刊或五元以上百元以下之酬金。特別稿件，價金從豐。若本刊尚未刊出，已先在他處發表者，恕不致酬。

（八）對於投寄之稿，本刊得酌量增刪之。但投稿人不願增刪者，得於投稿時聲明。

（九）投寄之稿，經刊出後，版權即爲本刊所有，但投稿人預先聲明保留版權者，除本刊印行叢刊時，得採入外，其版權仍爲投稿人所有。

（十）投稿請寄北平前門內螢兒胡同二十七號民友書局籌備處敷轉周天放先生。

《黑白》半月刊版权页

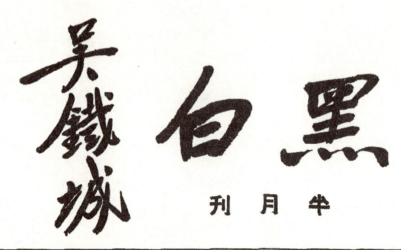

黑白

吴铁城

半月刊

第一卷第一期

上海東北協會刊行
民國二十二年十一月十五日出版

《黑白》杂志封面

日人奴化教育與東北青年問題

陸韶

一個民族，能以生存於世界，是有一個重要的因素，這當然就是「民族意識」了。由此民族意識之表現，就能看出某一民族的民族精神。世間有許多已被滅亡的國家，因其民族精神之堅強而卒能復國者，不乏其例，反之，民族精神一經消亡，那個民族必永為人之臣妾奴隸，而至萬劫不復。中古時代民族間的戰爭，祇不過是爭城掠地，戰勝者把佔領的區域施以統治而已。自資本主義出現，對待殖民地的方法比以前則大不相同；它不但把殖民地的政治經濟軍事上……的權利，置於它勢力支配之下，更用種種文化侵略的手段，消滅被征服者的民族精神，這可算是最澈底的毒辣辦法。我們看到各個帝國主義的國家，現在所施行的殖民地政策，實令人不寒而慄。日本帝國主義是最狠毒不過的，自其強佔四省，樹立傀儡政府，他在東北進行的奴化教育，就是使幾十萬幾百萬的青年兒童，不但在形式上將它臣服，即使在精神上，也不能不臣服。瀋變迄今，兩年有餘，究竟日人所施的教育政策和東北青年兒童所感受的實際情形，當為吾人所亟欲研究的問題，以下便是對此奴化教育之進展，加以論述，同時，對於今後東北青年來內地求學者，亦願根據觀察所得，向國人貢獻一點意見。

△所謂『教育建設大綱』

日人在東北所施的文化侵略政策，不自九一八事變始。日俄戰後，彼時對南滿為其勢力範圍，旅順大連金州各

地，卽有公學堂之設，專收容中國學生。參觀過大連公學堂的人，看見「化民成俗」四字的校訓，雖然覺得心裏不痛快，却不能不驚訝日人用心之深遠。惟其如此，足徵那時日人心目中，早已把東北土地，視同囊中之物；東北人民、視同「天皇」的順民了。日人所設的學堂，有小學堂，公學堂，和師範、農業、商業、日語各種門類，沿着滿鉄安奉路綫，都有小學堂或公學堂，教授的課程，沒有中國的地理歷史，僅能找一兩個冬烘先生擔任「漢文，」每週祗授一小時，把日本話定為「國語」，其餘各種功課，自然都用日文了，所以，訓練出來的人材，無一而不日本人化。滿鐵沿綫的巡捕雜役，多半由此種人充任，狐假虎威，無惡不作。在此文化侵略政策之下，尚有漢字報紙和中日文化協會各種事業，因與本文關係較尠，故略而不論。我們旣知其文化侵略的歷史關係，談到今日的問題，纔能有更深刻的把握。而其三十年來努力的結果，到現在看來，則尤為顯著。目前滿洲偽國政治舞台上，有所謂舊官僚派和金州派之分，後者就是日本學堂造就出來的人物，據開偽奉天市長閻傳紱為此派之代表，因得日人寵信，勢力非常之大。去年七月在長春設立之「大同學院」，就限於南滿中學旅順中學師範畢業者應試，畢業之後，多派往各廳或外縣為參事官，這批鷹犬，既擁有派別的背景，代理他們的主人，去壓迫自己的同胞，兇殘暴虐，當然是毫無疑義。我們觀此奴化教育之成功，進而談述東北淪陷後日人之教育政策，不必細加思索就可斷定：只有秉其一貫政策，變本加厲，步步進行而已。更可知其消滅我民族意識之方法，亦必益為周密。玆先舉其所謂「教育建設大綱」，而求事實之印證。

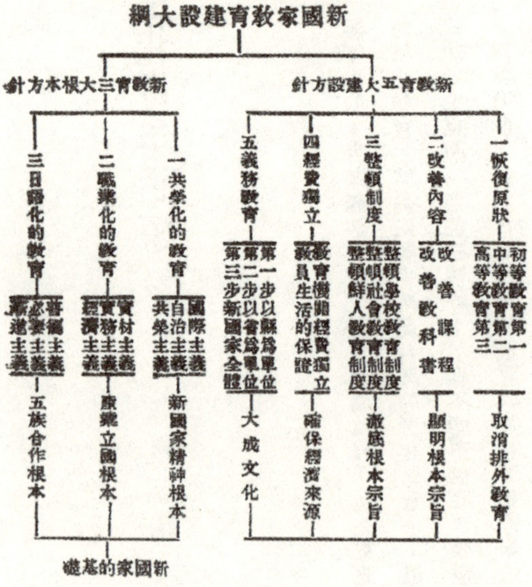

奴化敎育的主要目的，在於：1減削華人之反抗情緒。2消滅其民族觀念。3養成忠實奴隸。上面的綱領條目雖然繁多，主要的作用，還在職業敎育和日語敎育兩項。劫持東北以後，日人高唱「日滿經濟統制」和什麼「亞洲門羅主義」這種夢想，都打算由開發滿蒙資源，逐步使其實現。但它又勢必把這步「攻心」的工作做好，總算是入於安全建設之境，爲達此目的，又必須由敎育入手。從前辦的旅順工大公主嶺農業學堂和瀋陽同文商業諸校，曾訓練出來過幾多青年奴隸，今茲霸佔了整個的東北，藉職業敎育，造就忠實奴才，是更有經驗更爲適當的了。將來的畢業學生，既均是農商或技術上的人材，在它開發滿蒙生產建設的目標下，必然有其莫大的助力。而且，積極方面是用此職業敎育造就自已的工具，消極方面，又可如上面所說消滅其民族觀念，低減其反抗情緒，像這樣一舉兩得的事情，日人是當然不能放鬆的。關於日語敎育問題，更是簡單明白的事實，請看朝鮮台灣的人民不准使用舊有的語言就夠了。說話非日本語不可，偶一使用自己的語言，便遭日人之毒打辱駡，今日它對付東北人民，當然要以日本語爲正宗，現在雖沒限制說中國話，是因爲統治未久，以後，總會有實現的可能。因此，我們覺得這個「敎育建設大綱，」比本莊武滕和什麼菱刈的機關槍大砲來得更加猛烈，更加狠毒！

△奴化敎育的實施

瀋變初起，遼吉的敎育行政機關和各級學校，皆告停頓，只有黑哈學生，尙完全受着中國敎育。遼寧方面，直到寒假期近，纔有幾處小學免強開課，日人遂着手删改敎科書，亟謀所謂敎育制度之根本改造，及僞國成立，就有了僞文敎部辦理此事，鄭逆孝胥以國務總理而兼文敎部長，去年三月二十五日給民政部一個令文「嗣後各學校課程，着用四書孝經講授，以崇禮敎。凡有關黨義敎科書等一律廢止……」這是本照它的「友邦」取消排外敎育的宗旨下來的。然這時開學的學校，爲數寥寥，直到四月初旬，初級中學纔陸續開學。日人却好進行它的計劃了，南滿洲敎育會——向爲滿鐵株式會社之敎育侵略機關，乃由該會編製敎科書，送交各省敎育廳市政公署發賣，現在編成者，只有小學敎科書，中學還是採用中華商務的本子，加以塗抹。另一方面，則極力安插敎育行政人員，內中的系統，

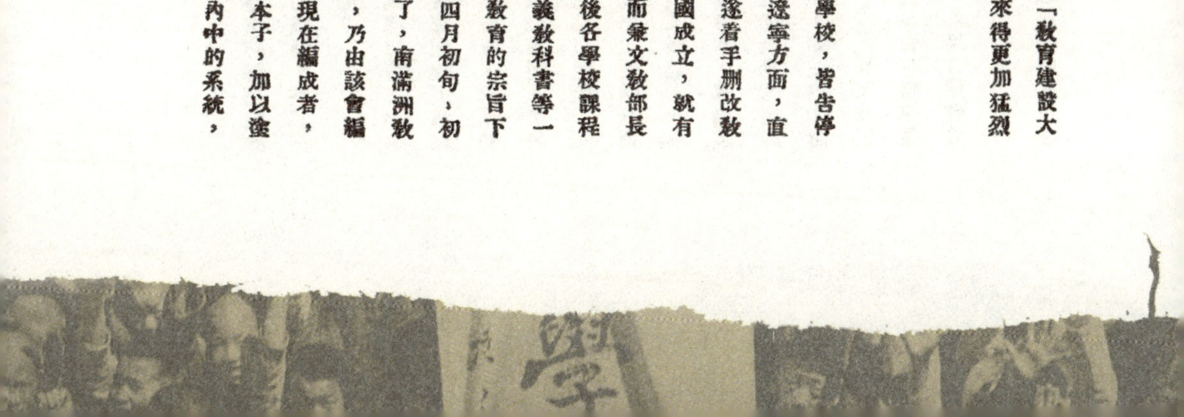

的太上皇制度，勿庸細述。此外，督學或督學科長，亦均歸日人担任，按期到各校調查監視，所以，一切的活動，都是日人親自去幹，僞吏不過聽呵斥備驅使而已。

此處，還有應說的一層，就是從前幾個大學，如東北大學，馮庸大學，交通大學，吉林大學……現在均改爲兵營飛機場或僞國官廳，廢止大學教育，就是免得釀成心腹之患，這是絲毫不足驚異的。於是日人完全着眼於小學教育，因爲幼稚的兒童，用教育的力量，改變他的思想、氣質，是異常容易，并且減少初中，停辦高中，集中全副精神，來對付我們的天真兒童。更爲麻木一般青年計，在各城市又創辦許多跳舞學校，娛樂會社，使之酣嬉終日，陷入於墮落深淵。本年三月，熱河陷落以後，自然是依樣畫葫蘆，「各校奉僞教廳令，於四月一日開學，將黨義取消，所有課本，均按滿洲國審定教授，教員須經三人具保，始能担任。」至此，四省青年，在敵軍刺刀下先後受着同樣的奴隸教育了。以下我們更將學校裏面，日人所施的鬼蜮手段，寫出一些，貢獻於讀者之前。

（一）日語教員　日語是學生的必修功課，每周至少十小，日語教員是天天到校，這般人都是由朝鮮聘請來的，對於殖民地的教育，俱有很深的經驗，按照一定的計劃進行，那有不事半功倍之理？

（二）教科書內容　「滿洲國教科書」沒有編印以前，小學校均用民十三商務中華新學制本，塗抹删改，悉以消滅國家民族思想爲準則。及而新書出版，只剩初中還採用商務中華課本，但亦限於數理等科，旁的科目，均由日人編纂講義，更任憑他信口胡說了。「……現在的愚民教育情形，一入高小，便强迫讀日文，僞滿洲國的歷史，是從多爾袞入關起，以前的是混沌世界；外國地理歷史，先講日本，次講歐美非澳諸國，獨獨對我中國一字不提。」（見大公報本年九一八特刊）初小剛入學的學生，第一課先講「溥儀」，可惜小學生不能知道他是「皇軍」底下沐猴而冠的傀儡！在修身教科書中，謂公民當有監督權，意思在指有反滿思想和行爲的人，人民有權監督而告發之，荒謬妄誕，一至於此！

（三）起用冬烘　僞國提倡四書孝經，可以說是麻木青年

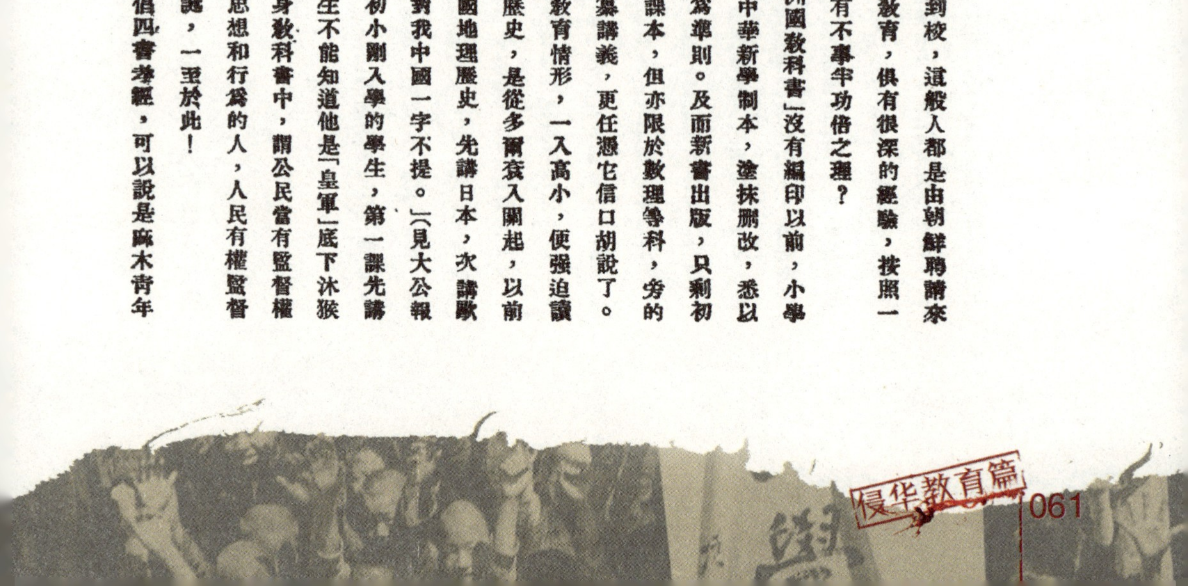

的利器。固然、我國古書有其歷史上的價值，但由日人嗾令傀儡從事提倡，乃是「別具心肝」。教授此種科目的教員，搜羅了一批老朽冬烘，一則可以排擠青年教員，使之逐漸減少；一則用這些古董、頑日價搖頭擺耳，無病呻吟，把資質活潑的青年兒童，個個造成木偶，日人之苦思焦慮，真可謂面面俱到。

僞國的教育官吏，多屬利慾薰心之徒，說他們是「辦教育」，毋寧說是拍賣良心，向其日本主人討好，則無微不至，一幕幕的醜劇，竟是怎樣扮演：且看下文。去年四五月間，日僞互派兒童使節，少女使節，也曾哄動一時，舟車往還，弄得非常熱鬧，窺其意要在慫恿兒童，都換成一種親日心理。并且提倡所謂「建國運動大會」，東北各大城埠，連續舉行，宣傳佈置，不知消耗了東北父老幾多血汗，但是傀儡祇知隨聲附和，高唱着「親善至極，融爲一體」的奴隸歌，誰復計及於此？繼此，又來一個「全國教育參觀團，」由各省教育廳長督學及中小校長組織而成，東渡扶桑，更作了一番歌功頌德的讚禮。六月二十九日三十日，在長春召集「全國教育會議，」決議案中有：（一）取消中國學制，採用日本學制。（二）各級學校均添授日語及「建國要義」爲必修科。（三）在「新京」設立大同學院。七月二十五日至八月三日，在瀋陽東北大學召開「滿洲夏季大學講習會，」由日外務省派遣諸橋，中山、島居三博士主講，誘惑青年，把御製滿洲僞國的「苦心」，强使之認爲合理，袁金鎧之流，也曾恭逢斯會，其亦發生「陵獨何心」之思乎？八月十三日至九月二日，又在長春設立「全國教職員講習會」，會員係由各省市選送初等學校教職員一百五十名（校長或首席教員），中等學校教職員五十名，目的在貫澈「建國」之精神，並理解僞國教育之本旨，遂使奴化教育之進行，更爲深入。本年七月僞文教部，就現任教員中認爲可受奴隸教育的分子，選拔二十四名，派送日本留學，以後更要陸續選送。這種加緊製造「工具」的辦法，豈非東北青年兒童之厄運、將來徧佈各地，對於奴化教育的效力上，確能有不可思議的進展。此吾人心所謂危，願喚起國人注意及之。

△在監牢中的教員和學生

東北文化、比較落後，感染革命思想亦較遲，然以日人幾十年來之窮兇極惡，霸道橫行，智識分子的民族意識，則異常濃厚，其痛恨日人之心理，亦比任何階級爲甚。今覩此四省淪亡，大好山河一任敵騎之踐踏，有血性的青年，又孰能無痛於心？一部分的學生，逃到關內讀書，以平津兩地爲最多，但是因爲鄉土關係經濟關係不能入關者，尙大有人在。此等青年，日常感受的痛苦，刺戟，可算無以復加。青年時代都是血氣方剛，他們不願受那種亡國教育之摧殘，有的投入義軍，去和敵人肉搏。有的抱定消極態度，退避家園。復以地方不靖農村經濟破產、失學的青年，實亦不在少數。就是各縣村的學校，也因爲敵軍之擾亂，減少很多。據昭和八年度（本年）滿洲年鑑載：遼寧全省九、二七三校中，已開學者六、七一三校，未開學者二、五六〇校，現有學生總數爲四八六、八七六人。吉林已開學者一、七四九校，學生總數一三七、九九五人。黑龍江七八〇校中，已開學者五五一校，未開學者二二〇校，學生總數五三、九五七人。這個統計，頗難令人置信，東北各省學校，在瀋變前年有增加，依照二十年度東北年鑑載：遼寧一省，卽有一〇、四〇四校，學生總數達六四一、三四三人，足徵學校和學生額數，至少減去三分之一。日人向外宣傳謂早已恢復原狀，眞是欺人之談。

現在，我們再談談僞國支配下的教員和學生罷。東北經濟凋敝民不聊生的景象，比內地各省差不多少，教職員爲生計所迫，又沒有他種生活技能，勢必就得忍辱含羞去供敵人利用，如果說他們甘心如此，不免是苛刻之論。他們和敵人在一起厮混，言論行動，一切得不到自由，思想清明之士，往往被日人假藉剷除「學匪」的名義，拘捕屠殺，斬草除根。幷且，迫令他們不准留宿校內，每日一進校門，就不許接待客人或出外辦事，個個都低首下心，蹙眉含愁，替人做一部奴隸化教育的留聲機，有思想的人們，到了如此地步，人生的趣味，可謂蕩然無存！然猶不止此也，日人更收買很多漢奸，混進學校裏面，偵察刺探，却是防不勝防。據時事新報四月二十五日北平通信「……派日人爲教員，監視學生活動，幷收買大批親日學生爲其利用，每月供給金票八十元，以爲誘餌，因此，漢奸學生充滿各校，教室宿舍，均不能隨便談話，思想稍有過激……此類漢奸卽向日人告密……故各校學生，雖深恨日人，然在漢奸密探監視之下，亦敢怒而不敢言。」敢怒而不敢言，且也不敢動，可謂這般監牢中的教員學生眞實的寫照。

當去年秋季開學之後，瀋陽一處女學校，先生教授僞滿洲歌，第一句還未唱完、師生均覺得羞愧滿面，不禁大哭起來，像這種悲劇，在各種集會場所，不知演過多少。小學兒童，在任何國家都是天真爛漫快活無比的孩子，可是東北兒童，正所謂「孺子何辜」，因爲國家不爭氣，不知受了多少委曲痛苦，平日說慣了的「中華民國」四個字，不許他們提起，日本教員告訴他們遇見日本小學生須得行禮。上學之前，父母便諄諄叮嚀，不要觸犯日本人，使得他們啞子吃黃連，有苦無處訴，他們看到這種人間的不平，回到家裏，就不免要嚎啕大哭。這在淪亡未久的今日，還可反映出這種現象，恐怕再過三五年，日人的奴化政策，得到進展，就不是這樣的情形了。

總之，過去二年間，中小學生的腦海裏，還有祖國的觀念，教職員的心理，也以爲辦理這種「飲鴆止渴」的教育，祇不過敷衍一時，心之深處還隱隱埋藏着東北能有收復的希望，事實的昭示，東北已非短期可以收復，此等希冀，必將逐漸消蝕，心際也許會發生不可想像的轉變。語云「哀莫大於心死，」假如這些教師學生眞個到了「心死」的境地，便是給予日人以更多的成功機會。國人乎，何以慰此恐怖環境中的教師和青年？

△關於流落內地的青年

東北青年，受了環境的逼迫，不能不借來內地求學，平津京滬各校收容最多。此輩青年所感受的艱難困苦，最爲深切，第一，背井離鄉，關內外郵匯不通，經濟來源斷絕。第二，瀋變後各處淪落，因爲生活上的不安定，學業上則不免荒廢。間或求親告友，維持一時，然而長此以往，實在是一件值得憂慮的問題。教育當局曾於去年明令各省教育廳及各大學，准許東北學生免納學費，這是給予他們一點方便、減少他們一層負担。但是這并沒解決了什麼！即以北平一地而言，東北學生中破衣敝履，不得溫飽的，不知有幾許人？去年夏季，東北義勇軍後援會看到此輩青年的困難頻連，曾在各校設立過「簡易食堂，」近因該會縮小範圍，已將簡易食堂撤消，事情雖說很小，在青年學生本身看來，却顯得異常嚴重。我們覺得無論那個國家，求學時代的人，多半不能從事生產，完全仗着家庭和國家的培養，現在他們已經沒有要求家庭供給的希望，那麽，國家對於他們的衣食費用，就該想個辦法，即使沒有民衆團體的救濟，國家也應該負起這種救濟的責任。

日人刼持東北，東北人首遭其殃，青年人復仇雪恥的心理，可以說是無時或忘，這種革命意識之發動，最熱烈，最猛壯，將來對於收復失地的工作，都能有很大的貢獻。對於在內地的東北學生應當有這種認識，就是在日僞壓

迫下的學生，也應當具有同樣的□識。還有一層意見，也有說明的必要。日人奴化教育的餘燄，非常熾烈，在東北沒有收復以前，實已無可避免。但是我們能坐視此輩青年受敵人的同化嗎？勢必就得想想辦法。惟一的出路，就是把大部分的青年吸收來內地求學，這裏，當然須分開來說，小學兒童，因爲不能別離他們的家鄉和父母，倘難想出妥善之策，最關重要的，要算中學學生，他們的精神，如不被敵人征服或同化，東北民衆的民族意識，便永久保持得住，即使東北問題，一世紀得不到正當解決，我們還能有相當的把握。況且這件事情，并不感多少困難，只要使他們來到內地有學校讀書，生活上能有保障，他們樂得的脫出樊籠，爲自己爲國家爭一口氣。至此，仍然歸結到救濟的問題，我們不妨提示幾項意見，分述如下：

1由教育部設置一個救濟東北學生的機關，或由政府撥款，或向社會人士勸募，對於東北學生，負調查救濟的責任

2行政院最近設立的救濟東北難民委員會，關於救濟學生的辦法，有很詳細的規定，用這個機關做主幹，兼籌並顧，也很相當。

3對於東北人士在平津各地辦理的學校，政府當局和社會人士宜盡力幫助其發展，這些學校的教師和學生，[illegible]多屬東北籍，各人均抱有臥薪嘗膽的精神，果能使其校款充裕設備完全，將來培養出來的人才，必能對於國家社會多所貢獻。

開首我們曾經說過：帝國主義對付被壓迫民族，要以消滅其民族精神爲最殘酷，最毒辣，所以我們提出這個問題來研究，也完全着重於這一點。不過，因爲搜集材料的不充分，尚未能將奴化教育較詳確的經過，盡量暴露出來，殊覺遺憾。歸納起來，這個問題，只是中日問題的一部分，所以根本的認識，還須在兩個民族整個鬥爭的關係中，去理解，來解決。自塘沽城下之盟告成，中日兩個國家，又形成一種新的對立局面，尤其在這經濟戰軍備戰白熱化的今日，國際間的矛盾衝突，日趨險惡，東北問題，恐怕要在第二次大戰中，纔能得到解決。那麽，中華民族必須以「求其在己」的精神，克服一切困難，去和敵人死拚，始能得到真實的獨立自由。我們看到東北青年，今日在敵人鐵蹄下受着壓迫蹂躪，固然認爲不幸，國人如能「不忘東北，」一時時刻刻要發奮圖强，念茲在茲，此志不移，則東北可以收復，民族可以復興，一切的屈辱，也足以昭雪無餘了。

＊ ＊ ＊

文化与教育

《文化与教育》旬刊，创刊于中华民国22年（1933）11月。由文化与教育旬刊社编辑、发行。社址位于北平西四朱苇箔胡同3号，和平印书局印刷，立达书局总代售，一册零售4分。No.41–42、72–73、108–109为合刊。no.31是《九·一八三周年纪念专号》。该刊出至民国26年（1937）7月停刊。

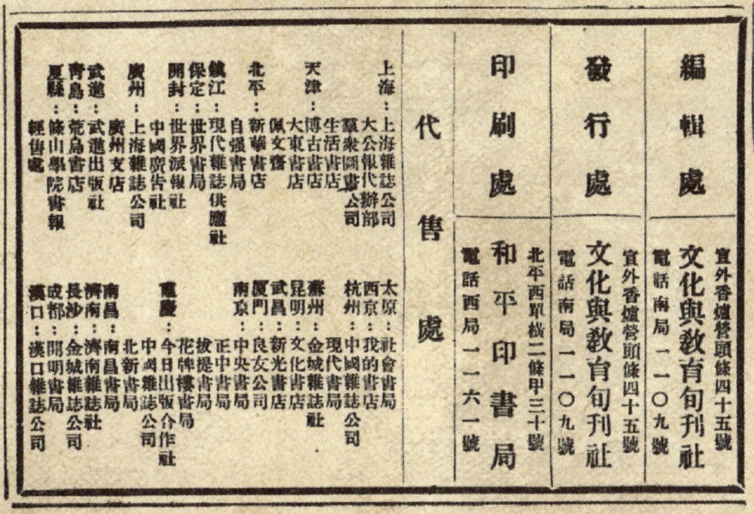

編輯處 文化與教育旬刊社 宣外香爐營頭條四十五號 電話南局一一〇九號

發行處 文化與教育旬刊社 宣外香爐營頭條四十五號 電話南局一一〇九號

印刷處 和平印書局 北平西單枕二條甲三十號 電話西局一一六一號

代售處

上海：上海雜誌公司 大公報代辦部 羣衆圖書公司 生活書店
天津：博古書店 大東書店 佩文齋
北平：新華書店 自強書局
鎮江：現代雜誌供應社
保定：世界書局
開封：世界派報社 中國廣告社
廣州：上海雜誌公司 廣州支店
武進：武進出版社
青島：荒島書店
夏縣：條山學院書報經售處
太原：社會書局
西京：我的書店
杭州：中國雜誌公司 現代書局
蘇州：金城雜誌社
昆明：文化書店
武昌：新光書店
厦門：良友公司
南京：中央書局 正中書局 拔提書局 花牌樓書局
重慶：今日出版合作社 中國雜誌公司 北新書局
南昌：南昌書局
濟南：濟南雜誌社
長沙：金城雜誌公司
成都：開明書局
漢口：漢口雜誌公司

《文化与教育》版权页

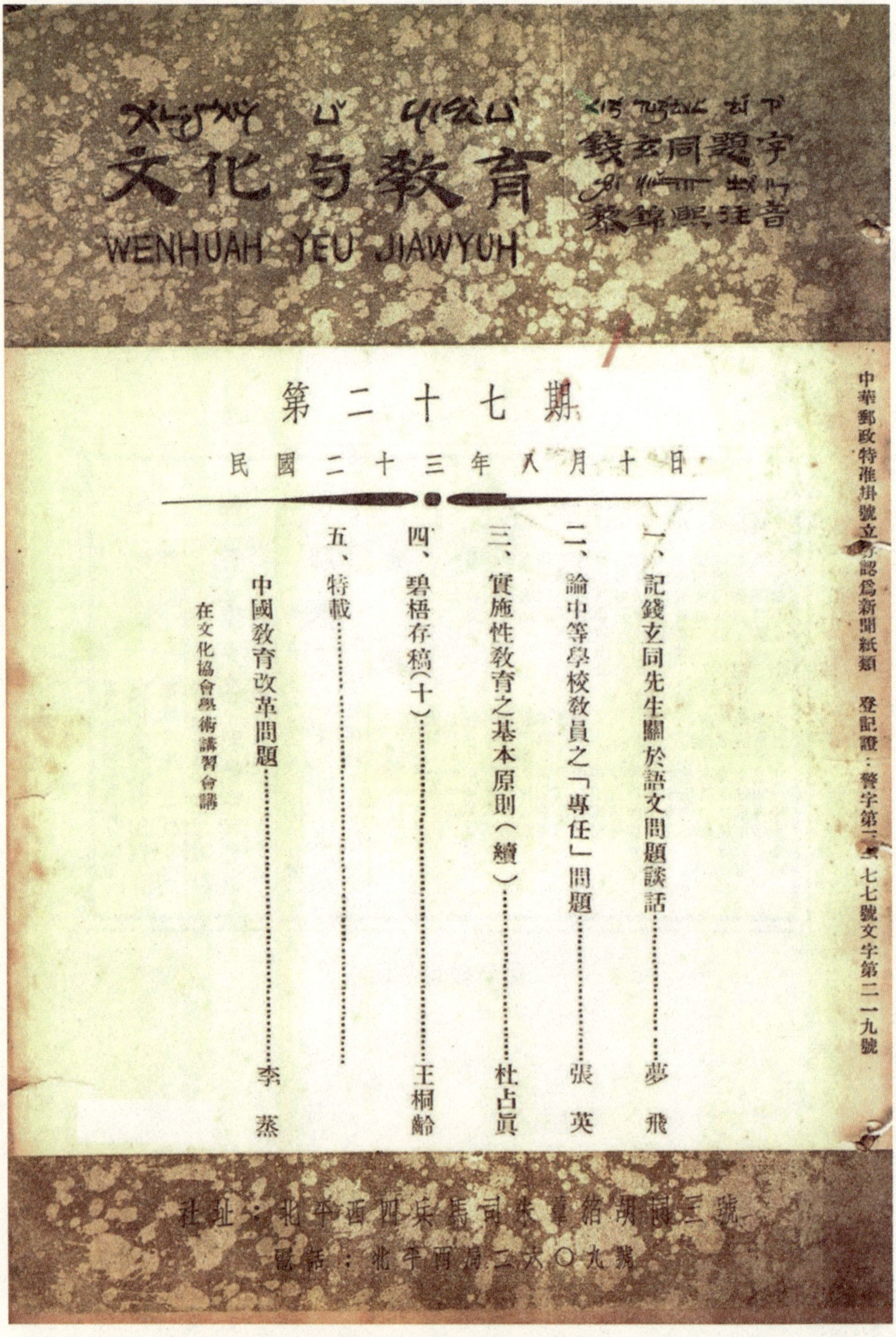

文化与教育

WENHUAH YEU JIAWYUH

錢玄同題字

黎錦熙注音

中華郵政特准掛號立券認爲新聞紙類　登記證：警字第二□七七號文字第二一九號

第二十七期

民國二十三年八月十日

社址：北平西四兵馬司朱章絡胡同三號

電話：北平西局二六〇九號

《文化与教育》封面

三年來日本在東北之文化侵略與奴化教育

宗亮東

日本帝國主義對東北的掠奪經營是已有相當的歷史了，而其具體的表現當然是九一八事變。瀋陽一聲炮響，驚醒了我們的迷夢，於是國內的救亡運動和國際的風雲緊張，都曾演了幾回好戲；然而事變迄今，是三週年了，那地佔五百餘萬方里，人口二千六百九十餘萬的同胞，還依然在其鐵蹄之下任被蹂躪殺戮，且其程度還在與日俱深。可是我們却充耳不聞似的一味因循苟延，每次的紀念日僅僅是做禮拜樣的成了儀式，絲毫沒有具體的收復失地的表現，這不但對不起日處於水深火熱下的二千餘萬受難的東北同胞，而且我們捫心自問，也是愧不自勝的罷。

日本在九一八一開始就決定永久占住下來的，由於其國內經濟發展和人口問題的困難，東北是她唯一的解答。東北的物產豐富，那是盡人皆知的，它是我國的命脈，不論在任何方面看來都是我們的生命線。可是隨着日本帝國主義的軍事侵略之後，接着是它任所欲為的政治經濟侵略，但這都是表面有形的，比這更甚的還是它的文化侵略和奴化教育。教育，我們知道是一個政治經濟體系的上層意識的有力工具，可以治國，也可以殺人。日本就利用它來殺我東北同胞的心，所謂「攻城為下，攻心為上，」他們懂得用「攻心術」的。本文的主旨擬就日本帝國主義在東四省的文化侵略和奴化東北同胞的教育政策上，加以概要的評述，不過因着國內與東北消息的阻隔，我們祇能在許多斷片的消息中，整理出一些線索來，俾我國人在這沉痛的失地三週年紀念時有以警惕，明瞭日人積極發展東北的野心，激起我們如何挽救的途徑。下面就日本和東北的客觀關係、侵略的政策和步驟，在奴化東北的教育上，分別說明之。

一、日本刼取東北的必然性

日本侵略東北的動因是有其歷史的必然關係的，因着它自已國內的社會經濟之矛盾的深刻化，不得不向外發展，且隨着世界經濟恐慌之後，一般商品過剩，原料缺乏，購買力減低，再加人口急增，而其本國物產地理環境都是有限，因此不得不向東北侵佔。自日俄戰後，三十餘年來日本就和東北發生密切的關係，那時劃南滿為其勢力範圍，旅順，大連，金州各地即有日人經營工商企業。我們知道東北是最適宜的農業區，雨量地質都是最好不過的，其全面積約五萬餘方哩，（熱河在內）可耕地約佔全土的百分之二十七，而已耕者僅約及可耕地百分之四十，可耕而未耕者尚有百分之六十。所以人口至少尚可增加一倍，換句話說，即還可收容三千萬以上的人口，而現在實有人口遵

各國僑民在內還不到三千萬。僅就這兩個條件已够說明日本侵佔東北的必然關係了，現在我們且為進一步明瞭那文化與教育侵略的共準起見，來看一看它在東北的貿易狀況，因為這是理解那「攻心術」的有力的根據。東北的主要的輸出是大豆，小豆，高粱，玉蜀黍，鐵，鋼，和石炭等：而主要由輸入品是小麥，粉棉織品，建築材料 石油，機械，器具，和煙草。這輸出和輸入品的關係表示着兩種性質，卽是：輸出品都是資本主義國家所需要的原料品，而輸入品都是資本主義國家製成的商品，這是資本主義國家侵略落後國家的表徵。其次，我們還過不厭麻煩的指出在東北對外貿易的主要國家的概況，使我們要明瞭各列強在東北實際的勢力消長。

東北對外貿易主要國家的狀況表（單位千元）

甲、輸出

國別	一九三二年	對總輸出額的百分比	一九三三年	對總輸出額的百分比
日本	一〇三.八四八	四一.八	一二七.五五六	四五.七
英國	一七.九九二	七.二	二五.七九七	九.二
法國	一.七〇六	〇.六	二.四六〇	〇.八
德國	四.七〇七	一.八	一九.六二三	七.〇
美國	三.四三七	一.四	六.六八二	二.三

乙、輸入

國別	一九三二年	對總輸入額的百分比	一九三三年	對總輸入額的百分比
日本	一〇四.〇六〇	六六.一	一〇九.九一八	三〇.八
英國	二.三四五	一.四	三.三二七	一.〇
法國	二二七	〇.一	一五四	—
德國	六.〇六八	一.三	二.三六七	〇.七
美國	一.七二六	一.一	七.九三六	二.六

上列兩表的數字，告訴我們兩點結論，其一是日本貿易佔首席，且是與年俱進，其二是其他各國雖在表面上年有增進，但在相對的比例意義上看，是都有低落被擠的現象。

日本所以如此經營東北，是想永久佔住下來的，我們再翻一翻事變後東北日人的驟增就可知道。在事變前一年（一九三〇年）根據日人統計，在東北的日人共有二二八，八一〇人，佔總人口百分之〇•八，但據最近日人賊令下的「滿州國」政府的調查，在東北的日人竟達五六六。四七一之數，佔總人口百分之二有餘（此項統計中未列載鮮人之數，似將鮮人入「滿州國」之列？）

在以前，日本是用和英國的東印度公司之於印度一樣性質的「南滿鐵道會社」來宰割東北，而現在用自製的「滿州國」工具，那更是為所欲為的了。「滿鐵」不僅是一個經濟企業組織，同時還是政治軍事及教育的侵略大本營，本文因篇幅有限，當不能敘述「滿鐵」的教育侵略作用，這里只是說日本對於東北的文化侵略是用多方面來進行的。

二 文化侵略的基本準則

日本侵奪東北，自九一八以後，由潛行的活動而進到積極的統治，隨着軍事解決中國在東北的勢力之後，一方面在國際間從橫捭闔的拑制各列强的耳目，一方面徒事東北的奴化教育，他們深悉要刦取東北 非泯滅東北同胞的民族意識不可，使得東北民衆慢慢和中國關係斷絕，而做起「滿洲國」的自由民，實則就是做朝鮮第二。日本帝國主義比任何列强都機警，他懂得征服東北同胞，非用漸進的利誘的「攻心」手段不可，因此他利用東北民衆封建思想關係，藉中國固有的牢攏民衆的哲學思想作爲發育的基礎。抬出「王道主義」的抬牌來麻醉民衆，主張什麽道德仁愛。絕對禁止民主主義的民族思想，那是必然的，且稍不順從就監禁，殘害，虐待得不堪言狀。關於這種奴化的手段和步驟，且待下面詳細敘述，這里我們且看看他的所謂「滿洲國新國家教育建設大綱」，這大綱是日帝國主義對東北文化侵略的基本準則，內容是分五大建設方針與三大根本方針，今且摘錄於下，以提醒我國人的注視：

甲，新教育三大根本方針（新國家的基礎）：

（一）共榮化的教育（新國家精神的根本）。其主旨是國際主義，自治主義，和共榮主義。

（二）職業化的教育（產業立國的根本） 其主旨是實材主義，實務主義，和經濟主義。

（三）日語化的教育（五族合作的根本） 其主旨是普偏主義，必要主義，和漸進主義。

乙 新教育五大建設方針（新國家的過程）：

（一）恢復原狀，取消排外教育——分初等教育，中等教育，高等教育，按次漸進。

（二）改善內容，闡明根本宗旨——先改善課程，其次改善教科書讀物之類。

（三）整頓制度，澈底根本宗旨——整頓學校教育制度，社會教育制度，和「鮮人」教育制度。

（四）經濟獨立，確保經濟來源——教育機關經濟獨立，和教員生活的保障。

（五）義務教育，實現大成文化——第一步以縣爲單位，第二步以省爲單位，第三步以新國家全體爲目標。

這個大綱是奴化我東北同胞的網和鎖，它攏罩着東北民衆並封鎖每一個民衆的心口。它是按步就班的在慢慢地推進，現在兩大方針的前二三項已先後實現，東北民衆雖依然在日不保夕的苦痛情態下，然而却也有不少無知的兒童和青年被他們迷住來强迫地對「滿洲國」做起歌功頌德的玩意兒來，這雖是槍彈下的苦笑．可是這苦笑已比過去自然得多了。說不定幾年以後他們眞的做起滿洲國的順順服服的臣民來。

日帝國主義對東北的文化侵略，其主要的目標是切斷「滿洲國」和中國的關係，不論在學校教育上，社會教育上，都是務使東北民衆服服帖帖做滿洲國的國民，即是絕對親日而做朝鮮第二。他們尤其注視初等教育，因爲兒童是最好欺騙的，且是欺騙得最成功的。同時，限止高等教育，勵行愚民政策，而免心腹之患。另一方面利用東北民衆的弱點，在各大都市廣設跳舞學校和各種娛樂會社，以迷惑我東北青年，消失青年的奮鬥努力精神，而日文日語成爲學校教育課程中的主要必修科，即是在各社會教育機關也都無不極力提倡。

奴化教育的基本方針，其具體實現辦法，還是由下列幾個步驟來進行的：

（一），重精神麻醉　「注重王道」，「崇尚仁義」、「主張道德仁愛」、「由王道上修身齊家治國平天下」。

（二）以尊孔作欺騙　封建思想早已不適合現實的社會關係，然而「滿洲國」却用來作爲對民衆的欺騙手段，四書，五經，孝經，都加入課目中。同時設立什麼「燕樂傳習所」，表示它虛假的復古的仁政。另一方面實行所謂「禮俗教育」，以表彰敬老節孝，揭揚國旗陶冶人民的情緒，而貫徹可謂「王道國體」的國民精神，

（三）利用社會教育和娛樂教育　舉辦成人教育講座，大典禮，紀念講演會，並充實社會教育指導機關，養成專門指導人才。關於娛樂教育，首重電影教育，按各地方的需要把電影到各地巡映，內容都表現排中親日的故事，注意道德觀念和普通的常識，但內容也都含奴化的意義。

（四）體育和觀覽教育　以前曾開過「建國紀念運動大會」，用以加强民衆對於「滿洲國」的觀念。同時各校及機關組織少年團（與童子軍性質相同）赴日參觀，另一方面舉辦產業展覽會，號召農工業者作奴化教育的宣傳。

（五）其他文化事業　組織「日滿文化協會」，其主要工作是：研究所有古時的文化物，並圖保存之。舉辦關於可資研究的東洋古時精神之各種出版事業。廣設圖書館和博物館，今在瀋陽張學良私邸即設有國立圖書館，前東北大學校址改辦大同學院

（六）教科書內容奴化　僞文教部通令：「凡有關黨義的教材一律不準採用，如果使用，當以反帝國論罪。」今教科書已由「僞奉天教育所」和南滿洲教育會」着

手編輯，再經偽文教部審定。据說關於「偽滿洲國的歷史是從多爾袞入關起，以前是混混世界。外國地理歷史，先講日本，次講歐美澳諸國，獨獨對於我國一字不題」。

三　奴化教育的現狀和成效

日帝國主義對東北的文化侵略和奴化教育，其共本準則及政策既如上述，此列我們且就其現狀及幾個特殊點，約略地說述一下。

「滿洲國」的教育現狀，一言以蔽之，它是麻醉的，奴化的，宗教的。東北同胞所受精神的苦痛和毒害，實甚於一切物質的損失，因爲無論在學校裡，社會機關裏，到處都被日人監視拑制，一舉一動都不能有絲毫自由，要是稍有不滿的表示或反抗的意念，那馬上不是監禁鞭打，即是殘殺。在這種欲哭無淚的艱苦的環境下，東北同胞只能死了自巳的心靈來挨日子，然而這絕是難於任受的。這是有事實可以證明的，「……當去年秋季開學之後，瀋陽一處女校，先生教授偽滿洲國歌，第一句還未唱完，師生都覺得羞愧滿面，不禁大哭起來。像這種悲劇，在各地的各種集會場所，不知演過多少。小學兒童，在任何國家，都是天真爛漫快活無比的孩子，可是東北兒童，正所謂『孺子何辜』，因爲國家不爭氣，不知受了多少委曲痛苦，平時說慣了的『中華民國』四字，不許他們提起，日本教員告訴他們，遇見日本小學生，須得行禮。上學之前，父母便嘮叨叮嚀，不要觸犯日本人，這真使得他們啞子吃黃連，有苦說不出。他們看這種人間的不平，回到家裏，就不免要號啕大哭。……」這是的的確確的事實，我們聽到這種消息，真是鼻酸喉梗，不僅是同情，而且要氣憤得冒出火來。然而這種羞愧之心，還是剛受日本帝國主義鐵蹄下的毒藥的初感，若是日增月累，一年年的麻木下去，那種氣憤怕要慢慢會消失掉的，到那時候我們真要欲哭無淚了。

另一方面，日帝國主義無論在任何地方，都派有日本密探，便衣隊，浪人等在暗地裡監視我們的行動。尤其在學校裡他們的組織格外深入和嚴緊。据上海時事新報本年四月二十五日的北平通信，裡面說「……派日人爲教員，監視學生活動，並收買大批親日學生爲其利用，每月供給金票八十元，以爲誘餌。因此，該漢奸學生充滿各校，教室，宿舍均不能隨便談話，思想稍有過激……此種漢奸，則向日人告密，……故各校學生，雖深恨日人，然在漢奸密探監視之下，亦敢怒而不敢言。」東北同胞處於如此苦痛的惡劣環境之下，即是要有什麼表現，不要等到你說出來，你的生命就發生問題了。

這是滿洲國教育現狀的楔子，以下我還要叙述一點人們看來認爲枯燥的事實，然而這是比任何空話都有力的表徵。

「滿洲國」的最高教育行政機關是所謂「文教部」，部內設三司，一編審委員會和督學官。其次，各省有所謂「教育廳」，茲將這兩種行政組織列於下：

（一）最高教育行政組織

- 文教部 總長 次長
  - 總務司長
    - 秘書科長
    - 文書科長
    - 庶務科長
    - 調查科長
  - 學務司長
    - 總務科長
    - 普通教育科長
    - 專門教育科長
  - 禮教司長
    - 社會教育科長
    - 宗教科長
  - 編審委員會
  - 督學官

（二）地方教育行政組織（偽奉天省的行政系統）

- 省教育廳長
  - 總務科長
  - 學校教育科長
  - 社會教育科長
  - 禮教科長
  - 督學科長

這個教育行政系統表裡應特別注意的就是「禮教」司科，它是麻醉並奴化東北民衆的有力工具。從文教部以至各廳局，總務科長，均屬日人，這是偽國一貫的太上皇制度。此外督學或督學科長，亦都由日人担任，按期到各校調查監視是否遵順那奴化教育政策。

現在日人施諸「滿洲國」的最迫切的教育是改換文字語言。日文在各種正式的教育系統內或非正式的教育裡都成爲必修的科目，各地廣設「語學講習所。」其次是獎勵東北學生留日，現在偽國留日官費生有一〇七人，自費生有一〇九人，而留歐的官費生僅十五人　自費生僅六人。他們的獎勵留日，當然不能和我國內地一般看待，他們是要施行一種特殊的教育的。

這裡，我們且來看在日偽包辦下的學校教育概況罷，就把遼寧和黑龍江兩省而論，其現狀是：

（一）遼寧省

	校數	教職員數	學生數
（1）中等學校	二〇（注一）	三二四	一、八一二
（2）小學校		三五四	一四、二七二

（注一）中等學校內包有工科三，商科一，農科二，水產一，師範八，普通科五。

（二）黑龍江省

校數	教職員數	學生數

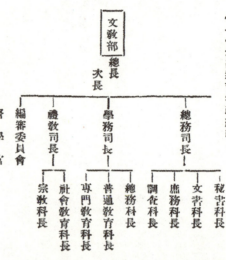

(1)中等學校六(注二) 一一六 一、〇七七

(2)小學校一〇 一三九 三、九三三

(注二)中等學校內包有師範科二，職業一，普通科二，日語專修一，工職科一。)

這是僅就兩個重要省份而言，學校數是如此稀少，其他各省更無論矣。我們且進一步再來看看各省原有校數和未開校數，就更顯明的指示了日帝國主義的愚民政策。

「滿洲國」各省的學校概況表

省別	各種學校總數	開校數	未開校數
遼寧	一〇、三五〇	六、八八五	三、四六五
吉林	一、二八六	四四九	八三七
黑龍江	六〇〇	四三二	一六八
「興安省」	四四	四四	〇
東北特別區	一五二	一四三	九
熱河	八七八	五	八七三

日「滿」對於學校教育的摧殘，看上表是一目了然的，在熱河省幾可說是全數都未開校，而遼寧吉林幾及半數以上，這學校數的銳減，是有它必然的作用的，那就是奴化，愚民的一貫政策。

除了普通的學校教育之外；還有所謂特種教育即是民衆學校與日人學校，前者可說是消極的侵略，後者可說是積極的侵略。這種學校各地都加速度的在發展，在遼寧一省，據偽奉天省教育所總務科的統計，去年九月末，各縣民衆學校計有一三八級，男生三七一五人，女生二八一〇人，共計六五二五人。日人學校乃是專爲造就侵略人才的根基，在滿鐵附近日人近二四五一三人有餘，其中兒童爲數頗多，就千代，春日，加茂，彌生，敷島等五校而言，學級有八八級，男生有一五九〇人、女生有二二五九人，共四五二五人。

此外，還有幾個特殊的教育機關，那就是「皇族子弟學校」，大同學院和協和會。

所謂「皇族子弟學校」，據最近長春通訊稱：『偽國務院，最近議决在長春，瀋陽等處該，設立「皇族子弟學校」先辦小學，而後再擴充至中學，大學等校。並請傀儡溥儀爲「皇族子弟學校」校長，此校學生僅限「皇族子弟」方能入學。今己於瀋陽小南門之維城學校舊址，設有「皇族子弟學校籌備處，」當有偽財政大臣熙洽助款三萬元爲籌備費，並由關內聘來教員十四人，分赴長春瀋陽担任教授。並聞除此十四人爲漢人充教按外、其餘者均爲日人。』這「皇族子弟學校」當然是奴化教育網要裡的典型的主要的元素，它在將來奴化教育機構中盡重要的任務是無疑問的。

其次所謂大同學院，那是高級的奴化教育機關，培養高級的統御東北的人才。其內幕情形和其他的聯帶關係，據長春特訊的記載，說得很明白：

「僞國承日軍之命，在長春設立之大同學院，學員一百二十名日人占九十名，僞國占三十名，專爲造就各縣參事官。僞國之三十名，亦均係曾留日受有日本教育薰陶者。此一百二十名學員，平日分爲調査各縣民間生活狀況，及作爲『王道政治』之宣傳者。各縣參事官列長春時，亦均集會於此；報各告縣情形。凡由日本同新派委之少壯急進派，則公然謂僞國爲傀儡，日本爲主體，事事均須秉承日人辦理云云等咄咄逼人之詞，所以僞國方面之三十名學員中多有不能忍耐而有脫離者。若稍老誠穩重一點之日參事官，則更以日滿提携共存共榮等類好聽之詞句，以麻醉人心。所以少壯急進派，雖鋒芒畢露，盛氣凌人，而確足以引起仇視之心理。若老誠穩重派，雖有時令人如坐春風，但足以消滅我民族性，於不知不覺之中更爲可畏云。」

第三個特殊的教育機關性質是「協和會」。這會在表面看來雖不和學校發生直接的關係，但它含有教育的意味是無可諱言的，它在某種意義上很像基督教的青年會樣子差不多，那是一種在外貌標榜仁義道德，大同主義，人道主義那類好聽的托詞，而實質是用來麻醉和奴化的另一個機關。該會成立於前年（一九三二年）七月二十五日在長春，當時會發表長篇宣言　它的本旨我們可在那宣言的言辭上看得出來；「……本會之唯一目的卽在遵守建國精神，實行王道主義，協和各民族，以鞏固新國家基礎，而宣揚王道政治。……」這卽是說除掉學校教育的內容來奴化我東北同胞之外，還用這一個特殊機關來深入奴化的意義，所謂「協和各民族，以鞏固新國家基礎」，換句話說，就是「滿洲國」與日帝國主義打成一片，做日帝國主義的忠順的奴隸。這組織的主要任務，大概是按東北民衆各種不同的生活上加以相當的麻醉，如農工業者，常就他們的生活上事務上施以「糖衣」的微惠，暗中毒害他們的民族精神和向日親善

關於教育行政機關實際的活動。我們可以從去年的六月在長春召集的全國教育會議，和今年二月一日在瀋陽的全省教育局長會議兩個集會看出它具體的表現，那兩個會議的內容都是使我們看了心驚肉跳的。

去年六月二十九，三十兩日，在長春的全國教育會議，議決案頗多，且舉其主要的幾條：

一，取消中國學制，採用日本學制。

二，各級學校均添授日語及「建國要議」爲必修科。

三，在「新京」設立大同學院（詳情見前文）

今年二月一日在瀋陽開的全省教育局長會議，僞教育廳禮教科對該會之指示事項如下：（一）學校以民衆教化爲中心。（二）普遵關於建國精神之思想。（三）社會團體統制指導。（四）文廟祭祀事項。（五）矯正社

會風教。（六）融和民族。（七）普及衛生思想。（八）調查古蹟（九）普設民衆學校。（十）設立青年團及婦女會。（十一）實施帝制宣傳事項。

關於經費方面　本年度僞文教部的預算　內分經常部和臨時部，兩者合計共六，一一四，二六八元，比之前年度預算九三〇，〇〇〇元（追加預算在內）增加六倍有餘。這個預算的增加是表示日帝國主義對於東北的奴化教育是加速度來早日完成的。最近，文教部曾計劃了幾個主要的事業，我們還得不厭冗長的來報告一下，那主要事業是：

一，創辦高等師範學校　這是僞組織中的最高學府，並爲訓練中等師資的機關，校址設於吉林大學舊址，成立經費三〇•〇〇〇餘元。現已設置開校準備會於僞文教部內，預定八月上旬開學，初年度入學生爲一百十五名。

二，設立農業專修學校　最高學府下設立農工商醫四專校，此下卽各中小學。新年度先設立農校，擬明年一月在奉天開學，初招生百名。

三，充實教員講習所　將從前三個月的講習所延長爲六個月，並施行均加講習人員及遷移校舍等事。此外尤須擴張各地的地方教員講習會。今夏又擧行暑期教員講習會，分城市鄉村兩組。

四，提倡留日及學費津貼　留日學生事務，於僞駐日公使館內添留日學務官公署，辦理文教部和留學生間的事務。

五，保存古蹟和社會教育　關於古物的保存，擬先修理熱河省之離宮，喇嘛塔，設立寶物庫保管古物。關於社教決定所謂社教五年計劃的第一年度單創事業，卽是施行電影教育，情操教育，民衆教育，以及擴充地方博物館，圖書館等。

此外，在教育經費裡加入新預算者，至本年度止向之歸於民政部預算的各省特別中小學一〇六處和省立圖書館，博物館等文化機關，現已都移管於文教部，此項經費達三三〇，〇〇〇餘元。同時，爲中小學經費的素質向上，設立檢定制度，自僞元年度起開始實施。

四　結語

由上所述，我們可以簡要的明瞭日帝國主義從九一八事變軍事侵佔以後，積極在文化與教育上來毒害我們東北同胞的實況。教育本來是一種工具和手段，日帝國主義於是適當地利用了。東北民衆每日呼吸於這樣窒息的空氣裡，其不死亡眞是有點不可能。平時我們常聽得高唱如何救亡，如何復興的論調，然而他們像絲毫沒有看到這事實，聽到東北民衆的死的掙扎的苦痛。一個有相當歷史的民族，自有他的固有文化基礎和文化特質，決不能用某種特殊的關係來壓抑或摧殘，可是在東北，我們的固有文化都被喪失殆盡了。文化的基礎和特質一旦解體，那無疑問的也是一個民族的解體。日帝國主義深悉這個關係 所以它在文化侵略和奴化教育上都不惜用全力來對付，而且很技巧的來實現，這是日帝國主義在攫取東北最成功的一點。

三年來對於東北關切的雖不乏其人。然而事實告訴我們，關切由你關切，東北卻永久在日帝國主義的掌握中了。我們若深切地明瞭東北問題是我們的生死關頭，則我們一刻不能放棄那「收復失地」的決心。「收復失地」決不僅僅是一句話，那是要在事實上表現出來這才是正確的，否則若做了紀念日的演說詞藻，那只有使民衆慢慢的對這觀念淡薄下去，也正同東北民衆受日帝國主義的奴化教育，今後被其麻醉，要慢慢失卻苦痛的感覺的。這決不是說東北同胞沒有民族意識，實則是日本奴化教育的成功。

因此，我們理解到文化侵略在整個問題中的重要意義，它替「滿洲國」打下了基石，以便日帝國主義服服怗怗的任被宰割。我們理解這關係，同時看到那奴化教育的政策與現狀，則在九一八事變三年後的今日，我們應得來個沉痛的自覺和奮鬥。

一九三四，九，十五草於北平。

本文參攷材料：
一，1934. The Japan yaer BooK
二，Arria Nagonv: Develvpmeur of Capitalism in China (Japan Council of Institude Of Pac. itic Relation)
三，滿鐵調查月報（昭和九年十二月份）
四，國際評論
五，支那時報
六，黑白月刊
七，行健旬刊

日本所謂國難時期的教育及其動向

——爲「九一八」三週年紀念作——

李　旭

一　從思想國難說到國難思想

任何人都不能否認：爛熟期資本主義社會的各種形態，已經給日本帝國主義者的前途投向一個陰慘可怕的暗影甚於這種社會矛盾的反映，在思想上，使日本新進的青年趨向極端了。當明治四十三年世界「不景氣」尙未正式襲來的時候，日本左傾急進的青年，卽有幸德秋水大逆事件的演成，接後大正十二年又發生虎之門事件，到了昭和三年，政府當局已經感到左翼青年運動底嚴重的威脅。當時檢舉國內共黨的活動，計獲到證具者三〇七人，而專門學校的學生佔其中百分之三十。四年三月，重行檢舉，又獲八〇五人，在這樣一個左翼活動的嚴重局勢之下，日本議會內提出一個思想善導的緊急案，他們都認定日本臣民思想的左傾，是日本帝國的致命傷！是日本帝國思想界的國難，這種思想國難一日不祛，日本帝國簡直就沒有了前途！這口號是如此地震撼着日本國民的耳鼓，於是所謂效忠於帝國的日本臣民，都好象受了强心劑的激刺而興奮起來。他們的所謂教育學者，都以如何挽回思想國難爲唯一的課題，他們的教育當局天天在爲着思想國難而打算！他們探求青年思想左傾的原因，據岡田輔之的見能，以爲不外左列五項：

(1)由於現社會的充滿矛盾與不合理，
(2)由於入學難，就職難，生活難，
(3)由於時代的影響，
(4)由於社會科學的勢力，
(5)由於學聯及共產黨之宣傳

昭和七年，文部省曾設學生思想問題調查委員會，他們對於青年思想左傾原因的對策，除上述幾點以外並認定教育的缺陷爲其主要原因之一，誠然，日本教育缺陷，實在不少，即就全國小學教育來看，據文部者從昭和四年到七年的統計裏，我們知道：日本小學教員犯左翼運動宣傳的罪案者，三年間共三〇五名，免職及退職者共一〇七名，此外關於赤化教育運動的案件還有很多，茲列表於次：

種類	案件數	參加人數
教育勞働者組合運動	一二	二〇八
新興教育研究所	五	六二
其他	一七	三七

上面的統計，還不過是這種左翼運動之一斑，我們知

遣，青年是國家的未來主人翁，是新社會的奠基石、他們、有熱烈的感情，臨難不苟的犧牲精神，他們具有單純的傻越慾和好奇的虛衒心，他們對於社會的改革，尤其具有熱烈的同情。河合榮治郎在其所著的日本青年學生思想出路中說得好．「社會改造的熱情，與指導原理的要求，此二者爲現代學生的特異性，」爲適應這些要求、大部分的青年學子都有左傾的趨向，一個不容想像的可怖的前途，在萬世一系的東洋帝國的面前展佈着！

雖然，日本帝國終究不愧其爲帝國主義者！在動搖的恐怖的時代之流底激盪中，他們的統治者，居然重新喚起全國「上下一心，以盛行經綸」的口號來！他們認定思想左傾，是帝國臣民的思想國難在一般官僚的眼光看來，教育是社會政策之一，惟有教育可以啓發人心，指導思想，所以要救濟思想的國難，惟有改善教育、然而我們從日本社會情勢考察起來，日本人素以農立國，家族制度極形發達，所以基於：農業社會的小資產者及中小農等，極容易被封建的紐帶連繫着 因此萬世一系的皇室中心主義，幾乎成了日本人民牢不可破的共同信仰加以日本的版圖甚小，人民極易統治，當外交緊急，國步維艱的時候，全國的人民，不僅可以促成上下一心，效忠王室，且可使其於農業社會而形成的軍閥主義者急速抬頭！事實明顯地告訴我們，日本明治維新時代．純粹是軍國民主義思潮的澎湃時期，所以當時的教育，即以尊崇萬世一系的天皇統治、保持全甌無缺的國土，維繫君民一心的王道政治，發揮大和魂的民族建國的眞精神爲旨歸。自從中日，日俄以及世界大戰以來 由於軍國民教育的效果，使日本一躍而爲世界五大强之一，於是軍國民教育的精神，雖經過數度的變革，終不失其爲日本教育的基礎。我們知道，歐戰以還，世界經濟的恐慌，資本帝國主義者沒落期的最後爭扎，也曾引用了不少的溫情的改良主義，以緩和社會的變革，日本在這時期，也曾引順着世界的潮流，從事教育上的改革。譬如大正末年以來之日本勞働教育的盛興，即其一例，當時的日本教育學者，頗能認識教育的意義，尊重人們自發的活動。他們認定教育是「文化財」的績演和體驗的一種工具；教育可以保存文化，同時也可以發展文化，小西重直是最能代表此時思想的一個，他當時有一句名言，我們現在把牠寫下來：

「昔時希臘的蘇格拉底曾說過，要像產婦的助產婆那樣，他觸着兒童的心，來使兒童產生眞理和藝術，作教育者的事業， 這個時候，雖像撑舵的人那樣，不要忘掉看取方向， 和不斷地朝向正當的方面走，但活動的，仍須兒童自身。」

從上面這一段話，我們完全可以看出大正末年一直到昭和以來，日本教育界確有一度自由主義思潮的出現他們似已漸離軍國民主義的思潮，然而這個終究是曇花一現！資本帝國主義者最後掙扎的時期到了，軍閥們黷武的活劇在亞東的一角表演着！牠們不避全世界的人們的咀咒和反抗，在一九三一年（昭和六年）九月十八日開始，在我國東四省的地方，橫吞下這一顆足以爆炸全世界的大炸彈；以解決他們國內的隨時的恐怖．這恐怖將使全日本的國民，都瘋狂地跳進火坑．走向紅光燭天的戰線上．來！這是什麼？這就是我國國民永遠不能忘記的沉痛的「九一八」！然而，日本人，終於在獰獰地笑了！他反對全世界一切公理的制裁，驅着全國的人在作世界第二次大戰的準備，於是軍國民主義的思潮重演了！他們—軍閥等—不僅矜誇黷武主義的眼前的成功，他們尤其深信未來勝利，單簡而剛復的行動，欲使他們深信改良主義者不能立足，思想國難不僅當由教育方面來救濟，根本上須提倡國難思想來征服牠！從「九一八」到「五，一五」（昭和七年）正是這種思想表現的緊張時期．他們要提倡日本民族真精神，恢復明治時期的軍國民教育，他們不僅要求教育改革，他們尤其進一步要求教育的統制！於是日本人已經明顯的走向法西斯蒂主義的途徑了，我們現在將五．一五日本政變的情形約略敘述，以見日本人軍國民主義精神的復現；昭和七年五月十日，日本京都發生大暴舉，海陸軍士官學生山岸中村，篠原市之助以及橘孝三郎等，刺首相犬養毅於相府，這個首都從前未有的軍人大暴動，無疑地已將官僚的憲法政治摧毀殆盡。代之而起的為以軍部為中心的非常期內閣，這完全是軍國民主義者的抬頭，當時橘孝三郎等被拘，供出舉事的動機如次：

「近時我國政治．外交，經濟．教育思想以及年事等各方面的情勢，都日益擱淺．國民精神日益頹廢，倘若我們不打破此種難關，恐將導帝國於滅亡的境界，而考察其根本上的原因，實由於政黨財閥以及特權階級的互相結託，不思福國利民，整頓國防，徒知蠅營狗苟，私利是圖，因仰腐敗墮落，至於斯極，所以我們這些有志的青年，決心聯合起來，芟除此種敗類，以革新國家，恢復日本民族建國的真精神。」

上面這一段"，完全可以表現日本人的所謂國難思想！由於國難思想表現的緊張，遂成日本政治極端的向右轉——軍部的獨裁，以至軍國民教育的盛行，下面我們將日本所謂國難時期的教育作一個詳細的探討。

二　「九一八」以前日本教育的回顧

「九一八」以前的日本教育，是由軍國民主義思潮的教育，進而為自由主義或稱為改良主義思潮的教育時期，但這改良主義思潮的教育，祗是曇花一現我們在此，將日本教育史的發展，作一簡單的敘述，日本的新學制，在德川時代即已輸入，到明治時才正式公佈，所以我們講日本，當以明治時爲開創期，從明治以後到昭和六年九月文部省成立教育調查委員會，定革新各級學令八日，可劃分爲五期，茲分述如次：

第一期創設時代——自明治五年至明治十九年，森有禮爲文部大臣，發佈各學校令時，當時各學校令。均倣法國中央集權制，分全國爲八個大學區，直轄文部省，設督學局

第二期森有禮建功時期！自明治十九年至明治三十二年三月學校令改正時，這一期的特徵，在學校令之頒布，如十九年三月所頒布的帝國大學令，及其後所頒師範學校令，小學校令等，均爲現行教育法規的基礎，此外如文部省的全部組織之完成，高等教育的設置，視學制度的推行，都在這一時期。

第三期小學校整頓時期——自明治三十二年至日俄戰後，明治四十年左右小學校令改正時，明治三十七年，實行國定教科書制度，文部竭全力整頓小學教育，小學校令中幷規定的幼稚園事項。

第四期各學校規定再改定時期——自明治四十年至大正七，八年時，舉行臨時教育會議，改正各級學校的規定及增高高等學校經費。幷發佈「戊申俉書」，提倡國民道德及體育等。

第五期教育改良時期——自大正八年至昭和六年九月一八日，這一期的日本教育，爲順應世界時勢的要求，由有改良主義教育的趨向，然而這種教育主張幷沒有支持很久，「九一八」事變開始，日本所謂國難時期的教育——非常時期的教育，就從此展開了。

（三）

日本的學校教育從縱的方面看來，可分爲初等，中等和高等三級，從橫的方面看來，可分爲普通，專門，實業，師範以及特殊五種，從明治末年以來，日本教育制度，即已完備，大正時，教育已極形發達。日本的教育制度，素以整齊劃一著名於世，由其教育行政系統，以及各級學校的情形看起來，我們便可以明白。從前西洋有個教育家，曾經批評日本的教育行政，他說「日本文部大臣，坐在辦公室裏，你如果去問他某處某學校什麼時候上的什麼課，他馬上可答出來」，這話似乎未免有些譏諷，不過也近乎事實，日本的教育者——東京明星學園長赤井米吉氏也如此說過：「全國各區公立學校裏，同日同時，有八百萬兒童，做同一的作業，」這種教育統一的精神，實在令人也驚異！本來日本教育一向以小學爲最注重，自明治年代以來，義務教育即已完全普及，他們的教育家曾將中日，日俄等戰爭的勝利，歸功於小學教育，小學校在日本，確自有其特點，全國小學不但課程劃一，就是教式，設備，作法訓練，勞作訓練，以及利用電影，重視體育等，幾無不相同，在大正八年以後，却有一些改善的傾向，當時的教育

思想界以永野芳夫及佐藤武等為代表，他們曾經提出十項主張：

一，從以教師為中心轉到以兒童為中心。
二，從教授轉到學習。
三，從他律轉到自律。
四，從拘束轉變為自由。
五，從劃一的，變為個性的。
六，由賢人君子的，變為真人的。
七，從知識本位，變為完人的。
八，從築頑的，轉變為生長的。
九，從演繹的，轉變為歸納的。
十，從講堂式轉變為實驗室的。

這是如何背反帝國教育政策的一種思想呢！宜乎這種思想不能久存了。在這時期的教育，其特放異彩的，還有關於職業教育方面的勞動教育運動。日本的勞動教育運動的發達，大概可分為三期：

1勞動教育運動的發生期（大正九年——十三年）
2勞働教育運動的實進期（大正十三年——十五年）
3勞働教育運動的堅實期（昭和元年——現在）

關於從事勞働教育的運動者，大概可分為兩派，一派則感覺日本農村經濟破產，非勞働教育，不足以恢復農村。另一派，即普通所謂從事社會事業者，因此演變成兩大潮流：

A勞働組合的運動——如日本勞働學校，大阪勞働學校，神戶勞働學校等是，
B社會化勞働學校運動——如中央勞働學院（關東）大阪勞動學院，市民勞働學院等是。

勞働組合的勞働學校，主持人為鈴木文治等，教育專重公民及勞働問題，因研究勞働問題：頗有左傾的趨勢，所以沒有維持很久，大正十四年，十五年，此派已至沒落時期，但是粟野谷藏等所主張的社會化勞働教育，以及有歷史的勞働學校，如神奈川勞働學校等，則益堅實化，而東京帝國大學教授末弘嚴太郎等，都參加此種運動，從昭和元年以後，社會化勞働教育幾乎成了復興日本農村挽回國難的一種最重要的政策，一直到現在。日本所高唱的勞作教育，比以前更要發達了，

以上我們要算將日本「九一八」以前的學校教育的姿態，描寫出一個輪廓了，此外我們還要談日本所謂社會教育

日本的社會教育制度，在「九一八」以前，可分做兩部分來說：

（一）青年訓練所——青年訓練所的宗旨，在鍛鍊青年的身體，養成健全的公民，使其資質向上，受訓的青年，在十六歲至二十歲四年之間，凡市，町村，市町村學校組合，及町村學校組合，均得設置，私人得依文部省大臣許

定，設置此種訓練所，其訓練項目爲

a公民　b修身　c教練　d普通學科　e職業科人學資格、以高小程度爲宜，公立者，多由實業學校及小學校幷設。

（2）青年團與少女團——青年團創始於大正時、以青年之健全發達爲要領少女團原稱處女會。

此外尚有童子軍的訓練，其數約七一九〇〇人，其他關於成人補習教育，及婦女團體，家庭教育等，均不及備述。

三　非常時期教育的展開

「九一八」事變以後，日本教育界即有所謂國難時期教育的呼聲，急切要求教育的統制。五一五事變繼起，日本已正式入於非常時期，於是有非常時期教育的出現，從五•一五到三•二五（昭八），日本退出國聯，在世界上已成孤立成態，他們認爲國難，已更加嚴重，而非常期的教育，亦更加堅實，所以我們日人所謂非常期的教育又分做三個時期：

A非常時期教育的發生期（昭和六年九一八——昭和七年五•一五）

B非常時期教育的實現期（昭和七年五•一五——昭和八年三•二五）

C非常時期教育的堅實期（昭和八年三•二五—現在）

所謂非常時期的教育，不外是嚴厲取締一切左傾思想及其活動，統制全國的教育，尊崇萬世一系的天皇統治，涵養明治以來立憲的精神，發達健全的國民道德，培育以軍國主義爲基礎的大和民族愛國魂：提倡生產的勞作教育：厲行全國人民的軍事訓練等幾個原則，換言之，即以軍事教育爲其骨幹，勞作教育爲其外形；其發生的社會原因，完全是由於爛熟期的資本主義的最後掙扎所反映而來，資本主義者內在的矛盾，形成了世界經濟的恐慌和國內農村的破產，爲着這種碰壁，從死的掙扎中才有軍閥獨裁的出現，以實行武力征奪，開拓市場，向火坑中找尋他的出路，所以非常時期的教育，是殘餘的封建勢力與資本階級雙重統治的政府，教育他們的國民，如何跳進火坑的一種工具，我們現在爲理解所謂非常時期教育的發生，實現與其堅實的各個情況，先從「九一八」以來日本社會教育界的恐慌說起，一九三〇年（昭五）世界經濟己至極度恐慌期，日本的農村，即已開始所謂非常期、那時所謂農村非常時的對策，即在促進農民的自覺．授農民以農業生產技術；於是歸統到這個社會政策的本問題來，還在農村教育的改革，然而農村經濟破產，根本上教育經費就不够支配，昭和五年，小學教育界因爲欠薪問題，改發生減薪及索薪等糾紛，其中各縣市町有半年未發教薪者，影響所及，教員羣起奔走呼號，發起教育擁護運動．組織全國教育會，向

議會請願，請議決由國庫支出教育經費一千五百萬元，後經帝國教育會議，作全國三十府縣教育經費的調查，其結果，僅兵庫，滋賀，山口，香川，福岡等五縣五十四府左右，有五百八十五町村以上教費不敷，實爲近年來所未有，茲將其調查列左：

町村數		欠薪最久	町村數		欠薪最久
熊本	八〇	五月	岡山	八	三月
新潟	六〇	三月	鹿兒島（大島熊毛兩郡的大部分）	六	三月
長野	五二	六月			
鳥取	五〇	三月			
山梨	三二	五月	冲繩	六	三月
神奈川	二九	三月	群馬	四	四月
埼玉	二七	六月	岐阜	三	三月
千葉	二七	三月	三重	三	三月
長崎	二七	四月	大分	三	三月
青森	二四	三月	愛媛	三	三月
岩手	一七	五月	高知	二	二月
靜岡	一四	六月	京都	一	三月
德島	一三	三月	奈良	一	四月

教職員生活不安定直接間接影響到教育的興廢．至於日本

至於「九一六」以來的學生界，尤其每年感到失學的恐慌，失業的恐慌和生活的恐慌，就和昭九年所編的朝日年鑑上所列舉的日本高等學校入學與志願入學者的比較，就可知道日本青年失學問題的嚴重，今錄如次：

日本高等學校入學者及志願入學者比較表

學校	志願	入學	學校	志願	入學
一高	二、九二四	三二七	二高	一、五三一	二五一
三高	二、〇一二	二六五	四高	一、五六一	二五一
五高	一、五四四	二七三	六高	一、一七七	二五三
七高	一、〇〇七	二〇二	八高	一、三一六	二四七
新潟	一、〇六三	一三三	松本	六九一	一三五
山口	六六七	一三五	松本	七〇七	一四二
水戶	一、二一九	一七五	山形	七六六	一七二
佐賀	一、一〇一	一七四	弘前	六八一	一六二
松江	八四四	一七八	東京	五〇〇	六〇
大阪	一、一九九	一七九	浦和	一、四二五	一八二
福岡	九一六	一七三	靜岡	八四〇	一七一
高知	七四四	一七三	姬路	一、三八四	一七〇
廣島	一、〇〇五	一七七	合計	三六、八三四	四、[illegible]

失學固為一嚴重問題，同時失業問題，更較嚴重，據同書報告。昭和八年，大學四十七校，專門學校一六二校，甲種實業學校二四〇校，卒業生總共五二，一九四人，其就職業情形如次：

	總數	新職	百分比
大學生	一一、〇一〇	三、八四〇	349 %
專門生	一九九五一	八、〇六一	40.4 %
中學的甲種實業生	二一、二三三	七、八七〇	37.1 %

從上表我們可以看出，日本的大學生百個人裏面有六十五個失業，專門學生，百個中有六十個失業，甲種實業學生百個中有六十三個失業。這是多麼嚴重的一個問題！農村的破產，失業者增加，都市的無業游民也就日益增多，然而一般年青的男女，尤其憧憬都市生活，他們都向都市來集中，

在這種社會恐慌時，日本青年的思想，特別容易左傾。昭和八年六月二十三日，小山法相關於學生左傾問題，提出閣議報告書，計昭三至昭八被起訴學生共二，四九九人，保留起訴者約七六一人，被起訴者的程度，大概如左：

高等教育程度　八二六人

中等教育程度　五三七人

初等教育程度　一、一三六人

將此輩左傾學生分別為各學校，大體

官立學校　二、二二一人

公立學校　五三一人

私立學校　七二六人

思想既多左傾，學校的風潮自然很多，加以教授與理事間的爭奪，互相利用學生，極容易鬧成很大的風潮，如日大醫科區科長額田博士之解職案，高輪中學，高松高商，東京高等獸醫學校東京女子藥學專門，日本大學成城學園都曾屢次鬧過風潮，由於以上的各種情勢，所以非常時期教育的第一階級，完全是思想的糾正，左翼運動的嚴懲和學校的改革等等，原來日本認定思想左傾，完全與帝國的教育政策違背，想挽救這種危機，根本上要恢復傳統的國民道德，提倡固有的民族精神，他們更認定「日本國民全體，當此全世界新的危機與恐怖病襲來的時候，想啓迪他們的叢蔽，糾正他們的似是而非的國際和平論的認識，以及促成他們能站在東洋文明的立場以指導西洋文明，這種職責和工作，都應當由教員者担負起來」，所以他們實行：

（一）改變社會和政治的情勢：

a.除去黨爭的弊害，企圖選舉淨化，振作議會的

機能，增進國民對於議會制度的信仰。

b.振起對於公務的嚴肅的義務觀念、整肅政界綱紀，以企政治行政的公正。

c.充實適合我國國情的社會政策，革除無產者和小產者生活上的不安，適應其他適合國情的產業政策，以期國民生活的向上。

d.對時代的推移，共同促進有產者及豪富的自覺，以期在國民所應負担的經濟，及財力上的公正。

e.為要使學校卒業者獲到適當的職業，特設有組織的機關，以資介紹。

f.涵養國民立憲自治之精神，及其實踐的能力，利用適當機會，作徹底普及政治訓練的企圖。

g.為要達到政治教育如政治訓練一類的目的，新設指導機關，以助完成。

h.嚴厲處置一切對於大家用某種不正當的行為以達到其目的者。

i.使世人明瞭那種以講演，發佈印刷品等方法以達到宣傳共產主義的目的者的罪惡與其實際狀況。

(2)匡正思想界和學術界：

a.設立以闡明我國國體與國民精神的原理，發揚國民文化，批判外來思想，建設足以與唯物史觀對抗的理論的體系為目的的有力的學術研究機關。

b.對於適應時勢的精神文化的研究，給與獎金，幷鼓勵對於思想指導上有益的文獻的出版。

c.獎勵宗教情操的涵養，以陶冶人格，培養國民精神。

d.運用小說，音樂，演劇，繪畫等藝術以努力普及健全的人生觀和社會觀。

e.運用新聞雜誌等適當的消息，作公正的批判，以建立中正穩健的輿論，促其醒悟。

(3)改革教育：

a.設立良好的教育調查機關，以圖改善學校教育的教務：訓育以及方法組織制度等。

b.具體的調查各學校諸學教科教授的內容，與其結果，作為有效的改正與實驗。

c.通過各學科，授與學生關於國家社會的實際的正確的知識，改正學生往日所懷抱的關於表面的公式的見解。

d.提高教師對於社會問題，思想問題的知識，開辦養成對於此種思想的批判力和指導力的演習會以及其他的設施。

e.革除一切不合理以及弊端百出的學校。

f.認定學校爲生活的場所 爲有機體的社會，主張設立勞作教育，鄉土教育、及公民教育三種，爲生活教育機構之三分野：

(1)鄉土教育—於學校學級經營之新組織上，卽爲教材之革新

(2)勞作教育—於學校學級費經營之新組織上，卽爲學習之革新。

(3)公民教育—於學校學級經營之新組織上卽爲教育目的之革新。

(4)防止左傾運動：

a.嚴厲的取締共產黨，共產青年同盟，以及其外圍團體，普羅列塔利亞文化團體的活動。

b.嚴密取締在學內或在學外的學生生徒的左傾運動，以及其與家庭或司法機關之連絡。

c.將健全的思想用普通的方法，講演以對抗左傾的理論及其宣傳。

d.指導并鼓勵健全的自覺的青年運動、以及修養團體的活動。

非常時期教育的第二階級 完全是命令的執行和理想實現時期，這個我們可以從積極的和消極的兩方面觀察出來。

A.積極的：

a.發佈非常時期教育令，實行全國教育統制厲行全國各級學校的軍事訓練，對中等學校配備教官，其軍事訓練優秀者，卒業後得賦與幹部候補生資格。

b.頒佈非常時期讀本—文部省鑑於非常時期之嚴重，爲促進國民的自覺，以期國民精神之確定，有非常時期國民運動，五年計劃等種種計劃，由外務，陸軍，海軍及文部等四省組織起草委員會，着手編輯「國民教育讀本，及非常時國民的覺悟等書籍，由文部省分發全國府縣立學校，男女青年少年團體及與社會教育化有關係的諸團體。

c.令全國各級學校學生捧讀明治頒憲的敕語—鳩山文相爲涵養立憲精神，以期發達健全的國民精神，令全國大中小校於每年二月十一日紀元節，奉讀頒憲敕語。(明治二十二年二月所頒)從昭和八年起，以後每年繼續行之。

d.計劃國定中學校教科書、改正國立小學教科書，增加公民科材料。

e.改革大中小學校，以思想善導爲教育的主旨，昭和八年思想對策委員會，擬出思想三大綱。

大概以啓迪迷惑於國民的被動的不穩的思想，闡明日本眞正的精神爲旨，其具體方案，爲高等教育改革，師範教育與初等教育的改善，重視德育，對私立學校取行政監督化，以及教育的實際化等都是。就中尤以中學的改革，設兩類課程，一備外學，一備到社會求職業，爲最適當。

學校公民科在使國民完成其國民的政治生活，經濟生活，以及社會生活，涵養德智，使其領會極守法的精神與共存共榮的本義，養成爲公共而犧牲與協作互助的風氣，育成善良的立法自治的國民。

實業科則授以關於實業的知識技術，理解實際生活，以養成其尊重職業的精神。

b.設立思想講習會——昭和七年七月召集各學級學生主事校長等開辦思想講習會。

g.設立國民精神文化所——文部省經第一次臨時議會贊同在神田一橋大同書館設立國民精神文化所一，內設研究部，一任思想研究之指導。一任普及研究事項。

h.設立夜間中學——文部省指定夜間中學的條例

1.修業年限——尋常小學生五年，高小生四年。

2.授業日數——二百五十日—至二百三十日。

3.授受時間——一週二十四小時

4.配備教官，實行軍訓，成績優者，與普通中學同一待遇，

i.開辦滿蒙學校——由陸軍部中將山田陸槌氏等發起，開辦男女兼收的滿蒙學校於神田三崎町，本科與夜科各二百名 一部收大學專門畢業生，二部收容中學生，授以關於滿蒙的知識，修業爲六月。

B消極的：

a.嚴厲取締違背軍訓及軍國民教育的各級學校——大中小學實行軍事訓練，起於昭和七年七月，當時上智大學，曉星中學，長崎海星中學三校拒絕參拜明治神宮，靖國神社，文部認爲此種行動，違背軍事教育的精神，其卒業學生，均不給幹部候補生資格，教官辭職，學生紛擾，結果終於重新派遣教官，實行軍訓。

b.嚴格的檢定各級教師。

c.召開取締小學校思想會議——昭和八年召集小學校教職員開會，其討論所及爲：

1.小學教員思想問題

2.關於中學校生徒思想問題

3.關於少年團思想問題

4.關於右傾思想問題

d.革退左傾的大學教授——東京帝大教授瀧川，思想頗近左傾其所著書及講義，都帶有唯物史觀的色彩，文部省認爲足以破壞日本的國家思想及淳美的道德，予以革退，當革職令下時，該校法部教授助教講師等三十九名因爭取講學自由，聯名向文部辭職。學生一千六百人，也有聯合退學的趨勢，鬧成教育界最大的紛擾，卒由小西總長與文相商量撫慰，方得解決。

e.嚴厲取消各種不良學校——於慈惠醫大，日本醫科大學，東京醫專，昭和醫專等校均以舞弊及其他不合理而被懲處。

此外在這一時期，還有全國各種教育會議，在統制教育這個口號下，各級教育家，都在昭和七，八年度內開過大會，討論，實施以上所述目標。

從上面看來，我們可以完全想見日本人所謂非常時期教育的緊張了。

非常時期教育的第三階級，所謂軍國民教育，差不多已經到了很充實的時候了。前面我們已經講過，從昭和元年到現在，適爲日本勞働教的堅實期，非常時期的教育，對於勞作教育同樣的重視，茲將與勞働教育相關的實業學校的情形，列表如左，以見一般：

校名	學校數	教員	學生數	卒業數
實業教育養成所	六	—	三六五	一一三
實業補習學校教員養成所	四四	九五	一、二三二	八五六
實業專門學校	五一	一、九七四	二〇、〇三三	五、五四五
實業學校(甲)	七八六	一二、八八二	二五二、九六五	五七、九九三
實業學校(乙)	一八九	一、七一〇	三五、七一六	一二、四八二
實業補習學校	一五、二四八	一九、〇七八	一、二七七、三三八	四三二、〇七〇

目前的日本教育，是以軍國民教育爲其骨幹，勞作教育爲其支骼，現在確有成績可覩了，我們任便找一兩個例，便會令人驚嘆

（譬如現在東京市立的小學，在教育統制政策之下，他們全市就共同的訂立了十二個信條，差不多每一條都表現了所謂日本帝國國民的精神，其內容如次：

一、帝都之市民，是特注意於皇室尊崇的觀念。

二、帝都的市民，是養成自覺的高尚而具有愛市的觀念。

三、使明瞭本市之世界的地位，努力於國際精神的涵養。

四、培養明治的精神，努力於公民的訓練。

五、養成犧牲服務的觀念，增進舉國一體共存共榮之精神。

六、圖謀教授之實際化，使教育與實際生活之關聯，格外密切。

此外東京市還有所謂特殊的方針其內容可分爲三項：

一、帝都公民教育之徹底。

二、教育之實際化。

三、增進教育的能率。

由此可見日本教育統治下每一市區的緊張情形，我們再從大阪朝日新聞上隨意拈些零粹的消息，以証明日本人瘋狂式的備戰熱，以及其軍國民教育空氣的緊張情形●

昭和九年，七，十五日大阪市教聯舉行野營指導——參加野外實習者有今宮中學等十一校，五十餘人。

仝月：大阪市天王寺實行分團防空演習，相愛高女舉行野戰病院訓練，病院即由學校設置，其中療養室，手術室診察室，各種防毒設備，無不完全。

七月十一日，大阪市立愛日小學校，有非常時避難的演習，演習時假想兒童在上課時，突然聞非常時之警聲，全校兒童八四五名，各隨其所指導的訓育先生，在教室前走廊上排隊，分往東西階地下室藏躲，地下室大半離教室百步之遙。

七月十六日，阪神兩都海軍實行軍事演習。

仝日，大阪市舉行防空演習——大阪市內大正區防護團分十一分團，泉尾第二小學校，第四師團，平松少將以下均參加，泉尾第三小學、由今村團長深野少佐，長岐大尉等指導統率防護團員，國防婦人團，愛國婦人會員約八百名，布防護陣，假想空軍有二飛機襲來，并在本部屋上，假設高射機關槍等等器械，天空左右二機，投下毒彈，救護班乃乘機活躍，高射礮發砲轟擊，又假設各地房屋着火，防火班亦隨時敏捷出動云。

這些消息，傳入我們的耳鼓，是多麼的緊張！想想我們的

祖國，當此危急存亡之時，國難兩字，早已成功過去，偏地歌舞升平，竟不知亡國之痛，已在眉睫；真不禁令人目擊心傷哩！

四 社團活動與日本未來的教育。

日本帝國主義者，處於思想矛盾經濟恐慌的現時代，他無疑已經走向民族的國家主義以及反國際主義的孤立途徑了，從牠自己全部機構的瓦解、動搖，和緊張中，喚出了「國難」——非常時期的口號來。牠所恃以指導思想改善社會，復興民族的非常時期的教育之內容不外：

1.皇室尊崇與族精神的高揚。
2.軍國民主義民潮的高漲。
3.人格主義的徹底擡揚。
4.教育改善主義的推行與東方教學精神的恢復。
5.教育的實際化和社會化。

雖然，非常時期的教育，根本上還是以軍國主義為其中心，社會化的勞作教育為其標幟，惟其以軍國主義為教育的骨幹，所以教育實際化，一變而科學實驗化，以企圖培植軍事人才，以侵略他國，以作世界第二次大戰的準備，培植科學人才，以開發滿蒙等地的富源，同時，那些基於政治背景而出現的各種愛國社團以及在鄉軍人等，都以教育為其活動的工具，如日本修養教化團體中的金雞學院，學生團體的全大學日本魂聯盟等，都參與政治活動，就中尤其以愛鄉塾的運動為最著名，愛鄉塾起於水戶（今茨城）的地方擇是一個生活不安思想惡化的地方，馬克斯，列寧等學說流行，當地的人民，由苦悶的厭棄中，漸悟物質文明之不足滿人慾望，遂對於東洋精神哲學極表好感，加以當時有水戶光等創設彰考館，專事提倡理學，於是水戶的復古運動盛行，愛鄉塾運動即基於此，他們都深信朱學，排斥空理，崇尚實際，因此養成了水戶學風的特色，愛鄉塾的綱領極重要，實足以影響日本今日的教育，因介紹於次：

1.認人與人必相愛護，以勞作為人生之本位。
2.土地勤勞工作，以兄弟主義精神為第一義。
3.以愛鄉土精神開發農村，養成日本再建的鬥士。

這種愛鄉土尚實際的精神，實為今日日本人提倡鄉土教育，勞作教育趨向的原因，從前的血盟團，近年間日本軍部的當局，出於愛鄉塾的實在不少，茲將愛鄉塾的課程列舉於次，以明瞭此種教育的內涵：

日本愛鄉塾的課業：

一，少年部：數學，博物，製圖，農業，經營學，歷史，農業大意，實地栽培，畜產，農場經營，建築等。

二，青年部之一：農村社會學，經濟學說史，產業組合論，社會學入門，心理學入門。

三，青年部之二：實地工作，農場經營，共同運動，農產物製造。

四，青年部之三：全體武道藝術學習，但作爲隨意科。

昭和八年，九月，日本各府縣學務部長會議於東京，由文部省社會教育局作成以社會教育復興農村案。他們對於鄉土教育勞作教育，極其推崇。而對於愛鄉塾這種精神，尤其佩服，所以他們當時所提出的農村復興教育要領，大有將鄉土，勞作教育打成一片的趨勢，我們現在略寫數句於後：

一農村復興的精神教育

（一）聖旨的奉行——詔勅語，詔書的徹底奉行。

（二）敬神崇祖精神的發揚

1.造成以神社爲鄉土生活之中心

2.重家庭祭祀以養成崇祖的觀念。

二農村經濟的復興

（一）農業經營的合理化

1.農業組合的改善。

2.勞力利用的研究獎勵。

這些，無不足以表現日本人新近對於愛鄉教育和勞作教育的注意，所以我敢信日本所謂未來的教育，仍舊不出以軍國民教育爲骨幹，以勞作等教育爲其發展的目標！不過，我們在此應當申明，以目前國際資本帝國主義者相互間矛盾的尖銳化，這個武裝平和的局面，能夠維持幾天，這是誰也不能逆料的事！一旦世界第二次大撕殺爆發了，那麽，依據歷史之流所沖洗出來的幾個必然的定律——黷武的軍國主義和資本主義的總崩潰——日本人是否還有前途，是否還有未來的教育可言，那就要問聰明的日本人了！

一九三四，九，十五，於師大

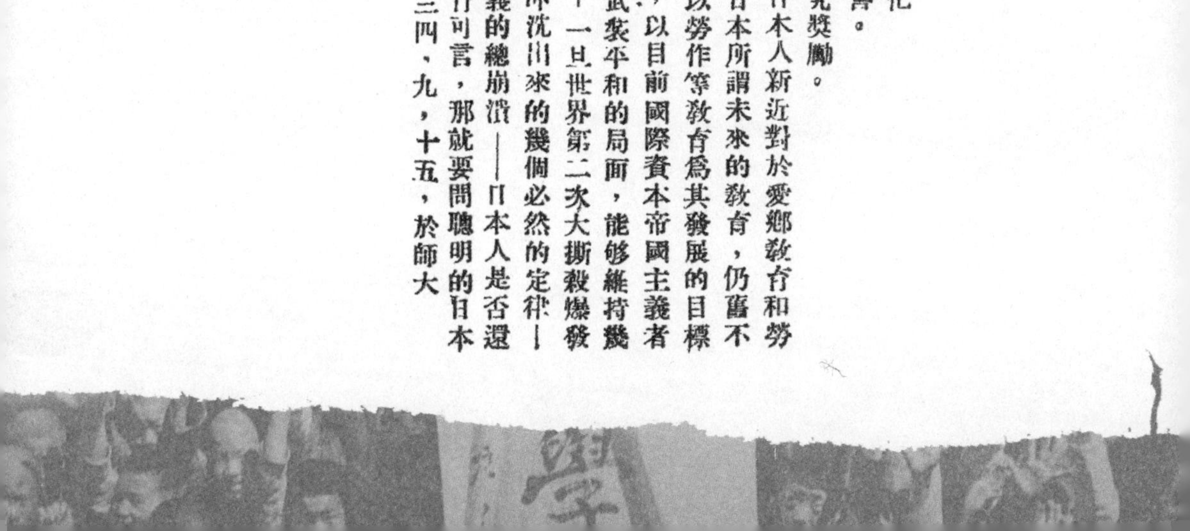

东北消息汇刊

《东北消息汇刊》创刊于中华民国23年（1934）8月25日，由上海东北通讯社编辑并发行。季刊。该刊诞生的目的是，因为随时发的稿件皆是一般同人冒万险，具苦干精神得来的珍贵稿件，有时各报因篇幅珍贵，未见登载，出版此刊做以补充。

该刊出至民国24年（1935）3月停刊。

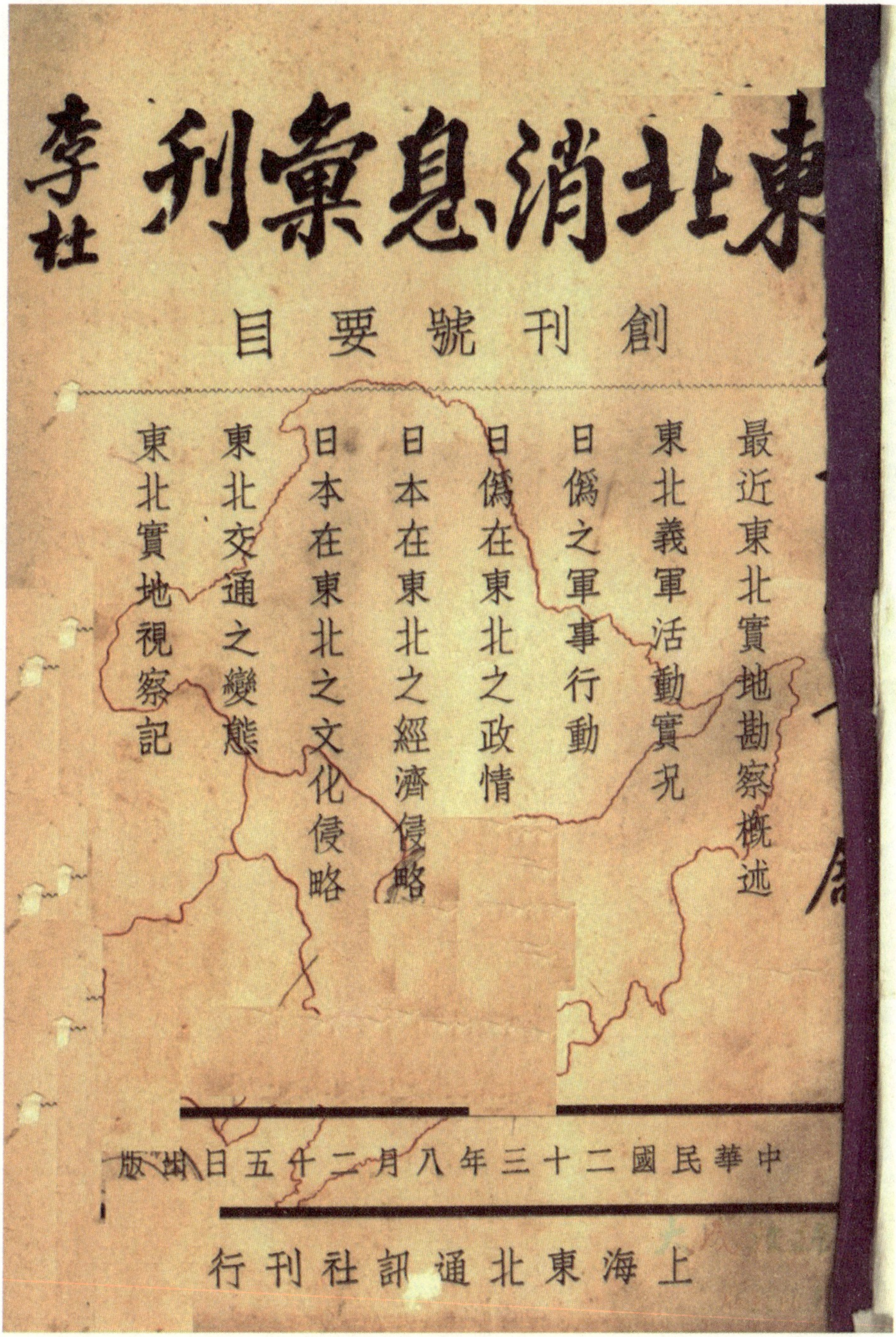
東北消息彙刊
李杜

創刊號要目

最近東北實地勘察概述
東北義軍活動實況
日偽之軍事行動
日偽在東北之政情
日本在東北之經濟侵略
日本在東北之文化侵略
東北交通之變態
東北實地視察記

中華民國二十三年八月二十五日出版

上海東北通訊社刊行

《东北消息汇刊》杂志封面

東北中韓青年全受奴化教育

▲僞遼教廳效秦始皇焚書

▲瀋海線韓民受同樣教育

（東北社瀋陽訊）自事變爆發後。東北故有之教育組織，俱爲帝國主義所搗毀。嗣後在日人監督下。雖有奴化教育團體之組織。而就學學生。究在少數。惟年來。日人在東北厲行愚民政策。乃不惜以所謂獎勵式誘惑之方法。以吸收東北子弟受有奴化教育。是東北各地就學之兒童。年來亦形增加。該種最毒辣之教育政策。對於東北青年。爲將來規復失土前途之大隱憂。茲將在東北所調查之日僞教育情形誌後。

【一】瀋陽市教育統計

關於瀋陽市學校之調查。所得之統計數字。截至本年三月底。計各校教職員共有一百四十二名。學生九十級。五千八百五十名。較諸去歲增加九級。學生六百二十二名。現市署業將各校常年經費定爲十五萬一千八百五十二元。

【二】焚化大批書籍

僞奉天教育廳。以從前教科書內容民族意識過深。有礙僞國建立。除於去年編纂新奴化教科書外。對於舊時教科書籍，嚴行禁止出售。嗣經該廳偵悉小北門裏學業書局。印有理科、算術等教科書。當經瀋陽僞警察廳。派員赴各書局檢查。是項教科書共發現有二萬餘册。遂即沒收。在教育廳保存、經該廳迭次考核結果。是項被沒收之教科書二萬餘册。於上月二十六日午後二時在城南風雨壇地方燒燬。該僞廳今後對於是項排日教科書。決派員赴各書店隨時檢查。如再有發現必予以相當處置。

【三】遼寧各縣民衆學校調查

僞國爲欺朦東北民衆計。特令東北各地設立民衆學校。以爲宣惑民衆之所。茲將遼寧各縣民衆學校統計列上。東豐一處男生五。女生三十六。共四十一人。蓋平十五處。男生四百五十八人。女生二百八十人。共七百七十七人，柳河一處男生十九。女生十八，共三十七人。鳳城三處男生三十八。女生三十九。共七十七人。本溪一處男生無。女生六十五人。遼陽一處男生八十。女生三十。共一百一十八人。綏中一處男生無。女生三十八。康安二處男生一百四十一。女生三十八，共二百七十八人。莊河四處。男生一百零一。女生無共一百零一。臨江一處。男生無。女生四十二人。復縣四十九處。男生一〇四百零二。女生四十人。共一〇四百四十二人。東鐵一處。男生四十五。女生十五。共六十人。岫岩五處男生一百四十二。女生二十二。共一百七十四人。錦縣四處。男生四十一。女生一百八十七。共二百二十八人。海龍十一處，男生九十一。女生八十二。共一百七十三人。黑山三處。男生十一。女生一百七十八。共一百八十九人。安東四處。男生一百十二。女生一百九十八。共三百十人。以上總計各縣民衆學校數目共一百零七處。男生二千八百十八。女生一千四百十九。共有男女四千二百三十七人。

【四】沿瀋海線韓人學校統計

沿瀋海鐵路線之韓僑學校。均由朝鮮總督府及日本各會社所主持。該等學校之調查。計瀋陽有奉天普通學校。教員十三。學生八百九十八。輿家荒普通學校教員四。學生一百三十。光東學校。教員二。學生五十五。鮮明學校教員二。學生五十三。諾木琿普通學校。教員四。學生一百二十一。大石橋普通學校教員三。學生六十七。板橋子普通學校。教員三。學生七十一。撫順計有撫順普通學校。教員十三。學生八百六十四。東社普通學校。教員二。學生九十四。小柳河子普通學校。教員二。學生一百三十。清原計有清原普通學校。教員三。學生九十八。同化學校。教員一。學生四十五。海龍計有海龍學校。教員三十三。學生三百九十二。文化學校教員四。學生三百十九。新興學校。教員二。學生四十五。輝南計有東興學校。教員一。學生四十五。金川計有東昌學校。教員二。學生三十九。柳河計有協昌學校。教員二。學生七十八。三源浦學校。教員二。學生六十八。(五月十八日)

康藏前锋

中华民国22年（1933）9月，《康藏前锋》在南京由康藏前锋社编辑部编辑、发行，属综合性刊物，月刊。民国27年（1938）5月因抗日战争爆发，编辑部迁至四川省巴县出《战时特刊》，民国28年（1939）8月停刊。

《康藏前锋》以联络汉藏感情，沟通康藏文化为宗旨，唤起国人的民族意识和国家观念，为开发建设康藏起先导作用。其办刊原则和任务是研究和介绍西藏、西康、青海等藏区的社会现实、历史沿革、宗教、文化、经济、农牧生产、教育、风俗习惯、政治制度、风景名胜等。辟有时论、论著、专载、文艺、通讯、藏文栏等栏目，是解放前创办的重点大型藏学期刊之一，内容丰富、资料详实，颇具参考价值。

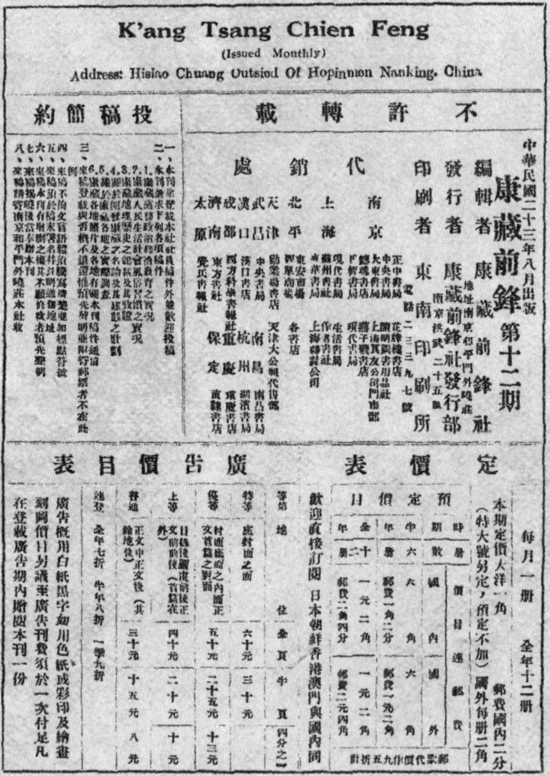

K'ang Tsang Chien Feng

(Issued Monthly)

Address: Hisiao Chuang Outsiod Of Hopinmon Nanking. China

投稿簡約

不許轉載

中華民國二十三年八月出版

康藏前鋒 第十二期

編輯者 康藏前鋒社 地址南京和平門外曉莊

發行者 康藏前鋒社發行部 南京洪武二十五號

印刷者 東南印刷所 電話二三三九七號

代銷處

南京 上海 北平 天津 武昌 漢口 成都 濟南 太原 南昌 杭州 重慶 保定

定價表

每月一冊 全年十二冊

本期定價大洋一角（特大號另定，預定不加）郵費國內二分 國外每冊二角

時期	冊數	價目 國內	價目 國外
半年	六冊	六角 郵費一角二分	六角 郵費一元二角
全年	十二冊	一元二角 郵費二角四分	一元二角 郵費二元四角

郵票代價作九五折計

歡迎直接訂閱 日本朝鮮香港澳門與國內同

廣告價目表

等第	地位	全頁	半頁	四分之一
特等	底封面之面	六十元	三十元	
優等	封面底面之內面正文首篇之對面	五十元	二十五元	十三元
上等	目錄後圖畫前後正文前後（首篇在外）	四十元	二十元	十元
普通	正文中正文後（其餘地位）	三十元	十五元	八元

連登 全年七折 半年八折 一季九折

廣告概用白紙黑字如用色紙或彩印及繪畫銅版價目另議並廣告刊費須於一次付足凡在登載廣告期內贈閱本刊一份

《康藏前锋》杂志版权页

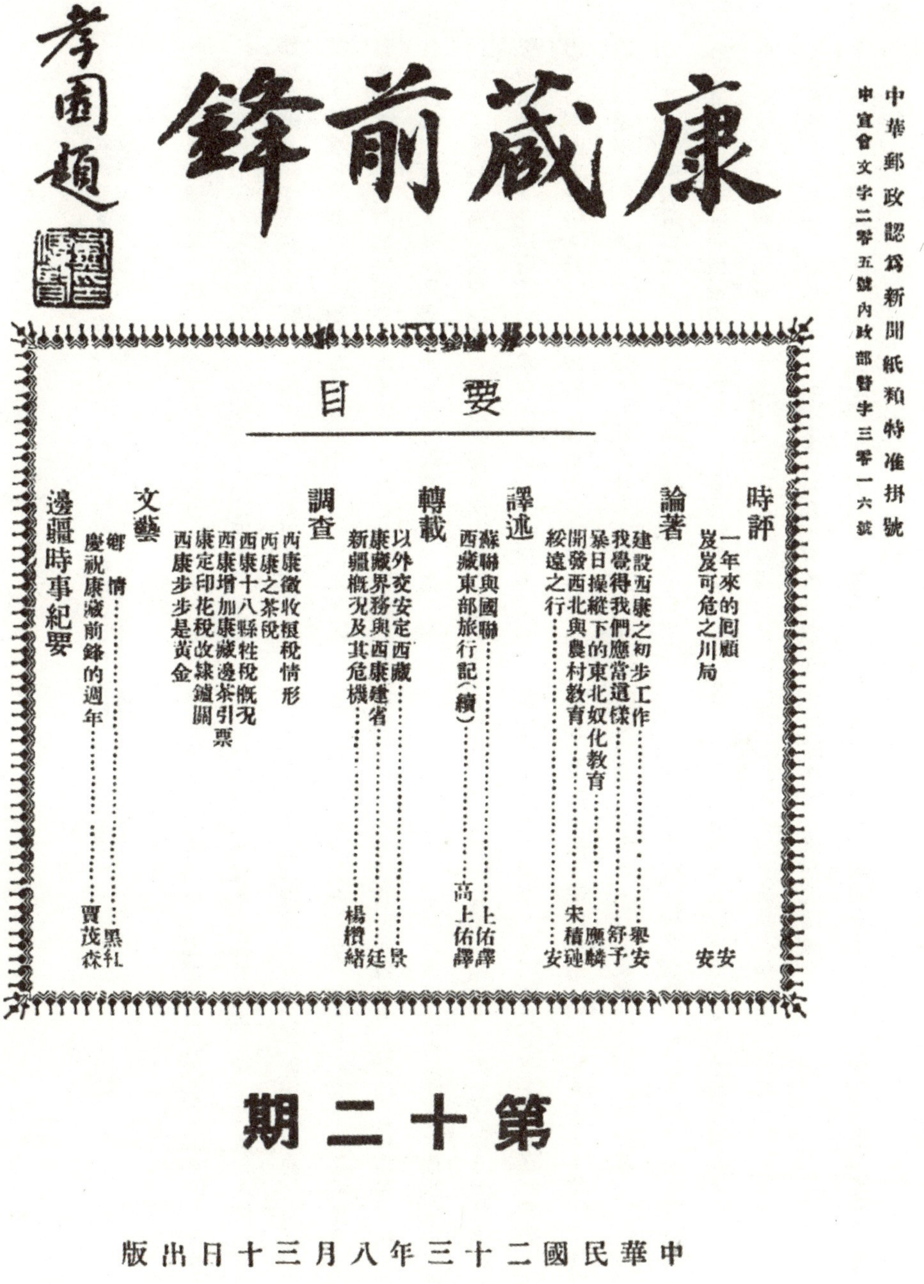

中華郵政認爲新聞紙類特准掛號
中宣會文字二零五號內政部警字三零一六號

康藏前鋒

孝園題

要目

第十二期

中華民國二十三年八月三十日出版

《康藏前锋》杂志封面

暴日操縱下的東北奴化教育

鷹麟

暴日自佔據東北之後，對于東北之土地人民主權，悉己掠奪摧殘殆盡，以言侵略則步步加緊，以言壓迫則層層加重，誠有如水銀入地，無孔不鑽之勢，因此東北三千萬同胞，蹂躪於鐵蹄之下，倒懸在水火之中，三年以來，氣息奄奄，已非人類之生活矣，回思及此，痛心曷極！至於日本侵略之方法，亦是愈變愈奇，愈行愈辣，其初也，或以政治；或以軍事；或以經濟；或以外交，而今竟進而至于教育侵略矣。夫所謂政治，軍事，經濟，外交種種侵略者，乃形體之侵略，乃物質之侵略，有形者也，其雖能亡我東四省者，祇不過亡我之形體，亡我之物質而已，未足以爲然也。邇者暴日深知亡人國者，必亡其民，亡其民者必亡其心，是以進而至於教育侵略矣，教育侵略者：乃心理之侵略，乃精神之侵略，無形者也，其亡我東四省者，亡我東四省之民心，亡我東四省民衆之精神也，可憐殊甚！查日本所以不顧一切，出此荒謬絕倫之設施者，無非欲使我東北三千萬同胞，忘掉祖國觀念與民族意識；使我東北數百萬兒童，根本不知有中國，藉以消抗日之情緒，並造成親日之忠實奴隸耳，此種奴化教育之設施，實甚于軍事政治之侵略，數年而後，東北民心變至何種程度？誠有不堪想者。但察國人，每注意於形體淪亡之堪憂，而不審精神消滅之可懼，以致鑄成莫大之錯誤，今後欲恢復已失之形體，必先恢復失掉之精神，是則對于敵人侵略我東北同胞精神之奴化教育，有使邦人君子，深知之必要矣，謹就各方見聞所得，屢述於後，以供國人參考，藉以喚起同胞從準備收復失地，以圖我民族國家之復興耳。

日本對東北施行教育侵略，非自九一八始，自日俄戰後，日人劃南滿歸其勢力範圍，即進行此種政策矣。不過已往之設施，未有若斯之甚而已，因此日本對于東北教育之侵略亦可分爲兩大階段：

(一)過去之侵略——自日俄戰後，日本攫得南滿，乃

在旅順大連等地，設立公學堂，專收中國學生，實行同化之毒策，以圖消我同胞之民族思想與精神，及後逐漸擴充，凡沿南滿安奉路線之各城市及車站，均有小學堂，公學堂，日文日語學校等之設施，此種學校之目的，專爲以籠絡手段，造成親日份子，使之忘却祖國觀念，以供其驅使。現在一般認賊作父，靦顏侍仇之小漢奸，多數出于此等學校之門，於此可見日本用意之深遠，用心之毒辣矣。

（二）現在之侵略——已往之侵略，可以說是消極的，是無形的，只要我國同胞觀察清楚，不送兒童入其圈套，彼倏尚無可如之何，而今整個東北，已入於伊之掌握，一切設施則率意横行，無所忌憚，故對于奴化之教育政策，亦由消極而趨於積極，由無形而趨於具體，由籠絡而趨於強迫矣，此可由以下數點事實窺悉之：

1.奴化教育會之頒佈：自僞國造成之後，即將最高教育行政機關，改爲僞文教部，部長以鄭逆孝胥充之，去年鄭逆孝胥曾秉承日人之意旨，頒佈教育通令謂：『嗣後各學校課程，會用四書孝經講授，以崇禮教，凡有關黨義教科書，一律廢止……』此其一也。

2.奴化學制之措施：造就專門人材，非專門或大學不能究其奧而集其成，乃日本自佔據東北之後，深悉我國一般大學生，或專門學生，對于國家觀念非常深刻，對於民族意識亦至濃厚，匪惟不能甘心降服，供其奴役，且必時圖反抗，爲其腹心之患，爲根本剷除此種有志識有思想之青年起見，乃嗾使鄭逆孝胥，發令變更學制，將所有大學，專門學校，普通高級中學，一律停辦，除初中小學等仍可維持原狀外，最高學府祗准設高等師範學校，以期造成奴化教育之師資，斯項學校已設於大學舊址，預計成立費三十餘萬元，最近即將開學，課程着重于日文日語，一切事項亦多受日人之監視，與操縱，此外於高師之下，准設農商工醫等四專門學校，此不幾僅有其議，何時實行，尚不得知，此其二也。

2.奴化教材之改纂：東北現在各中小學所用之教材，均任日人改纂，以忠君服從爲宗旨，及倡東北與中國本非一體之謬論，並謂中國二十年來，如何排外，爲自取滅亡等語。例如稱僞國之歷史自多爾袞入關以前爲混沌世界。講地理則自日本始，無論歷史地理，對于中國則隻字不提，此外小學生入學之始，第一課先講溥儀。於修身教科書中，謂人民有監督權，彼所設監督權者，非人民有監督政府之權，乃監督人民有反滿反日行動者，舉而告發之謂也，此種荒謬絕倫之措施，天地間寧有斯理？此其三也。

4. 奴化青年之麻醉品：青年入校之後，所習者以日文日語爲主，每週至少十小時，完全強迫學習。同時對于有思想，有學識之青年教員，則盡量排斥撤換，搜羅老朽冬烘，担任教學，以圖將一般青年兒童，造成頑固，糊塗，麻木，屈服之心性，此外復于各城市中創辦跳舞場，娛樂社等，勾引一般志氣不堅之青年，從事于酣遊醉舞，使之陷于頹廢墮落之深淵，此其四也。

5. 社會教育奴化之方式：以上各點多半對于學校兒童而施，對于社會上一般無知之成人，影響尚少，于是復用種種方法，造謠宣傳，以愚攏一般民衆，亦即社會教育奴化之政策也。其方法不一，最重要者，關于學校，娛樂場所，禮堂，及客廳等處，禁止掛中國之黨國旗，及 總理遺像，一律須懸所謂「滿洲國」日本國旗，及日本天皇之勅語，凡人看見日本國旗，及日本天皇勅語時，必須致敬，以圖改變一般民衆之觀念。此外又時常假各戲院，俱樂部等地方，招開民衆大會，或市民大會，強嗾奴膝婢性之賣國漢奸，或慫恿知識幼稚之中學生，登台演說，宣傳日「滿」應如何親善，如何扶助等語，同時於街頭巷口，大貼所謂：『日滿親善』，『共存共榮』，以及『滿洲國王道樂土』等一類肉麻之文字，對于民衆之威迫利誘，愚弄朦蔽，無所不至，查其用意，無非欲使我有知無知之同胞，忘掉祖國之觀念，以供其牛馬而已，此其五也。

6. 奴化學校數目之統計：日本對于東北奴化學校之設立，尤爲積極，除城市鄉鎮之一切中小學，施行奴化外，爲收買一般修造鐵路之工人，使之數典忘祖計，復于鐵路沿線極力增設工人子弟學校，招收工人子弟，施以特殊教育，養成其奴化之性格，此種學校，較城市鄉鎮多至數倍，已成畸形之發展，觀其設計之急迫，而其用心之險惡可知矣，茲據申報載『僞方教育行政機關調查報告』，有左列驚人之數：

省別	各種校學總數	開學數	未開學數
遼寧省	一〇・三五〇	六・八八五	三・四六五
吉林省	一・二八六	四四九	八三七
黑龍江	六〇〇	四三二	一六九
興安省	四四	四四	〇
哈爾濱	一五二	一四三	九
熱河省	八七八	五	八七三

詳查上表，僅各省鐵路沿線之奴化學校，已達一萬三千餘所，此種學校，奴化之作用，較之城市爲尤甚，日人亡我國家手段，眞可謂無微不至矣，此其六也。

綜觀以上六端，日人對于東北奴化教育之操縱，已至毒至辣，其居心久佔我東北已昭然矣，但東北吾國之領土也，東北民衆，吾親愛之同胞也，敵人雖有久據之野心，我們能不立必復之決志乎？況日本雖如斯多方施其伎倆，而一般民衆之心理，並未馴服，刻雖緘默無言，任其擺弄者，只憚于武力之兇殘耳，有機會，有力量之時，決不致甘爲奴隸牛馬也，所可憐而可懼者，一般兒童耳，倘數年之後，東北仍不能收復，則心未死之人形體已死，一般後起之兒童，將不知有中國也，是則可懼者也，每慮及此，則心痛欲碎，國人乎！同胞乎！山河依舊，人事全非，痛念以民族之沉淪，國家之危殆，能不思收復失地，驅逐賊寇拯救我民族，復興我國家乎？請看大戰空氣愈濃，風雲即將變色，此即我光復故物，復興民族之機會也，願吾舉國同胞，速加準備，努力充實國力，體力，以便與寇仇決勝於疆埸焉。

東北評壇

如何抵制「奴化教育」？

從三十年前日本在金縣設立所謂公學堂那年起，日本在東北即已暴露了他的文化侵略政策。自後所謂公學堂，是沿着南滿鐵路線散佈了許多奴化機關，所謂普通學堂，更是遍設金縣全境——就是旅大租借地日人妄稱為「關東州」的全境，定全是要從兒童時代着手製造他們未來的奴隸！未久，瀋陽的南滿中學，旅順的第二中學，專收華人子弟的中等教育機關先後設立了。而旅順工科大學，而瀋陽南滿醫學，也招收一部分中國學生，完成他們的大學奴化教育機關了。於是日本對東北文化侵略主要的學校教育，居然能自成整個的系統，去積極推進。

不過，在過去日人所認為未能暢所欲為的障碍，就是我國教育方面直接或間接的設法抵制。最顯然的，就像民國十三年的「收回附屬地教育權運動」，雖然結果沒有成效，然在我方對多數的所謂公學堂，固曾有相當的抵制方法，秘密進行着。同時日本擬在瀋陽設立師範專科學校以為製造「奴化教育」師資的計畫，也因我方的反對而停頓，不得已始僅在旅順設立師範學校一處，專為造就奴化小學教育的師資。至於瀋陽師範專科直至事變前一年始行設立。

綜言之，在事變前，日本一切侵略政策，日人認為最遲進而收效最少的，無過於文化侵略政策，尤其彼所謂為奴化的重要機關的學校教育。故事變以後，在其軍事政治經濟種種方面的兼攻並施期間，對於教育方面的奴化政策，積極進行，不遺餘力。始而將東北各學校及文化機關，摧殘蹂躪，破壞無餘。繼乃在其奴化教育的方針下，恢復少數的舊有中小學校，從而擅改學制，偽造教科書，培植奴隸教育工具；凡可以奴化我國民的種種方法，無不次第實現。在過去三年的演進，由局部的設施漸進為整個的統制，由臨時的辦法，漸進為永久的計劃，至於今日遂有統制全東北師範教育的計畫和長春高等師範的設置。(參閱本期艮報)這是日本統一東北「奴化教育」的新毒計，也是消滅東北民族生命的新方案！

目前我們對日人在東北的任何施為，固然沒有直接抵抗的能力，但是為東北延續一線生機計，惟一的辦法就在極力設法增多東北青年受我國正當教育的機會。這一種重要的任務，不但東北人士要特別擔負起來，凡我國人，皆應注意！

（子曰）

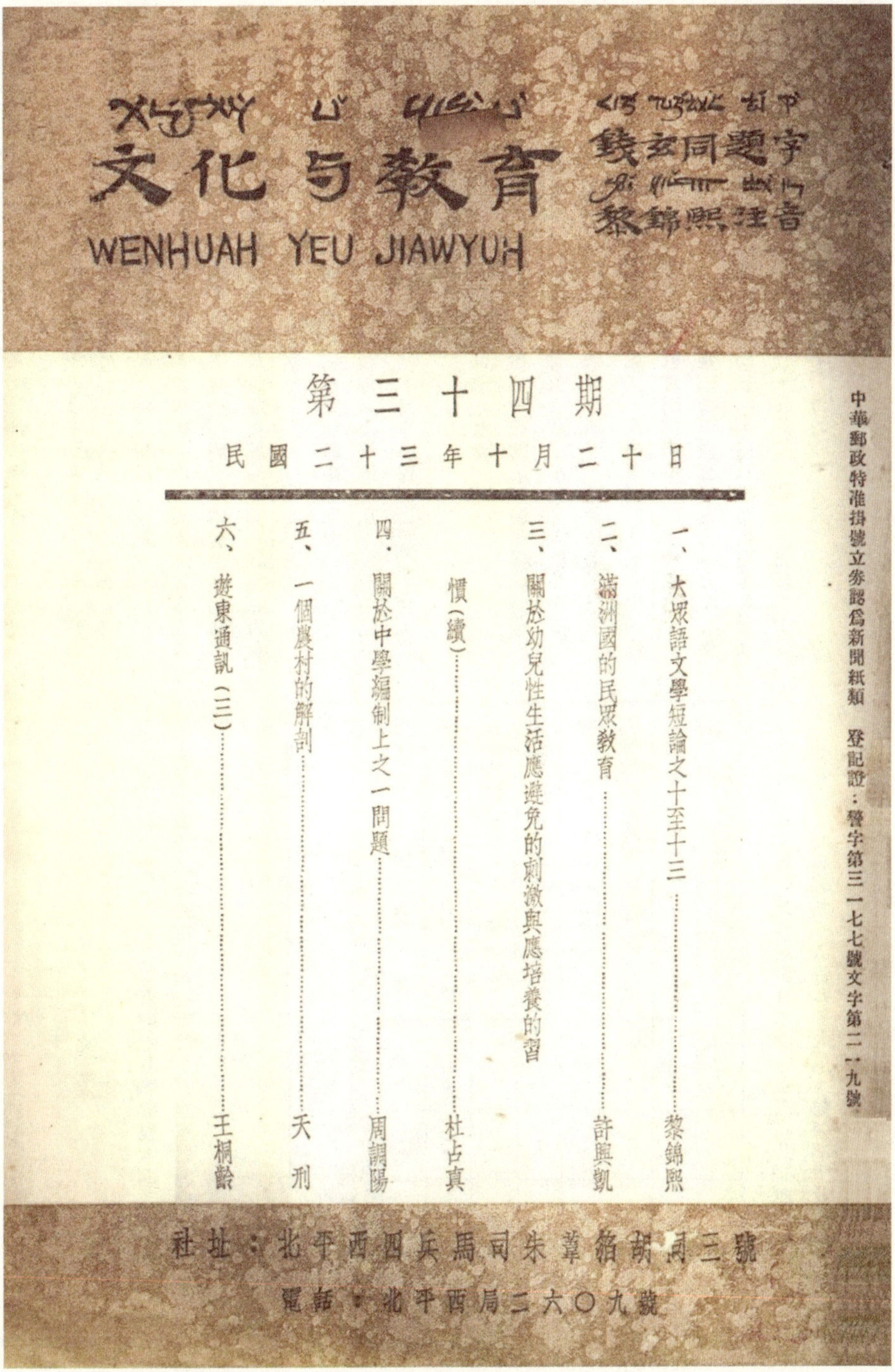

文化与教育

錢玄同題字
黎錦熙注音

WENHUAH YEU JIAWYUH

第三十四期

民國二十三年十月二十日

中華郵政特准掛號立券認爲新聞紙類　登記證：警字第三一七七號文字第二一九號

社址：北平西四兵馬司朱葦箔胡同三號
電話：北平西局二六〇九號

「滿洲國」的民衆教育

許興凱

(一)新教育方針下的民衆教育機關

我到東京以後，聽見一位很熱心中日關係的日本人說：『中國一般人對于什麼人統治他們，并不管太多的閒事。你看！元朝和清朝，都是以外族統治中國。好搗亂的祇有你們這些人們！』哦！是了。

因此，他們便成立一個在東北的新教育方針；對于高等教育——尤其是文法科教育，極端的排斥，對于一般下層民衆，儘量的用麻醉方法。民衆教育在「滿洲國」便重要起來了。

我們看一看「滿洲國」的民衆教育。

據他們的「文教部」報告，現在的民衆教育機關共有以下幾種：(一)民衆學校。每天上課兩小時，大概是在下午五點到七點。每年上課四個月，畢業，期間在兩年以下，專收容都市和農村的失學成人。入學年齡以十五六歲的為最多。(二)民衆教育館及教育講演所等。在這機關內，一方面作關于社會，衛生，及學術等教育事業另一方面又普及「王道思想」幷「敎化民風」，這種機關也附屬着民衆閱報所等。(三)識字教育所，修業期六個月，上課二十個星期，教授一千單字及複字，目的在「撲滅文盲」。(四)日語學校。據他們說，因為『正解友邦日本國國語可為東亞民族融和之第一步，在各處設立日語學校。』

關于這幾種民衆教育的統計數目字，據他們的「文教部」發表如下：

(一)「滿洲國」的民衆教育機關　1932年六月末調查

種別	奉天省	吉林省	黑龍江省	東省特別區	「新京」特別市
總數	44	35	106	15	6
民衆學校	15	3	74	14	1
民衆教育館	1	14	25	1	1
民衆閱報所	11	7	6	—	1
教育講演所	12	10	1	—	1
民衆教育促進會	1	1	—	—	—
民衆補習學校	—	—	—	—	2
其他	4	—	—	—	—

此外還有私塾。私塾的數目不少。東三省共有四百四十二個私塾，收容學九千六百八十九名，熱河不十分清楚。據他們的「文教部」報告如下：

（二）「滿洲國」的私塾　1932年十二月調查

省區市別	私塾數	教師數	學生數
總數	442	467	9.629
奉天省	157	168	3.989
吉林省	178	189	3.862
黑龍江省	62	62	1.170
熱河省	？	？	？
興安省	？	？	？
東省特別區	30	33	404
新京特別市	15	15	264

（三）所謂『閒暇利導及娛樂設施』

他們又利用民衆的閒暇及娛樂實行他們的麻醉教育。這便是公園，公共體育場，劇場，茶社大鼓書場，電影院，俱樂部等。這一類娛樂處所，據他們的「文教部」報告如下：

（三）「滿洲國」的娛樂場所　1932年六月末調查

種別	奉天省	吉林省	黑龍江省	東省特別區	「新京」特別市
公園	6	2	1	1	1
公共體育場	1	2	？	1	—
劇場	20	6	10	7	2
茶社及鼓書	34	1	3	—	—
電影院	8	3	—	11	—
俱樂部	11	3	3	8	—

他們的「文教部」又辦什麼「映畫會」，利用映畫麻醉人民。都市已經實行。農村因爲治安不好，還不曾實行。「文教部」所存的片子，你看看都是些什麼

A.建「國」豫告書…………三卷

B.建國…………三卷

C.『滿洲國』承認議書調印實況…………三卷

D.建「國」運動會實況…………三卷

E.出使友邦日本…………三卷

F.訪日「滿國」童子團…………一卷

G.建「國」之春…………三卷

H.黑龍江水災實況…………三卷

「文教部」主辦的映畫會，共有以下幾次。據他們自己說參加最多有二萬五千多人：

(四)「滿洲國」文教部主辦的映畫會

映寫會名	場所	回數	觀覽者
孔子丁祭映畫會	燕春茶園	1	2.000
全國慶祝承認映畫會	野外	2	25.000
童子團指導員指導映畫會	南嶺	1	100

(三)表彰孝子與節婦

現在是，自大日本國，『滿洲國』直到中國，彷彿「東洋三傑」似的，都在那裡鼓吹孔孟之道。這和清朝入關以後的尊崇儒術一樣是帝國主義者和統治階級最有利的工具。就這「三傑」來說，以「滿洲國」實行的最澈底，可爲吾輩的樣本。『滿洲國』現在正表彰孝子節婦呢！表彰的方法，大體上和以前皇帝時代清旗表的辦法差不太多。由『文教部長』主管，各省省長，各市市長，各特別區區長，都可以代爲呈請。

要孝子就有孝子。要節婦就有節婦。截一九三三年五月止『滿洲國』的孝子表彰已經有十四件，節婦已經有四十八件。分配情形如下：

(五)「滿洲國」之孝子與節婦表彰

孝子	總數	14件
	奉天省	8件
	黑龍江省	1件
	吉林省	4件
	新京特別市	1件
節婦	總數	48件
	奉天省	31件
	黑龍江省	8件
	吉林省	8件
	「新京」特別市	1件

(四)各地的圖書館

作爲民衆教育一部的圖書館，因爲在九一八以前，給他們留下的很豐富，所以還不大壞。他們把那自前清的文溯閣藏書以及東北大學，馮庸大學，萃升書院，張學良私宅等處存書都聚起來，成立一個所謂「國」立圖書館。地點在張學良宅。還有一個地方是文溯閣藏四庫全書及圖書集成。那「國」立圖書的書籍如下：

（六）「滿洲國」國立圖書館內容

總數	87.071冊	
四庫全書	36.318	現存文溯閣
圖書集成	5.000	現存文溯閣
實錄	約9.000	現存崇謨閣1.500包 每包6冊
聖訓	約2.200	同上 360包 每包6冊
殿版圖書	約5.600	由翔鳳閣撥入者934包 每包6冊
張學良邸原存書	15.465	內殿版圖書集成 5.000冊
由萃升書院撥入書	2.295	
由東北大學撥入書	8.300	
由馮庸大學撥入書	2.893	

此外，各地圖書館以黑龍江省立的爲最好。藏書四萬餘冊。詳細數目如下表：

（七）「滿洲國　圖書館一覽　1932年六月調查

名稱	所在地	經營主體	所藏圖書冊數	創立年月
奉天省				
「國」立圖書館	城內舊師府	「文教部」	87.071	民國21年
奉天省圖書館	省城東關大什字街	省立	103.529	光緒三四年
撫順立民衆圖書館	千金寨	縣立	3.106	民國一八年
遼陽縣立圖書館	城內四大廟前館	縣立	17.665	民國一五年
海城縣立圖書館	海城西門	同	3.089	民國一三年
營口縣立圖書館	營口馬市路街	同	2.700	同　一八年
蓋平縣立民衆圖書館	縣城內	同	4.000	宣統　二年
復縣立圖書館	舊城內街	同	3.022	同　二年
復縣瓦房店圖書館	瓦房店中央街	同	1.715	民國一四年
莊河縣立通俗圖書館	南門裡	同	2.738	同　一年
岫巖縣立圖書館	縣教育會院	同	1.990	同　五年
鳳城縣立通俗圖書館	南大街	同	1.343	同　二年
安東縣立圖書館	新安街	同	12.948	同　一八年
甸寬縣立圖書館	縣教育局前	同	1.256	同　二年
柳河縣立民衆圖書館	城南街	同	1.375	同　一八年
海龍縣立圖書館	南門裏	同	1.351	同　一五年
輝南縣立圖書館	南大什字街	同	800	同　一七年
長白縣立通俗圖書館	中亭街	同	2.252	同　三年
西安縣立通俗圖書館	十字街	同	4.951	宣統　三年

西豐縣立圖書館	城南東隅	同	3.964	民國 八年
清原縣立圖書館	縣公署東院	同	2.034	同 一九年
開原縣立圖書館	教育局	同	3.070	同 一五年
鐵嶺縣立通俗圖書館	縣公署西側	同	4.629	同 三年
法庫縣立圖書館	縣城中間關	同	3.886	宣統 二年
昌圖縣立圖書館	縣城老財神廟	同	1.546	民國 元年
梨樹縣立圖書館	南大街	同	11.815	同 二年
懷德縣立圖書館	縣城內街	同	4.690	同 一八年
洮南縣立圖書館	富文中街	同	8.274	同 一五年
安廣縣立圖書館	縣公署內	同	2.269	同 一七年
遼源縣立圖書館	縣公署街	同	1.425	同 一七年
通遼縣立圖書館	中街樓房	同	1.294	同 一八年
康平縣立圖書館	中街房舍	同	876	同 三年
新民縣立圖書館	關帝廟內	同	2.755	同 一九年
遼中縣立圖書館	大東阿哀	同	7.504	同 一六年
盤山縣立圖書館	南街平房	同	1.201	同 一四年
黑山縣立圖書館	西粮市街	同	1,025	同 一九年
北鎮縣立圖書館	文廟街	同	902	同 一五年
錦縣立圖書館	城裡北街	同	11.386	同 一四年
興城縣立圖書館	南街路	同	122	民國一四年
綏中縣立圖書館	西門裡	同	1.854	同 一三年
吉林省				
吉林省立圖書館	省城新開門裏	省立	45.100	宣統元年
永吉縣立圖書館	教育局院內	縣立	——	民國一九年
舒蘭縣立圖書館	縣城內	同	1.940	同 一五年
農安縣立圖書館	大西門外	同	1.350	同 一九年
盤石縣立圖書館	大南門裏	同	586	同 一九年
汪清縣立圖書館	汪清縣街	同	257	同 二〇年
雙城縣立圖書館	東南隅	同	14.127	?
扶餘縣立圖書館	南大街	同	5.000	同 一六年
黑龍江省				
省立圖書館	倉西公園	省立	41.231	民國一五年
龍江縣第一圖書館	專城南門外	縣立	?	同 元年
龍江縣第二圖書館	教育館院內	同	——	同 元年
龍江縣立通俗圖書館	省城垮城東門外	同	431	同 五年
大賓縣立圖書館	北二道街	同	——	同 一四年

克山縣立圖書館	東二道街	同	2.520	同　一八年
拜泉縣立圖書館	東三道街	同	5.189	同　六年
望奎縣立圖書館	西南二道街	同	240	同　六年
東省特別區				
特區立第一圖書館	南崗車站街	教育廳	17.951	民國一七年
「新京」特別市				
新京特別市公立圖書館	西三道街	市	15.000	民國一九年

外交月报

《外交月报》创刊于中华民国21年（1932）7月，外交月刊社编辑并发行，双月刊。社址位于北平中海宝光门。该刊以记载国际情报，阐明国际法理，研究国际条约，讨论外交政策，考证外交史实，便利外交研究为主旨。出刊至民国26年（1937）7月。

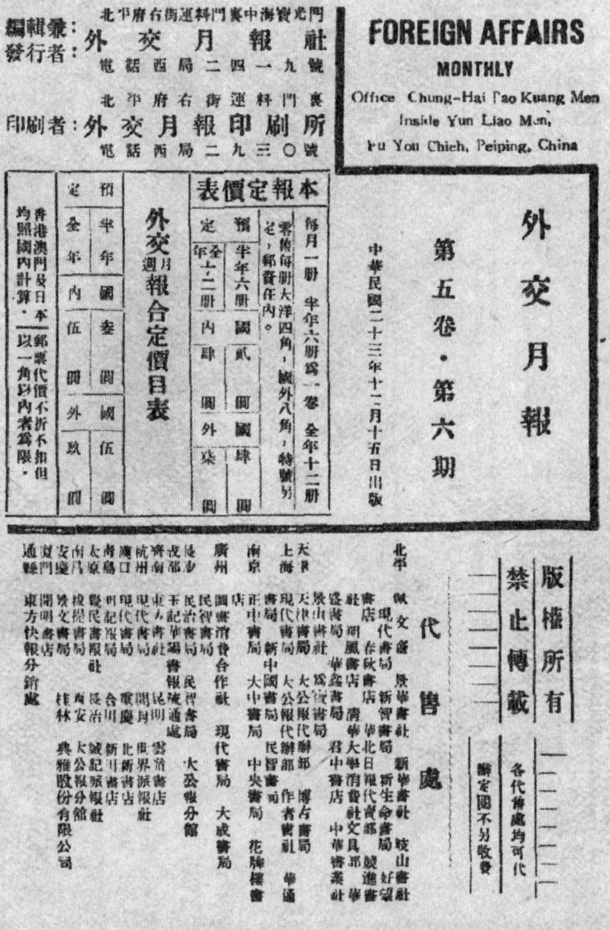

外交月報
第五卷·第六期
中華民國二十三年十二月十五日出版

FOREIGN AFFAIRS
MONTHLY
Office Chung-Hai Pao Kuang Men
Inside Yun Liao Men,
Fu You Chieh, Peiping, China

編輯兼發行者：外交月報社 北平府右街運料門裏中海寶光門 電話西局二四一九號
印刷者：外交月報印刷所 北平府右街運料門裏 電話西局二九三〇號

本報定價表
每月一冊 半年六冊爲一卷 全年十二冊
零售每冊大洋四角，國外八角，特號另定，郵費在內。

預定	國內	國外
半年六冊	貳圓	肆圓
全年十二冊	肆圓	柒圓

外交月報週報合定價目表

預定	國內	國外
半年	叁圓	伍圓
全年	伍圓	玖圓

香港澳門及日本郵票代價不折不扣，但均照國內計算。以一角以內者爲限。

代售處
北平 天津 上海 南京 廣州 長沙 成都 濟南 杭州 漢口 青島 太原 南昌 安慶 廈門 通縣

版權所有 禁止轉載

各代售處均可代辦定閱不另收費

《外交月报》杂志版权页

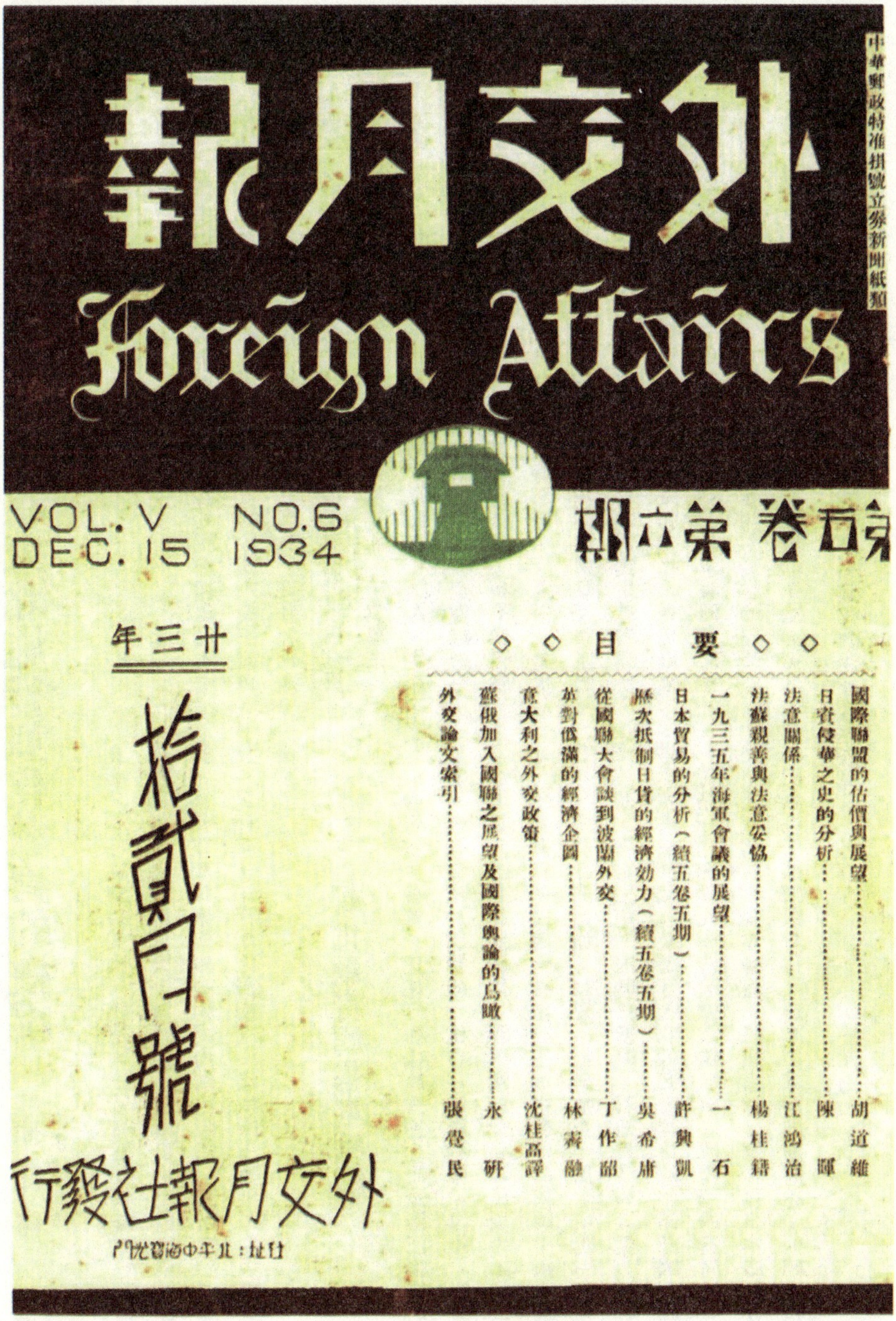
中華郵政特准掛號立券新聞紙類
外交月報
Foreign Affairs
VOL. V NO. 6
DEC. 15 1934
第五卷第六期
廿三年
拾貳月號
◇◇要目◇◇
國際聯盟的估價與展望……胡道維
日資侵華之史的分析……陳暉
法意關係……江鴻治
法蘇親善與法意妥協……楊桂錯
一九三五年海軍會議的展望……一石
日本貿易的分析（續五卷五期）……許興凱
歷次抵制日貨的經濟效力（續五卷五期）……吳希庸
從國聯大會談到波蘭外交……丁作韶
英對偽滿的經濟企圖……林壽融
意大利之外交政策……沈桂高譯
蘇俄加入國聯之展望及國際輿論的鳥瞰……永研
外交論文索引……張覺民
外交月報社發行
社址：北平中海寶光門

《外交月报》杂志封面

日本帝國主義在東北施行奴化教育的概況

康紹鐙

一 引言

帝國主義者爲掠取原料及獨佔市場，而爭奪殖民地或半殖民地，是資本主義發展到最後階段的帝國主義一種必然的結果，所以日帝國主義在東北用了軍事，政治，經濟等多方的政策下扮演成「滿洲國」政權，我們并不以驚異，乃是一種自然的過程，東北歷史證明東北，千眞萬確的是我們祖先傳留下來的遺產，他的子孫如束手讓人，是不可能的事情，并且在這民族自覺意識的抬頭，受盡鐵蹄壓迫的痛苦下，假如日帝國主義在東北的統治，如不能澈底的改良，正如吞入腹中的炸彈，一經暴發，反會損及其本身的性命。過去與現在，關外義勇軍和關內反日反帝運動，在事實上已覺證明了，中國民衆對日本帝國主義者非法的佔領我東北，是不屈服的，只有拼命的爭扎，表現出來，偉大的民族精神。在這時候日本的聰明政治家們，已覺知道了，鋒利的大砲，飛機，已失掉作用。優越的經濟勢力，也嫌統治不住。便知道了，「奴化教育」，是必需的良藥，不可忽略的工作，於是，在思想上施以麻醉，造成可供御用和驅策的鷹犬。同時並要泯滅東北同胞民族的意識，使得東北民衆慢慢的和國內斷絕關係，而做僞「滿洲國」的順民，「百年之計樹人」日帝國主義者，也承襲這個古訓了。

二 奴化教育的基本原則

日帝國主義者，比任何列強都機警，他懂得征服東北同胞，非用漸進的利誘的「攻心」手段不可，因此，他利用東北民衆封建思想關係，籍中國固有牢攏民衆的哲學思想，作爲發育的基礎。抬出「王道主義」的招牌，來麻醉民衆，主張什麼道德，仁愛，絕對禁止「民主主義」的民族思想。在這兒引一段朝日新聞，看他自己的口供：「有些人把「滿洲國」製造了，我們必需再治造「滿洲國人」，所謂「滿洲國人」者，就是能欣然赴我國難的新同胞。製造之法爲何？要在輸血，輸血者即是灌輸以日本語教化之謂也」。據這段口供，將來製成所謂新同胞，他們不但

沒有民族的意思，而且爲虎作倀，幫助敵人壓迫和宰割中華整個民族。吾人並知道，日帝國主義統制東北四省當鷹犬的，統是「南滿中學」，「旅順中學」，「旅順工大」畢業的人，故有在日本卵翼兩大派之稱，一是喪心病狂的政治官僚；一是日本奴化教育的金州派，若是日本在東北四省施行幾年奴化教育後，不但東北忘却自己的民族，恐怕他們更要幫助日帝國主義者統治華北以至全中國。

我們再看看他的所謂「滿洲國新國家教育建設大綱」

「新國家教育建設大綱」

- 新教育五水建設方針
  - 恢復原狀
    - 初等教育第一
    - 中等教育第二
    - 高等教育第三
    - ——取消排外教育
  - 改善內容
    - 改善內容
    - 改善教科書
    - ——顯明根本宗旨
  - 整理制度
    - 整頓學校教育制度
    - 整頓社會教育制度
    - 整頓鮮人教育制度
    - ——澈底根本宗旨
  - 經濟獨立
    - 教育機關經費獨立
    - 教員生活的保證
    - ——確保經費來源
  - 義務教育
    - 第一步以縣爲單位
    - 第二步以省爲單位
    - 第三步以新國家爲單位
    - ——天成教育

- 新教育三大根本方針
  - 共榮化教育
    - 國家主義
    - 自治主義
    - 共榮主義
    - —新國家精神根本
  - 職業化教育
    - 實材主義
    - 實務主義
    - 經濟主義
    - —產業立國根本
  - 日語化教育
    - 普偏主義
    - 必要主義
    - 漸進主義
    - —五族合作根本
  - —新國家立國基礎

根據这個教育建設大綱，我們可以看出來他們的目的．（一）消滅華人之反抗情緒。（二）消滅華人的民族觀念。（三）養成忠實奴隸。

奴化教育的基本方針，其具體實現辦法，還有下列幾個步驟來進行的：（一）重精神麻醉，注重王道，崇尚仁義，主張道德仁愛，由王道上修身齊家治國平天下。（二）以尊孔作欺騙，封建思想早已不適合現實的社會關係，然而「滿洲國」却用來作爲對民衆欺騙的手段，四書，五經，孝經都加入課目中。（三）利用社會教育和娛樂教育，舉辦成人教育講座，大典禮，講演會，並充實社會教育指導機關，養成專門指導人才，關於娛樂教育，首重電影教育，按各地方的電影，把電影到各地巡映，內容表現排中親日的故事，注意道德觀念和普通常識，但內容也含奴化意義。（四）體育和觀覽教育，以前曾開過「建國紀念運動大會」，用以加強民衆對於「滿洲國」的觀念，同時各校及各機關組織少年團（與童子軍性質相同），赴日參觀，另一方面舉辦產業展覽會，另召農工業者，作奴化教育者的宣傳。（五）其他文化事業，組織「日滿文化協會」，其主要工作是研究所有古時的文化物，並圖保存之，舉辦關于可資研究的東洋古時精神之各種出版事業，廣設圖書館和博物館。（六）教科書內容奴化，僞「文教部」通令：「凡有關黨義的教材一律不準採用，如果使用，當以反帝國論罪」。今教科書已由「僞奉天教育廳」和「南滿洲教育會」着手編輯，再經「僞文教部」審定。據說關於「

偽滿洲國」的歷史，從多爾袞入關起，以前是混混世界，外國地理，歷史，先講日本，次講歐美澳諸國，獨獨對於中國一字不題。

偽「滿洲國文教部」公佈之普通教育方針—以「王道主義」爲根本教育宗旨，建設共存共榮化的教育；建設職業化的教育；建設日語化的教育。」關于教育機關實際的活動，我們從去年六月在長春召集的全國教育會議和本年二月一日在瀋陽的全省教育局長會議，看出他具體的表現，那兩個會議的內容，都是使我們可以心驚肉跳的。去年六月二十九，三十兩日，在長春的全國教育會議，議決案頗多，且舉其主要的幾條。

（一）取消中國學制，採用日本學制。

（二）各級學校，均添授日語及「建國要義」爲必修科。

（三）在長春設立「大同學院」。

本年二月一日在瀋陽開的「教育局長會議」：偽「教育廳」禮教科對該會之指示事項如下：（一）學校以民衆教化爲中心，（二）普導關于建國精神之思想，（三）社會團體統治指導，（四）文廟，祭祀事項，（五）矯正社會風教，（六）融合民族，（七）普及衛生思想，（八）調查古跡，（九）普設民衆學校，（十）設立青年團及婦女會，（十一）實施帝制宣傳工作。

最近偽「文教部」公佈決定實施社會教育十大綱領原文如下：

（一）電影教育，施行地方巡迴映演，完全白日注入的教育。

（二）印刷品教育，刊行圖書，小冊子，傳單等。

（三）觀摩教育，開產業展覽會，以期農工業之知識及生活之向上。

（四）禮儀教育，敬老事業，表彰孝子，節婦，揭揚國旗，以陶冶情操，貫徹王道國家之國民精神。

（五）娛樂教育，認識娛樂中的道德觀念，並圖知識之向上，圖書博物館之擴充，除官立圖書博物館外，關於地方鄉土，歷史，產業，文化之小圖書館，博物館，文庫等亦將成立。

（六）青年教育，爲振興職業教育，公民教育，增設各種教育機關。

（七）成人教育，成人講座，大典紀念之召集，民衆教育之充實與普及。

（八）體育教育，如各學校均與「國家」之體育協進會相通達，共謀體育之發展，

（九）社會教育指導機關之擴充，教育中心指導者之養成。

（十）「文教部」指導者，與各教化團體，取得嚴密之聯絡，以期完成社會教育網。

三　奴化教育之組織

日本帝國主義者在製造僞國之初，本不重視教育。故初期之僞組織，且無「文教部」及「教育廳」之設，嗣以局面稍定，遂改其不重教育之態度，而轉爲趨重奴化教育政策，以消滅東北民衆之民族意識。玆將其奴化教育之組織，述之於左。教育組織——在組織上，教育權完全歸日人主持，部長不得干預，凡教育設施；教科書編製，均由總務長西山政猪總其大成。地方之教育組織，亦由「總務處長」，及「縣參事官操縱，教育廳長，教育局長，不過是備員而已。本年爲操縱地方教育權，及增加奴化教育之效率，復設立所謂「教育聯合會」，設總部於僞都，設支部於遼寧，網羅日僞教育界名流數百人爲會員，名爲日僞教育界聯絡感情，實則該會爲操縱教育行政之特殊機關。

僞「滿洲國」的最高教育行政機關——「文教部」，部內設有三司，編審委員會，和督學官，其次各省有所謂教育廳，玆將兩種行政組織分列於下。

最高教育行政機關

- 文教部
  - 總長
  - 次長
    - 總務司長
      - 調查科長
      - 庶務科長
      - 文書科長
      - 秘書科長
    - 學務司長
      - 專門教育科長
      - 普通教育科長
      - 總務科長
    - 禮教司長
      - 社會教育科長
      - 宗教科長
    - 編審委員會
    - 督學官

地方教育行政組織（僞奉天省教育行政系統）

- 省教育廳長
  - 總務科長
  - 學校教育科長
  - 社會教育科長
  - 禮教科長
  - 督學科長

四 奴化教育的現狀和成效

（一）小學教育

在九一八事變後六個月內，全部學校停頓。至現在小學校恢復者，尚不及三分之二。現在長春計劃添設大規模的小學校二十三所。課程方面每週加授日語三小時，凡關於「三民主義」思想之書籍，一律不用，在本年八月中旬以前，在長春印刷局，印一套小學奴化教科書，計有國文，修身，算術，自然，地理，歷史，日語，節本論語，孝經節本等八種，這套奴化教科書，準備在九月一日開學時，施行於全東北小學校。教職員們的言論，也是常受限制，除掉課本以外，只能說：偽「滿洲國」前途的樂觀，「滿洲國」施政的樂觀，王道政治比武力政治的優點，王道樂土之所在和對于「滿洲國」的希望等等。

（二）中等教育

中等教育，近則大部恢復九一八以前的數目，惟各學校學生數目則大減，學校課程，亦改為修身，經學，國文，本國史「滿洲國」，西洋史，地理，生物，日語，理化，英語等。惟英語減少三小時，添授日語，並於九月一日開學時，完全使用偽「滿洲國」所出版的教科書。

茲將偽「滿洲國」積極欲完成的幾個中等學校，分述於下。

師範教育區

偽「滿洲國」現行教育制度，側重造就師範人才，因受奴化教育而被麻醉成功的人材，充任教員，對于實現其所謂「新國民教育」比較可靠，在本年春季，將遼吉兩省，劃分為十個教育區，計遼寧四個，瀋陽為第一區；鳳城第二區，東豐第三區；遼源為第四區，吉林六個：永吉為一區，長春為二區；啢城為三區；寧安為四區；依蘭為五區；延吉為六區。

並在各充實教員講習所，將從前三個月的延長到六個月，施行增加講習人員，擴充講習會，今夏又舉行暑期教員講習會，分城市鄉村兩種。改良滿蒙教員講習所，第一步為教師養成班，修業年限三年，專收日本學生，科目分文科，理科，技術科。畢業後之待遇，為充學校主任教員；各縣視學，第二步為教員講習班，限期六個月，專收偽籍學生，科目為文科，理科，技術科，畢業後之待遇，為充偽國中學及初等教員，鮮人學校之中等，初等教員。設立農業修專學校，最高學府下，設立農工，商，醫四學校。先設立農科專校，擬明年一月在奉天開學，暫招生百名。

（三）高等教育

大同學院—在長春已經設立，這是高級的奴化教育機關，培養高級的統御東北人材，平日分爲調查各縣民間生活狀況，及作爲「王道政治」的宣傳者，如各縣「參事官」等到長春時，亦均集會於此，報告各縣情形，其中學員一百二十名，日人佔九十名；僞國佔三十名，專造就各縣的「參事官」，僞國之三十名，亦均受日本教育的陶薰者，吉林高等師範——在前吉林大學舊址，設立吉林高等師範學堂，爲造成中等學校師資，最近在吉林成立，校長已任命許汝棻，決在九月十五日開學，開辦費爲三十五萬元，第一年招生一百五十名，常年經費定四十萬元。

大陸科學研究院——最近計劃籌設「大陸科學研究院」，定開辦費八百萬元，經常費百萬元。

（四）社會教育

極力提倡節孝，凡孀居的婦女，守寡數十年者，多在得奬金及建設節烈牌坊之列，所謂孝子亦皆由窮鄉僻壤中選出，凡東北民衆，在集會慶祝時，必須唱國歌，不唱或不會唱，日人則橫加干涉，僞國國歌：「天地內有了新滿洲，新滿洲便是新天地，鼎天立柱，無苦無憂，造成我國家，只有親愛，並無怨仇。人民三千萬，縱加十倍也得自由，重仁義，修禮讓，使我身修，家已齊，國已治，此外何求，近之則與世界同化，遠之則與天地同流，」並將此歌製成唱片，各教育機關，各學校，均爲必備品，復將僞「國」之「王道主義」，編撰事實，以二簧聲調製成唱盤，此外復有鄭孝胥講演的「王道主義」等，亦爲唱盤之一種，另一方面，則禁止中國書報入境，如大公報，益世報，申報，時報，世界日報，晨報等，及中國各書店之新思潮書籍，均在禁止之列。銷燬舊有之「三民主義」課本，及「反動」思想之書籍。據統計：僞法院，僞教部，在本年三月份及七月份燒燬之書籍達六百五十萬冊。

此外還有三個特殊的教育機關，一是「皇族子弟學校」；一是「協合會」；一是「特種教育」。

皇族子弟學校——據最近長春通訊稱：僞國務院，最近議決在長春，瀋陽等處設立「皇族子弟學校」，先辦小學，而後擴充中學，大學等校，並以傀儡溥儀爲「皇族子弟學校」校長，此校學生僅限皇族子弟入學，今已於瀋陽小南門之維城學校舊址，設有皇族子弟學校籌備處，當有僞財政大臣熙洽助款三萬元爲籌備費，並由關內聘去教員十四人，分赴長春，瀋陽担任教授，其餘的教職員均爲日人」，這「皇族子弟學校當然是奴化教育綱要裏的，典型的主要元素，他們在將來奴化教育機構中，盡重要的任務，是無疑問的。協和會——此會在表面看來雖下和學校發生直接的關係，但他含有教育的意味，是無諱言的，他在某種意義上，很像「基督教」的「青年會」樣子差不多，那是一種在外貌標榜仁義道德，大同主義，人道主義那樣好聽的托詞，而實質是用來痲醉和奴化的另一個機關，該會成立於一九三二年七月二十五日在長春，當時曾發表長篇宣言，他的本質，我們可以在宣言的言詞看得出來：『本會之唯一目的，即在遵守建國精神，實行王道主義，協和各民族，以鞏固新國家基礎，而宣揚「王道政治」』，這即是說除掉學校教育的內容來奴化我東北同胞之外，還用這一個特別機關來深入奴化的意義。

別種教育——注重「新國民教育」以十歲以下的兒童，爲實施「新國民教育」之對象，其推行方法：組織全國童子團，設立幼稚園，組織兒童使節團。日滿兒童携手，互至各地觀光，推行「關東廳教育」。關東州內，現有五處公學堂，兩級教塲，共有百二十個班次，學生名額七千九百六十四人，由僞康德二年度起，逐漸增加，第一年度擬增加新學校一處至三處，確定一校招收七個班次之學額，收容四百九十六人。各「公學堂」增加班次，計第一年度增加二十三班，名額增加二千三百十五名。

推行「滿鐵教育」滿鐵附屬地本年增加之學校五處，共爲九十八班次，學生名額四千五百三十五人。由僞康德二年度起，擬增加二十四校，每校招學校六個班次，容納約在萬人以上云。

五　結論

由上所述，我們可以顯然的明瞭日本帝國主義從九一八事變用軍事侵略以後，積極在文化與教育上來毒害我們東北同胞的實況，教育本來是一種工具和手段，日帝國主義於是適當的利用了，吾人應了解日帝國主義在東北辦的奴化教育，並不是敷衍面子，乃是含有極大的作用。日帝國主義不但運用教育手段斷絕三千萬同胞的智慧，而且使其忘掉中國，不但藉着教育養成一羣割宰東北同胞的鷹犬，並更造成侵略內地先鋒隊。我國當局，對日帝國主義者的在東北奴化教育政策，已成爲嚴重，但除在消極方面，成立一個東北學生救濟處，照章發給救濟費外，在積極方面，從無善後計劃和對付的方策。如「政府」不肯將三千五百萬的中國人，漸變成第二印度朝鮮等國人，那末在救濟東北失業和貧苦學生之餘，還應該進一步辦法，對付日帝國主義在東北今日的殖民地教育設施，並從而與以排斥和打擊，希望負責的國人們，當深悟猛省，毅然負起挽救此種亡國危機的任務，教化國人，領導國人，共同策勵民族復興的工作。

日帝國主義鐵蹄下的東北教育

孫元璸

一 引言

帝國主義者用以宰割殖民地 被征被者的方法很多，而共最重要的手段，不外三種：（一）壟斷經濟利益，（二）鞏固政治地位，（三）運用麻醉教育，這三者是具有連環性的。日本在東北四省所施行的殖民政策，可謂極天下凶殘之手段，著者對於政治經濟，素乏研究，這一方面的繁雜工作，只好俟諸專家。現僅將比較簡單的東北教育現況，根据有限的材料，大略敘述；倘讀者能得此舉一反

日本侵略军在东北进行奴化教育

三，知道東北三千萬同胞在九一八後所受的種種的痛苦，和我們將作亡國奴的後備軍們，有所警惕，那麽，著者這番搜羅整理的工夫，也就不算白費了。東北四省離開中國才有三年，在這短短的時間內，日本在東北，不但將政治交通實業大事攫取，教育也握在掌中了。為解釋上述二者，不能不說明帝國主義在殖民地施行教育的原因以及過去東北四省，日本所施行的文化侵略．

(1)殖民地所施教育政策，日本為完成大陸政策第二個步驟，為維持所謂滿蒙經濟的特殊利益，不惜露出猙獰的面孔，伸出一個使人望而生畏的政治的和軍事的「武化鐵腕」來把東北四省搶到手裏。但是因為這樣，東北民衆的反日運動愈演愈烈，縱使日本的飛機大砲怎樣利害，但心理上仍然不得不有反日的情緒。

聰明的日本帝國主義者那能忽略這一點，於是乎又伸出似乎溫柔的「文化鐵腕」來。惟其如此，才能造成謳歌「王道樂土」和「日本人神聖」的知識階級；惟其如此，才能造成他可以運用自如的愚犬。在這兒先引一段朝日新聞，看他自己的口供：『有些人把「滿洲國」製造成了，我們必須再製造「滿洲國人。」所謂「滿洲國人」者何？就是能欣然赴我國難的新同胞。製造之法為何？要在輸血，輸血者即是灌輸以日本語教育之謂』。据這段口供將來製成的所謂「新同胞」，他們不但沒有民族意識而且會為虎作倀，幫助敵人壓迫本地人和宰割中華整個民族。

(2)大家或很少注意吧？在南滿鐵路沿綫，日人從俄人奪回一切權利後就大施其文化侵略。所辦的學校，有小學，中學，師範，實業，大學和專門等學校，發行報紙雜誌有二百四十餘種之多。

在辦的學校裏收容中日兩國學生，目的完全在「中國人日本化」，也就是使中國人失掉了他們的民族的自覺永遠為日人的奴隸。日本政府所立的學校，對於中國學生，特定各種優待辦法，以誘其來。學校內的課程及訓練，是完全使學生忘却自己是個中國人。中國文字是不學的，一切教科書都是日文的，講授是日語直接聽講。中國的歷史和地理不多講，日本的歷史和地理講的特別詳細。中國的國慶日是照常上課，日本的什麼天長節便放假慶祝起來。學校環境中，所能見得到的，無非是天皇萬世一系，大和魂——一種的特產品。

記得以前有人曾在南滿鐵路沿綫的小學裏作心理測驗。有這樣的兩個問題．(1)東京北京紐約．三個地方你願意到那個地方去？(2)徐世昌明治天皇羅斯福你信仰那個人？測驗了若干學生都是願意去東京，而且信仰明治天皇。教育的力量有多麼大呀！不但此也，在這次日本統制東北四省當鷹犬的就是南滿中學，旅順中學，旅順工大畢業的人，故有在日人卵翼下的兩大派之稱，一是喪心病狂

的政害官僚，再者就是受日本奴化教育的金州派。因此，日本帝國主義者統制東北得他們幫助不少。若是日本在東北四省施行幾年的奴化教育，不但東北人忘却自己的民族，恐怕他們要幫着日本帝國主義者統制華北以至全中國。

二 三年來的東北教育

日本帝國主義者所施行的殖民地教育是一貫的，他傳統的方法就是「日語教育」。在台灣如此。在朝鮮如此，所以在東北也不能例外。消滅殖民地人民的言語文字和風俗，使他們失去民族的特點，自然而然的同化了。且說奴隸也不能太愚蠢了，太愚蠢了則驅使不靈，但也不能太聰明，聰明了就難駕馭。所以所施於東北的教育以養成不智不愚似智似愚的人爲方針。所以九一八後日人所設的日語補習學校有七十餘處之多，學生七千多人，其他小學授日語更是人人知道的。教給東北人以日語，兼養日語教師，爲製造作倀者的先聲。近又設國立高等師範於吉林作爲養成中等學校的師資，也就是爲造順良的奴隸師資。茲爲敍述便利起見分述如下

1 教育方針

奴化的亡種的教育當然也有一套方針，茲列如下：

新教育五大建設方針

- （一）恢復原狀
  - 初等教育第一
  - 中等教育第二
  - 高等教育第三
  - ——取消排外教育
- （二）改善內容
  - 改善課程
  - 改善教科書
  - ——顯明根本宗旨
- （三）整理制度
  - 整頓學校教育制度
  - 整頓社會教育制度
  - 整頓鮮人教育制度
  - ——澈底根本宗旨
- （四）經費獨立
  - 教育機關經費獨立
  - 教員生活的保証
  - ——確保經費來源

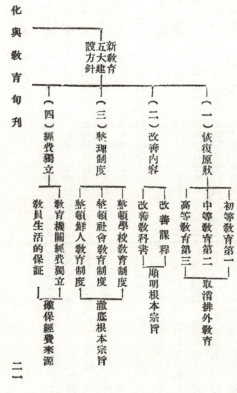

- 新國家教育建設大綱
  - 新教育三大根本方針
    - （一）共榮化的教育
      - 國際主義
      - 自治主義
      - 共榮主義
      - → 新國家精神根本
    - （二）職業化的教育
      - 實材主義
      - 實務主義
      - 經濟主義
      - → 產業立國根本
    - （三）日語化的教育
      - 普徧主義
      - 必要主義
      - 漸進主義
      - → 五族合作根本
    - → 新國家立國基礎
  - （五）義務效育
    - 第一步以縣爲單位
    - 第二步以省爲單位
    - 第三步以新國家爲全體
    - → 天成文化

根据這個教育建設大綱　我們很看出她的目的大要分三項（1）削滅華人之反抗情緒（2）消滅華人的民族觀念（3）養成忠實奴隸。

2　小學教育

在九一八事變六個月內，全部學校停頓。在事變前東北四省計幼稚園二十一所，敎職員三十三人，學生二百二十人。小學校一萬一千三百九十五所，教職員二萬零五百

尙不及三的二。惟所謂新京添設大學校二十三所。在課程方面小學加授日語每週三小時。凡從前有關于三民主義思想的書籍一律屏棄不用。而且在今年八月中旬以前，在長春印刷局印一套小學奴化教科書計有修身，國文，算術自然地理歷史日語節本論語，孝經節本等八種。其內容就歷史說　自多爾袞入關起，以前不講。

這套奴化教科書准備在九月一日開學，施行於全東北

小學校也有一二日本教員監視一切，教職員的言論只能說「皇恩浩蕩」或「洋恩浩蕩」。稍有不愼，就有性命的危險，根据滿蒙事報學生兒童欄載有洮南北鎮鐵嶺黑山齊齊哈爾等處的小學的文藝都是黃種人團結的必要，滿洲國前途的樂觀，王道政治和武力政治的比較，滿洲帝國施政的樂觀，王道樂土之所在，和對於滿洲帝國的希望等，小小的學生說出奴隸的言語。

再有在東北如有日本節日必得大加慶祝。如果有日本的要人或是稍有職位的人所到的地方這些小學校必得放假，整隊，迎接，歡送。

（3） 中等學校

事變前東北四省有中學校一百九十所，教職員二千一百七十七人，學生三萬一千八百九十六人。職業學校六十七所，教職員五百五十四人，學生六千五百零四人。師範學校一百二十三所，學生八千九百二十三人，教職員七百三十人。近則大部恢復惟於長春添設中學一所而各校學生數大減。學校課程亦改爲修身經學國文本國史西洋史，地理生物日語理化英語等。英語減少三小時添授日語。並且九月一日開學使用僞國所出版的教科書。

（4） 高等教育

過去東北有東北大學吉林大學交通大學馮庸大學，齊齊哈爾的法政專門以及東鐵的工業大學。除工業大學有特殊情形外都一律關門。東北大學駐有關東軍，馮庸大學爲其飛機的根据地。而吉林大學要籌設高等師範學校並在長春設有大同學院。並計籌設大陸科學研究院定開辦費八百萬元。經常百萬元。復次派遣留學日本共兩批不下二百餘人。其他各國不過十人。

（5） 社會教育

對于民衆宣傳王道政治。是必然的。可笑的宣傳的帶有火柴食鹽分散鄉民。施行小惠，愚民亦不難墜入術中。如演肉麻的電影火燒紅蓮寺等召集鄉民，其他我國的電影片是受限制的，對于平民學校亦極擴充以便麻醉民衆。至新聞的顛倒實在令人指髮。中國稍有名氣的報紙必得禁止的。若看大公報和益世報，罰徒刑八年。而日本漢文報大銷特銷。

（6） 將來計劃

据僞文教部長的口供，要注重在語學講習所及教育講習所的發展並設高等師範以便養成順良的鷹犬。貫澈日語教育之本旨。

三 結 論

本篇著作的目的，在說明東北教育政策，而不在乎分東北學校的內容，所以有好多地方應該敍述的，作者把牠省略掉，作者以爲日本在東北辦教育並不是敷衍面子乃是含有極大的作用。日本人不但運用教育這個手段斷絕三千

萬同胞的智慧，而且使其忘却中國，不但藉着教育養一群宰割東北同胞的鷹犬而且要造成侵略內地的先鋒隊。所以特爲介紹。所述各節，完全根據事實，絕無半點誇張。

本來國家一亡身家性命隨時都有危險，至於受教育更是隨便受人擺弄，有亡國之虞的國民，讀了此篇也該有所猛省吧

九一八三周年

熊夢飛

黑水秋高九月寒，登樓北望一心酸！
三年胡馬塵難靜，百戰關山血未乾，
絕塞尙懸秦日月，遺民終慕漢衣冠，
平吳舊策堂堂在，萬里龍沙按劍看。

痛書舊事

熊夢飛

將軍傳令棄雄關，半壁江山付等閒，
不教壯士全師退，怎博紅顏一夕歡？
紅顏無恙江山缺，六軍痛哭防河北，
結綺臨春舞未休，玉樹後庭歌不歇，
無端飛甲天上來，十萬大軍空喋血，
蕭蕭夜雨斷人腸，馬前飛燕啼難別。
悲笳聲急殺聲狂，倉皇南去渡重洋，
音直千行萬行淚，不爲江山爲畢淚。

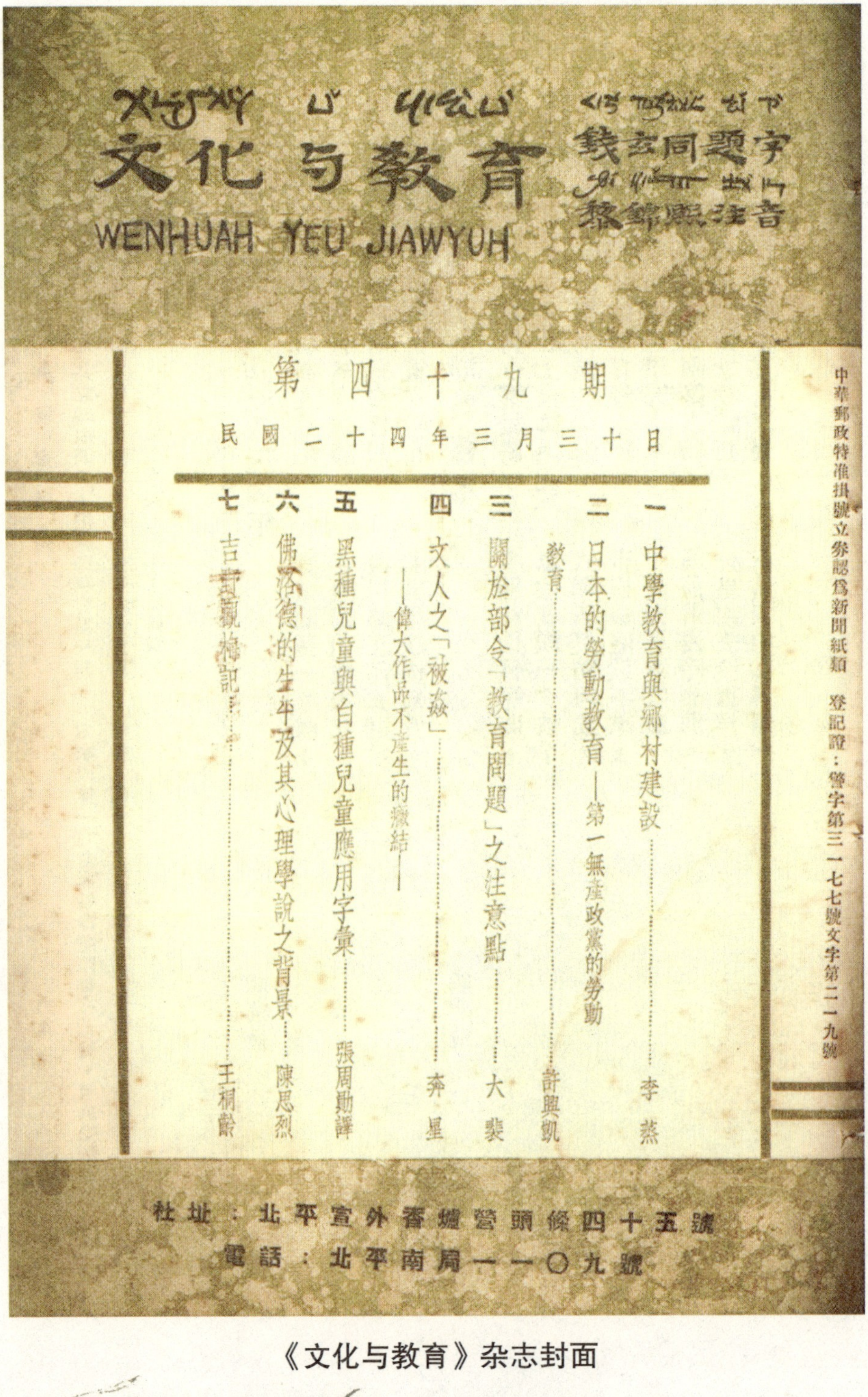

文化与教育

錢玄同題字

黎錦熙注音

WENHUAH YEU JIAWYUH

第四十九期

民國二十四年三月十日

一　中學教育與鄉村建設……李蒸

二　日本的勞動教育——第一無產政黨的勞動教育……許興凱

三　關於部令「教育問題」之注意點……大斐

四　文人之「被姦」——偉大作品不產生的癥結——……奔星

五　黑種兒童與白種兒童應用字彙……張周勛譯

六　佛洛德的生平及其心理學說之背景……陳恩烈

七　吉雲觀梅記……王桐齡

中華郵政特准掛號立券認爲新聞紙類　登記證：警字第三一七七號文字第二一九號

社址：北平宣外香爐營頭條四十五號

電話：北平南局一一〇九號

《文化与教育》杂志封面

日本的勞動教育

——第一　無產政黨的勞動教育——

許興凱

一　日本民衆教育二大主流

日本並沒有那們熱鬧的民衆教育運動。有之，則是帶有軍事及法西斯意味的青年訓練所及和他相對立的勞動者教育。前者思想右傾和軍部有直接或間接的關聯。後者思想左傾和各無產政黨及工會等有很密切的關係。這可以算得日本民衆教育裏的二大主流。

關於勞動教育運動日本左傾人有兩種不同的見地：第一，以爲教育運動收效在十年乃至二十年以後，爲目前打算實在來不及。第二，以爲勞動運動的本身也是一種教育——關於鬥爭經驗獲得的教育。勞動運動和勞動教育是一種東西，不過範圍有大小的不同就是了。

日本的勞動教育發端於各無產政黨及各工會（註：日本叫勞動組合），目的在養成「無產階級的鬥士」。但是，這中間有許許多多的困難：第一，在學校經營者一方面有財政難，講師難，設備難，教授法難。其中最難的還是教授法，因爲學生都是工人基礎知識，對於講授缺乏理解力。同時所要的材料多是社會問題，經濟問題，時事問題等實際而且高深東西。第二，在學生一方面也有工作的過重與疲勞，餘暇時間的太少，學費及通學費不能支付，學力不足等困難。

雖然有這樣多的困難，日本的勞動教育依然在前進中。現在經營勞動教育的，大概有：

1. 無產政黨，
2. 工會，
3. 國家機關，
4. 私人團體，
5. 各工場礦山。

我們先由無產政黨說起。

又，關於勞動教育的意義有許多不同的說明。現爲便利起見，用極廣義的解釋，即係以勞動者爲對象而行的教育。

二　日本勞農黨首唱勞動教育

日本無產政黨中着眼於勞動教育最早的是日本勞農黨。在該黨成立的第二年，即一九二七年四月黨教育部特定政治教育的指導方針，製定一般組織及未組織大衆的政治教育教科書，幷樹立各般的教育計劃。實行第一步，即在東京開第一次中央政治學校。當年十二月以十日爲期，又開第二次中央政治學校。

這學校的講習員都是由該黨的地方支部聯合會等推薦

派遣而來。并且仿照倫敦勞動大學的辦法，設立共同宿舍，爲的是起居飲食都在一齊，可以互相切磋琢磨。

關於日本勞動黨中央政治學校的內容概要如下：

日　時　自昭和二年（一九二七）六月廿二日一星期，每日自午後六時至九時半

地　點　東京市芝公園協調會館

聽講費　日金二圓

聽講資格　黨員及一般人士

課　程　財政學，馬克思經濟學，經濟實狀，憲法行政，勞働問題，農村問題，勞働法制，社會運動史，社會思想概論，無產文藝，無產政黨的現在，其他

講　師　大內兵衛，櫛田民藏，吉野作造，藤井悌，杉山元治郎丸岡重堯，河野密，麻生久，木村毅，三輪壽壯，田中九一，其他

講師都是一時知名之士，并且在文壇很有權威。

第二年（一九二八）九月二十二日至十月六日，日本勞動黨又開土曜講座，每星期六日講習一次。

該黨中央部如此。各地方支部，自然也要進行。常設學校及長期，短期的講習會都在開辦。一九二八年中開辦的如下：

1，宇都宮政治學校（栃木縣支部聯合會主辦），
2.伊勢崎政治講習會（郡馬縣支部聯合會主辦）
3.長岡政治學校（新潟縣支部聯合會主辦），
4.橫濱政治學校（仝上）
5.城北政治學校（在京市城北市部）
6.明石公民文化學院（仝上）。

其中尤以城北政治學校及明石公民文化學院爲最好，都是修業一年的常設學校。這在勞動教育裏是很難得的。

三　日本大衆黨與無產者教育協會

一九二八年十二月二十日，日本勞農黨，日本農民黨，無產大衆黨，九州民憲黨合組日本大衆黨，一九二九年一年，因爲種種阻害，勞動教育活動頗不振。一九三〇年，黨本部教育部及支部聯合會教育部，各工會教育部在一九三〇年上半期實行長期及短期的講習會，講演會，研究會，及其他各種會合。詳情大致如下：

一　勞働政治學校（以三個月爲一期）

橫濱勞働學校（四月一日——六月三十日）
深川政治學校（四月五日——七月五日）
芝勞働學校（五月二日——七月二日）
城南勞働學校（四月二十日——七月二十六日）
城北政治學校（四月一日——六月三十日）
豐多摩政治學校（五月二日——七月三十日）
愛知政治學校（四月二日——六月三十日）

瀨戶政治學校(四月一日——六月三十日)

二　短期政治學校

新潟農民學校(一月十一日——十三日)

八戶農民學校(一月十五日——十八日)

新潟政治學校(三月十日——十三日)

西那須政治學學(四月一日——五日)

川崎勞働學校(六月三十日——七月正日)

橫濱勞働夏期大會(七月六日——十五日)

三　研究會、講習會　各種三十八所

在當時教育活動中尚有可記載的即於一九三〇年五月五日，黨本部招集了一個勞動政治學校校長及工會教育部長的聯會會議。會議結果決議組織「無產者教習協會」。該會以河上丈太郎爲會長而以田所輝明爲書記長。我們可以看一看該會規則中的目的一項大意如下：

1.本協會爲對抗如資本階級學校教育及教化總動員的資本家社會教育，在教育上宣佈階級鬥爭，從無產階級的立場，組織獨立教育鬥爭。

2.本協會促進爲啓蒙普及社會科學知識及使大衆獲得遂行產業上，政治上歷史任務的必要信念與技能而設的教育學校，教育集會，教育出版的組織擴大與活動統一。

3.本協會爲獲得言論之集會，出版的自由及無產者教育學校的合法性而戰。

4.期望無產大學的設置。

這口味兒和一般教育家似乎有些不同。

四　全國大衆黨的勞動教育復興

一九三〇年七月廿日，日本大衆黨，全國民衆黨，及無產政黨戰線統一全國協議會所屬各黨，實行大合同，組織全國大衆黨。全國大衆黨的黨教育部在一九三〇年十一月一日——五日開辦中央政治學校，將日本勞農黨以前試行的教育形式再現。學校的目的在養成各地方支部的幹部人材，所以學生都由支部聯合會派遣推薦。學生也是合宿，實行共同的自炊生活。學費定爲日金五元，但是可以交二塊現錢及米一斗。每天上課十三小時，從午前八時到午後九時，除吃飯以外完全繼續不休息。幷且還有可以在朝日新聞社，中央放送局，啤酒工場，紡織工場，東京帝大，農科大學，股票及商品交易所，百貨店，銀行，博物館，動植物園，蒲田攝影所，青果市場，橫須賀軍港，追濱飛行場等各地參觀。全國大衆黨中央政治學校的內容如下：

學科及講師

一　基本科目　經濟學(田所輝明。)政治學(平野力三)財政學(織本侃)唯物史觀(河野密)

二　科　外　帝國主義論(鈴木茂三郎)農業經濟學(角田藤三郎)世界情勢(阿部茂夫)法

律學（黑田壽男）婦人問題（織本貞代）
新聞論（木村毅）組織論（淺沼稻次郎）

講師比以前更多知名之士了。

此外各支部在一九三〇年的教育活動如下：

1.東京大衆政治學校（七月二十三日——八月三十日）
2.大阪無產者夏期大學（一九三〇年八月二十一日——二十八日）
3.川崎政治學校（六月——十一月）
4.淺草普羅學校（七月三十一日——十一月二十七日）
5.兵庫縣夏期民衆學校（七月二十五日——三十一日）
6.橫濱勞動學校（九月十一日——十一月二十七日）
7.深川大衆政治學校（十一月十三日——二十二日）
8.羣馬縣强戶農民學校（十月二十五日起）

其中最有成績的還是東京的大衆政治學校，以後成爲常設的勞動學校，改名叫普羅政治學校，所屬政黨也由全國大衆黨，經全國農民黨，現在移到社會大衆黨城西支部，始終一貫。到現在已開辦十期。

五　社會大衆黨與民衆政治學校

我們再看一看，日本無產政黨右翼，社會大衆黨的教育活動如何。

社會大衆黨的成立在一九二六年十二月五日。一九二八年教育的活動方纔開始。一九二八年七月一日起，一星期的民衆政治學校開辦。學生各支部選拔派遣。課程與日勞黨及全國大衆黨的中央政治學校相同。每日自午前九時至午後九時，繼續十二小時。講師爲安部磯雄，吉野作造，鈴木文治等十數人，養成了地方支部指導者約五十名。

在地方支部方面，東京府豐島支部教育部首先製定各種教育計劃。一九二九年，遂開了一個常設的豐島政治學校。每星期二五上兩天夜課，半年畢業，學生有五十人。同時又計劃巡廻政治講座。十幾個分會也分別開辦政治講座。

一九二九年六月二十三日社會大衆黨又召集中央委員會通過「教育一般運動方針書」。其中關于教育方針的決定完全依照該黨的運動方針。

一九二九年八月一日起至七日止，社會大衆黨又開辦第二次民衆政治學校。同時，各支部聯合會也開辦政治講座，主要的如下：

1.大阪夏期大學（八月一日——七日）
2.仙台政治學校（八月八日——十日）
3.淀橋政治學校（八月十日——十六日）
4.長野夏期政治學校（八月二十三日——二十七日）
5.九州政治學校（十月一日—六日）
6.上田政治學校（十月五日—七日）
7.京都政治學校

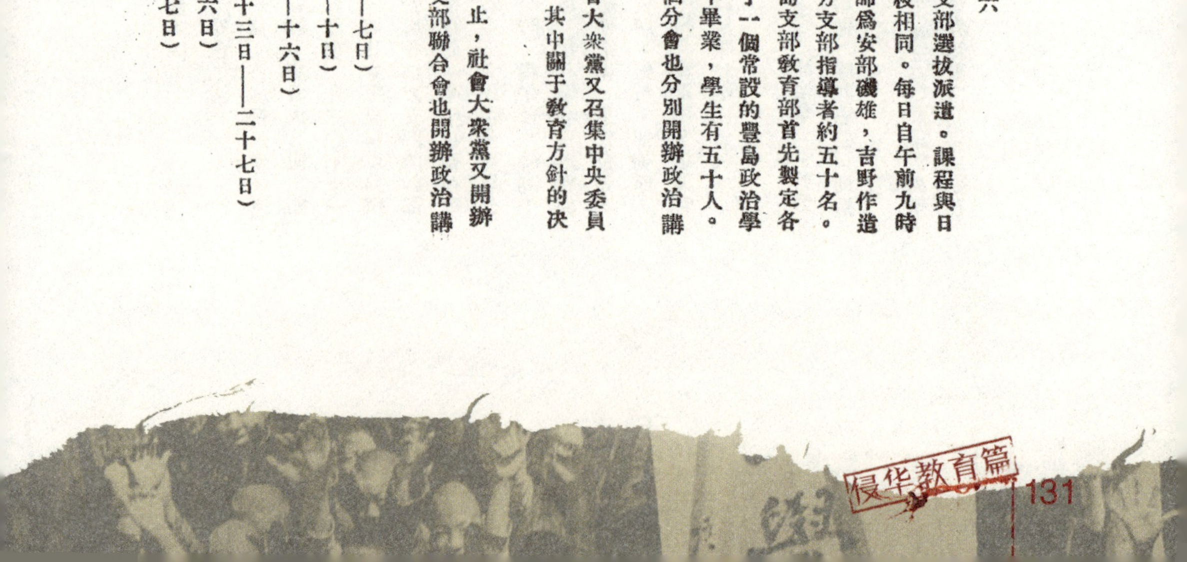

一九三〇年社會大衆黨的黨本部豫定。開辦第三次民衆政治學校，後因事中止，另開辦東京地方民衆學校，由八月十五日至二十日。

六　全國勞農大衆黨的急進

一九三一年，日本無產政黨的中左兩翼，全國大衆黨，勞農黨，社民實現同盟三黨合同，組織全國勞農大衆黨。在組黨同月二十七日，黨教育部便下令各支部及支部聯合會，立即以黨內教育運動方針，開辦夏季政治學校及研究會。結果，在這一年共開辦了政治學校六，講演會五，研究會一。學生共七百八十八人，內中有工人六百四十四人，其他一百四十四人。如若按照組織來分，計有：工會中人六百四十四，農民協會中人七十七，其他六十七。按照年齡來分：最高五十歲，最低十八歲，平均三十五歲。

七　九一八事件後的勞動教育

九一八事件發生以後，自無產政黨直到勞動教育都受了一個大打擊。

一九三二年七月，多年對立的社會民衆黨及全國勞農大衆黨，合同成一個社會大衆黨。社會大衆黨在一九三四年五月十日至十九日，開辦第一次中央政治學校十天，內容如下：

主　辦　社會大衆黨本部

入學資格　(一)黨員　(二)階級的思想堅固，將來必爲黨之鬭士而有鬭爭希望者　(三)由支部及聯合會推薦者

地　點　東京市麴町區公會堂及同區赤坂支部事務所

職　員　校長：安部磯雄　監事：渡邊年之助，平野學　事務主任：高瀨清

經　費　一一五日金圓一〇

學生數　一五人

科目及講師　唯物史觀，運動方針(田所輝明)，議會對策(龜井貫一郎)。綱領政策，明治維新史(河野密)。協同組合運動(渡邊潜)。組織論，罷工戰術(淺沼稻次郎)。我黨之使命(麻生久)。日本社會運動史，選舉對策，宣傳組織(松本淳三)。市民對策(阿部茂夫)。政治學，教育方針(平野學)。財政學(河上丈太郎)。地方財政論(渡邊年之助)。農村問題(松永義雄)。婦人問題(堺眞柄)。新聞編輯(高瀨清)。農村對策(角田藤三郎)。經濟學(原彪)。工會論(上條愛一)。宣傳鬥爭(小山壽夫)。勞働對策(片山哲)。新選舉法(三輪壽壯)。最近之經濟(高橋龜吉)。醫療組合論(黑川

泰一）。謄寫版技術（鈴木八郎）。

參觀實習　總同盟本部，銀座地下街，貴衆兩院，東日社其他，市役所，中央郵便局，秋山製糖爭議團。

講師大部份都是知名之士。

此外，各地方支部，在一九三三年以後的勞動教育活動大體如下：

（一）東京瓦斯工組合研究會（一九三三年九月四日—十一月十三日）

（二）東京城西支部主催政治學校（十一月）

（三）東京普羅政治學校（九月二十二日—七月十四日）

（四）農村協同組合學校（十月十二日開校），

（五）下伊那支部農民講習會（十月廿日），

（六）上伊那支部農民講習會（十月廿一日）

（七）栃木縣幹部講習會，

（八）栃木縣聯幹部講習會（九月廿六日——二十五日）

（九）長野縣北海支部研究會，同長野縣執行委員講習會（十一月廿一日）

日本無產政黨的勞動教育活動大體如此。

（一九三五年三月十六日作于東京）

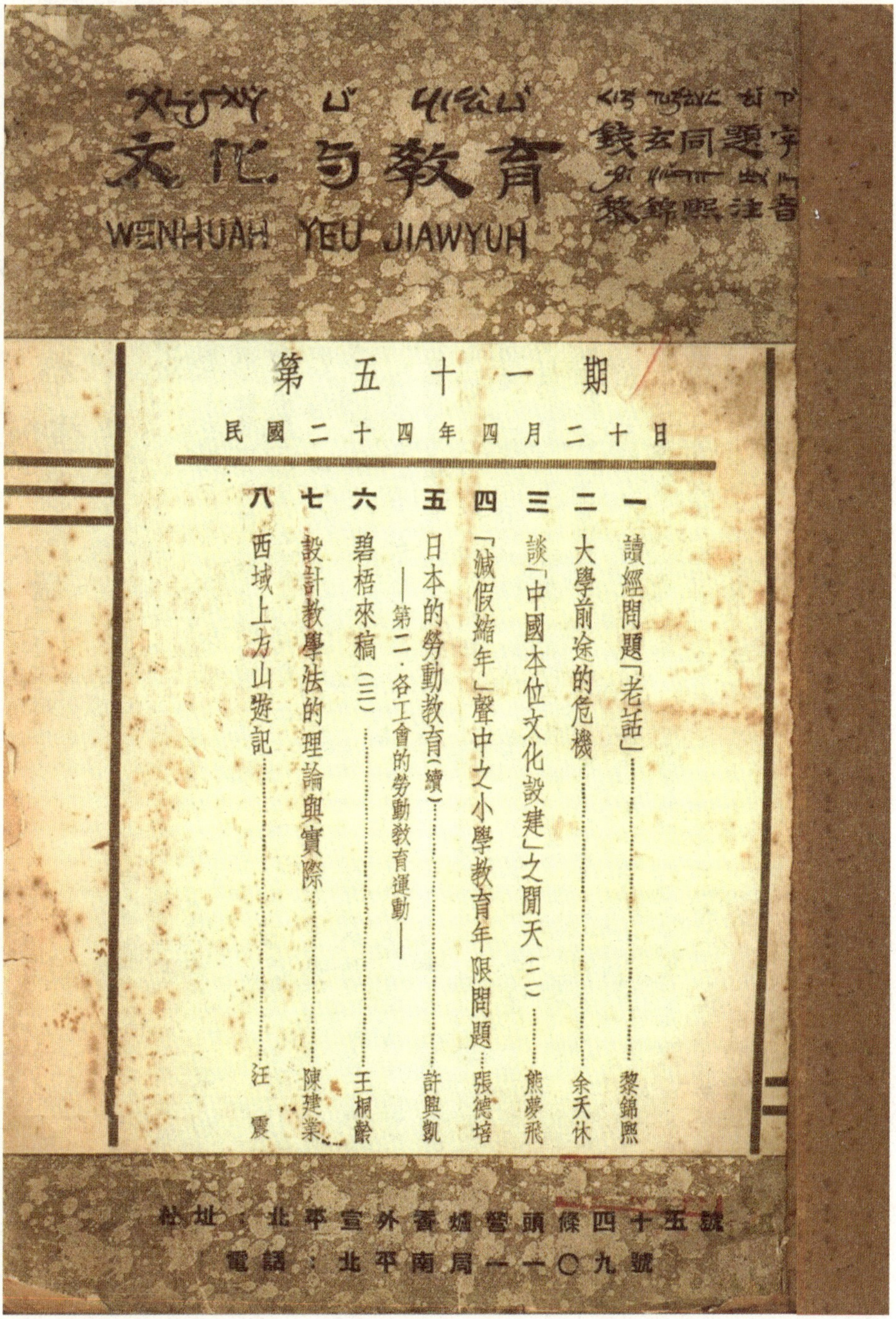

文化与教育
WENHUAH YEU JIAWYUH
錢玄同題字
黎錦熙注音

第五十一期
民國二十四年四月二十日

社址：北平宣外香爐營頭條四十五號
電話：北平南局一一〇九號

《文化与教育》杂志封面

日本的勞動教育（續第四十九期）

許興凱

＝第二．各工會的勞動教育運動＝

一　一般的情況

日本的勞動教育發源於工會的勞動運動，政府及其他公私團體，倒是後來的事。在九一八事件以前，日本勞動運動很繁盛，爲養成工會鬥士及一般會員教育常設的勞動學校一時很多。九一八事件受了「非常時」一個大打擊，勞動運動消沈了，因而勞動學校也殘餘的很少。但是日本的勞動在地下仍在進行，因而各工會的勞動教育也採取另一個方式，活動的仍然很厲害。不過，在名義上改稱巡廻勞動學校或地方分校短期講座，散在各地，對工會會員，作五回乃至十五回的講習會，此外，各工會的地方聯合會以及支部每月有兩三回的研究會，座談會，討論會，雄辯會，茶話會等。這些會都是以工會內部問題爲中心給與一種指導。這些會，在日本全國每年總數至少也有二三百回，甚至于千回，每一回參加的人卽或少數，效力也很可觀。

在這些語言講授以外，各工會又利用文字對各工會會員實行教育。雜誌，機關報，工場新聞，墻壁新聞，以及傳單，小冊子，不間斷的對工會全體會員很廣的散佈。左翼各工會更利用映畫，演劇，音樂，美術品，以及照相展覽會來宣傳主義，釀成階級意識。

也有用文章和語言兩種的，比如「日本勞動總同盟」以他所出版的機關雜誌「勞動經濟」爲中心．在各地設立讀書會，每月再舉行座談會。座談會的速記錄更印刷出來頒佈各工會會員。

各工會的教育目的爲養成鬥士對于一般會員的知識提高。所以教育內容多注意社會問題，經濟問題，時事問題但是，因爲受教育者的基礎知識不足，雖然用很平易的話語，仍然難以明白，尤其是教育程度低下的工會會員，爲纖維工業的工人等。於是，各工會對于教育方針最近有些改變。先從國語，算術，歷史，地理等普通學科起始，然後再到讀書方法，日本文使用，及外國語解釋等再進到極通俗的「產業之話」，「工會之話」「消費組合之話」「經濟之實際知識」，「婦人問題」，「時事問題」等，最後爲「社會問題概論」，「社會思想」等。對于女工有的還要教他們一些裁縫，種花，作菜，育兒等家庭技藝。

此外，我們再介紹如各工會關係雜誌及新聞主要的如下：

日本各工會關係雜誌及新聞

題名	關係團體
勞動	日本勞動總同盟

勞働經濟	同
勞働婦人	同 婦 人 部
港灣聯盟	日本港灣從業員組合聯盟
勞働時代	日本造船勞働聯盟
勞働運動	日本勞働組合總聯會
自由勞働新聞	全國勞働組合自由聯合會
黑色勞農新聞	日本勞働組合自由聯合協議會
海　員	日本海員組合本部
海員協會會報	海員協會
勞働者新聞	同 大阪聯合會
官業勞働新聞	官業勞働總同盟
勞働之九州	同 九州同盟會
都市勞働新聞	東京從業員組合
瓦斯勞働	東京瓦斯工組合
東電勞働新聞	東電從業員組合
海聯時報	海軍勞働組合聯盟
工友時報	橫廠工友會
共立時報	舞鶴共立會
全國勞働新聞	全國勞働組合同盟
日本勞働新聞	日本勞働總聯盟
日本交通勞働新聞	日本交通勞働總聯盟
遞友勞働新聞	遞友同志會
製鐵勞働新聞	日本製鐵勞働組合聯合會
組合會議時報	日本勞働組合會議
芝浦勞働	芝浦勞働組合
勞　働	橫濱市從業員組合
社會大衆新聞	社會大衆黨本部
日本國家社會新聞	日本國家社會黨本部
婦人戰線	日本國家社會婦人同盟
勞働的婦人	社會大衆婦人同盟

二　日本勞動組合總同盟的教育工作

我們現在看看日本最大工會之一的「日本勞動組合總同盟」，他的教育運動情形如何。

日本勞動組合總同盟的教育活動是以東京的日本勞動會館，各地分館及公會支部爲中心。他的事業可以分爲以下幾種：

(A)日本勞動學校

該校係大正十年（民國十年秋）勞動行者教育協助會所創立。昭和七年(三年前)歸日本勞動會館，爲該會館事業一部。畢業生已達三百六十五名，均在工會作職員。平時學生名額七十名，一年畢業。每星期上課三次，每次兩小時詳細內容如下：

日本勞働學校概況

所在地　東京市芝區
代表者　校長　松岡駒吉
修業年限　一年(自四月至翌年三月)
授業日及時間　每週月、水、金夜間二時間、特別課外講義每月二回每回二時間
學科目　第一學期　社會問題概論、經濟原論、政治學、社會思想、日本産業概論、國際問題、第二學期　勞働組合論、勞働組合運動史、世界之貿易、財政學、世界之勞働運動、勞働者之法律。第三學期　社會進化論、實用經濟學、日本産業地理學、消費組合論、婦人問題、日本文化史
分校的開設　在適宜地方開設分校，對義務教育未完成者行特殊教育。一九三三年度，在一三地方開設，平均學生數一〇、九八〇名，內女生五，〇八八名。

(B)短期講座

日本勞動總同盟在各地開的短期講座，共有十三處不均每次聽講一千人左右。共聽講人數達萬人以上。情形如

下：

日本勞働學校地方分校的短期講座

項目 地方別	開辦回數	一回平均聽講者數	總人員數
北豐島地方	九	五八	五二二
大森地方	一〇	七四	七四〇
吾嬬地方	一一	七六	八三六
澁谷地方	一三	三六	四六八
南葛地方	一二	八四	一、〇〇八
沼津地方	一二	二八六	三、四三二
市川地方	一一	五二	五七二
川口地方	八	二七	二一六
埼玉地方	四	二九	一一六
川崎地方	一九	九八	一、八六二
平塚地方	四	四一	一六四
横濱地方	一八	四八	八六四
秋田地方	一	一八〇	一八〇
一三地方	一三二	一、〇八九	一〇、九八〇

主辦及講習場所	講習科目
北豐島協同組合會館	時事問題
大井友愛館大森支部聯合會	社會問題、思想問題
革工組合吾嬬支部	經濟問題、勞働問題
澁谷第一支部事務所	婦人問題、勞働組合之話
城東勞働會館	
吊南勞働會館	消費組合之話
千葉縣聯合會	產兒制限之話
川口勞働會館	資本主義之話
埼玉勞働組合本部	關於勞働者法律之話
川崎勞働會館	世界地理之話、歷史、語學等
平塚勞働會館	裁縫、生花、作菜、育兒等實際知識其他必要常識
潮田勞働會館、橫濱支部聯合會保土ケ谷會館、	
秋田縣聯合會事務所	

(C)講演會

在日本勞動會館本館開的講演會，在一九三三年共十五回，聽講總人數為五千四百七十五人。在各地方辦的講演會共十八回，聽講人總數為八千二十二百六，平均人數每回為四百五十七。

(D)講習會

講習會是為給與工人一般職業知識而設立的，對于女工特別講授家事，衛生，作菜，編物，裁縫，種花，修養，等。集會數，在一九三三年中共八十三回，出席總人數為八千八百四十五，平均人數每回為二十九。

(F)勞動圖書館

在這些以外，日本勞動總同盟并在各地方，以工會支部為中心，辦理巡行文庫等圖書館。

三 全國勞動組合同盟的教育工作

日本另一個大工會「全國勞動組合」的教育活動以「育週」及「講習會」為主。一九三三年一月二十日地在各舉行教育週。八月十三日至九月十日的一個月間，各地方多開講習會，尤以東京為最有效。講習會的科目為經濟學，工會論，婦人問題，法律學，時事問題等。講習員總數為五百五十六。詳情如下：

一九三三年日本全國勞動組合同盟所辦講習會

地區別	工會別	講習期間	講習員數
月島	關東金屬	八月十三日至十五日	三七
城北	關東化學	九月十六日至十八日	三五
南葛	紡織、化學、自由	八月十九日至廿一日	八二
城南	關東金屬	八月廿二日至廿五日	四八
江東	關東木材	八月廿七日至廿九日	一〇五

城西	自由、映畫、運輸交通、公共汽車	八月三十日至九月一日	二六
西北	關東食料	九月五日至八日	八五
全映	特別辦理	八月廿九日至九月八日	六六
自由	同	九月八日至九日	七二

四　日本勞動組合的總聯合的教育工作

日本又一個大工會「日本勞動組合總聯合」的教育活動，大概如下：

（A）橫濱勞動學校

這個學校不是日本勞動組合總聯合直接經營的，乃是以神奈州縣聯合會會長森隆一民為主宰的橫濱新人會所經營，不過和日本勞動組合總聯合的關係很密切。日本勞動組合的幹部人員多半是這個學校出身。該校的內容如下：

橫濱勞動學校概況

所在地　橫濱市

創立　一九二九年七月

目的　勞働教育者解放之理論并與勞働者以自覺的光明。

經營主體　橫濱新人會

代表者　校長　森　榮一　主事　中村正春

修業期間　兩個月乃至四個月

授業及時間　每週火、金、自午後七時半至九時半

開講　春秋二期

開期回數　十二期（至一九三三年五月）

修了者數　約百八十二人（至一九三三年六月）

過去五年學生調查：（至一九三三年五月）

年齡別　廿五歲以下一〇九、廿六歲以上九四、外三二

職業別　印刷工五六、機械工三八、金屬工一九、小賣商人一六、船夫一六、船員一二、木工八、莫大小工八、製木工七、事務員八、塗工六、釀造工五、土木五、分配夫五、製點心工四、石工四、電氣工四、司厨四、行李包綑業三、製藥三、理髮業二、農業二、運搬工、船大工、新聞分配、聽差、染色工、紡織工、洗濯業、交通勞働、自由勞動者各一、其他八。

學科目　勞働問題、農村問題、產業學題、財政問題、時局問題批判

附帶事業　一、夏期擴張講習會（川崎勞働學校等）
二、街頭講演會
三、雜誌刊行（勞働文化）

（B）講習會及出版物等

這勞動學校以外，日本勞動組合總聯合又在東京，大阪，神戶，開辦移動勞動學校，巡廻茶話會，短期講習會

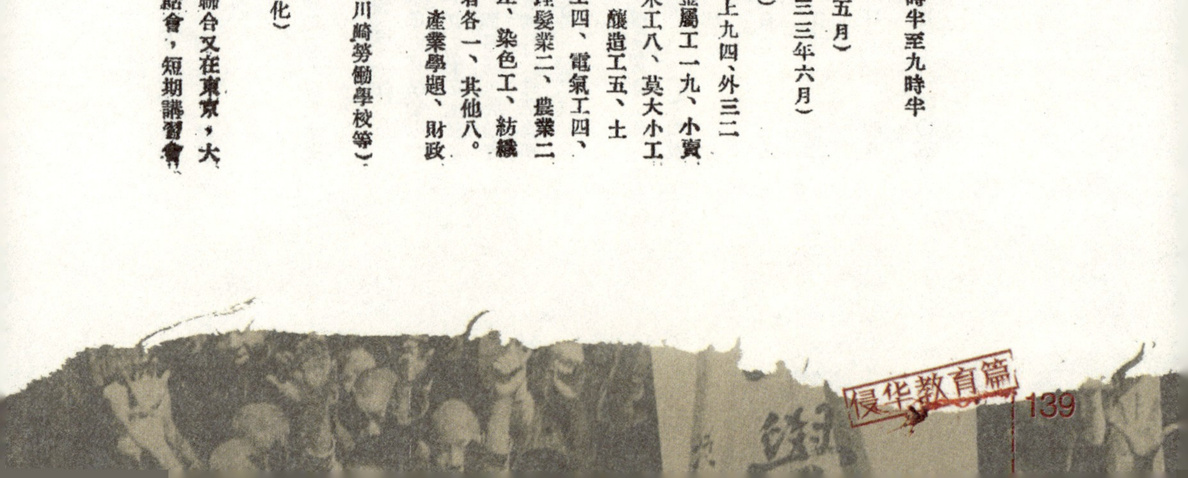

勞動講座等。在大阪，爲養成工會指導者有一水會及勞衛會。茶話會，在一九三三年以來共有五百回，規模很小，效果很大。

出版物特別多。全國機關雜誌爲月刊「勞動運動」，在大阪尚有「新社會」，在神奈川尚有「勞動文化」。在各支部內，神戶有「司廚役業員時報」，東京有「京濱技友會會報」，大阪有「大阪演劇員月報」。聯合會會報，工會新聞，以及支部會報等共四十三種。

小冊子也相當的發行。主要的爲「國際勞動會議之話」，「金融資本之話」，「蘇聯五年計劃」，「德國勞動運動與國社黨的活動」，「美國產業復興之動向」，「勞動運動之話」，「就日本勞動者之動向」等。

四 幾個常設勞動學校

在工會以外還有幾個私人團體經營的常設勞動學校，也很重要，分別敘述如下：

（A）大阪學勞動學校

大阪學勞動學校是超政治，超黨派的，既不是資本家或官方的，也不是無產運動的某一個派別的，乃是從一般勞動者的廣汎立塲，以教授社會科學爲主。該校成立於大正十一年（民國十一年）六月，係賀川豐彥，松澤兼人，村島歸之，山名義鶴等盡力創造。最初主事爲松澤氏。以後松澤氏辭職，現在爲桑島南海士氏。校舍一九三三年以後在新建的大阪勞動教育會館，面目一新。

該校的概況如下：

大阪勞動學校概況

所在地　大阪勞動教育會館

創立年月　一九二二年六月

主要職員　校長　賀川豐彥；主事　桑島南海士，經營委員長　高野岩三郎

目的　以給與一般無產者及無產階級運動必要知識爲目的

經營　大阪勞働學校經營委員會

與工會關係　無關係（超黨派的）

經費年額　一千五百十一圓二十四錢（一九三三年度豫算）

開講時期　每年一月、五月、九月　新學期、開講。

修業期間　以三個月爲一期，二期畢業。

授課日及時期　每週月、水金自午後七時至九時隨時開研究會。

聽講費　一期三個月三圓

入學資格　無產團體員（其他者住詮衡後許入學）

修業後之指導　畢業者設不定期高等部科目授以高等科目。

畢業者數　九七五名

主要學科目　經濟學、經濟史、財政學、政治學、唯物史觀、勞動法制、社會學、社會運動史、社會思想史，勞働運動史、農民運動史、勞働組合論、其他關于時事問題及特別問題者。

(B)神戶勞動學校

該校係於大正十三年(一九二四年)四月係勞動文化協會敎養部設立，任其事者爲久留弘三氏及齋藤信吉氏。大正十五年解放。昭和四年(一九二八年)二月改由神戶勞動學校經營委員會經營，而以大原社會問題研究所所長高野岩三郎氏爲委員長。九一八事件以後，事實上停頓，昭和八年(一九三三)五月復校，改新陣容，募集新生。該校概況如下：

神戶勞動學校概況

所在地　神戶市兵庫

代表役員　經營委員長　高野岩三郎。　主事　中川光太郎

目的　以給與一般無產者及無產階級運動的必要知識爲目的。

經營　神戶勞動學校經營委員會

與工會關係　無關係

經費年額　五百日金圓

學費　一期三日金圓

開講時期　每年一月、四月、九月

授業日及時間　每週月、水、金自午後七時至九時

修業期間　三個月

入學資格　勞働組合員及無產政黨員，但其他經詮衡以後許可入學

主要學科目

本科　唯物史觀、工會論、政治學、經濟學、勞働法制、財政學、社會思想史

科外　通貨膨脹問題、世界經濟會議、無產政黨論、市政選舉論

(C)中央勞動學院

這是日本最有歷史的一個勞動學校。大正六、七年(一九一七、八年)日本勞動運動急激勃興。大正八年(一九一九年)十月六日以粟野谷藏氏爲中心，設立日本勞動者教育會。以此會爲母體，大正九年六月創立勞動夜學專門學校。翌大正十年(一九二一年)改稱中央勞動學院。大正十五年(一九二六年)六月建築新校舍，面目一新。該校概要如下：

中央勞動學院概況

所在地　東京市本鄉區

創立年月　一九二〇年六月

目　的　以給與勞働生活態度改善的必要知識為目的。

財　源　官公署補助金及一般捐助。

經費年限　三、七〇日金圓（一九三二年度豫算）

與工會關係　無

開講時期　四月——八月　九月——二月

修業期間　六個月

授業日及時間，每週月、水、金、土（僅第一、第三兩週）自午後六時至九時。

聽講費　無

修了者　修了者數一、三九四名（至一九三二年八月）

學校的附帶事業　中央勞働學院圖書館

學科目

1社會政策（A）勞働問題總論（B）工會論（C）社會思想（D）農村問題

2經濟學（A）經濟學原論（B）工資論（C）經濟記事的讀法

3政治學，4社會學5倫理學6哲學

7法律（A）帝國憲法（B）民法

8日本歷史及近世西洋史　9經濟地理　10生產用要具發達史　11論文演習　12辯論指導

（d）勞動學院

該校係協調會所辦，設在大阪青年會館內。協調會大阪支部係大正十一年（一九二二年）一月成立，同時即設立勞動學校。十月舉行開學式。最初修業期間定為六個月，第四期以後到第八期改為四個月。大正十五年（一九二六年）又改為六個月，昭和六年（一九三一年）以後又改為四個月。該校的一概情況為下：

勞動學院概況

所在地　大阪市此花區青年會館內

創立年月　一九二二年十月

經營　財團法人協調會大阪支所

代表者　院長　橋本能保利

目的　筋肉勞働者的文化啟發，品性向上

關係　無

經費年額　二、六七五日金圓（一九三二年度豫算）

開講時期　四月及十月

授業日及時間　每週月、水、金、自午後七時至九時半

學費　二日金元五十錢

入學資格　高等小學校畢業或同等以上學力而從事筋肉勞働者，但研究科非本科修了生

校友會　本學院畢業生組織勞動學院校友會（會報「發友」）

修了生調查（至一九三三年二月）

（A）修了生總數　本科（第一回—第二三回）　七一一名。研究科（第一回—第一九回）　一五六名

（B）年齡別

本　科　最低一六歲、最高五四歲、平均二九歲

研究科　最低一八歲、最高五四歲、平均三一歲

（C）學歷別

本　科　尋常小學畢業一二一名、高等小學畢業四〇〇名、中等學校程度修了或畢業八八名

研究科　尋畢七名、高畢一〇三名、中畢一九名、共他三名

（二）職業別

本　科　機械工場四〇四名、纖維工場二九名、其他工場八〇名商業一三名、交通運輸二名、電氣瓦斯一名、官公吏一名、僧侶一名、其他三八名

研究科　機械工業九三名、纖維工業五名、其他工業三四名、商業三名、官公吏一名、共他七名

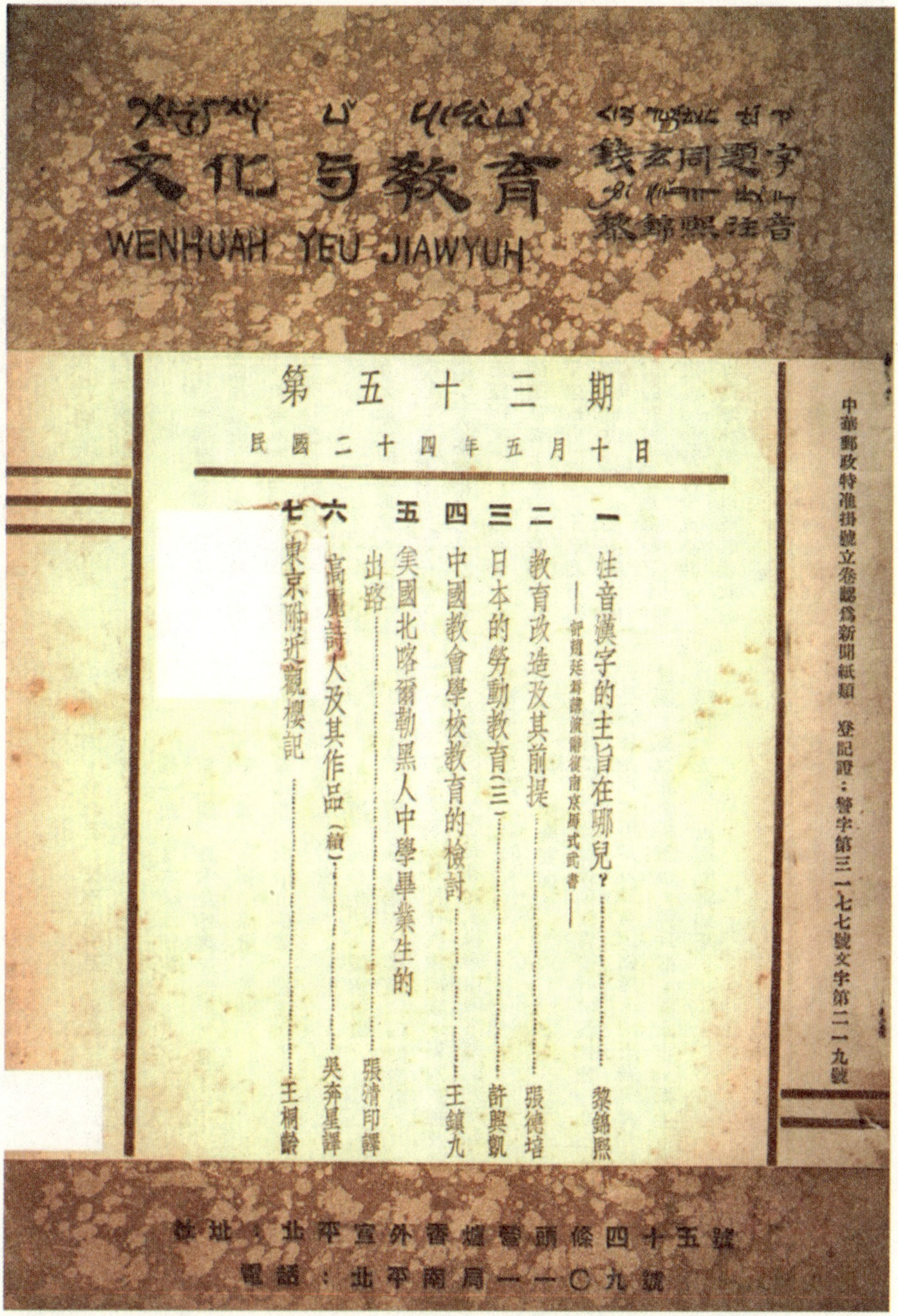

文化与教育

錢玄同題字

黎錦熙注音

WENHUAH YEU JIAWYUH

第五十三期

民國二十四年五月十日

中華郵政特准掛號立卷認爲新聞紙類 登記證：警字第三一七七號文字第二一九號

社址：北平宣外香爐營頭條四十五號

電話：北平南局一一〇九號

《文化与教育》杂志封面

日本的勞動教育（三）

許興凱

——第三，日本政府的建設——

（一）文部省的勞動教育

（A）教會內容

日本的勞動教育發端於各工會及無產政黨，目的在養成階級的鬥士。到最近，因爲關係重大，日本政府也漸漸的注意起來。從一九二九年起，日本文部省（註：即教育部）的豫算上，最初看見一筆「勞動教育補助費」。以後每年增加，漸漸推廣而發達了。

日本文部省所辦的勞動教育大抵分兩種形式：一個「勞務者補導級」，（註：即中國的「工人補習班」）一個叫「勞務者講座」（註：即中國的「工人講習會」）勞務者補導級是固定的，大概學生每週上課兩次，每次三小時，共九週，合計五十四小時，也有的是每天上課六小時，共九天，合計五十四小時。每一班學生數由二，三十名乃至五十名。勞務者講座是臨時的，比較自由一些，沒有很大的人數限制，講習的時間也短，大約在原則上是每晚三小時，共五晚，或每晝五小時，共三晝，合計均十五小時。

日本文部省所辦的勞動教育內容和工會以及無產政黨大不相同。我們看看文部省所定七項教授事項就可以明白了。這七項可以根據地方實狀加以選擇。七項如下：

第一類　日本國民精神

第二類　日本及外國近世史、地理

第三類　道德、宗教、藝術

第四類　政治、法律、經濟

第五類　自然科學

第六類　關於生活及職業指導

第七類　關於趣味、娛樂、保健指導

在右分類以外可在授業前後，附加體操及音樂。上課的學生也是多由工場礦山的事業主方面選拔派遣。這當然是資本家的。

（B）設施實況

日本文部省這種勞動教育擴行的很快在一九三三年辦理勞務者補導級的地方計有大阪府，埼玉縣，愛知縣，靜岡縣，東京市，橫濱市，神戶市，清水市，桐生市的一府，四縣，五市。設施概覽如下：

（一）一九三三年度日本勞務者補導學級施設概覽

委囑者	開設地	會場	期間	科目數	延時間數	生徒數 報名者	生徒數 許可者	生徒數 修了者	生徒數 皆出席者	生徒數 修了情形	關係者數 委員	關係者數 講師	關係者數 指導者	關係者數 事務員
桐生高工	桐生市	桐生高等工業學校	三	八	六〇、五	三五	三五	三五	二九	一〇〇、〇〇	—	六	二	二
埼玉縣	川口市	川口市隣保館	一六	九	五四	九〇	五〇	四二	六	八四、〇〇	一	三	二	三
東京市	東京市(品川)	品川區立正大學	一九	七	四七	八〇	四九	四四	二三	八九、七八	二	七	一	三
	東京市(巢鴨)	豐島區仰高尋常高等小學校	二〇	七	四五	五〇	三五	三一	二六	八八、五七	二	七	一	三
	東京市(芝)	芝區神明小學校	二〇	八	四七	八七	四七	四〇	二七	八五、一一	二	八	一	三
	東京市(日本橋)	日本橋區千代田小學校	一九	七	四五	七〇	四五	四一	三	九三、三三	二	七	一	三
橫濱市	橫濱市	橫濱市寺ケ谷尋常高等小學校	一八	二	九二	七八	五〇	五〇	二四	一〇〇、〇〇	一	二	二	二
靜岡縣	濱松市	濱松高等工業學校	二三	三	五七、五	六〇	六〇	六〇	—	一〇〇、〇〇	一	三	三	五
清水市	清水市	清水市木材商組合事務所	一九	二	二六	九六	五六	五四	三〇	九六、四二	—	二	三	二
愛知縣	名古屋市	昭和塾堂	一九	八	五三	四三	四三	四〇	三五	九三、〇二	一	八	二	三
大阪府	大阪市	大阪市立都島工業學校	二五	一〇	六四	一一四	六〇	五七	三二	九五、〇〇	一	一〇	二	三
	大阪市	大阪府立西野田職工學校	二五	一〇	六四	一〇六	六〇	五五	一九	九一、六六	一	一〇	二	三
神戶市	神戶市	市立神戶合商工實修學校	一八	七	五四	八七	五〇	四六	一六	九二、〇〇	一	七	二	二
福岡縣	久留米市	公會堂	二〇	三	五四	六三	六二	五九	五〇	九五、一八	二	三	二	二
合計	一〇	一四	二六三	一二七	七〇二	一、〇五八	七〇二	六五四	三五六	均平 九三、一四	一七	三八	二六	四〇

學生年齡以二一—二五歲及二六—三〇歲為最多。前者佔總數的三二%，後者佔二七%，這壯年人共佔到百分之六十的模樣。學歷以高小畢業為最多，佔總數的四六%，其次為初小（註：日本所謂「尋常小學」），佔總數的一九%。職業以機械器具製造業及金屬工業為最多。前者佔總數的一九%，後者佔一七、八%。如下表：

（A）年齡別

學生數	二〇歲未滿	自二一歲至二五歲	自二六歲至三〇歲	自三一歲至三五歲	自三六歲至四〇歲	自四一歲至四五歲	自四六歲至五〇歲	自五一歲至五五歲	自五六歲至六〇歲
六八二	三九	二一九	一八八	一三〇	六七	二六	一〇	—	一
100%	六%	三二%	二七%	一九%	一〇%	四%	一、五%		〇、五%

（B）學歷別

不就學者	小學校半途退學	尋常小學畢業	高等小學畢業	補習學校畢業	中等學校半途退學	中等學校卒業	專門學校半途退學	專門學校畢業以上	計
—	六	一三二	三一二	六〇	四〇	一二六	—	二	六八二
	〇、九%	一九%	四六%	九%	六%	一八%		〇、一%	100%

（二）一九三三年度日本勞務者補導學級的學生調查

（C）職業別

窯業	金屬工業	機械器具製造業	化學工業	纖維工業	紙工業	皮革骨木竹類等工業	飲食品嗜好品業	被服及圍身品製造業	土木建築業	製版印刷製書業	學藝娛樂裝飾品業	煤氣電氣業	鑛業	交通運輸業	其他	計
一	一二二	一三二	七九	七二	一	三三	三八	五九	五	二六	—	四二	—	一九	五五	六八二
〇、一%	一七、八%	一九%	一二%	10%	〇、三%	五%	六%	八、三%	〇、七%	三、九%		六、一%		二、八%	八%	100%

辦理勞務者講座的也有北海道，大阪府，京都府，神奈州縣，兵庫縣，長崎縣，新潟縣，愛知縣，岐阜縣，長野縣，福井縣，廣島縣，和歌山縣，福岡縣，石川縣，岡山縣，愛媛縣的一道，二府，十四縣；差不多全國產業地帶都普及了，施設概要如下：

（三）一九三三年度日本勞務者講座施設概要

委囑者	開設地	會場	期間	科目數	總時間數	生徒數					關係者數	
						報名者	許可者	修了者	皆出席者	修了情形	講師	事務員

北海道	札幌市	今井記念館	五	五	一五	三三四(六六)	三〇〇(五三)	一七四(四七)	一三三(三五)	八七、〇〇	五	三
文部省	川崎市	川崎高等女學校	六	九	一五	一九三	一九三	一六九	一六九	八八、〇三	九	三
新潟縣	新潟市	萬代小學校	七	七	一四	一七二	一七二	一三七	一三七	八〇、二二	七	一
石川縣	金澤市	兼六會館	六	七	一三	九九	九九	八三	六六	八三、八三	七	三
福井縣	福井市	福井商工會議所	五	四	一五	五八	五八	四六	一七	七九、〇〇	四	三
長野縣	諏訪郡平野村岡谷	諏訪製絲研究會	五	五	一五	三三〇	三三〇	三一一	三一三	九六、五三	五	二
岐阜縣	岐阜市	岐阜縣女子師範學校	六	七	一五	三五四(三五四)	三五四(三五四)	三五一(三五一)	三五〇(三五〇)	九九、一五	七	四
		本鄉小學校	六	七	一五	二二九(二二九)	二二九(二二九)	二二九(二二九)	二二三(二二三)	一〇〇、〇〇	七	四
	大垣市	大垣高女	六	七	一五	四八一(四八一)	四八一(四八一)	四七八(四七八)	四七六(四七六)	九九、五八	七	四
		大日本紡績關ケ原工場	六	七	一五	三五二(三五二)	三五二(三五二)	三五二(三五二)	三四五(三四五)	一〇〇、〇〇	七	四
愛知縣	一宮市	市廳舍	八	六	一三	一六二	一六二	一〇六	一〇六	六五、三三	六	三
京都府	京都市	東福寺	三	六	一八	四四	四四	四三	四三	一〇〇、〇〇	六	二
大阪府	堺市	堺市職業介紹所	五	六	一五	一三三	一〇〇	九一	九一	九一、〇〇	六	三
兵庫縣	姬路市	市立城南尋常小學校	一〇	八	二七	一三六	一三五	八五	四二	六八、〇〇	三	三
和歌山縣	和歌山市	和歌山高等商業學校	五	七	一六	五七	五七	四二	三二	七一、九三	七	一
岡山縣	岡山市	岡山縣教育會館	六	九	一七	一三三	一〇二	八一	六七	七九、四二	七	四
廣島縣	廣島市	袋町小學校勞働學校	五	六	一五	二〇二	一五四	一五四	一五二	一〇〇、〇〇	六	三

愛媛縣	今治市	公會堂	七	六	一五	一六〇(一〇二)	一六〇(一〇二)	一三三(七二)	一三三(七二)	一〇〇、〇〇	六	三
福岡縣	直方市	公會堂	三	五	一八	五六	五六	二五	二五	四五、四五	五	二
長崎縣	長崎市	私立三菱職業學校	五	六	一六	三八	三三	三一	三一	九六、八七	六	三
合計	一八	二〇	二五	一三〇	三三四	三、四八六(一、五七二)	三、三四四(一、五五八)	三、〇〇六(一、五三六)	二、八三二(一、四九〇)	平均八六、五	一三三	五七

(註)括弧內係婦人數。

學生年齡以二十五歲以下及二十歲未滿為最多。前者佔總數的三六、四%，後者佔三二%。學歷則以初小畢業及高小畢業為多。前者佔總數的四五%。後者佔三五%。職業則纖維工業為最多，佔到六七。四%。受這種教育的工人當然是程度更低了。并且有許多女工在內——這女工多半都在纖維工業裡。詳細如下表：

(四)一九三三年度日本勞務者講座的學生調查

(A)、年齡別

學生數	二〇歲未滿	自二一歲至二五歲	自二六歲至三〇歲	自三一歲至三五歲	自三六歲至四〇歲	自四一歲至四五歲	自四六歲至五〇歲	自五一歲至五五歲	自五六歲至六〇歲
三、三七九(一、五七四)100%	一、〇三五(七九二)三二%	一、一七四(六九七)三六、四%	四一六(五八)一三、六%	三〇七(一六)九%	一七二(七)五、三%	一二一(五)三、二%	四一 0、二%	八 0、二%	三 0、二%

(B)學歷別

不就學者	小學半途退學	尋常小學畢業	高等小學畢業	補習學校畢業	中等學校半途退學	中等學校畢業	專門學校半途退學	專門學校畢業以上	廣島勞働學校畢業	計
一〇(四)0、三%	三三(一三)0、九%	一、四六〇(一、一五九)四五%	一、一五一(三〇四)三五%	一八五(三七)五、七%	七六(九)二、一%	二九八(三二)九%	一〇 0、三%	五七(一〇)一、七%		三、三七九(一、五七四)100%

（C）職業別

職業	人數	百分比
窯業	二四	0、七%
金屬工業	八五（一）	二、五%
機械器具製造業	一四五	四、四%
化學工業	一〇七	三、二%
纖維工業	二、一〇八（一、五五八）	六七、四%
紙工業	五七	一、七%
皮革骨甲木竹類等工業	一七	0、四%
飲食料品嗜好品業	九八（二）	三%
被服及身圍品製造業	二三	0、八%
土木建築業	二四	0、六%
製版印刷製書業	五四（三）	0、六%
學藝娛樂裝飾品業	九	0、三%
煤氣電氣業	六九	二%
鑛業	三六	一%
交通運輸業	八〇（三）	二、四%
其他	二三二（一〇）	七、一%
計	三、一二九（一、五七四）	100%

（註）括弧內係婦人數

這些學生畢業以後，再用學友會的組織，把他們聯絡起來。學友會也時時開研究會，懇談會，及修養會等。

（二）各都市的勞動教育

（A）東京市

中央的文部省是如此。我們再看看幾個主要的都市。生由東京看起。

東京市社會局自一九二四年大地震後就辦了一個常設的教化機關，名叫「市民勞動學院」。在該院實行一種成人教育，分豫科及本科，各六個月，每週上課三次、每次三小時。以後一時終止。但是因為需要一天比一天强的緣故，又在各地設立市民館并辦理勞動者講座、勤勞婦人講座，技術勞動者在講座等，同時在市內各集團地方又辦理巡回慰安會。一九三三及三四年度東京市社會局的設施如下表：

（五）一九三三及三四年度東京市社會局的勞動教育設施

（A）勞働講座

講義題目	講師	講義回數	聽講者總人數
財政經濟常識	日本銀行調查局　野田澤軍治	五	二八六
產業與貿易	同　同	六	二〇一
社會學	東大助教授　今井時郎	三	一五二
社會學問題與社會思想	早大教授　北澤新次郎	四	一八七
工場勞働衛生	警視廳工場課技師　星合甚之助	二	七八
文藝閑話	報知新聞　矢田挿雲	四	一二三
政治學	中央大學教授　川原次吉郎	六	一五八

社會政策	庄野數彥		
產業能率之話	能率研究所長 上野陽一	四	一二五
（科外）			
就日本精神	國民精神文化研究所 藤澤親雄	二	六八
國防之眞義	法學博士 蜷川新	一	三八
鄉土民謠	大日本鄉風會 村上兆石	三	九四
千人力	矢野常世	一	六七

（B）勞働者教化慰安會

開辦期	開辦地方	出席總人數
一九三三年五月	深川一泊所外四處	八七〇
六月	江東橋宿泊所外七處	一、六四〇
七月	千代田宿泊所外三處	四三〇
八月	田中町宿泊所外二處	五六〇
九月	向島宿泊所外六處	一、三一〇
十月	龍泉寺町宿泊所外四處	一、一四〇
十一月	富川町宿泊所外四處	七三〇
十二月	芝一泊所外五處	一、三二〇

開辦期	開辦地方	出席總人數
一九三三年五月	池袋幼少年保護所外處	三、三二〇
六月	四谷市民館外四處	一、八八五
七月	柳元小學校外五處	五、七七〇
八月	綠町小學校外四處	三、八〇〇
九月	明石小學校外七處	九、二五〇
十月	本所公會堂外二處	三、二五〇
十一月	月島市民館外九處	四、八〇〇
十二月	麻布市民館外五處	三、六六〇

一九三四年一月	新宿宿泊所外八處	一、七四〇
二月	三好町宿泊所外二處	三八〇
三月	足立宿泊所外十二處	二、二八一

（以上係以市設宿泊所宿泊人由對象者。）

（B）名古屋市

名古屋市的教育部社會教育課，在一九三三年六月二十，二十二，二十四，二十五的四天，在愛知縣昭和塾堂，開第一次青年勞務者教育講座。講習人爲市內十六工場的工人五十名。每日從午後一時到五時。講習科內容如下：

修養講話　昭和塾堂長堀內文吉
同　名古屋地方裁判所檢事正岩村通世
時局講話　名古屋新聞社副社長小林橘川
經濟講話　名高商教授富田喜代藏
日本文化之特質　金城女專講師石田元季
音樂體操　昭和塾堂教諭大場貞吉
詩武科　同　山田清

一九三四年一月二十日，名古屋市教育部及產業部又開辦第一次勞務者講習會。該會每一次講習二小時，每一次及至四次。講習科目如下：

一九三四年一月	板橋第一小學校外一處	二、四〇〇
二月	赤塚小學校外九處	八、六五〇
三月	富用町市民館外八處	四、〇〇〇

（以上係以市民館對象地區外之細民爲對象者。）

產業人之修養陶冶，
保健衛生，
工業事情概說，
業種別各工場，
實務的必須科目，
社會常識，

對女工再加習適宜手藝及家事等。

此外，自一九二九年以來，名古屋市社會教育課所辦的教育電影協會時常到各工場，公共寄宿舍，勞動介紹所等處，巡迴映演教育電影。這自然也是勞動教育的一種。

（C）吳市

在日本，各府縣市町村等地方公共團體繼續辦理成人教育，成績最好的屬吳市。這有牠的原因：（一）鄰近廣島高師，高工，及文理大，很容易找講師。（二）吳市有日本大海軍兵工廠，工人兩萬，且多技術高的工人，教育的需要與可能頗大。（三）日本海軍工廠當局有相當的援助

自一九二五年四月，開辦公民講座，每一次兩小時，共十五次。每年辦四期。同年中又開辦法制，經濟，及思想三講座。聽講者共一千四百二十四人。一九二七年，因爲聽講生知識向上又設置高等組，講政治學，社會學，及經濟學，繼續二年，共四十五次，九十小時。

一九二八年度，吳市用六千六百三十六日金元，建築校舍。一九三一年又開辦婦人夏期講座。

總計八年以來，聽講修了者共有九千一百九十六名，市政府用經費六萬六千三百日金元。

吳市是日本辦理勞動教育最好的地方

（一九三五年四月二十六日作于東京）

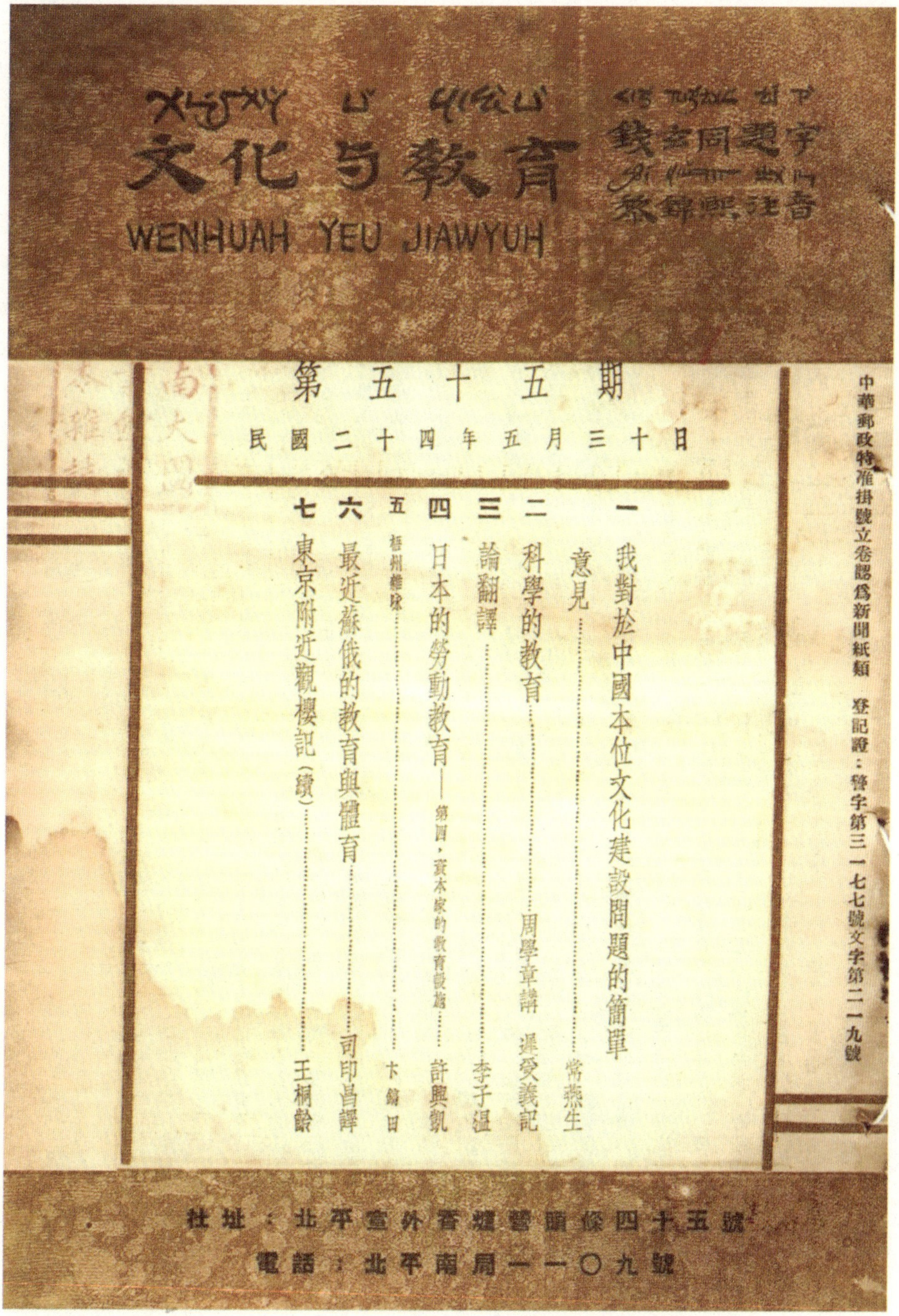
文化与教育

WENHUAH YEU JIAWYUH

錢玄同題字 黎錦熙注音

第五十五期

民國二十四年五月三十日

中華郵政特准掛號立卷認爲新聞紙類 登記證：警字第三一七七號文字第二一九號

社址：北平宣外香爐營頭條四十五號

電話：北平南局一一〇九號

《文化与教育》杂志封面

日本的勞動教育(四)

許興凱

第四　資本家的教育設施

一　資本家需要的勞動教育

一般國民普及的義務教育本來發生於資本主義之下，因爲資本主義工場的工人，在技術方面需要相當的知識。但是工人來的方面不同，所受的教育程度自然也不同，尤其是資本家爲省錢的緣故，引用許多女工——這女工的教育程度比一般工人的水準特別低下。同時，因爲工場的性質不同，工人需要的教育程度也不同，特別是機械鋼鐵等重工業及飛機造船等軍需工業工場。因此，各資本家在工場內需要實行一種勞動教育。

這種資本家的勞動教育比較偏重於技術及實用知識和各無產政黨及工會以喚起階級意識爲目的的勞動教育自然是不同，同時，和政府當局以教化爲目的的勞動教育也不同。不過，因爲近來工潮時常發生，無產政黨及工會對于教育及思想傳播都很活躍，資本家所辦的勞動教育也不能不在技術及實用知識以外，增加些關於思想的教材。無疑的，這些思想的教材是一種麻醉劑——和政府以及軍部相合流的麻醉劑。

二　工場礦山一般教育設施概況

日本資本家方面所行的勞動教育設施大約可以分爲四種：(一)有組織而且繼續永久的設施，如補習教育，技術教育，及工人子弟教育等。(二)臨時的或非繼續的設施，如各種講習會，講演會，及修養團體等。(三)圖書及雜誌的發行或貸出，(四)對于女工的技藝教育。

在這四種之中，最發達的爲對于女工的技藝教育，因爲女工的教育程度特別低下不給與一種技藝教育，會影響到工作效率。日本製絲工場已調查的八百三十家中，對于女工的技藝教育設施數爲七百二十三。紡織工場已調查的二百三十八家中，設施數爲六百九十二，織物工場已調查二百一十三家中設施數爲一百八十五。纖維工業工場的勞動教育最爲發達，除了女工的以外也很許多設施。尤其是製絲及紡織工場，據日本社會調查結果：補習教育設施數前者爲一百六十六，後者一百三十七，技術教育設施數前者爲一百三十一，後者十九，新聞或雜誌發行前者爲一百零九，後者爲七十七，講習會數前者爲一百四十五後者爲一百六十九，講演會數前者爲四百二十九，後者爲一百八十八。其次爲各官設工場，已調查的七十四所中，補習教育設施數爲五十六，技術教育設施數爲六十五，對女工技藝教育設施數爲四十九，講習會數爲四十一，講演會數爲八十六，雜誌及新聞發行數爲二百七十六。如下表：

（1）日本各工場的教育修養施設概況（1933年日本社會局調查）

業態別 \ 區別	調查工場數	組織的繼續的施設數：補習教育	組織的繼續的施設數：技術教育	組織的繼續的施設數：子弟教育	女子對技藝教育施設數	臨時或非繼續的施設數：講習會	臨時或非繼續的施設數：講演會	臨時或非繼續的施設數：修養團體	圖書雜誌的閱覽貸出施設數	新聞雜誌的發行數
製絲工場	830	165	131	1	723	145	43	383	359	109
紡績工場	238	137	19	—	692	169	188	176	158	77
織物工場	213	19	6	—	185	57	86	47	54	6
染織物工場	104	10	3	—	52	8	39	20	27	4
機械及器具工場	290	49	43	4	43	46	59	48	52	26
化學工場	283	19	10	—	55	34	72	34	53	14
飲食物工場	68	8	6	—	5	12	18	5	10	4
雜工場	144	12	3	—	22	11	20	21	22	11
特別工場	23	1	2	—	6	4	5	5	7	3
官設工場	74	56	65	—	49	41	86	35	56	[illegible]
計	2,267	477	288	5	1,832	527	1,002	774	800	276

各礦山也有相當的勞動教育，以煤礦爲最發達。已經調查的九十一個煤山中，補習教育設施數爲四十七，技術教育設施數每二十二，對于女工的技藝教育設施數爲六十三，講習會數爲三十九，講演會數爲六十七，新聞及雜誌發行數爲二十七。煤礦以下爲金屬礦山。詳細如下表：

（1933年日本社會局調查）

	臨時或非常繼續的施設數：講習會	臨時或非常繼續的施設數：講演會	臨時或非常繼續的施設數：修養團體	圖書雜誌閱覽貸出施設數	新聞雜誌又發行數
	39	67	141	50	27
	6	15	39	16	5
	—	1	—	1	1
	45	83	180	67	33

(2)　日本各鑛山教育修養施設概況

鑛業種類＼區別	調査鑛山數	組織的繼續的施設數			對女子技藝教育施設數
		補習教育	技術教育	子弟教育	
煤山	91	47	22	9	63
金屬山	24	12	3	4	6
其他鑛山	2	—	1	1	—
計	117	59	26	14	69

三　女工的技藝教育

日本的女工多數都住在工場所設的寄宿舍裡。對於這寄宿的女工，工場主辦一種補習教育或技藝教育。時間大概在工作前或後的一二小時。課程內容爲裁縫，手藝，編物，染色，烹飪，養花，作茶等。

因爲是工場主辦理的，經費比較充足，因而設備及教員也都很好：可以有完備教室，專任教員。最有組織的稱爲某某女學校。形式與內容都相當的充實。主要而有名的如下表：

(3)日本各工場女工寄宿舍的教育設施

會社工場名	教育施設的名稱
郡是製絲株式會社	誠修學院
日東製絲和田山工場	日東學園
原富岡製絲所	補習夜學科
	裁縫學校
羣馬社	羣馬社夜學部
絲德製絲場	補習教育部
株式會社笠原組	笠原組補習學校
金山製絲株式會社	職工補習教育
小口製絲和田山工場	小口學園
德島小口製絲所	工業補習女學校
備作製絲工場	岡山實踐女學院
豐中生絲株式會社	補習教育
東洋紡績株式會社天滿工場	旭女學校
同姬路工場	東洋女學校
同三軒家工場	東洋實業補習學校
同赤穗工場	千種實科女學校
同名古屋工場	東洋實科女學校

東洋紡績株式會社四貫島工場	東洋實科女學校
同 姬路工場	同
東洋紡績株式會社富田工場	同
同 尾張工場	同
同 一宮工場	同
同 愛知工場	同
同 大曾根工場	同
同 川之石工場	同
大日本紡績株式會社東京工場	松操裁縫女學校
同 攝津工場	潤身實科女學校
同 津守工場	廣胖裁縫女學校
同 山崎絹絲工場	恭心女學校
同 岐阜絹絲工場	洗心實科女學校
同 鹿兒島工場	甲南實踐女學校
鐘ヶ淵紡績株式會社東京本店	鐘紡實科女學校
同 京都支店	鐘紡京都女學校
同 大阪支店	大阪支店裁縫部
同 高砂支店	鐘紡高砂女學校
同 西大寺工場	西大寺工場附屬女學校
同 岡山絹絲工場	鐘紡岡山絹絲學校
同 備前工場	鐘紡淑德女學校
日清紡績株式會社本社工場	梅香實科女學校
同 西新井工場	天眞女學校
同 高岡工場	清高女學校
同 富山工場	清嶺女學校
富士瓦斯紡績株式會社大阪工場	大阪富士女學校
同 名古屋工場	名古屋富士女學校
同 小山工場	小山富士女學校
同 鷲津工場	鷲津富士女學校
同 岐阜工場	岐阜富士女學校
同 大分工場	大分富士女學校
同 中津工場	中津富士女學校
東京毛絲綸紡績株式會社龜戶工場	淑德女學校
同 名古屋工場	成德女學校
日本毛織株式會社加古川工場	日毛加古川女子補習學校
同 印南工場	日毛印南女子補習學校
同 姬路工場	日毛姬路補習女學校
同 名古屋工場	日毛名古屋女學校
栗原紡織合名會社	栗原勸愛學校
辻紡績株式會社	辻紡實踐女學院
天滿紡織株式會社	立誠女學院
長崎紡織株式會社本社工場	長崎實科女學校
岸和田紡績株式會社本社工場	女學園
同 野村工場	修齊女學校
大阪織物株式會社	寄宿學校
柏原紡織株式會社	柏紡婦人會
福島紡績株式會社姬路工場	福紡女學校
同 倉吉工場	福紡補習學校

富士瓦斯紡績株式會社保土ヶ谷工場	保土ヶ谷富士女學校
帝國製麻株式會社鹿沼製品工場	實踐女學校
宮川毛絲綸株式會社	宮川清明女學校
豐田紡織株式會社南工場	南工場教育部
大阪毛織株式會社	女工手講習所
昭和毛絲紡績株式會社彌富工場	昭和彌富女學校
東洋毛絲綸株式會社龜戶工場	實科女學校
同靜岡工場	同
同沼津工場	玉泉女學校
日本絹絲紡績株式會社大宮工場	芙蓉裁縫女塾
日東紡績株式會社福島工場	日東講習所
同郡山工場	日東學館
倉敷紡績株式會社	倉紡成德補習女學校
共立毛絲綸株式會社館林工場	共立毛絲綸補習學校
倉敷紡績株式會社玉島工場	倉紡玉島工場女子補習學校
福井紡績株式會社	女子專修學校
日本絹織株式會社絹絲工場	絹紡報德女學校
同二天工場	二天女子工業補習學校
吳羽紡績株式會社	女子補習學校
出雲製織株式會社今市工場	修養女學校
日本絹撚株式會社	補習學校
東洋人造絲株式會社滋賀工場	晴嵐女學校
帝國人造絹株式會社岩國工場	實科女學校
鯖江撚絲織物株式會社	舟津學舍
薩摩製絲鹿兒島工場	養成業手教育
第二絹撚株式會社米澤工場	花溪女學校

（備考）青年訓練所及其他施設不在內。

在這有組織的學校以外自然還有些臨時的講習會，講演會，以及學藝品展覽會，運動競技會，音樂會，舞踊會等。有圖書館及巡行文庫的也不少。

在團體方面，對於寄宿工人，組織修養團，報德會，各種宗教會，男女青年團，在鄉軍人會，禁酒會等。

對于不寄宿的工人，教育困難，大概設立各種長期講座，如公民講座，常識講座，及修養講習會等。

四　重工業及軍需工業的技術教育

資本家為促進工人工作效率，很需要技術教育。這種教育在纖維工業的需要較少，最急的是各機械器具工場及官設工場。

這種技術教育，以官設工場設施為最完備。如八幡製鐵所的教習所，各海軍工場的見習職工教習所，陸軍造兵場大阪工場的見習教育所，鐵道省工場的技工見習所。

私人工場方面也很多。如神戶及長崎的三菱職工學校，日立製所的日立工業專修學校，日光電氣精銅所的清瀧塾，芝浦製作所的徒弟養成所等。這種見習工養成機關大半都設在工場附近，期間大約一年乃至四年。修了以後，也有再深造的，但是有深造教育設施的工場很少，祇有八幡製鐵所的教習所高等部，與海軍工場的技手養成所、內閣印刷局的學術教習所，住友伸銅鋼管株式會社的職工講習會第二部，東洋紡織株式會社山田工場的職工教育所，郡是製絲株式會社的誠修學院技術科等。

也有的工場主利用各種公私立已有的工商學校派遣見習生或開特別班，訓練工人，如宇部鐵工所與長門工業學校，橫濱船渠株式會社與關野工業專修學校西前分教場，三菱電機株式會社與須佐商工實修學校的三菱電機科等。

日本各工場的技術教育如下表：

(4) 日本各工場的技術教育設施

公司工場名	教育施設名稱
專賣局地方支局	職工教育
陸軍造兵廠大阪工廠	見習教育
內閣印刷局	學術教習所
八幡製鐵所	教習所
芝浦製作所鶴見工場	芝浦徒弟養成所
株式會社日立製作所龜戶工場	職工學術講習會
同日立工場	日立工業專修學校
住友伸銅鋼管株式會社	職工講習會第二部
	見習職工訓育
三菱航空機株式會社名古屋製作所	見習工教育
三菱造船株式會社神戶造船所	神戶三菱職工學校
海軍工廠各廠	見習職工教習所
鐵道省工場（大宮、鷹取、小倉）	技工見習教習所
株式會社小松製作所	工科學校
株式會社唐津鐵工所	見習學校
函館船渠株式會社	見習技工教育
株式會社戶上電氣製作所	戶上電機徒弟學校
	見習教育
汽車製造株式會社	機械工技術講習
大阪鐵工所	見習職工教育
同因島工場	見習職工教習所
川西航空機株式會社	職工教習科

同　長崎造船所	長崎三菱職工學校
株式會社神戶製鋼所鳥羽電機製作所	徒弟教育
古河電氣工業株式會社日光電氣精銅所	清瀧・塾
東京石川島造船所	石川島工業補習學校
日本光學工業株式會社	青年訓練所職業科
豐田式織機株式會社	工員教習所
株式會社播摩造船所	徒弟教習所
愛知時計電氣株式會社	技術講習所
新潟鐵工所	職工養成所
戶畑鑄物株式會社	從業員教習所
	石油發動機講習所
株式會社渡邊鐵工所	渡邊夜學校
株式會社幸袋工作所	幸袋職工學校
株式會社神戶製鋼所	見習職工教習所
共同印刷株式會社	精美堂印刷學校
秋田木材株式會社	見習工補習教育
日本石油株式會社秋田製油所	見習教育
三井鑛山株式會社三池鑛業所	從業員補習夜學會
同　三池港務所	同
同　三池塗料工業所	同
同　三池製作所	同
同　三池製煉所	同
同　三池製作所	徒弟教育
三井物產造船部玉工場	附屬實業補習學校
	見習工教育
株式會社島津製作所	試驗工教育
	見習職夫教育
日本鋼管株式會社	職夫教習會
	熔接工講習
	運轉工講習
日本陶器株式會社	技藝科
小野田洋灰製造株式會社	小野田夜學會
東洋人造絲株式會社滋賀工場	東洋工業學校
日之本石輪製造所	日之本工業補習學校
帝國人造絹絲株式會社岩國工場	新入工教育
	中堅工手養成教育
	高等工手養成教育
東京朝日新聞社	活版印刷見習工教育
大阪朝日新聞社	見習生教育
	職工養成所
磐城炭礦株式會社	誠修學院技術科及工手科
郡是製絲株式會社	片倉蠶業講習所
片倉製絲株式會社	片倉大宮講習所
新綾部製絲株式會社	工女養成所
原富岡製絲所	工女養成所
株式會社三龍社	見習教育
東洋紡績株式會社山田工場	職工教育所
鐘ヶ淵紡績株式會社高砂支店	男工手講習所
大阪毛織株式會社	男工手講習所

五 工頭教育設施內容

各工場礦山對于工頭特別施行一種教育，以促進工場管理的進步。本來工頭教育有兩種：一是工頭養成的教育，即受此種教育以後方能任工頭，一是已任工頭的教育。日本多屬於後者。

日本工頭教育辦理最好的屬吳海軍港。工頭講習期間為三個月，每週兩次，每次二小時。每班祇限二十人。其講習科目為：

(一)工廠的使命與講習趣旨的說明

(二)工廠沿革及部各所掌事項說明

(三)工廠管理的概要(細目省略)

(四)工頭的業務(細目省略)

(五)工業常識(細目省略)

(六)社會常識(細目省略)

其他工場礦山的工頭教育大同小異。同時，如工商業團體，官公署等補理工頭習會，許多工場礦山都派人受講習。講習以後并且組織同學會發行會報。

日本各公司工場的工頭教育設施如下：

(5)日本各公司工場的工頭教育設施

公司工場名	教育施設
各海軍工廠	一技手養成所 二職長講習
各鐵道省工場	職場助手工、工場檢查手講習會
八幡製鐵所	教習所專修部A組
造幣局	職工補習教育專修科
住友伸銅鋼管株式會社	職工講習會第一部
株式會社芝浦製作所	職長講習會
湯淺電池製造株式會社	同
橫濱船渠株式會社	役付職工講習會
株式會社神戶製銅	
內閣印刷局	學術教習所
專賣局	一、役付工講習(本局直接) 二、專工科役付部(地方支局)
富士紡大分工場	役付講習會
中山太陽堂工場	工手役員教習會
日本足袋株式會社	工場幹部教習所
同福岡工場	幹部教習會
鐘淵紡績兵庫支店	工手養成所
東洋紡績株式會社	職工教育所
郡是製絲株式會社	誠修學院教婦科
福島紡績德島工場	組長養成教育
大阪紡績株式會社	短期講習會

所	役付教育會
土屋足袋株式會社	職長教育
大日本麥酒吹田工場	組長教育
日本興邪瑞魯汽車株式會社	係長教育演座
帝國人造絹絲株會社岩國工場	役手工手教育

六　為工人發行的新聞雜誌

各資本家為使工人信仰他們起見，又發行各種新聞雜誌。發行的數目一年一年的增多。據一九三一年日本社會局的調查，使用工人一百以上的工場及使用工人三百以上的礦山，發行新聞雜誌數目，前者約一百四十種，後者約三十種。工場中以製絲工場，紡織工場，機械器具工場，及官設工場為主。

發行回數以月刊為最普通，旬刊及日刊較少。最老有繼續到三十年以上的，繼續十年的很多。主要的新聞雜誌如下：

(6)日本資本家發行的勞動者新聞雜誌

新聞雜誌名	發行機關名
團報	系德製絲交友團
梅之香	日清紡績昭龍俱樂部
日東之光	日東紡績製絲所
道之友	郡是製絲宮崎工場
豐之友	豐田紡織南工場
絲之友	片倉製紡紡績株式會社
鐘紡之汽笛	鐘淵紡績營業部
女子之友	同
富士之譽	富士瓦斯紡績株式會社
平和	普及社第一工場
憧憬	三龍社
清明	宮川毛紡綸株式會社
帝人	帝國人造絹絲岩國工場
尚友	井醬油尚友會
協同	共同印刷株式會社
電華	東邦電力電華會
鐵華	大阪鐵工所築港工場
改善	別子銅山改善會
日清新聞	日清印刷株式會社
杵島時報	杵島炭鑛
炭光	北海道炭礦汽船北海道支店
古河西部	古河石炭礦業西部礦業所
信和	明治鑛業株式會社
黑金鋼新聞	三井三池鑛業所

鋼之友	日本製鋼所室蘭工場
協和	日本金錢登錄器大仁工場
共勵	東京電氣親愛會
芝浦	芝浦製作所
鋼鐵之友	神戶製鋼所修養團支部
日立評論	日立製作所笠戶工場
親友	住友伸銅鋼管親友會
麗園	東洋人造絲滋賀工場
先驅	日本陶器株式會社
光友	日本光學工業株式會社
共愛組合會報	三井田川鑛業所
生野協和	三菱生野協和會
協和會會報	三菱美唄、唐津其他鑛業所
陸軍勞務報	陸軍省人事局恩賞課
海軍勞友	海軍艦政本部
新原	海軍燃料廠採炭部
鋼鐵	製鐵所
工場時報	鐵道省工場
工場通信	同

各資本家在自己發行新聞雜誌以外，也購買其他團體所出版的新聞雜誌，分配給工人來看。最主要的大概是：用力社的「勞力新聞」「處女」，勞友新聞社的「勞友新聞」，獎工新聞社的「獎工新聞」，社會教育協會的「處女之友」，工手之母社的「工手母」，健康婦人會的「健康」，大日本聯合青年團的「青年」及「青年卡片」，日本青年協會的「曉天」，新政社的「野之花」修養團的「白百合」，「愛與汗」，「向上」，陸軍省新聞班發行的「國力」，大日本國防婦人會的「銃後之力」，日本勞務者教育協會的「礎」及「勞務者講座」等。又日立製作所，日立鑛山，中山太陽堂，日本鋼管株式會社，富田製作所等，在獎工新聞上各出特輯版。三菱造船株式會社神戶，長崎各造船所也在勞力新聞上出三菱版。

各資本家為工人教育特編輯各種教科書，如富士瓦斯紡績株式會社的「養成讀本」，日本絹撚株式會社的「修身教科書」，東洋毛絲綸龜戶工場的「補導科教科書」等。又川崎造船所薄鈑工場與神戶市立葺合商工專修學校合作，作成「薄鈑科講義錄」

除自己所編以外，又採用其他團體所編教科書，主要的大概為：社會教育協會的「青年學習書」，國民工業學院的「通信教科書」，昭和女子教育研究會的「昭和女學講義錄」及「東洋實科女學校講義」等。

七 工人子弟的教育設施

工場礦山所在地，日本所謂「產業部落」，對於工人家庭的兒童，各資本家也有相當的教育設施。這種設施當然是為未來的勞動預備軍打算。大部份都是小學校。設立的以礦山爲最多，如岩手縣釜石鑛業所的私立尋常小學校，福島縣沼尻鑛山的私立小學校。工場方面有東京市蒲田區的黑澤工場附設小學校等。

各資本家直接爲勞動者子弟經營的學校極少，大多數都是利用附近各公立及私立小學校，給與相當津貼。如永招鑛山利用附近公立小學校，入山採炭株式會社利用湯本入山尋常小學校。

各資本家爲勞動者子弟直接設立的補習學校和職業學校永久繼續的也有幾處，如三井三池鑛業所的勤勞女的學院，古河足尾銅山實業學校，北海道炭礦汽船株會社的夕張工業學校，福島縣入山鑛業補習學校，眞谷地炭礦，登川炭礦的實科女塾等。

爲勞動者家庭教化起見，各資本家隨時也組織少年團，青年團，處女會，主婦會，壯年團，在鄉軍人會等。由各種教化矯風團體支部的集會，關於時事問題，衛生問題講演會，講談，歌曲，演劇，映畫也時常舉行。

社會風雲一天比一天緊，使資本家在勞動者及其家屬的精神方面不能不糜費一種錢，以爲麻醉之用。但是，這些柔情的麻煩用處究竟有多們大呢？

一九三五年五月十六日

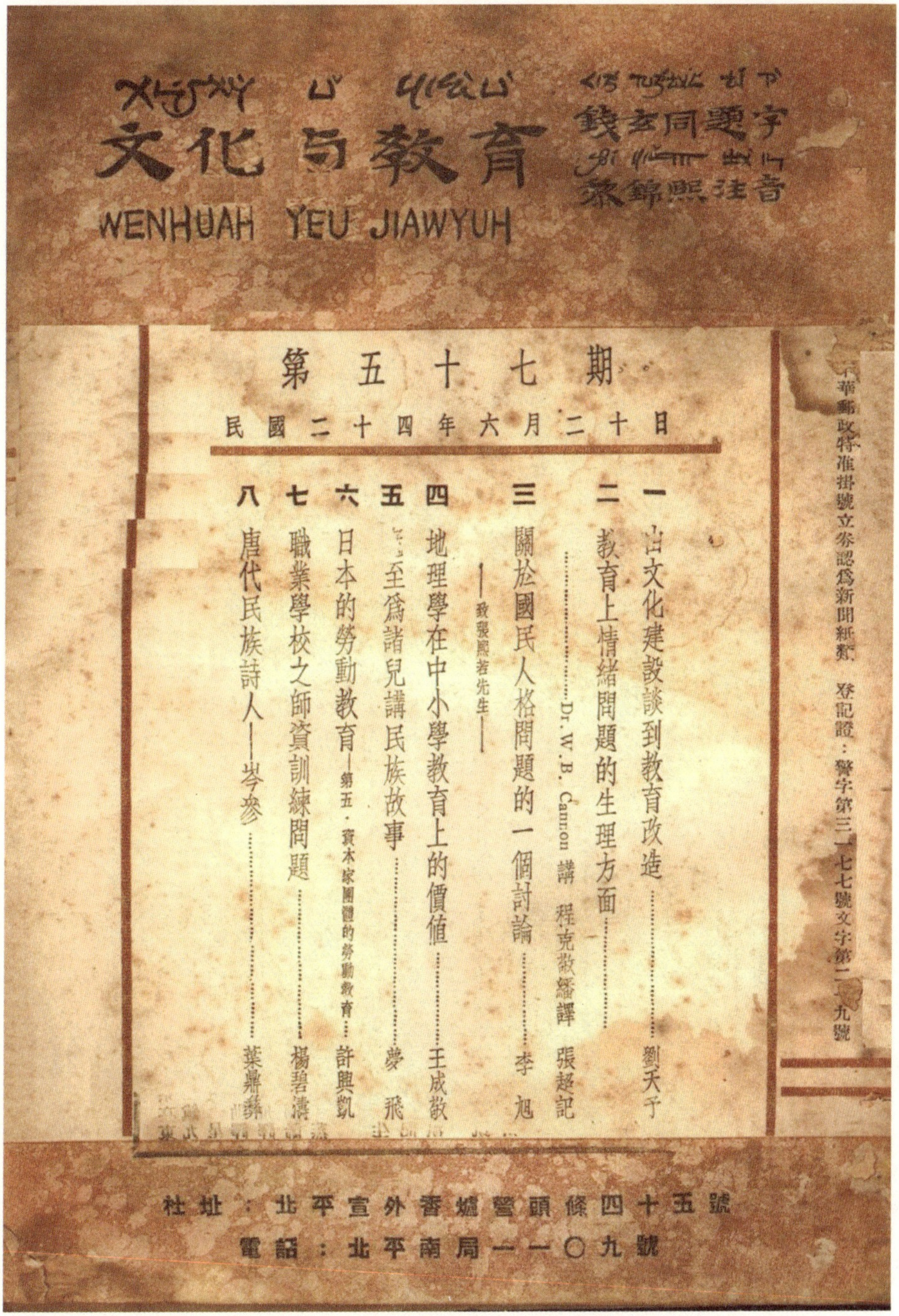
文化与教育
WENHUAH YEU JIAWYUH
錢玄同題字
黎錦熙注音

第五十七期
民國二十四年六月二十日

中華郵政特准掛號立券認為新聞紙類 登記證：警字第三一七七號文字第二[illegible]九號

社址：北平宣外香爐營頭條四十五號
電話：北平南局一一〇九號

《文化与教育》杂志封面

日本的勞動教育（五）

許興凱

第五．資本家團體的勞動教育

一 協調會

日本的勞動教育，一方面有工會及無產政黨的，另一方面也有資本家及「以資本家爲背景的團體」的。

現在，我們看看最末一項的實況如何？

以資本家爲背景的團體比較大的是協調會。協調會以勞動教育爲主要事業之一。該會自大正八年（一九一九年）成立以後即計劃勞動教育。大正十年二月以東京國士舘爲會場，開第一次勞務者講習會。

該會對于勞動教育最大的成就是大阪的勞動學院，在以前已經詳述過了。此外便是各種講習會。講習會共分三種：一種是勞務者講習會，截至昭和六年（一九三一年）止共辦一百五十二次，受講者一萬三千餘人。這講習會的特點是勞動者與資本家同在一堂，以實行其協調。此協調會之所以爲協調，而協調會由資本家收受金錢的職責亦卽爲此協調也。協調會所辦的勞務者講習會累年情形如下表

（一）日本協調會主辦的勞務者講習會

一九二〇年度	二回	一九二二年度	二回
一九二一年度	九回	一九二三年度	六回
一九二四年度	一五回	一九二八年度	二三回
一九二五年度	一五回	一九二九年度	二七回
一九二六年度	一五回	一九三〇年度	一五回
一九二七年度	一八回	一九三一年度	五回
合計	一五二回	受講者	凡一萬三千人

自成人教育運動勃興以來，協調會亦很在這一方面努力。大正十五年（一九二六年）計劃成人勞動者普及講座。同年三月即在橫須賀海軍工廠工友會開辦第一次講座，以後又在佐世保海軍工廠勞愛會，舞鶴海軍工作部共立會等處舉辦。合計共辦四次，受講者總數一千餘人。此外，在招聘講師困難的地方又開辦成人勞動者教育講座，共三次，受講者總數一千二百餘人。如下表：

（二）日本協調會主辦的成人勞動者教育普及講座

回數	開催地	期　間	受講者
一	橫須賀市	一九二六年自三月十三日至十八日六日間	二〇六名
二	佐世保市	一九二六年自六月廿六日至七月三日五日間	三三五
三	京都府舞鶴町	一九二六年自十月十一日至十五日五日間	二六五
四	八幡製鐵所	一九二六年自十一月四日至八日五日間	二二二
合計		五回 受講者總數	一、〇二八名

（三）日本協調會主辦的成人勞動者教育講座

一 佐世保市 一九二六年自五月廿九日至六月二日 五日間 六六一
二 京都府舞鶴町 一九二六年自九月廿日至九月廿四日 五日間 四〇〇
三 名古屋市 一九二六年自十月十日至十月十四日 五日間 一四四
合計 三回 受講者總數 一、二〇五名

協調會對于工頭教育，自昭和五年（一九三〇年）以來，辦理工頭講習會共十二所，受講者一千八百七十四人。如下表：

（四）日本協調會主辦的工頭講習會

一 埼玉縣川口町 一九二六年自三月四日至三月八日 五日間 一七二
二 同 忍町 一九二七年自三月七日至三月九日 三日間 八四
三 前橋市 一九三〇年自三月八日至三月十日 三日間 一〇六
四 門司市 一九三〇年自五月廿六日至五月三十日 五日間 一八九
五 佐世保海軍工廠 一九三〇年自五月廿八日至六月二日（日曜ヲ除ク） 五日間 八七
六 橫濱市 一九三一年自三月九日至三月十四日 六日間 一三六
七 久留米市 一九三一年自五月二十日至五月二十四日 五日間 一八九
八 小倉市 一九三一年自五月廿一日至五月二十五日 五日間 一六五
九 今治市 一九三一年自六月十六日至六月十九日 四日間 一三三
一〇 愛媛縣八幡濱町 一九三一年自六月十七日至六月十八日 二日間 一七六
一一 八幡市 一九三三年自六月二日至六月五日 四日間 二三〇
一二 小倉市 一九三三年自四月廿五日至四月廿八日 四日間 二〇七
一三 八幡市 一九三四年自五月十八日至五月廿一日 四日間 一七九
合計 一三回 受講者總數 二、〇五三名

比較可注意的，自一九二六年一月以來，協調會又開辦工場礦山勞動者教育協議會，研究并協議勞動教育設施，從全國各方面來參加的共有一百六十二人。

二 日本成人教育協會

協調會以外還有以慶應義塾大學爲中心的「日本成人教育協會」。

該會係慶應義塾大學理事石田信太郎在一九一五年遊歐歸來，倣英國制而提倡者。一九二四年，得慶應大學畢業生中有力份子的後援成立了。該會採用「補習班」的教育方法，從事于成人教育。不幸一九二七年一月石田氏一命而亡，慶應大學的堀內輝美，小林澄兄等繼續活動。

教育設施，主要對象爲各專賣局工人，尤其是在慶應大學附近的專賣局三田工場。有名的「三田講座」便是該會所辦。講習後的學生又組織團體，名叫「三田信交會」。

其要綱內容如下表：

(五)日本成人教育協會主辦的三田講座要綱

講習人數　每次八十名

資　　格　有繼學決心的十八歲以上男女勞務者

講義回數　十回乃至十六回

授業日及時間　每週火、金二日午後六時半至八時半

這三田講座的教育目的共標三項：

(A)養成公民常識；

(B)授與職業有關知識；

(C)提高作人教育。

科目及講師

期間	科目	講師
自一九三二年六月三日至同七月廿二日	支那概說	及川恒忠
	社會問題	小泉信三
	民法雜話	三淵忠彥
	國際聯盟之話	板倉卓造
	財政問題	牧野輝智
	滿洲事情	蘆澤安平
自一九三二年十月十四日至同十二月六日	衛生之話	川上漸
	同	上
	文藝之話	久保田万太郎
	勞動者教育	小林澄兄
	滿洲視察談	板倉卓造
	經濟思想問題	高橋誠一郎
	貨幣與金融之話	金原賢之助
自一九三三年六月二日至同七月四日	昨今之經濟事情	西野喜與作
	思想問題	川合貞一
	精神之衛生	植松七九郎
	民法雜話	三淵忠彥
	國際關係之現狀滿洲國近狀	西澤英一

該會出版雜誌名叫「成人教育」，但一九三一年夏季以後已停。

三　日本勞務者教育協會

最近新成立的勞動教育團體為「日本勞務者教育協會」成立不滿三年。該會主要工作為：

A)將日本文部省自一九二九年以來在各地所辦勞務者講習會長期短期共二十餘處的講習完了者都組織起來，成立「學友會」。這種學友會現已有十三所。

(B)在各工場礦山設立支部與各資本家的勞動教育設施相聯絡。截至一九三三年止，此項支部已有二十七所。

(C)辦理講習及講演會。一九三三年度該會主辦的講習會，講演會，及派遣講師者共一百三十七次。

此外，臨時的工作：在一九三三年十一月七日——十三日該會辦理「精神作興週」。該精神作興週係根據大正天皇的國民精神作興詔書而舉行者，因爲一九三三年十一月十日是該詔書發表的十週年。該會在精神作興週以前通函日本全國工場礦山三千五百所，一齊動員。

一九三四年七月，該會又組織交通勞務者教育調查委員會，實行調查。

該會出版刊物兩種：名叫「礎」——以前名叫「日本勞務者」；一名叫「勞務者講座。」

該會又請各府縣報告優良勞動者，實行「勞務者表彰。」被表彰人的姓名即在該會出版物上發表。

資本家的團體對勞動者自然力用其麻醉與誘惑！

四　福岡縣勞務者教育協會

福岡爲日本新興產業地帶，地方當局頗注意到勞動教育，每年總有二三日將各工場礦山的資本家及勞動教育關係者聯絡起來，開會協議勞動教育事項。一九三四年以後改爲永久組織，取名「福岡縣勞務者教育協會」。

該會與一般勞動教育團體不同，是以實業家爲主體，即表裏如一純資本家的是也。在一九三三年團體成立以後的主要活動如下：

（A）自八月十五日至三十日在縣內各工場礦山招待靜岡縣靜岡市外千代田村小野寺榮女史爲婦人勞務者開講演會。

（B）八月二十七日在田川郡英彥山村修道館對右傾運動及勞務者教育問題開研究懇談會。

（C）自十二月八日至十一日在早良郡脇山農士學校開勞務者教育指導者講習會內容爲：

就王陽明傳習錄　金鷄學院學監　安岡　正篤氏

就葉隱論語　農士學校學監　伊藤　角一氏

就工場鑛山保健問題　醫學博士　田中　泰助氏

就勞務者教育諸問題　福岡縣社會教育主事海江田喜次郎氏

（D）二月七日在戶烟市公會關于皇太子誕生記念事業及建國祭等開協議懇談會。支那事情研究會主幹後藤蒼洋氏講演支那事情。

日本的勞動教育全部如此。

（一九三五年五月二十四日）

新亚细亚

《新亚细亚》杂志替代《革命外交》杂志，译名：New Asia。于中华民国19年（1930）10月在上海创刊，停刊于民国33年（1944）8月（第14卷第2期）。由新亚细亚月刊社编辑，第14期起由新亚细亚学会编辑，第5期在南京发行，第14期起由史学书局在重庆发行，新亚细亚月刊发行部发行。其他题名《新亚细亚月刊》，月刊，属于社会科 学综合性刊物。

该刊主要供稿人有张振之、华企云、魏崇阳、胡念瀛、张六师、戴季陶、马鹤天等，主要栏目有一月间之鸟瞰、通讯与讨论等。

《新亚细亚》以宣扬三民主义为要旨，研究三民主义的中心理论，研究以主义为原则的中国边疆和亚细亚民族解放问题。既有时事评论，又有文艺创作，每期五六万字。载文侧重于民族问题和东亚、南洋各国社会问题的采访和评述，内容涉及地理、历史、政治、经济、外交、社会、文化、宗教、民族运动等各方面。

该刊亦刊载了一些研究内外蒙古的相关文章，丰富时人的边疆知识，启蒙民族意识以及呼吁人们为保卫边疆、维护中华民族一体而奋斗。

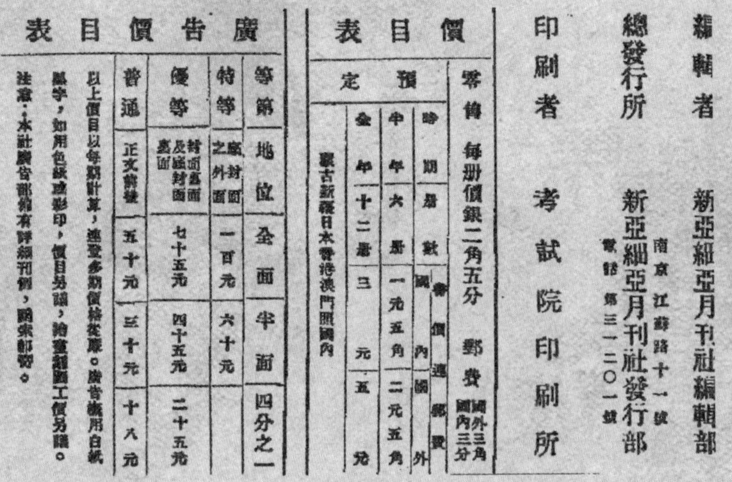
編輯者 新亞細亞月刊社編輯部

總發行所 新亞細亞月刊社發行部 南京江蘇路十一號 電話第三一二〇一號

印刷者 考試院印刷所

價目表

零售 每册價銀二角五分 郵費 國外三角 國內三分

預定 時期	册數	價目 國內	國外 連郵費
半年	六册	一元五角	二元五角
全年	十二册	三元	五元

蒙古新疆日本香港澳門照國內

廣告價目表

等第	地位	全面	半面	四分之一
特等	底封面之外面	一百元	六十元	
優等	封面裏面及底封面裏面	七十五元	四十五元	二十五元
普通	正文前後	五十元	三十元	十八元

以上價目以每期計算，連登多期價格從廉。廣告概用白紙黑字，如用色紙或彩印，價目另議，繪畫雕工價另議。

注意：本社廣告部備有詳細刊例，函索郵寄。

《新亚细亚》杂志版权页

新亞細亞

第九卷第五期

中華民國二十四年五月一日

本月刊登記證 中央宣傳委員會中字第壹伍壹號 國民政府內政部警字第玖叁叁號

新亞細亞月刊社發行

《新亚细亚》杂志封面

日本對我國東北民衆的奴化教育政策

張佐華

一 引言

瘋狂的日本帝國主義者，於一九三一年九月十八日夜，恃其龐大的武力乘我國的天災人禍交加之時，佔領了瀋陽，掀起了征服亞洲大戰的序幕以後，便不顧一切地繼續佔領了我國東北四省。彼時正在慶祝他們的冒險行動勝利，還不曾注意於教育的侵略，所以在僞滿初立的時候，還不曾有所謂『文教部』的設立。

然而東北民衆也並不是生來就有奴隸根性的，所以當日本帝國主義正在興高彩烈地慶祝他們的軍事的勝利的時候，在白山黑水之間却不斷的湧起了龐大的民族鬥爭。這鬥爭是由於東北下層民衆的自覺，他們拿着一顆『求活』的心組織起來，拿着不屈不撓的奮鬥精神應用了遊擊戰術，活躍於鐵蹄蹂躪下的白山黑水之間，以致成千百萬的皇家軍隊也疲於奔命。雖然在某一個時期，所謂東北『匪賊』——東北義勇軍——的討伐是得到勝利了，然而曾幾何時，一部新的義勇軍又在英勇地實行抗爭了。這樣不斷地循環着一部義勇軍是被他們消滅了，另一部新的義勇軍便又出現了。這給與日本帝國主義者一個嚴重的教訓，那就是武力的不可恃，今後唯有從解除東北民衆的『意識的武裝』下手了。

於是日本帝國主義者乃積極推行奴化教育，使幾千百萬的東北民衆，不但在形式上屈服，就是在精神上也不能不屈服，這是多麽一個毒辣的手段啊。而今，東北淪陷，行將四週，究竟日本對我國東北民衆的奴化教育到了什麽程度，我們實在有知道的必要。以下作者把日本對我國東北民衆的奴化教育推進情形分述之。

二 『文教部』與『新國家教育大綱』

當僞國成立之初，一切教育行政事宜，都隸屬於僞民政部下所設的文教司，於一九三二年三月二十五日就由僞國務院發佈一荒謬的令文令行僞民政部文爲『嗣後各學校課程，着用四書孝經講授，以崇禮教，凡有關於黨義教科書等一律廢止，仰該部長轉令各省長知照，並飭文教司，通令各省學校一體遵照勿違。』這是日本帝國主義者對我國東北民衆正式實行奴化教育開端。至六月十四日，更誣三民主義是『排外教育』再行申令取締，令文中謂。『查我國（僞國）肇造已屆三月，各地學校主辦人員，間有尚未洞悉建國精神，仍蹈三民主義覆轍，用排外教材，甚至有揭揚青天白日旗幟，侮辱國體情事，殊非納民軌物之道，應由各省區長官，轉令主管教育官廳，嚴飭所屬各市縣教育局，今後須貫澈政府建國宣言之精神，對於排外教材確實取締。』至此日本嗾使僞國推行奴化教育更來得猛烈了。

嗣後，日本帝國主義者感到武力的不可恃，乃將僞民政部下的文教司擴大，改爲『文教部』於七月七日頒佈組織法，實行成立。文教部大臣由僞國務總理鄭逆孝胥兼任，次長爲許逆汝棻。下設總務，學務，禮教三司，由日人西山政猪任總務司長，上村哲彌任學務司長，華人陳懋鼎爲禮教司長。文教部的主權，無疑地都操在總務司長西山政猪的手中，他們打着『王道主義』的招牌，講什麼仁義，禮讓，親鄰，敬老，恤貧，日僞親善，共存共榮等，以麻醉東北民衆，有計劃的推行奴化教育。

僞文教部曾於成立之初，擬定所謂『新國家教育大綱』，也就是奴化我國東北民衆的步驟和方略，茲錄如下。

新國家教育建設大綱

- 新教育三大根本方針
  - 日語化的教育
    - 漸進主義
    - 必要主義
    - 普遍主義
    - 五族合作根本
  - 職業化的教育
    - 經濟主義
    - 實務主義
    - 實材主義
    - 產業立國根本
  - 共榮化的教育
    - 共榮主義
    - 自治主義
    - 國際主義
    - 新國家精神根本
- 新教育五大建設方針
  - 義務教育
    - 第三步新國家全體
    - 第二步以省爲單位
    - 第一步以縣爲單位
    - 大同文化
  - 經濟獨立
    - 教員生活的保證
    - 教育機關經濟獨立
    - 確保經濟來源
  - 整頓制度
    - 整頓鮮人教育制度
    - 整頓社會教育制度
    - 整頓學校教育制度
    - 澈底根本宗旨
  - 改善內容
    - 改善教科書
    - 改善課程
    - 顯明根本宗旨
  - 恢復原狀
    - 高等教育第三
    - 中等教育第二
    - 初等教育第一
    - 取締排外教育

從上面的『新國家教育建設大綱』裏，我們很清楚地看得出來，日本帝國主義者對於奴化教育——卽所謂『新國家教育』，——的建設，該有多麽嚴密而且毒竦呀。上面的綱目，雖然很多，主要的自然是在那三大根本方針上。所謂共榮化的教育和日語化的教育，都是消滅我國東北民衆的國家觀念和民族意識，以俾被其欺騙，而爲朝鮮第二。並可轉移東北民衆的視線，麻醉東北民衆的思想，使彼等祇知有『友邦』存在，而爲『友邦』的奴僕，這比諸政治的軍事的征服，更來得毒辣兇狠。

至於職業化教育的目的，那是因爲當他們佔領我國東北之後，卽高唱什麽『日滿經濟統制』和什麽『亞洲門羅主義』等口號，以期掠奪我國東北的資源，完成其經濟上的備戰。所以爲了實現他們的美夢起見，必須把這步『攻心』的工作做好，才能走入安全境地，於是便着眼於職業教育了。在九一八事變之前，日人所辦的旅順工業大學，公主嶺農業學堂，瀋陽同文商業學校等，曾訓練出來一部份的標準奴隸，而今是霸佔了整個的東北，爲他們的主人，日本帝國主義者效勞。所以在九一八事變後，他們更想造就出來一些農商或技術上的人材，以期有助於東北產業的開發，和資源的攫取。換句話說。就是在積極方面是用這種職業教育造就自己的工具，在消極方面又可消滅他們的國家觀念和民族思想。這樣一舉兩得的事情，聰明的日本帝國主義，自然是不肯放鬆了。啊，這一個『新國家教育建設大綱』不比什麽本莊，武藤，菱刈，南次郎等的洋槍大砲來得更加猛烈，更加狠毒嗎。

此外，我們更可以從僞奉天省教育廳向各縣宣傳的教育方案，看得出來日本帝國主義者施行奴化教育的另一方面，玆錄如下。

『教育之旨趣——奉天省之教育，根據道德教育，以公民知識舉親仁善鄰之實，以謀人民生活之充裕，而達保境安民，共存共榮之目的。

『實施之方針——(一)人材養成主義。養成通達實務之人材。(二)自由修學主義，(所謂自由修學主義。就是入學者的年齡及預備教育，均不加限制，且在學年限亦不限制。)(三)天才教育主義。對於特殊之科學有特異之才能者，均收容於研究機關，使發展其天才。

『普通教育之標準——(一)國民學校之程度，以六年爲最高標準。(二)將現存之私塾漸次改良，使其組織合於國民學校之程度。(三)添授日語及經書，自高小一年級起卽添設此科。

『專門教育之標準——(一)專門教育分初等高等二級，將原來之中等教育，著重於實習一點。(二)無論初等高等皆以畢業資格爲主，而不採遞年進級制。

『教育系統之標準（國民教育以上之教育系統）——（一）學習農工商家政醫藥音樂美術等實務實業之實務學校系統。（二）養成從事於行政司法，教育等公務員之系統。』（見僞文教部出版之文教月刊）

然而這還不滿足，因爲僞文教部在僞組織中是比較最後成立的，一切組織都比較簡單，所以最近日本帝國主義者爲加緊推進奴化教育起見，已擬將文教部的內部組織加以改變。根據最近由東北傳來消息，僞文教部已作成改組案，刻正由僞法制局審議中，不久卽可實現。其改組案最顯著的是將編審官室由學務司中獨立而成爲編審處。編審處設立的目的，乃爲澈底作奴化教科書的頒佈和奴化教育的普及。其改組的結果，僞文教部的組織將如下表。

文教部
- 總務司
  - 祕書科
  - 文書科
  - 人事科
  - 會計科
  - 體育科
- 學務司
  - 學務科
  - 初等教育科
  - 中等教育科
  - 高等教育科
- 禮教司
  - 社會教育科
  - 宗教科
- 編審處
  - 發行科
  - 編審科
- 教員講習所
- 圖書館
- 文化研究所
- 博物館

此外在『文教部』之下各省設有教育廳，執行各省的奴化教育事宜，茲按僞國新省制將各僞省教育廳長姓名列下。

奉天省——韋煥章
吉林省——張書翰
濱江省——梁禹襄
龍江省——王賓章
錦州省——魏象賢
安東省——孫文致
三江省——單作善
黑河省——未設教育廳，所有關於教育行政事宜，統由僞民政廳之教育科辦理。

間島省——袁慶清

熱河省 申振先

三 奴化教育的實施情況

對於日本帝國主義者操縱下的偽文教部的組織，和所擬定的『新國家教育大綱』有了一個簡略的檢討以後，我們要進而看一看這幾年來實施奴化教育的情況如何，這可以分下列四項來說明。

甲、固有教育的摧殘

日本帝國主義者爲了實行他們理想的奴化教育，對於東北固有的教育，自然是盡力的摧殘。如一方面拚命的停辦一部份比較完善的學校，一方面盡力實行他們的奴化政策，結果使令東北各種學校的數目大減。據調查在事變前東北三省共有幼稚園二十三所，教職員三十四人，學生八百四十三人。小學校一萬一千三百九十五所，教職員二萬零五百四十八人，學生六十六萬二千七百九十三人。中學校共一百九十所，教職員二千一百七十七人，學生三萬一千八百九十六人。職業學校共六十九所，教職員五百五十四人，學生六千五百零四人。師範學校共一百二十三所，教職員七百三十五人，學生八千九百二十二人。

可是據一九三四年暑期偽文教部的統計，東北學校的正式開學者却大減了。遼寧全省學校共一萬零三百五十所，開學者僅六千八百五十五所，未開學者有三千四百六十五所。吉林全省學校共一千二百八十六所，開學者僅四百四十九所，未開學者尚有八百三十七所。黑龍江全省共有學校六百所，開學者僅四百三十二所，未開學者尚有一百六十八所。熱河全省原有學校共八百七十八所，現在開學者僅五所。偽興安省學校共四十八所，已完全開學。東省特別區共有學校一百五十二所，現停辦歸併爲九處。

以上是日本帝國主義者對我國東北教育摧殘的普通情形，這裏還要加以敍述的是對於專門學校的停辦和對於私立學校的取締兩項。

雖然東北的文化是比較落後，然而東北的教育却在雄飛猛進着呢。像瀋陽東北大學設備的完善，堪與國立清華大學相比擬，這是凡到過東北的人都這樣承認的。其餘的像馮庸大學，吉林大學，也都走向發展之途。這些學校簡直是東北的靈魂，那些學校裏的學生，也便是東北的建設者，日本帝國主義者的對於他們，自然是恨之入骨了。所以在九一八事變發生後，日本帝國主義者馬上便把這些大學停辦。現在東北所殘存的專門學校，也祇限於外國人和日本人自己所辦理的學校，而那些學校又全是工科和醫科，像瀋陽小河沿英人所設立的醫科專門學校，哈爾濱俄人所設立的工業大學，瀋陽日本站日人所設立的滿洲醫科大學等是。

此外對於私立學校也嚴加取締，以便施行統制。已將擬定的所謂暫行審核標準規則公佈對呈請設立的私立小學及中學以上的各學校均須依照該規定規則設施，並須經日偽官方的調查審核無違奴化宗旨後方許成立否則即行嚴予取締。玆將『暫行私立學校取締法』錄下。

第一條。為澈底實施部頒私立學校規程起見擬定暫行取締辦法如左。

第二條。市縣長對於以前設立之學校，現尚未呈請立案者，應嚴令於一個月內，遵照立案手續呈請立案。

第三條。市縣長對於已經過第二條之呈報期限，而尚未遵辦者，不論其內容如何，應即勒令停辦。

第四條。對於已經過呈請立案手續，未經認可之學校。應勒令於一個月內實行停閉。

第五條。私立中等學校，或其他各種成人補習學校，不准男女共學。

第六條。對於違反第三四五條之規定，而仍行開學者，應即通知該管警察機關，實行查禁。

第七條。依第三四五條之規定，已行查封之學校，對其學生已納之各種費用，應令按月核算後，餘額返還。

第八條。市縣長應嚴行監督設立者。使其履行第七條之規定。

第九條。市縣長應將依據本規定所辦之事項，隨時呈報省長。

第十條。本規程自公佈日起施行。

乙、新教育路線的開拓

日本帝國主義者對於我國東北固有的教育，既然是這樣地摧殘，相反的便是新的教育路線的開拓了。這在『文教部與新國家教育建設大綱』節中已經有了一個簡單的敍述，現在我們就這幾年來施行的成果分述於下。

A教科書的改編——奴化教育的初步施行，以遼甯為首倡，其始在一九三二年四月初，省城各小學被迫開學，並由偽省府分各小學校所採用的教科書，須採民國十二年以前商務中華兩書局出版的舊書，而其中關於國家觀念和國恥事蹟則均行刪除。因此種教科書不敷應用，乃又由瀋陽作新印刷局照刪改標準編印數萬冊，分售各學校，漸及於東北各地。至中等學校開學後，則均將三民主義停授，代以四書孝經，並添授日語。至所用教科書，則由偽教育廳組織編審委員會，將從前所用教本，重加刪改，通飭採用。至七月初偽民政部文教司通令各省市縣學校，須一律採用偽奉天省教育廳所編纂的『暫用教科書』和南滿洲教育會所編纂的教科書。偽文教部成立後，乃於七月七日組織『教科書編審委員會』從事於奴化教科書的編輯和審查。

自僞『教科書編審委員會』成立後，即積極努力於奴化教科書之改編，關於小學教科書，業於一九三四年七月刊訂竣事，配佈於各地學校，計修身，國語，算術，及自然等教科書各十二册。經學，歷史，地理及日本語等教科書各四册，在各教科書的封面，都印有『文教部審定』和『滿洲國小學校用』的字樣。現在我們把幾本改編的重要教科書檢討一下。

1. 修身教科書——查修身一科在我國小學課程中列入已久（清光緒二十九年訂初等小學完全科課程爲修身、國文、算術、體操、手工、圖畫、唱歌等科，）但到民國十二年新學制小學課程實行以來，乃改修身爲公民，其理由爲在小學施以抽象的德性涵養，究不如利用具體的事務的陶冶爲有利。日本帝國主義者對於我國東北的教育，既以奴化爲目的，自然以舊式修身教學的愚弄爲宜，於是十餘年前的古董式修身教科書又出現於東北各小學校中了。在此十二册修身中，前五册除摭拾陳言，縷述消極陳腐的舊道德外，沒有什麼新的增加。但至第六册的最末一課，則有『滿洲國』出現，其原文如下。

『滿洲國是奉天，吉林，黑龍江，熱河，與安五省合成的，國都在新京。溥儀爲執政，年號大同，這是東亞的新國家。有三百二十九萬方里的土地，有三千萬的人民。這個新國家，是全國人民公共的，應該各盡一份心，各出一分力，保護這個新國家。將來國勢興旺，是大家的光榮。』（作者按。現在僞國已改爲帝制，年號康德，並區分爲十一省區。）

第十一册中更述及『滿洲國』的統制機關，政府和法院等。

2. 國語教科書——國語教科書全部十二册，充滿了貓、狗、花鳥的故事，關於可以激發民族精神和國家觀念的文字，可謂絕無僅有。在第一册中的開始六課，都是貓、狗、老鼠的故事，末後更有兩課續，最後一課貓鼠的故事是。

『貓先生說。老鼠呀，好寶寶，買的糖食，你們不要吃掉，好寶寶造的紙房子，你們不要去咬。好寶寶脫下來的褲子，你們也不要去咬，誰不聽我的話，我就要捉住誰。』

這種借貓鼠爲喻的故事，顯然是有着恫嚇的暗示，像這類的文字，在書中是屢見不鮮的。第九册第一課述及所謂『建國』，是全書中最荒謬的一課，玆錄如下。

『滿蒙舊時，本另爲一國（？）後來變爲中國，在歷史上已有好久的沿革了。雖然地處邊陲，開化較晚，但就局部觀察，確有繁殖的人口，肥美的土地，豐富的物產。倘用良善政策來治理，自然可以馴致富強的了。回想自從辛亥年共和民國成

立以來到了現在已經二十多年，中間變亂相尋，政治腐敗，無一不是軍閥爭奪權利所造成的，我們三千萬民衆無論何人，莫不直接間接受了莫大的痛苦，這不是一件極不平的事情麼。那末，我們滿蒙的民衆，既不甘久困在這水深火熱般的政治之下，應該怎樣才好呢。所以大家才有獨立的運動，一心一意，起來建設一個新國家，叫做「滿洲國」，年號叫做「大同」。顧名也就可以思義了。新國家在西曆一千九百三十二年三月一日宣告成立，卽以是年爲大同元年。國旗定爲五色，旗地用黃色，旗的左上角用紅藍白黑四色。民族約有漢族，滿族，蒙古族，以及其他在東亞的同文同種民族等。建國的宗旨，大概以順天安民爲主，對內採取王道主義，一切都尊重眞正的民意（？），對外實行門戶開放主義。講求親仁善鄰種種方法。我們民衆，既然有這樣的建設，就當共同努力，發展開拓利源，打破種族、國際上的畛域，總要使國家有日新月異的氣象，那才不愧爲新國民啊。』

日本帝國主義者，奴化我國東北民衆，在這一段中已經可以十分的看得出來了。其餘各册多裁取中外毫無意義的掌故，率多屬於頹廢文字，如『包公審石頭，』『武松打虎，』『草船借箭，』『空城計，』『劉老老，』『波斯國王的新衣，』『威廉受賞之類。』

3. 歷史與地理教科書——歷史和地理兩教科書共四册，都是新編的，牽强憶造，比修身國語等教科書更爲荒謬絕倫。歷史教科書的前兩册，純爲截取中國歷史的屬於東北之部，玆將其目錄列下，以窺一斑。

『古代滿洲的民族。匈奴南侵與萬里長城。漢人移殖滿洲。挹婁和扶餘高勾麗的創興。高勾麗的衰亡。渤海的疆土和風俗。渤海的建國和文化。契丹的勃興。遼的建國。遼人滅晉。宋與契丹構和。女眞的勃興。金的建國。宋金聯合夾攻契丹。金的適宋。金的文化。（以上第一册）蒙古的勃興。成吉思汗的成功。蒙古約宋滅金。元世祖的開國。元代的東西交通。滿洲的崛起。太祖大破明兵。大淸的建國。淸的統一中國。淸的隆盛時代。淸的滿蒙政策。淸俄的交涉，淸的滿洲實邊政策。淸日戰爭的起因和結果。淸的變法和遜位。最近的滿洲。』

在以上這三十六節中，雖竭盡編者的鬼蜮技倆，然而絲毫未能證明在歷史上東北不是中國的領土。三四兩册是中日歷史相間敍述，其用意至極毒辣，文字間都是盡量地讚揚日本，而貶損中國。地理教科書的前兩册，係敍述遼吉黑熱四省的自然地理和人文地理。而在敍述『我國（卽僞國）的住民和政治』一節中，論及日本人則謂。『淸的末世，日華兩國的親睦程度，日漸增加，所以日本人移住滿洲的，亦漸漸加多，到了我國成立因地域相鄰，益具唇齒輔車的關係了。』

行文可謂巧妙而用意也至深遠了。第二册末後七節敍述中國地理大勢。第三册則有十節敍述日本地理第四册則爲中國及世界地理。

此外對於中學教材的改編，特設『中等教材蒐集委員會』於瀋陽由中等學校校長三十八名任委員，更有日本關東廳學務課的栗林事務官參加該會予以嚴密檢閱，計提出新奴化資料共一千三百餘點，合大連分會所提綜五百餘頁，即所謂初級中學適用之『本國史』東洋史日本語等奴化教科書，經僞文教部審核付印，於本年春季分發各校。其中删除國內教科書中的國家觀念與民族思想，而加入『尊君』『善隣』等思想。對於歷史則將中國史與日本史合併爲東洋史，『滿洲國』本國史則自努爾哈赤起，將我國的清代劃入其範圍內，不倫不類，眞是極盡其朦蔽欺騙的能事。至於高級中學的教科書，尚多採用事變以前所用的教科書，但爲教員者須切實依據所謂『教育所調查删定表』（實則爲奴化教育要旨錄）取捨其教材，不能隨便教授。現在日僞對於各科的參考書也正在從新編纂中。

B.學校教師的奴化——日本帝國主義者深恐舊日的中小學校教員，對學生灌輸國家觀念和民族思想，所以想把舊日的教師完全排出，換上一批馴順的奴才，替日本帝國主義者奴化東北的青年學生去，所以除一九三四年暑期通令各中小學校聘請教員嚴厲取締中國內地出身者外，更竭力造就奴化師範人才，實現其所謂新國民教育。此種師範學校，都由日本人爲總務長和教務長，以監督統制一切。對於學生的待遇極爲優厚，學費免收，書籍文具等費也都由學校供給，畢業後立即聘用，所以入學者極多。至所授課程自然是純粹奴化。他們把東北劃爲二十個師範學區，茲將其分配情形錄下。

省別	第一區	第二區	第三區	第四區	第五區	第六區
遼寧	瀋陽	鳳城	東豐	遼陽	錦州	鐵嶺
吉林	永吉	長春	阿城	寧安	依蘭	延吉
黑龍江	龍江	綏化	黑河			
『興安』	海拉爾					
哈爾濱	哈爾濱					
熱河	承德	赤峯	朝陽			

此外日本帝國主義者爲養成高等奴化師資起見，復在吉林設立一高等師範學校，關於此點將在『奴化學校的設立』一節中加以詳細的說明。

C.私塾的提倡——日本帝國主義者想用封建的思想，去麻醉東北青年的思想，消滅東北民衆的反抗意識，所以特別提倡私塾，並於一九三四年春頒佈提倡私塾的法令，即所謂『以孔教爲依歸的王道教育綱要』向東北兒童灌輸一些『趙錢孫李』和『子曰』的思想。教授此種科目的教員，搜羅了一批老朽冬烘，一則可以排擠青年教員，使之逐漸減少，免去把民族思想灌輸入青年的腦海裏，二則可以用這些古董的冬烘先生，鎮日搖頭擺耳，無病呻吟，把資質活潑的青年兒童，個個造成木偶，日人的苦思焦慮，眞可謂面面俱到。同時，因爲東北自九一八事變發生後，社會秩序破壞，人民無以聊生，農村經濟整個的破產，在這種經濟環境之下，東北的農民，當然沒有能力供給他們的子弟到城市去讀書，於是鄉村間的私塾却大走其紅運，不知有幾千百萬的東北青年兒童，在不知不覺之中，走上了爲奴的那一條道去了。

D.取消注音——當一九三四年四月僞京招開教育會議時，吉林教育廳提案。『注音字母，足以灌輸滿洲青年對中國之觀念，培植其反滿抗日之基礎。』遂決議取消中國國音字母，分令各校，不准應用。最近僞文教部正審定一種『滿洲國語音標，』完全採用日本五十假名，而加我國注音字的『ㄓ』『ㄔ』『ㄕ』諸音，也注於漢字之傍，不僅東北人習日文者予以便利，即日人習華語者也得較正確之音，如『奉天』日人向以日文之訓讀音注爲『ホンテン』，今則注爲『フン、ティン』，電報也可以此注音直發日本國內。讀者細想，車同軌，書同文，日本帝國主義者之對於東北侵略之手段可謂毒辣了。

E.增加學費——日本帝國主義者，爲減少東北青年入學起見，特自一九三四年秋季起將各學校學生應繳費用提高，中等學校全年學費四十五元（舊二十一元）雜費十二元（舊三元）制服費二十元（舊十元左右）入校時一次繳清共七十七元。小學校全年學費三十元，雜費七元，制服費二十元，也是一次繳清，共五十七元。前面曾經說過，東北的農村經濟整個的破產了，所以，近年來東北入學青年大減，其結果正墜入日本帝國主義者圈套裏，好做他們的順民。

F.添授日語——日本帝國主義者爲實行其『日語化的教育』起見，對於日語的普及極爲注意，巳代英語的地位。自高級小學校一年級起既添授日語，每週四小時，至初級中學則每週八小時，至高級中學則每週十小時。此外每市、縣、鎮中更設有日語訓練所，各機關各商號均必須派人輪流學習，其他私人所設立的學校，更是到處都是。

G.日『滿』交換中學教員——於一九三四年九月在長春所舉行的日本全國中等學校校長總會時，會議決下列諸款。

『(一)組織日『滿』聯合中等學校校長協會。(二)日『滿』中學校教員共同講習會得在首『都』及其他適當地點舉行。』此外議決十餘案，其中最値得注目者，就是今後『滿洲國』內的中等學校須添設日語為必修科。所以今後日本內地的中等學校亦將有『滿洲語』教育的普及。然而日本人的所以學『滿』語，和迫令東北民衆的學日語，自然是有着不同的作用，總括地說，還不是加緊亡我東北嗎？此項交換教員已自一九三五年春季起實行了。

丙、奴化學校的設立

日本帝國主義者為奴化我國東北民衆起見，一方面摧殘東北固有的教育，並用種種毒辣的方策限制東北青年入學，在另一方面則設立許多奴化學校，以造就出來一些忠實的奴僕替他們奴化東北。現在作者把日本在東北設立的幾個重要的奴化學校，分述如下。

A.高等師範學校——偽國計劃設立高等師範學校，還是一九三四年偽文教部的最大計劃。此是偽組織中的最高學府，訓練中等學校教師的機關。校址在吉林大學舊址，成立費計三十餘萬元，定名為『滿洲國國立高等師範學校』，於一九三四年八月二十五日在瀋陽，吉林，哈爾濱招考新生，投考者二百四五十名，錄取一百五十名，於是年九月十五日正式開學。此次錄取學生及所聘的教授，專以所謂思想問題為準標。第一年度教職員數目先決定用三十六名，由偽文教部次長許逆汝棻為校長，實際上則全由日人主持一切。

B.大同學院——偽國根據一九三二年由偽民政部文教司在長春所招集的『全國教育會議』的議決案，在長春設立大同學院，為日本製造奴化教育工具的場所。其學生中日人各半。但中國學生則必須由南滿中學堂及旅順中學堂等奴化教育學校畢業。該偽學院自七月初成立，七月中旬即開始授課。其教授科目，不外一些能使中國青年，一變而為馴順的奴隸教材而已，至於教師除忠順的日本的傀儡外，都是日本人。

偽大同學院原為製造日籍偽官以便攫取偽國政權而設立者，故該院學生於畢業後立即分發各偽機關任事，以替日本帝國主義者統制我國東北。

C.大陸科學院　日本帝國主義者在我國東北的一切佈置，幾乎沒有一樣不和他們的軍事上的備戰有關，最近更進一步謀設立科學的統制機關，以攫奪東北的重輕工業資源，如設立所設『大陸科學院』，已於一九三四年七月間成立。該設計劃內容如下。

1.宗旨。為開發產業研究自然科學，創立國立大陸科學院，漸次成立分院普及全『滿』都市。

2.計劃。『康德』元年（作者按即一九三四年）起施行三年計劃，經營費及初年度成立費為八百萬元，經常費為百萬元。

3.組織。直屬於『國務總理』院長下置部長部員及物理化學生物地質工業農林農業鑛業畜產衛生等九部以下並置三十六課。

4.事業。研究自然科學之學理及其應用同時並發展研究，但關於職員之發表特許權宜歸於政府，對於個人亦另行規定表彰辦法。部員有特殊研究時得送至海外留學，並收容民間優秀學生。

至僞官制所規定『大陸科學院』的內部構造，決設置屬於僞國務總理管理的『科學審議會』使其成爲網羅政府技術行政官首腦部的委員組織，然後決定產業科學研究院的客體。在該會指導之下，於科學院實行統制研究，以期助成東北重輕工業急速的發展，並可與最近設立的『國家企業局』協以謀我。該科學院院長任命日本理化學研究所所長大河內政敏博士，至於科學院的人選，都由大河內政敏博士選派。此外更聘日本油脂工業界的權威者，滿鐵中央試驗所佐藤正典博士爲顧問。

D.維城學校——維城學校是僞組織的唯一皇族學校，以教育『滿蒙』貴胄子弟，經財政部大臣熙洽獻基金一萬元，所有準備於一九三四年底完成，於今春開學，溥儀以校長而兼做學生。彼計劃最初設立小學，漸次及於中學大學，其主要學科爲日本語，蓋準備將來赴日直接留學，學生所有費用概由官家供給。

E.蒙古軍官學校——日本帝國主義者自佔領我國東北後，除對我東北民衆奴化外，對於蒙古民族，也極盡奴化拉攏之能事。爲對蒙古青年施以特別軍事訓練，以作將來蒙古軍的骨幹，而爲侵略蒙古的先鋒，特於一九三四年七月成立『蒙古軍官學校』於僞興安南分省札薩克圖旗的王爺廟。該校直隸於僞國軍政部大臣。該校學生由興安各警備軍中選拔自滿十七歲至二十一歲之優秀少年強壯士兵使之入學。預科一年，本科三年，完全官費。施以奴隸人格之陶冶及軍事訓練。其教育科目中有，『說明蘇聯狀況，使明瞭蘇聯實力而剷除對俄恐懼之觀念』及『自東亞大局着眼，高唱日「滿」兩國親善之必要，於不背與他民族調合精神範圍內助長並強化彼等對日信賴的傾向』等項，使蒙古人對日本懷信賴和敬畏之念，並且可以奴化進侵蒙古民族，以爲抵抗蘇俄的主力。畢業後爲中堅將校，指揮僞軍。茲將該校組織編制列下。

（一）校長　南警備司令巴圖馬拉布坦。（爲蒙人）

（二）監事　僞組織軍政部顧問陸軍步兵少佐下永憲次及金川耕作，及陸軍二等主計渡邊昇。

此外尚設置副官處，軍事處，醫務處，教育部，生徒研究部。教育部內配置日係軍官四十三名，蒙人軍官二十三名。

F.其他——僞國在最高學府高等師範學校之下，設置農工商醫四專門學校。先成立農業專門學校於瀋陽東北大學舊址，已於一九三五年三月正式開學，招收學生一百餘人。至工商醫三專門學校，亦擬次第成立。此外僞協和會更在其各分會附設協和學院二十餘處，對於學生待遇極爲優厚。畢業後並由該會負責介紹職業，資格僅限於高級小學畢業，修業期間二年，教授課目以日文日語爲主，其次是國文、經學、數學等。訓育方面的主要目的，在日『滿』青年的協和以及忠君孝親，宣傳王道等項。此外又設有所謂『青年訓練所』，其中的課程爲日語偵探宣傳等常識，專任刺探一般漢奸的行動，離間其感情及赴各地宣傳日本之德政。

丁、留日學生的派送

日本帝國主義者爲造就高等奴隸起見，故特別鼓勵僞國學生留日，更選所謂『思想正確』者，予以官費留日的優待。其規定的留學額數，計英、法、德各三名，日本一百二十名。據僞方最近統計，東北學生在歐美求學，受僞方補助者共一百一十五名，玆列表於後。

國名	受補助之學生額
英國	四二
法國	三一
德國	二二
美國	二〇
共計	一一五

然而在日本留學的却異常地增多，玆據一九三四年八月駐日僞國公使館調查東北留日學生統計錄下。

已登記者	四一四名
未登錄者	四八〇名
總計	八九四名

此外日本帝國主義者更派送東北的教員赴日留學，其目的在奴化師資，以替彼等奴化東北學生。計第一期派往日本的教員留學者，已於一九三四年七月回東北。計玉川學園教育大學部（勞作教育）常鳳閣等四人，東京高師文理科大學生王冠靑等十人，廣島高師文理科大學生李秉畸等十人。

僞國爲統制東北在日之留學生起見，特在僞使館內設立一『學務處』專司其事。

四 社會教育的奴化

在上節裏所敍述的奴化教育實施情況，只限於學校教育，對於社會上一般民衆的教育，他們也有着毒辣的計劃，以普及其奴化政策。所以對於社會文化的設施特別注意。僞滿首先在一九三四年招開所謂『全滿社會教育指導者講習會』，先由遼寧起始，於五月二十及二十一兩日在錦縣開第一次講習會，全省縣立各學校的校長各縣社會教育指導者及各文化團體代表參加者百餘名。講習題目爲『社會教育理論及其方策，』『王道精神之究竟，』其他社會教育問題等，如思想善導，生活改善，產業開發，公民生活之意義等。今後將招開各方面的講習會，以中心指導者之僞文教部從事於縱的聯絡，指導者與各文化團體相互間作橫的聯絡，給所謂整個的社會教育網，以全力注意地方社會教育運動。最顯著的是制定所謂『社會教育十大綱要，』和各地民衆學校的添設，玆特分述於後。

甲、所謂『社會教育十大綱要』

僞文教部於一九三四年夏季頒佈所謂『社會教育十大綱要，』以爲實施奴化社會教育的準繩，玆探錄其綱要如左。

（一）電影教育——施行地方巡回演映，完成自目注人的教育。

（二）印刷品教育——刊行圖書，小册子，傳單等，推薦優良圖書，使國民各階級均按各該階級之印刷品得到修養。

（三）觀摩教育——開產業展覽會，以圖農工業者之知識及生活之向上。

（四）禮儀教育——敬老事業，孝子節婦之表彰，揭揚國旗以陶冶情操，貫澈王道國家之國民精神。

（五）娛樂教育——認識各娛樂中的道德觀念，並圖知識的向上。圖書博物館之擴充，除官立圖書博物館外，關於地方鄉土歷史、產業、文化之小圖書館、博物館、文庫等，亦將陸續成立。

（六）青年教育——爲振興職業教育，公民教育，增設各種教育機關。

（七）成人教育——成人講座，大典紀念講演會之召集，民衆教育之充實及普及，指導國民生活之內容，置於國民知識之水準上，設施國民生活之密接教育。

（八）體育指導教育——各學校均與全國體育協會相通達，共謀體育向上，同時並涵養衛生思想，充實各種體育設施。

（九）社會教育指導機關的擴充，教育中心指導者之養成。

（十）文教部指導者與各文化教育團體，取得嚴密聯絡，以期完成社會教育網。

日本帝國主義者本此十大綱要，以實行其奴化東北民衆計劃，如每有集會，必唱『國』歌，凡有不唱或不會唱者，即嚴加責罰，並且製成唱片，機關學校，必須購置，每天更以廣播無線電放送一次，其歌詞之荒謬，可以從下面看出來。

『天地內有了新滿洲，新滿洲便是新天地，鼎天立地無苦無憂。造成我國家，祇有親愛，沒有怨仇。人民三千萬，人民三千萬，縱加十倍也得自由。重仁義，修禮讓，使我身修。家已齊，國已治，此外何求。近之則與世界同化，遠之則與天地同流。』

這稱荒謬絕倫，自欺欺人的歌詞，可以說已經把日本帝國主

義者的野心暴露無餘。但在無形中，却欺騙了東北民衆，麻醉了東北民衆，日本帝國主義者的手段，可謂毒辣已極了。

乙、民衆學校的增設

成年奴化教育，也是日本帝國主義者所極端注意的一項，所以自九一八事變以後，日本督使僞國在東北各地設立很多的民衆學校，以爲愚弄民衆，奴化民衆的場所，更因爲入民衆學校讀書者，既不出任何費用，更可得日人之保護，所以入學者極多，然而東北民衆學校和國內民衆學校，却大不相同，學生所習的課程，不在知識的訓練，而在『王道政治』和『日滿親善』的宣傳，課程以日語爲主，國文算術反不甚注意。玆將一九三四年春僞文教部調査東北民衆學校的數目和學生人數列下。

省分	校數	學生數
遼寧	二〇七	二四•二三七
吉林	一一五	一三•二五二
黑龍江	八一	五•六七三
熱河	五一	一•六七五
東省特別區	九三	二•一三四
『興安省』	二二	五四三
總計	五六九	四七•五一四

五　滿鐵會社之奴化教育實施概況

南滿洲鐵道株式會社，並不祇是一個商業公司，而是日本侵略我國東北的東印度公司，所以，滿鐵會社除去經營鐵道水運等交通事業外，舉凡教育、移民、礦業、工業、水電……等等事業，無不經營。其所設立的公學堂，和日本國內的小學校相當，爲對我國東北兒童施行初級和普通奴化的唯一機關。在九一八事變前，對此奴化教育就積極進行（讀者可參看本刊第三卷第一期拙作日本侵略東北政策之昨日與今日一文）。九一八事變後，日本帝國主義者對所謂『關東州』界內的大連、金州、普蘭店、貔子窩等市鄉之間，廣設所謂中等學校，公學堂，及普通學校等，專收東北青年以俾施行奴化教育。此種學校，在普通學科以外，並授實用日語，而以適應當地實際情形爲目的。內分初高兩級，並爲在僞國初級小學畢業而志願入公學堂高級者計，設立高級豫科。復設補習科，俾畢業於公學堂高級者，便於補習學科。此外更設特別科，於夜間教授日語及其他必須知識技能。修業期限，初級四年，高級二年，豫科一年，補習科二年以內，特別科以六個月爲一期，而得延長至數期。迄今『關東州』內已成立的學校，計中等學校有旅順高等公學堂，大連商業學堂，金州農業學堂三處，公學堂於大連，金州，普蘭店，貔子窩五區內已有十一處，普通學校總計已達一百一十四處之多。

茲根據日方一九三四年的調查，將『關東州』內各處所謂中初等學校的情形列下。

甲　旅順教育狀況

（一）旅順高等公學堂中學部計爲二八四人本屆一年級生收容數爲一〇一人。

（二）旅順高等公學堂師範部男女生一八六人內女生五十六名本屆一年級生收容數爲六十一名。

（三）旅順高等公學堂附屬公學堂男女生六二二人內女生一一四人本屆初一收容學生數男爲八十八人女爲三十七人。

（四）旅順公學堂的高初級男女學生計一・二九四人內女生四百人本屆初一收容數男爲一六六人女爲八十七人。

（五）水師營公學堂未設初等，計高等男女生五百六十人本年收容高一學生數爲男生二四〇人，女生三十人。

（六）旅順營內普通學堂計爲二十處全校學生六・五八五人，內女生一・四四〇人本屆各普通學校收容學生數男生一・五三一人女生爲五三三人。

乙　大連教育狀況

（一）大連商業學堂全校學生一二八人，本屆收容一年級學生五十二人。

（二）大連伏見台公學堂，計高初科男學生爲六六八人，女生爲七二五人本屆收容學生男生二百五十八人，女生一七二人。

（三）大連西崗子公學堂計高初科收容男生爲一・二〇四人，女生爲六十八人本屆收容初一男生二一〇人，女生爲六十八人。

（四）大連士佐町公學堂計高初科收容男生爲一、〇七三人，女生爲三二八人。本屆初一收容男生爲二五三人，女生爲一一七人。

（五）大連沙河口公學堂，計高初科收容男生一・八二人女生爲四二五人本屆初一收容男生二四九人，女生一一二人。

（六）大連秋月公學堂計高初科收容男生九六〇人女生四八〇人本屆初一收容男生二七五人，女生一五一人。

（七）各普通學堂計十六處，收容男女學生五・八四五人，本屆收容初一之男生一・三四四人，女生五八六人。

丙　金州教育狀況

（一）金州農業學堂，學生四十七人，本屆收容數爲二十八人。

（二）金州公學堂南金書院計高初科收容男生一・三四四人，女生七十二人本屆收容初一男生二七五人女生一五一人。

（三）各普通學堂計十七處，計收容男女學生五・四一五人。本屆各校收容初一男生一・〇三九人，女生爲四三八人。

丁　普蘭店教育狀況

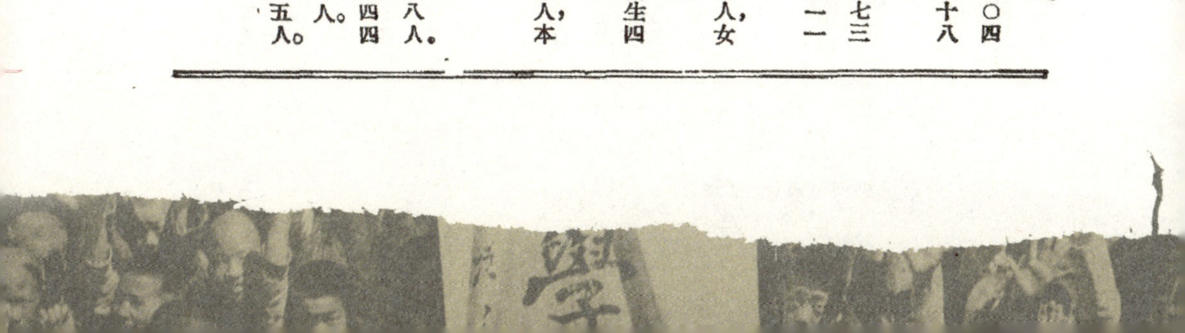

（一）普蘭店公學堂，本設初等科，高等科收容男生五三五人，女生一〇五人本屆收容男生二六〇人，女生六十人。

（二）各普通學堂計三十五處，共收容學生八·一九五八人，本屆各校一年級生計男生一·九四六八人，女生八十二人。

戊 貔子窩教育狀況

（一）貔子窩公學堂，未設初等科，高等科男生五二六八人，女生五十三人。

（二）各普通學堂計二十六處，共收容學生五·三二七八人，本屆各校新生男生一·四三一八人，女生三三七人。

六 教育團體的活躍

日本帝國主義者為奴化我東北民衆起見，除上述諸毒辣方策外，更利用教育團體作有計劃的活動，以輔助奴化教育的進行，茲將其重要的教育團體分述於後。

甲、日『滿』文化協會

『日滿文化協會』是由『日滿文化委員會』改組而成的，正會長偽國務總理鄭逆孝胥，副會長為日人服部博士。協會工作可分三項（一）研究所有古時之文物並保存之，並舉辦關於可資研究東洋古時精神之各種出版事業。（二）圖書館與博物館之設立。（三）整理四庫全書。

乙、日『滿』國民教育會

『日滿國民教育會』是從『日本帝國國民獎勵會』脫化而來的。總會設在東京。分會遍設瀋陽、長春、吉林、黑龍江、安東、遼源、遼陽等地。牠的活動及於文化領域內的全部，除組織許多宣傳隊，並發行許多刊物外，更設立許多日語學校，送官費留日學生，以引誘、麻醉並奴化東北青年。

丙、日『滿』初等教育聯合會

『日滿初等教育聯合會』是由日本在滿鐵沿線所立的小學校內教職員和滿鐵沿線的偽小學校內教職員組成的，設總會於瀋陽，設支部於長春。一九三四年三月十一日在瀋陽日本站南滿中學堂開成立大會，到會者有日偽教育界人六十餘名。其目的在於聯絡日偽教育者間的感情，和討論日偽教育問題，而實際呢，不外研究怎樣實施奴化教育而已。

丁、日『滿』教育提攜同盟事務所

『日滿教育提攜同盟事務所』係由所謂東京教育家聯絡同志一百二十五名，徵集偽國教職員加入所組織的，其成立目的，可以從他們所發表的宣言和規章看得出來。

宣言。

『滿洲國乃日本國之生命線，日本國乃滿洲國之生命線。而國民之互相提攜使文化發展，以供獻世界之和平，相信必藉教育之力，以謀兩國民精神之結合，此乃根本之急務也。本此宗旨以實現日滿教育之提攜。今向滿洲教育界之重要分子略申數語，以聲明本同盟之精神。』

戊、鐵路愛護村少年團

『鐵路愛護村，』是僞鐵路總局在東北各鐵路沿線，距離鐵路五公里的村落，組織成的，其目的在令村民保護監視鐵路，以防義勇軍的襲擊和發生其他障礙，現在成立的已達二千餘處。現在更進一步組織『鐵路愛護村少年團，』計劃以沿綫五十餘萬的青年男女組織之。其目的在對於這些青年灌輸一些愛護鐵路的思想，及衛生觀念的教育，並教授日語及技藝，以養成『滿洲國』第二代順民。

七　奴化教育政策下的東北教員與學生

以上我們已經把日本帝國主義者對我國東北民衆的奴化教育政策，和實施的情況，有着較詳的敍述了。可是在這種奴化教育政策下的東北教員與學生呢，我們也有知道的必要，作者以下用極簡單的文字向大家報告一下。

這是不能否認的，在東北是有少數的教員和學生，是甘心附逆，爲虎作倀，然而大多數的東北教員和學生，是過着不得已而出賣靈魂和肉體的生活。這是不得已的，生活的鐵鞭，和環境監牢，把他們深深地鎖住了。也儘有好多的教員和學生，他們富有民族意識和國家觀念，這是極明顯的事實。因爲在東北的報紙上，我們不時的看得見教員和學生被捕的消息，他們被捕的原因，幾乎是千篇一律的罪名，所謂『反滿抗日。』當教員的，爲著良心的驅使，他們不肯把那些奴化的思想灌輸到純潔的兒童腦海中去，所以，他們要暗地裏向學生伸述着國難，揭破了日本帝國主義者的假面具，竭力地向學生們灌輸民族思想和國家觀念。然而，日本人的手段是極毒辣的，他們不時地派人去查學，這樣便有好多人被捕，爲了正義，爲了祖國而犧牲了。也有的教員和學生組織密祕團體，從事於『反滿抗日』的工作，究竟因爲他們的力量薄弱，日本的偵探網嚴密而被捕，而犧牲，這是一種。

其次，有的不甘受那奴化教育的學生，便拋棄了家鄉，來在內地求學。近年來更是加多了，就北平一個地方說吧，雖然增設了好多補習學校，中等學校，來專收容東北學生，但仍然有着好多好多的東北學生，得不着求學的機會呢。至於爲了經濟所限，不能來到關內求學的更不知道有幾千萬人呢。那些人們就在人間地獄般的東北，受着牛馬式的奴化教育。教職員爲了生計所迫，又沒有其他的生活技能，勢必就得忍辱含羞去供敵人利用。

日本人時常到各學校去查學，每到講堂必問學生。『你是那國人。』如答『我是滿洲國人。』那什麼事情也沒有，否則怕就有

生命的危險。可是平日說慣了『中華民國，』那容易改過來。無辜的東北青年學生，爲了國家的不爭氣，不知受了幾多委曲呢。

一般人都說『學生是天之驕子。』『學生時代是人的黃金時代。』可是在東北的學生呢却正正相反他們過的生活直牛馬之不如。一般人也說『教育事業是神聖的職業』可是在東北的從事教育事業者呢直等於出賣靈魂又出賣肉體的妓女。啊，這是誰之咎呢。

八 結語

實在是因爲奴化教育政策，是一個帝國主義者侵略併吞弱小民族的最毒辣的政策，所以作者才不顧讀者煩絮，寫了這麼樣地一篇長的文章，主要的目的，在使讀者知道而今的東北民衆，是受着多麼深的一種奴化教育啊。

大家都知道，教育的力量是極大無比的，東北的青年兒童在受着這樣的毒辣地奴化教育，每天沉醉在奴化的漩渦中，祇知有口僞。而不知有中國，這是一件極危險的事情。中學校裏的學生還好些，他們或者知道是帝國主義者弄的西洋景，但小學們，那麼潔白而坦誠的心靈，却完全被他們奴化了。『哀莫大於心死，』這是中國的一句老格言，十幾年後這許多受奴化教育的青年兒童，都成了東北的中堅人物，而他們的思想也許要受日本的麻醉，誤信什麼同文同種，日『滿』提攜之謬論。縱然在那個時候，我們的國家有着收復失地的能力，也是無濟於事啊。更進一步說，東北是失了，如果將來也同薩爾似的舉行公民投票，決定東北屬於何國的話，這許多受奴化教育的青年，是不是還要投票屬中國呢，這是很可担心的。

可是，我們怎樣避免這必然到來的危險呢，自然先決的條件是取消所謂傀儡的『滿洲國』並脫離日本帝國主義者的統制。然而這不是馬上能辦到的，可是又不能甘心就叫他們奴化我國東北青年，唯一的補救辦法，唯有在關內增設專收容東北的學校，廣收東北學生，授以特殊訓練。這樣一方面可以避免他們的奴化，另一方面也造就出來一些能負有收復失地先鋒責任的青年。一舉而兩得，端賴國內熱心教育家和關心東北者的注意和提倡了。

大道

《大道》月刊于中华民国22年（1933）11月创刊于南京洪武路230号，主办人为寿珊。《大道》“以大道两字名吾刊”，实出于“大道之行，天下为公之极之是时。”“何况两千年前，即有尼山夫子（孔子）天下为公之遗训；两千年后，又有中山先生（孙中山）天下为公之实施之今日。”该刊把“提高国际地位，主持人道主义，灌输国民普通知识，发扬民族固有道德，警醒过去现在深耻大辱，准备现在未来御侮敌忾”时代精神，作为本刊宗旨。

《大道》月刊，既是在日占东三省，也是在“国内战争攻夺几何”的背景下产生的。该刊物分析国人心理，并解释国人在当前的心理上存在的事实。认为“不独一人有一我，一心有一私也。一我之中，又有几我；一私之中，又分几私；我之我与我相杀，私之私与私相敌，以至万我自灭，众私自败。有今日现象之不可收拾者，其痛心孰甚于此者。”在此基础上，《大道》由廓清思想，到统一认识，到认清国耻，大胆地从理论上对国人加以宏观引导。不但深刻研究了国人心理状况，而且全面地介绍和阐释了国际国内的形势。

《大道》月刊，言之凿凿，情也旦旦。诚如发刊词所言：当今世道，“为公二字，便成为时髦之口号而止。此岂非普天下同声一哭者乎？此吾之所以抱遗经而欷歔，抚时事而痛哭；出门则忧，闭门则思；思之思之，又千百思之，而竟不得其故。又终不能已于言……”

该刊涉及的内容很广，有“党议”“论著”“评述”“国际”“军事”“政治”“经济”“教育”“司法”“文艺”等栏目。该刊所刊发的文章多以政界要人，从国际国内处着手，如《孙中山先生的农民思想》《读<西安半月记>》《大亚西亚主义论》《美利坚法兰西的行政改革论》《中日交涉与英日谈判》等论著，读来依然觅手可热。

《大道》月刊于民国26年（1937）7月停刊。

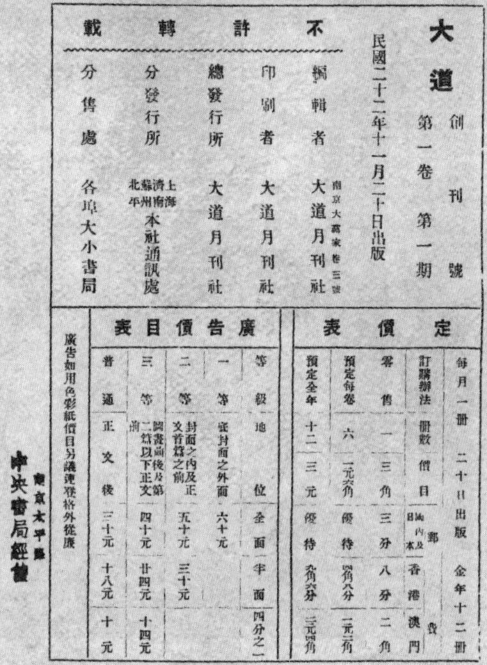

大道
創刊號
第一卷 第一期
民國二十二年十一月二十日出版

不許轉載

編輯者 大道月刊社 南京大蔣家巷三號
印刷者 大道月刊社
總發行所 大道月刊社
分發行所 上海 濟南 蘇州 北平 本社通訊處
分售處 各埠大小書局

定價表

訂購辦法	零售	預定每卷	預定全年
冊數	一	六	十二
價目	三角	一元六角	三元
郵費 國內及日本	三分	優待	優待
郵費 香港	八分	四角八分	九角六分
郵費 澳門	二角	一元二角	二元四角

每月一冊 二十日出版 全年十二冊

廣告價目表

等級	地位	全面	半面	四分之一
一等	底封面之外面	六十元		
二等	封面之內及正文首篇之前	五十元	三十元	
三等	圖畫前後及第二篇以下正文前	四十元	廿四元	十四元
普通	正文後	三十元	十八元	十元

廣告如用色彩紙價目另議連登格外從廉

南京太平路 中央書局經售

《大道》杂志版权页

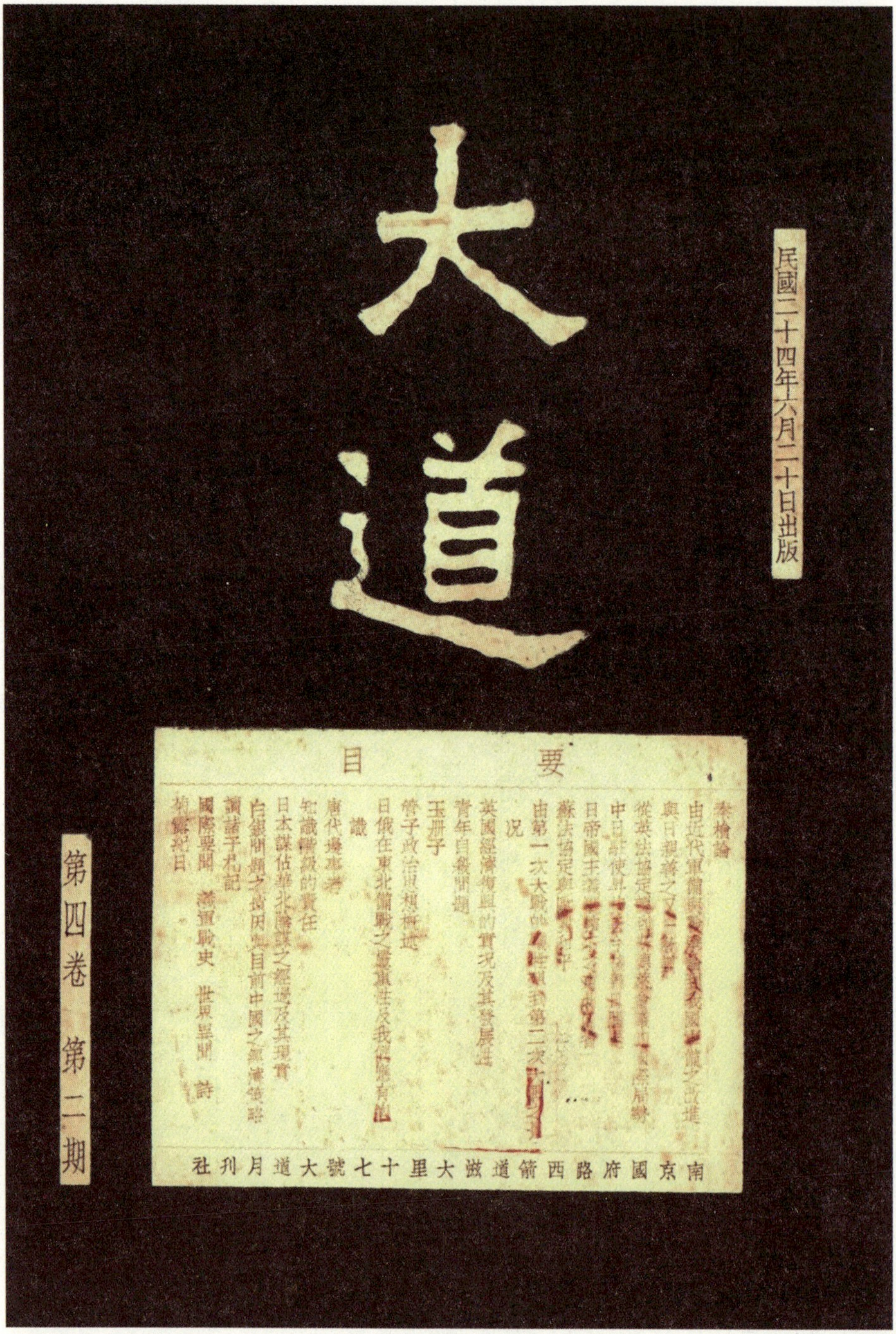
大道
民國二十四年六月二十日出版
第四卷 第二期
要目
青年自殺問題
知識階級的責任
日本謀佔華北陰謀之經過及其現實
國際要聞
南京國府路西箭道激大里十七號大道月刊社

《大道》杂志封面

實施奴化教育

日本以亡朝鮮的故技，知道奴化教育足以消滅民族思想，所以對東北人民的奴化教育，竭力推行，且對於小學的奴化，尤爲可觀。依據去年僞文敎部的調查，事變後已恢復之學校爲一萬三千，學生爲六十九萬九千人，其中小學校佔一萬一千，兒童約爲六十萬，該僞部幷稱求學兒童的數目，約占所謂全國百分之二十，以表現其推行奴化教育的成績。至於師範教育，尤爲注重，因爲要積極培養奴化師資，對原有的一百零九個師範學校還感不夠，又督促僞文教部於長春設立教員講習所（所址在長春雙橋子舊吉林第二師範學校），責令僞各省教育廳遴選現任中小學教員入所，加以奴化教育之訓練，講習科目有建國精神、國內情形、國際關係、經學、教育學等項，其教育方針則有所謂「王道主義」之教育方針，無非使其安心樂命，爲亡國奴而已。同時對於中等教育之奴化，亦積極推進，務使現今東北一百七十八校之中等教育，必須一致傾向奴化教育爲原則。至於大學及專門學校，則以其奴化不易，乃迫令停辦。其對於事變前各省市在國內外之留學生，亦注意調查，尤其注意入關求學之學生，恐其抗日反滿，故特製定調查表，限敎育廳查塡具報，該項調查事項爲（一）留學國名（來關內求學者，認爲留學中國，特別用仇視心理注意）（二）留學學校名（三）所學科目（四）留學學生數目（五）補足月額。此外對於初級教育之私塾，雖此等教師均係舊式教師，然亦恐其在民間提倡民族思想，將與日僞以極大不利，遂規定讀物，嚴格限制，應遵照奴化教育之方針，近已儘量任用奴化教育合格之師資，俾與關東州有同等奴化教育的情形。由上以觀，日人對於東北奴化教育之進行，何等不遺餘力，可憐天眞學子，何能深識日人用心險毒，加以環境移人，漸有被麻醉之趨勢，殊堪痛心。

寫在與凱倭製滿洲國的麻醉教育一文的後面

汪震

這是一件很可感激的事情，與凱兄給本刊作了一篇這樣有價值的文字，把滿洲國的教育的秘密全部披露，使讀者心遊被日人佔領後的東北四省。這篇文字所包含的原料非常之多，我們可以根據與凱兄所舉的事實做我們說話的根據。

（一）關於宗教

宗教是一種麻醉品，這是馬克思所指示的。這話包含了許多真理，但是未能盡為事實。二十世紀宗教心理學的研究，認為宗教是一種醫術，可以醫治心疾。一個人在社會上嘗盡了酸甜苦辣，他在社會上活着便感着無意味。他想自殺，但又因為社會的關係，自存的本能，不能自殺；遇着這樣的情節的時候，宗教是唯一的治療品。有其他的情節的時候，如生活的衝突，思想的抵觸，個人社會地位之低落，生理上的缺陷，身體不健康，……都可以使一個人變為宗教的信徒。宗教的功用使他能鼓舞起精神來再幹。這一次再幹便不是以往的瞎「混」的，而是有目的的，有計畫的。孔子耶穌的幹是為個人社會地位的被剝奪；他們都是很窮，而且是私生子。王陽明康德都因身體羸弱，不能任事，索性要幹出一件大事來。釋迦牟尼或者是性慾的早熟，生殖器受傷，於是根本脫離兩性的社會，去到一性的社會裏幹。老子有人斷他瞎一隻眼。詹姆士(Wm.Lames)，佛洛德(Freud)，愛德勒(Adler)的研究都指出來宗教與麻醉品的觀念牴觸。

以上所舉的幾個代表人裏，有的是宗教家，有的是哲學家，哲學同宗教是姊妹學科，他們有同一的功用，馬克思的理想也不過是一種哲學。他身受的痛苦太深了，他在現實的世界裏所受的痛苦須要在觀念的世界裏補償，這就是哲學。

以上所說的宗教是指的個人的，而還未說到社會的。社會的宗教即指的是儀式的宗教，教會的組織，祭祖的儀式等等。這是一種社會教育。其中不純是麻醉，不免參有麻醉作用。如中國人遇見父母的喪事，一定要花許多的錢，並不是為擺闊架子，其中也有麻醉的作用。福音堂裏做禮拜的人，也有虔誠禮拜的，也有借這個空間時間來進行戀愛的。

宗教的組織為什麼不能廢止？因為這個社會充滿了罪

惡，充滿了苦痛。孔子老子，釋迦牟尼耶穌，他們都是幾千年不可多見的天才，他們能自拔於十八層地獄之下，而跑到天堂之上。一般的人，他們的痛苦必須依賴和尙，神父，牧師來解救。外國是如此，中國也是如此。中國雖然曾有「非宗教運動」，但是什麽「救世新教」之類的努力一天反比一天大，根基一天比一天穩固。基督教的教訓雖然跟中國古聖先賢的衝突，但是大人學者崇信的很多很多。佛教的研究這十幾年突飛猛進，令人有想不到的成績。這只證明中國對於宗敎的需要，中國社會對於宗教組織的歡迎。

社會需要宗教，學校便需要有宗教的敎育。

(二)關於宗教敎育

宗敎敎育在歐洲是普遍的訓練。美國是不普遍的。俄國廢止宗敎，但又立了列寧及共產主義的新宗教。新宗敎敎育的價値在給人一種修養，包含了道德的，社會的，及理智的。高的宗敎敎育不是敎訓迷信，而是指示人生的正鵠。不在幹革命的工作，而在指示革命的方針。宗敎是一個青年從十六歲到二十歲必須的修養(G.Stanleg Hall)

在中國，孔子的「哲人」(Sophist.)的風格遺傳到現在，外國的宗敎敎育不適宜用在中國。中國只有自己找出一條道路來。中國的道路只有把古聖先哲的敎訓作爲普遍的敎育，一般的訓練，而把傳統的宗敎作爲選習。這樣，便以哲學代替宗敎的地位了。民國十一年敎育部頒布的課程標準，把人生哲學作爲中學的必修科，實在是高明之見。不過到現在還沒有人負担得起領導青年，尤其是在靈性方面，的責任，實在是一件「感慨繫之」的事情

(三)關于滿洲國的宗敎敎育

與凱兄的文章指示出來兩點：

(一)日本人注意了宗敎的社會敎育，

(二)日本人要利用中國的宗敎敎育。

關于(一)，我們認爲是一件傷心的事情。中國的文廟有多少？誰想到利用文廟來做社會敎育的基礎？敎會做的什麽事情？講的什麽道理？中國政府何曾一注意過更有誰想到來利用他們呢？這一點足見日本人比我們高明，我們更惟有懺悔而已。

關于(二)，我時常想到，中國訓練青年，應當本那一種主義？各國的敎育都有一個共同的主義，即是不把本國的兒童訓練成外國兒童。這樣，中國也應把自己的靑年訓

派遣而來。並且仿照倫敦勞動大學的辦法，設立共同宿舍，爲的是起居飲食都在一齊，可以互相切磋琢磨。

關於日本勞動黨中央政治學校的內容概要如下：

日　時　自昭和二年(一九二七)六月廿二日一星期、每日自午後六時至九時半

地　點　東京市芝公園協調會館

聽講費　日金二圓

聽講資格　黨員及一般人士

課　程　財政學，馬克思經濟學，經濟實狀，憲法行政，勞働問題，農村問題，勞働法制，社會運動史，社會思想概論，無產文藝，無產政黨的現在，其他

講　師　大內兵衛，櫛田民藏，吉野作造，藤井悌，杉山元治郎丸岡重堯，河野密，麻生久，木村毅，三輪壽壯，田中九一，其他

講師都是一時知名之士，並且在文壇很有權威。

第二年(一九二八)九月二十二日至十月六日，日本勞動黨又開土曜講座，每星期六日講習一次。

該黨中央部如此。各地方支部，自然也要進行。常設學校及長期，短期的講習會都在開辦。一九二八年中開辦的如下：

1,宇都宮政治學校(栃木縣支部聯合會主辦)

2.伊勢崎政治講習會(群馬縣支部聯合會主辦)

3.長岡政治學校(新潟縣支部聯合會主辦)，

4.橫濱政治學校(仝上)

5.城北政治學校(在京市城北市部)

6.明石公民文化學院(仝上)。

其中尤以城北政治學校及明石公民文化學院爲最好，都是修業一年的常設學校。這在勞動教育裏是很難得的。

内外什志

《内外什志》实为《内外杂志》，创刊于中华民国25年（1936）8月，肖作霖主编，由内外杂志社编辑、发行。半月刊。创刊初期在南京出版，后迁上海出版，自第2卷第2期又迁回南京出版，民国27年（1938）5月迁汉口复刊，并出战时特刊，卷期续前，刊名改为《内外什志》。

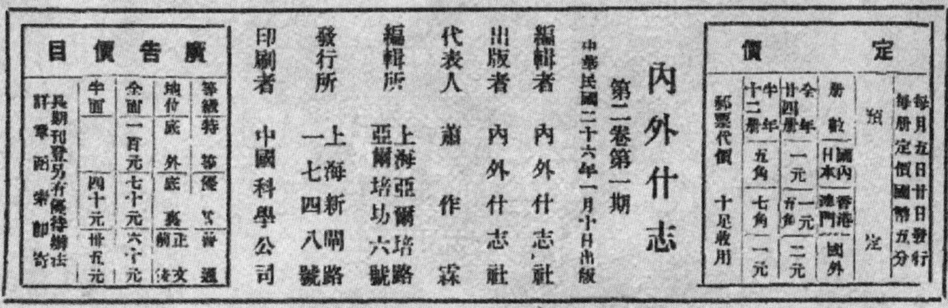

《内外什志》版权页

内外什志

第二期

耕種

J.F. MILLET作

民國二十五年八月二十日出版

《内外什志》封面

東北的奴化教育

艾士予

「不到東北，不知東北之大；不到東北，不知東北之險」。這兩句話是瀋變前中央某要人去東北宣撫時，對於東北所得到的印象，現在這兩句話，可以改成：「不到東北，不知東北人民之苦，不到東北，不知敵人手段之辣。」「東北是王道樂土，亂世桃源，但緣這類美麗的名詞，只能從侵略者自己的嘴裏吐出，實際上，東北三千萬同胞所過的生活，無時無地不是悲慘，痛苦，和多量的恐怖。

敵人手段之辣，在這兒，你處處會了解到的，現在就把教育來說，教育是一國人民的靈魂，而他們是怎樣在麻醉這靈魂呢。

自從他們得到東北以後，竭力擴充幼稚園和小學，因爲對於兒童的奴化，最爲容易。各學校取消公民黨義，而代替以修身，減少英語的鐘點，而加授某國語，僞國歷史，和僞國地理。要是某國語不及格的話，便不得升級，這某國語是由某國人任講授的。至於訓育方面，也是某國人担任，指導全校學生的行動，換句話說，觀察這些學生已奴化到如何的程度了。

每天早操的時候，升僞國旗，教師和學生一齊唱僞國國歌。每會的時候，也舉行儀式，先向「御影」敬三鞠躬禮，所謂御影也者，即溥逆的照片。然後再朗讀「詔書」，正像這兒的讀「總理遺囑」一樣，「詔書」有兩種，一爲登極詔書，一爲訪某國回鑾詔書，這內容無非是要和某國親善，共存共榮云云。

和某國親善，共存共榮，爲其教育的主要原則。這原則不但要使學生所信仰，還要普及到一般民衆的心裏。所以組織了建國宣傳班與宣撫班，到各地去講演親善的理論，使全東北的民衆都被麻痺。還利用尊孔的美名，高唱大同主義，及君君臣臣的學說，以誘惑青年，使他們效忠於傀儡組織，總之，他們底奴化方法，可說是無微不至的。

僞組織的教育行政系統，其最高機關，爲文教部，設總次長各一人，分設總務，學務，禮教三司，前兩者之司長，由某國人充任，其權力高於一切。其高等教育機關也有幾處，大同學院設在長春南嶺，由僞國官吏訓練歸國務院總務廳直轄，以養成僞國的忠臣爲唯一的目標。其中某國籍的學生很多，畢業後，其待遇當然也比較好得多。其次，高等師範設在吉林市吉林大學的舊址，也兼收某國的學生。

此外，還有設在長春南嶺的教員講習所，收羅現任的中小學教員，加以訓練，使這毒化的思想，從這些教員的嘴裏，再灌入無數的少年和青年，想把我們的三千萬同胞，永遠地淪在亡省的漩渦裏，而忘却了自己亡省的悲哀。

對於各校教員，除了加以訓練以外、還舉行試驗檢定

，試驗的目的，不是測驗他們的學力和經驗，而是攷察其對於僞國的觀感如何。

上面所說的，是積極的奴化政策，而消極方面呢？是檢查圖書，和取締學校。凡公私立學校，所出版的書籍，須先送到教育廳去核查，否則便不准出版。所有的黨義救國等書籍，早已像秦始皇焚書一樣，一律被焚燬了。被封的學校，爲數不少，僅以奉天省而論，有中學十一所，小學十一所，技術學校十九所，語言學校十三所，以及私塾七十餘所，去年十一月爲大檢察的時期，吉林省城被捕教員十七名，瀋陽被捕十九人，其他地方被逮捕的教育人員，還不知有多少。

僞國政府對於留學生，也極注意，留學歐美的東北學生，大半被勑令歸國，而改其留學某國。對於留某國的學生，非常鼓勵，訂有幾個規條，：（一）選送中等學校教員留學期間爲一年，每月津貼六十元。（二）選送高中畢

業生，每月學費自二十元至十五元，視所入學校的等級而定。（三）選送十五歲以下的學生，赴某國留學，月給學費二十元至二十五元，（四）選派小學教員，分批赴某國參觀聽訓，用以增加和某國的感情，（五）勑令僞官吏子弟，赴某國讀書，使他們永永做僞國的忠臣。

對於赴某國去留學，非常鼓勵，但對於入關的學生，便嚴厲地限制。二十四年暑假，僞吉林省教育廳，召集在關內念書的諸生家長，勒令其家長把入關的學生，遣回僞國念書，除了立即要畢業的以外，一律都不能通融，這種苛辣的手段，令人能不切齒呢。

敵人的壓迫，我深信不會有停止的一天的，但我更深信東北人心不會有死的一天的。看了這篇奴化教育通信以後，我們這些將到亡國線上的民衆，作何感想呢？

二十五年八月十日，

国论

《国论》创刊于中华民国24年（1935）7月20日，主编常燕生，国论月刊社发行。社址位于上海赫德路赵家桥合泰坊11号，均益利国联合印刷公司印刷。各省县各大书局代售。出刊至民国26年（1937）6月停刊。民国27年（1938）2月迁成都出版，至同年9月。民国27年（1938）10月迁重庆出版，出版至民国28年（1939）4月。曾任编辑：程启天。民国29年（1940）1月迁回成都复刊，民国34年（1945）7月停刊。

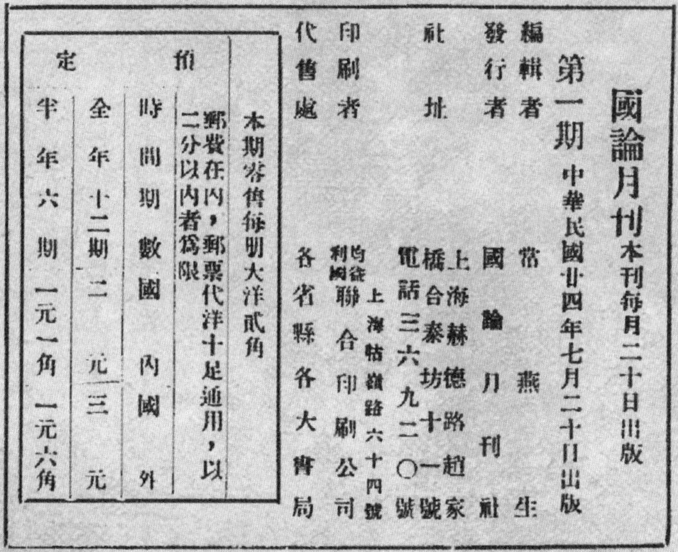
國論月刊 本刊每月二十日出版

第一期 中華民國廿四年七月二十日出版

編輯者 常燕生

發行者 國論月刊社

社址 上海赫德路趙家橋合泰坊十一號 電話三六九二〇號

印刷者 均益利國聯合印刷公司 上海牯嶺路六十四號

代售處 各省縣各大書局

本期零售每册大洋貳角

郵費在內，郵票代洋十足通用，以二分以內者為限

定價

時間	期數	國內	國外
全年	十二期	二元	三元
半年	六期	一元一角	一元六角

《国论》杂志版权页

本刊已呈請內政部及中宣會登記

國論

十月號

要目

再論國力之淵源	余家菊
國人對於中國共產黨運動的認識	常燕生
蘇俄的外交政策	謝承平
意阿爭端的根本觀察	朱憲英
新日本的外交原則（續）	張希為
美國與世界第二次大戰（續）	周謙冲
社會政策的再檢討	鄭江南
進化與組織	黃欣周
十九世紀德意志國難與復興	常燕生
讀書雜記	左舜生
散文二題	君强
泰老太	左幹臣
大事（四）	老舫
貂蟬（劇本）	春暉

中華民國二十四年十月二十日出版

《国论》杂志封面

教育

異族統制下之東北奴化教育

張蓀恩

日人刧奪我東北後，對於政治經濟的統治，固不稍緩；其另一方面，對於教育上所施的麻醉政策，也極努力。所以然者，日人在使東北民衆的民族意識根本絕滅，忘記了祖國，永世做日人的奴隸。

試一觀東北教育的奴化：

東北的教育權操之於偽文教部大臣手中，此文教部大臣係偽國國務總理兼任；於是一切政務乃得完全由文教部的日人總務司長操持，這在全國最高教育行政機關裏，已奠定了奴化的基石了。至於地方教育的行政，也由教育廳總務科長及縣參事官操縱，任此職者，也完全是日人。因此東北的化奴教育，便可推行無阻的趨於貫澈的統一化。

東北學校總數在瀋變以前爲一二，七一一校。瀋變以後，各學校相率停辦；其後、秩序旣定，日人藉口經費不足，學制未定，多方限制各校的繼辦。現在東北學校總數只剩七，九九一校而已。

於此吾人可參看二十三年度僞文敎部的統計表：

省別	各校總數	開校數	未開校數
遼寧	一〇、三五〇	六、八八五	三、四六五
吉林	一、二八六	四四九	八三七
熱河	二七八	三八	二四〇
黑龍江	六四五	四七六	一六九
東省特區	一五二	一四三	九
總計	一二、七一一	七、九 一	四、七二〇

日人爲使東北子弟無力就學計，對於中小學的學費數額，盡量的提高，且限於開學時，一次繳清，否則，不准上課。東北民衆的經濟，都靠農產的收入；日人實行糧食統制政策，穀賤傷農，經濟已瀕於破產。其住居都市，向賴經商營生者，也因受日商的排擠，無爭衡的

餘力。於是鄉村的農人子弟，城市的商人子弟，均相率而輟學了。

於此，再以二十三年度偽國中小學學生納費表參看之：

項別	初中 舊章	初中 新章	小學 舊章	小學 新章
學費	二一	四五	一〇	三〇
雜費	三	一二	一	七
制服費	一〇	二〇	一〇	二〇
總計	三四	七七	二一	五七

註：上表數字單位為元；係按全年計算。

上述僅示日人對東北教育的摧殘，今再述其奴化政策的實施：

1. 改纂教材　偽組織成立之初，東北各校仍用我國舊有的教科書，只將有關國恥的教材刪除之。及溥儀稱帝後，乃認為全體教材均不適用，而着手另行編制。小學教材由偽文教部負責編纂，已於二十三年暑期頒佈施行。其編制標準，大致仍採用我國舊有的商務中華世界等教本，而增入「尊君」「善鄰」等奴化故事。中學教材由中等教材蒐集委員會負責編纂之，是會由中等學校校長三十八名任委員，由日關東廳學務課事務官參與檢閱，於瀋陽開會，提出

奴化資料，共一千三百餘項，合大連分會所提，綜計五百餘頁，已於二十三年三月審定完備，分發各校，飭教員隨時改正。迄於本年暑假，中等教材課本，也編纂完竣了。其編制法，凡舊教科書中有關民權民族思想的材料完全删去，而易以「尊君」「善鄰」的教材。歷史一科，合中國日本爲東洋史；自努爾哈赤起經有清一代以至最近僞組織的成立，爲「滿洲本國史」。

2. 變更學制　社會科學易於啓迪人民思想，僞文教部通令各縣教育局，自二十三年春季始，各小學社會科，只授極簡單的本「國」史地，此外則孝經，論語，日文等均成爲主要科目以研究日「滿」共存共榮之王道政治。其課外作業，在城市則實習工業，在鄉村則於校園隙地，播種五穀。美其名曰：「糾正思想」，「提倡職業」。

3. 取消注音字母　日人以注音字母，足以貫輸「滿洲」青年對中國之觀念，乃於二十三年四月通令取消，而代以一種「滿洲國語音標」：採用日本五十假名，而加入國音中之「ㄓ」「ㄔ」「ㄕ」諸音，注於漢字之傍，不僅東北人習日文者稱便，且藉此可使日人習華語者得正確的音義。同文相化，東北益陷於險境中。

4. 培植奴化師資　日人慮及東北舊日中小學教員多懷民族思想，乃全數擯斥不用，而易以受過奴化教育的師資，以實現其「新國民教育」。自二十三年暑期起，劃東北爲二十師範

異族統制下之東北奴化教育

學區，每區至少設師範學校一所，以日人任總務長及教務長，授予純粹奴化的教育。復爲養成高等奴化師資計，更於吉林大學舊址設高等師範學校，校中教職員，半多日人。

以上所述，只就學校教育而言，若自社會文化事業設施方面言之，更見奴化政策的普遍化：

茲錄最近僞文教部頒布的「社會教育十大綱領」以參證之：

一、電影教育：施行地方巡迴演映，完成自目注入之教育，使兒童觀感逐漸變化。

二、印刷品教育：刊行圖畫小册子，傳單等，宣傳日「滿」親善，王道政治，使國民之各階級均按各該階級之印刷品，得到修養。

三、觀摹教育：開教育或產業展覽會，由日人主持，將日本歷代政治家及軍事家，有清一代各帝之文德武功及各種產業標本之展覽，使受教育者或農工階級均得使知識及生活上有所觀摹。

四、禮儀教育：提倡敬老事業，對於孝子，節婦，竭力彰表。尊重國歌，國旗，御容，以貫澈王道國家之國民精神。

五、娛樂教育：注意戲劇，電影，歌舞等之陶冶，認識各娛樂中之知德觀念，並竭力增

進圖書館，博物院，鄉土教育館，文庫等之增設。

六、青年教育：爲振興職業教育，公民教育，增加各種教育機關。

七、成人教育：成人講座，大典紀念講演會之招集，民衆教育之充實及普及，指導國民生活之內容，置於國民知識之標準上，設施國民生活之密接教育。

八、體育指導：各學校均與僞全國體育協會相適應，共謀體育向上，同時並涵養衞生思想，充實各種體育設施。

九、社會教育指導機關之擴充；教育中心指導者之養成。

十、文教部指導者與各教化團體取得嚴密之聯絡，以期完成社會教育網。

本此十大綱領，以實行東北全民的奴化：人民見僞帝「御容」則強制行禮，遇有集會，強令唱國歌，且製成唱盤，凡機關學校，必各備一份，每日播送一次。其歌辭是：

「天地內有新滿洲，新滿洲便是新天地，鼎天立地，無苦無憂。造成我國家，祇有親愛並沒有怨仇。人民三千萬，人民三千萬，縱加十倍也得自由。重仁義，尙禮讓，使我身修，家已齊，國已治，外何求；近之則與世界同化，遠之則與天地同流。」

在此奴化教育普遍化的東北社會中，有兩種極發展的畸形特種教育：一爲幼童教育，是以十歲以下的兒童爲實施「新國民敎育」的對象：組織全國童子團，設立幼稚園，組織兒童使節團，使日「滿」兒童攜手，互至兩「國」各地觀光，其目的在使東北兒童自幼即注入親日到觀念。一爲成人敎育的發展，民衆學校普遍各地；惟所授的課程，不在知識的陶養，技能的訓練，而在「王道政治」與日「滿」親善的宣傳。每日所施課程，多爲講話，圖文，算術，常識等科，虛名而已。在暴力強制下，民衆入校者頗多，二十三年春季的統計：東北全境有民衆學校五六九所，學生總數達四七，五一四人。

僞國既竭方普及奴化敎育實行愚民政策，乃嚴厲檢察出版物，將舊有書籍，一律焚燬，計自二十三年三月起至七月止焚燬書誌達六百五十萬册，其殘暴慘酷情形，有過於秦火之千百倍者，東北民衆已陷於靑黄荒境中。又恐內地報紙書誌，輸往東北，在長城各口及大連港，嚴密搜查，不能攜帶片紙隻字入境。

至於東北境內的報紙，因受各特務機關第二科的管理，採錄新聞，只准用日本新聯通信社及日人所辦之「滿洲國」通信社稿，千篇一律，鮮有正確的消息。且報務多由日人經辦，所有報社情況，表列如次：

報名	社長	主筆	社址	出版時代	銷數	備考

盛京時報	染谷保藏	菊池貞二（署傲霜庵）太石和郎 穆儒丏	瀋陽	光緒三十二年十月	萬餘份	
醒時報	張子岐	其子媳等	瀋陽	宣統元年	八百餘份	回教機關報
大亞公報	王希哲	王宿忱 王石隱	瀋陽	「大同」二年	千餘份	原爲東三省公報
泰東日報	柳町耕一	橋川浚 李永藩	大連	宣統元年十一月	萬餘份	
滿洲報	西片鮮三	金念曾	大連		二萬份	原爲滿洲日日新聞漢文報
大同報	王希哲（副） 都甲文雄	山口源二（署海旋風） 橫山八郎	長春	「大同」元年三月	七萬份	僞國機關報
哈爾濱公報	關鴻翼	吳如瑑	哈爾濱	民國十五年一月	四千份	有俄文版
國際協報	張復生		哈爾濱	民國八年一月	八千份	
午報	趙郁卿	趙郁卿	哈爾濱	民國十年六月	七百份	

大北報	山本喜譽		哈爾濱	民國十年八月	千餘份	原爲盛京時報哈埠版二十三年起獨立經營
吉林日報	于淵孚	于蛹心	吉林	民國二十年十二月	千餘份	原爲吉長報現爲吉林省署機關報
黑龍江民報	盧文善	尹仙閣	龍江	民國十七年	八百餘份	民國二十年十一月復刊黑龍江省署機關報
熱河新報	王傑三	王傑三	承德	「大同」二年	四百餘份	熱河省署機關報

爲求奴化之普遍，復有種種麻醉青年的團當：

1.大亞細亞青年聯盟　以日「滿」青年爲團員，約二五〇，〇〇〇人，設分會二四六，以貫澈綱領宣言決議爲目的，邁進於青年亞細亞之大同團結，以期弘大業。

2.正義團　日人小林任理事長，集市井光棍閭里豪強組成之，分會八一三，團員總數一三〇，〇〇〇人，以剷除軍閥，主持正義爲宗旨。

3.協和會　由溥儀鄭孝胥分任名譽總裁及會長，集官吏士紳組成之。分會四六，會員計四〇·〇〇〇人。其目的在提攜日「滿」兩國民之親善，完成王道樂土，國民互相聯

解，相扶東亞和平以圖增進世界人類福祉。

4.人類愛善會　會員計五·〇〇〇人，分會一九，其分子多係學究富紳，倡促進大同之旨。

5.東亞俱樂部　集官僚及地方有力者組成之，分會二七，會員總計二〇·〇〇〇人，倡東亞同盟共禦外侮之說。

6.日「滿」親善會　組成分子爲親日之知識階級及學生，分會一七，會員計三·〇〇〇人，旨在研究日「滿」文化。

7.青年團　由各校聯教員及學生組成者，分會一四三，團員計一〇〇·〇〇〇人，以贊助社會進化反對共黨反對罷工爲目的。

此外尚有滿洲民衆生計會，滿蒙產業協會，進德會，童子會等組織，將東北舊有之佛教會，道德會，加以改進，勢力日趨旺盛。

上述種種麻醉青年團體，對於東北全民奴化工作的進行極爲努力；僅就二十三年四月協和會在長春開年會的報告工作事項的記載，已可見其一斑；

1.派出各地宣撫員二百五十六人。

2.利用宣傳品：標語計四十種，約百萬頁；傳單計百種，約五百萬頁；小冊子計二十五種，約七十五萬頁。

3.機關刊物之發行，如振亞月刊等。

4.講演會及談話會，計開會百餘次；加以專為知識分子所開之講演會，並宣撫員及辦事處所開之講演等會，合計已逾千次。

5.繪畫會約開會五十次，現正從事於各地巡迴繪畫班之計劃。

6,遊藝會計開會約四十次，組織劇團，大鼓書，評書，在東北各地巡迴開演。

7.無綫電放送，每星期一次至二次。

8.「國」旗之配備，布質者七萬六千方，紙質者三百七十一萬二千方。

9.趁各地慶祝大會，廟會，建「國」紀念日，承認「國家」紀念日等機會，用各種方法向大衆宣傳。

10設立學校：

(一)設協和學院二十處，學員一千八百餘名。

(二)設日語學校三十處，學生三千餘名。

11 印行新曆書。

12 組織經濟聯合會，以三十萬元資金，購入食糧以平市價。

13 救濟事業：

（一）免費施診，十一區，人員一千人。

（二）施粥，十一區，人員三千人。

14 協和親善團體之結合及斡旋，結成之團體，計八十餘所。

15 日「滿」婦女團體之結成及斡旋，結成之團體約十餘所。

16 特殊事業：

（一）舉行東亞大同講演會，於去年（二十二年）曾迎接印度人卜拉塔，布奈耳二人，在長春，吉林，哈爾濱，四平街，瀋陽，安東各地，講演所謂「亞細亞之自由，「東亞大同」等題目。

（二）去年（二十二年）六月在瀋陽招集日「滿」官民約二百名，交換關於輸入關稅之意見，使官民間之意志，互相諒解。

（三）去年（二十二年）八月當日本滿洲產業建設學術研究團來東北之際，於長春開

三民主义月刊

《三民主义月刊》创刊于中华民国22年（1933）1月15日，主编胡汉民。三民主义月刊社发行，社址位于广州东山保安前街9号。

创办这个刊物的目的是确信三民主义是该刊的一切中心，是时人信仰的一个归宿，是中国革命道路的探照灯，确认三民主义必定实现，中国革命必定成功。

三民主義月刊 第一卷 第一期

民國二十二年一月十五日初版
五月十五日再版

主編者 胡漢民

發行者 三民主義月刊社 廣州東山保安前街九號

印刷者 培英印務公司 廣州永漢北路

總代售處 民智書局 廣州永漢北路

表內以大洋計算

廣告價目表

地位	全頁	半頁	四分之一頁
底封面之外面	五十元	—	—
正文後	三十六元	二十四元	十五元

（一）以上價目以每期計算長期登刊價目從廉

（二）如用色紙彩印或繪畫刻圖者價目另議

接洽處本社發行部

《三民主义月刊》杂志版权页

[illegible]日「滿」青年懇談會，致力日「滿」青年組[illegible]。

（二）調查各地自衛團之現狀及土匪騷擾，月前在「齊齊哈爾」招集日「滿」官吏七十八，討論關於「滿洲」[illegible]

（三）調查各地土匪，並[illegible]及其他[illegible]人的題目[illegible]方面。

（四）調查各地土人民之生活實況，並[illegible]月復在長春招集官署五十人，關於「新滿洲國」[illegible]事業[illegible]

（五）調查各地土著民之民族精神，及在數當之討論[illegible]。

（六）調查各地土思想團體，並團體名稱及[illegible]，以確立指導原則及養成中[illegible]會員為目的。[illegible]日「滿」鮮

（七）調查各地土產業，[illegible]交通[illegible]生年[illegible]二十[illegible]年）本月起，在「奉天」[illegible]開始[illegible]之[illegible]。

[illegible]方案之[illegible]

（八）調查各地宗教團體及慈善團體[illegible]承認，曾派日「滿」系之青年十五名赴日本，在日本[illegible]

（九）關於「滿洲國」內各種機關之亂[illegible]，並談籌會[illegible]

（十）調查各地[illegible]融合之狀況[illegible]合大會於大阪，「滿」方婦女七人參加。

[illegible]一[illegible]會在[illegible]所[illegible]工作，已[illegible]人[illegible]識[illegible]，

不復在「中華民國」之為矣[illegible]，大刀會及朝鮮革命軍之運動，並研究如何消滅此[illegible]運

[illegible]「[illegible]八」[illegible]。

戰時的教育

——十月四日在河南省垣黨政軍紀念週講辭——

劉季洪

今天本來應當報告河南大學的校務，不過因爲在抗戰期間，各校有許多問題需要大家研究所以提出「戰時的教育」一個題目，向大家請教。我們當國家危難之秋，全民族爲生存的艱苦奮鬥的時候，大家會想到教育對於國家的責任，因而又會想到我們過去的教育是否合乎國家的需要，抗戰期間的教育，應當如何設施，戰後的教育又當如何整理，假使對這幾個問題能有相當解釋，河南大學一校的事業的進行，自然也有適當的途徑了。

先就過去的教育設施來說：中國自舉辦新教育以來，雖然本身很多可以評議之處，但事業進步之速，對於國力影響之大，都是公認的事實。其中如學制的劃一，經費的穩定，教育思想的統一，教學方法的改進，教學程度的提高，以及教學範圍之推廣等等，都是教育成績極好的表現；此外教育更大的貢獻還有兩點：一爲國民民族精神的發揚，一爲學生服務精神的提高。

我們知道，中國近年來的進步，屬於物質的尚少，屬於精神方面的較多，而精神上最有力的表現，就是全個民族精神的發揚，這種成功當然由於　總理領導革命，提倡主義，以及十數年來政治上和社會上種種努力；其中教育在教材和訓練上，因爲特別注意到這一點，也有極大的貢獻。我們在學校裏所有國語、常識、公民、黨義、史地等科的內容，以及童子軍、軍訓和其他各種課外訓練，都以發揚三民主義爲主旨，當然第一是要灌輸發展各種的民族思想，如此直接影響全國一千餘萬的學生，間接還要影響學生的家庭和社會。所以我們的敵人很早看到這一點的重要，在民國十七八年的時候，日本各教育雜誌就把中國教科書中所有國恥教材翻譯登載出來，認爲是將來抵抗他們的種子。而今年盧溝橋事變，據說二十九軍參加廬山受訓，和河北舉行軍訓，都是敵人早日發動的原因。本來教育的作用，就在陶鑄國民的意志，我們過去對於民族意識的注意，就是這次抗戰的

基礎。關於這一方面，今後的教育當然需要更大的努力。

其次，過去教育的大貢獻就是增進學生服務的精神，這一點對於國家極有用途，但是現在並未十分利用，各國一般教育的流弊在使學生多視受教育全爲備個人職業，而缺乏爲公犧牲的精神。近年來中國教育，受革命理論、教育思想、及學生多營共同生活的影響，對於爲公爲國家服務的趣味，多極濃厚。戰事發生以來，一般學生踴躍欲試，多願爲國盡力，但因缺乏有系統有計劃的領導，至今所能表現者，僅捐款、宣傳、慰勞等事而已。所以我們現在對於教育上此種已經獲得的成績，應當設法發揮他的力量。

但是過去的教育也有許多缺點，尤其是抗戰的時期，更把幾種重大的缺點暴露出來。第一我們看到的就是實科教育的進展太緩。中國自清末提倡西學爲用，就是要發展實科教育，近年來教育部主張限制文法，注重理工，也是這種用意，但是實際上實科教育的進展未免和需要相去太遠。戰事發生以來，醫科工科的人才極感缺乏，而一般大學的理科學生又多不合實用，各大學的理工設備更不能協助戰時用品製造的工作，所以實科教育的幼稚，實是過去教育的一個大缺陷。其次，民衆教育和婦女教育都感覺到太不發達。中國現在對外的戰爭，需要以動員的人數衆多致勝，前方需要戰鬥人員，後方需要工作人員，已被侵略的區域更需要破壞人員。過去對於民衆的教育，除去軍事性質的壯丁訓練以外，很少能有實際的效果，婦女教育更是如此，歐戰期間，後方各種工作，大半都由婦女担任，這固然是由於一時所迫，然服務意識和工作技能的培養，也是平日教育的功績，現在看看我國一般民衆和婦女羣衆的情況，就可知道我們教育的缺點之所在了。

此外我們教育界還有一個大缺點，就是教育學術團體的毫無力量，教育學術團體的存在，一則表現教育界的共同意向，一則可以協助行政而爲教育工作的指導者。國難發生以來，國內教育學術團體寂然無聲，對於教育界工作毫無發動或指導，這是我們很要引以爲憾的。以上所談，是過去教育概略的觀察。現在正在抗戰期間，教育應當如何辦理，是目前緊要問題。這個問題，可就兩方面來說：一方面是戰時教育的本身如何維持，一方面是教育在戰時能作何等工作。

關於第一個問題，我們應當有個明確的認識，就是在戰爭期間，教師學生對於戰事工作固應盡力參加，師生安全亦應注意，但學校事業必須繼續維持。教育是集團的活動，集團的生活停止，非但教育的作用難以發生，就是其他臨時的工作，也失掉支配鼓勵的便利。我國自受日侵略寇以來，教育的停頓，已屬大可驚人，現在失陷地區和戰區，如東三省、三特別區、河北及平津、上海諸市，教育已全停頓到已失效力。以數量計之，全國小學學生約一千二百萬，被侵略區域中達二百萬，佔全數六分之一；全國中學學生約五十四萬，被侵略區域中達十三萬，近全數四分之一；全國大學及專科學校共一百一十所，學生四萬三千人，因戰事而停頓者約六十所，學生達三萬四千人，失學者佔三分之二強；全國民衆教育，受教者約一百二十萬，被侵略區域內達三十萬人，佔全數四分之一。數年來我們因受侵略，教育損失如此之大，對於將來國力的影響，實在是不堪設想。此時對於現有的教育事業，惟有盡力維護，以免無謂損失之增加。至於維護的方法，需要預爲通盤籌劃，現在地區和校別的界限都可打破，較爲危險地區的學生，應當由政府及早分配或遷移至安全地區，不得已亦應令其改變教學方式，或令其有組織的參加各種臨時工作，以免星散。

我們雖極力主張在戰時要維持學校的繼續，但仍認爲教員學生亦應盡力爲戰事服務。譬如在歐洲各大學常有戰地學生的題名碑，所以政府可以向各校抽調人員參加前方作戰，軍中用品的製造，可以分配各校擔任，並且可以佔用學校大部分的時間，前方和後方的救護工作，可以編配教師學生共同參加，後方的警戒和指導工作，可調動軍訓學生或童子軍等擔任。總之，學校應爲戰事服務，但人員縱有調動，或工作內容有異常時，集團生活的精神必須繼續維持存在。而服務的支配，在教育方面應由教育行政當局與軍政當局密切聯絡，通盤籌劃，然後全國千餘萬教師學生，方能整齊步驟，爲國效力。

最後談到戰後教育整理的問題，雖然言之過早，但亦可略及一二。歐戰以後各國教育多有改革，就是素稱保守的英國，在戰後建設委員會中，對於教育也有若干革新的建設。將來我們根據戰時的經驗，對於教育一定要有許多新的見解。譬如各國在歐戰後都注重國民教育年限的延長和民衆教育的擴展，我們在戰後也一定要注重國民教育和民衆教育。蘇俄在革命以後，爲增進國力起見，特別注重科學的研究，而尤注意學校與工廠的聯絡。我想我們將來也要注意及此的。過去我們的學校多分佈在都市中，尤其是高等教育機關多在沿海的都市裏，所以這次戰爭受損特大，將來在學校的分佈上，很需要特別重加籌劃。而過去對於婦女教育的忽視，在戰時更爲顯露，也是將來很應注意的問題。

本來教育是平時漸進的一種事業，教育力量的形成應在抗戰之前。但是殘暴的敵人，一定要摧毀我們幼稚的新興教育，所以我們只有在戰爭的環境中來維持我們的教育事業，來造成一種保持民族生存的力量。這個問題很大，所以特別提出來請大家考慮研究。

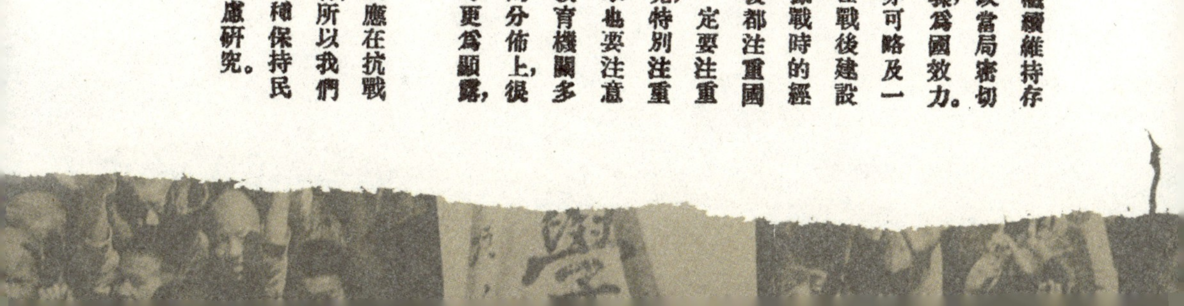

教与学

《教与学》杂志于中华民国24年（1935）7月在南京创刊，由于日本侵略中国，民国27年（1938）9月第3卷第7期该刊随正中书局起迁重庆出版，民国31年（1942）2月第7卷第2期停刊。正中书局教与学月刊社编辑，正中书局发行。月刊，属于教学研究类刊物。

主要撰稿人有顾颉刚、高行健、汤茂如、陈立夫、罗廷光、袁翰青和林贵华等，主要栏目有战教动态、教育评论、教育论著、教学法、补充教材、教育文化消息、书报评介、教育文艺等。

该刊以探讨教育学术理论为主旨，主要内容包括研究国防教育、科学教育、生产教育及其他实际教育问题，还有介绍国内外教育新思潮，刊登中小学及民众学校各科补充教材，某种教学法的实验及比较结果，发表各科学术演进变化、科学发明史文章，介绍学理浅显、适合中小学教师的各科最新学说、图书评介、教学生活、文艺小品。出版该刊的正中书局隶属于当时中国国民党宣传部，因此影响较大，办刊持续时间较长。

教育家蔡元培曾在该刊上发表《教与学》一文，详细论述了教与学二者的关系，打破传统的关于教就是老师的教授，学就是学生的学习的认识。他认为教与学应分为学而不教、教而不学、不教不学和既教又学这四个方面，只有懂得学习又懂得教授方法的老师才是好老师。作为学生也不能只知道学习也要懂得教的奥妙，这样才能更好的学好，其他方面的能力也会得到锻炼。只有这样教与学才会更好的结合，才能达到教学共长的目的。

该刊在近代教育研究的地位重大，也是研究近代教育的重要史料。

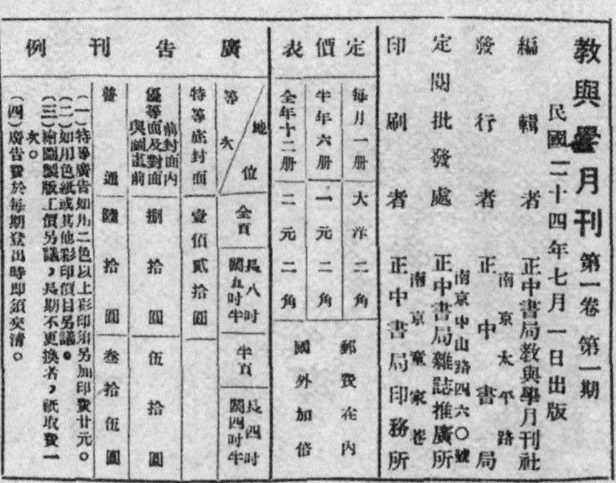
教與學月刊 第一卷 第一期
民國二十四年七月一日出版
編輯者 正中書局教與學月刊社
發行者 南京太平路 正中書局
定閱批發處 南京中山路四六〇號 正中書局雜誌推廣所
印刷者 南京童家巷 正中書局印務所

定價表

每月一冊	大洋二角
半年六冊	一元二角
全年十二冊	二元二角
郵費在內 國外加倍	

廣告刊例

地位／等次	全頁（長八吋 闊五吋半）	半頁（長四吋 闊四吋半）
特等 底封面	壹佰貳拾圓	
優等 前封面內面及對面與目錄前	捌拾圓	伍拾圓
普通	陸拾圓	叁拾伍圓

（一）特等廣告如用二色以上彩印須另加印費廿元。
（二）如用色紙或其他彩印價目另議。
（三）輸圖製版工價另議，長期不更換者，祇取費一次。
（四）廣告費於每期登出時即須交清。

《教与学》杂志版权页

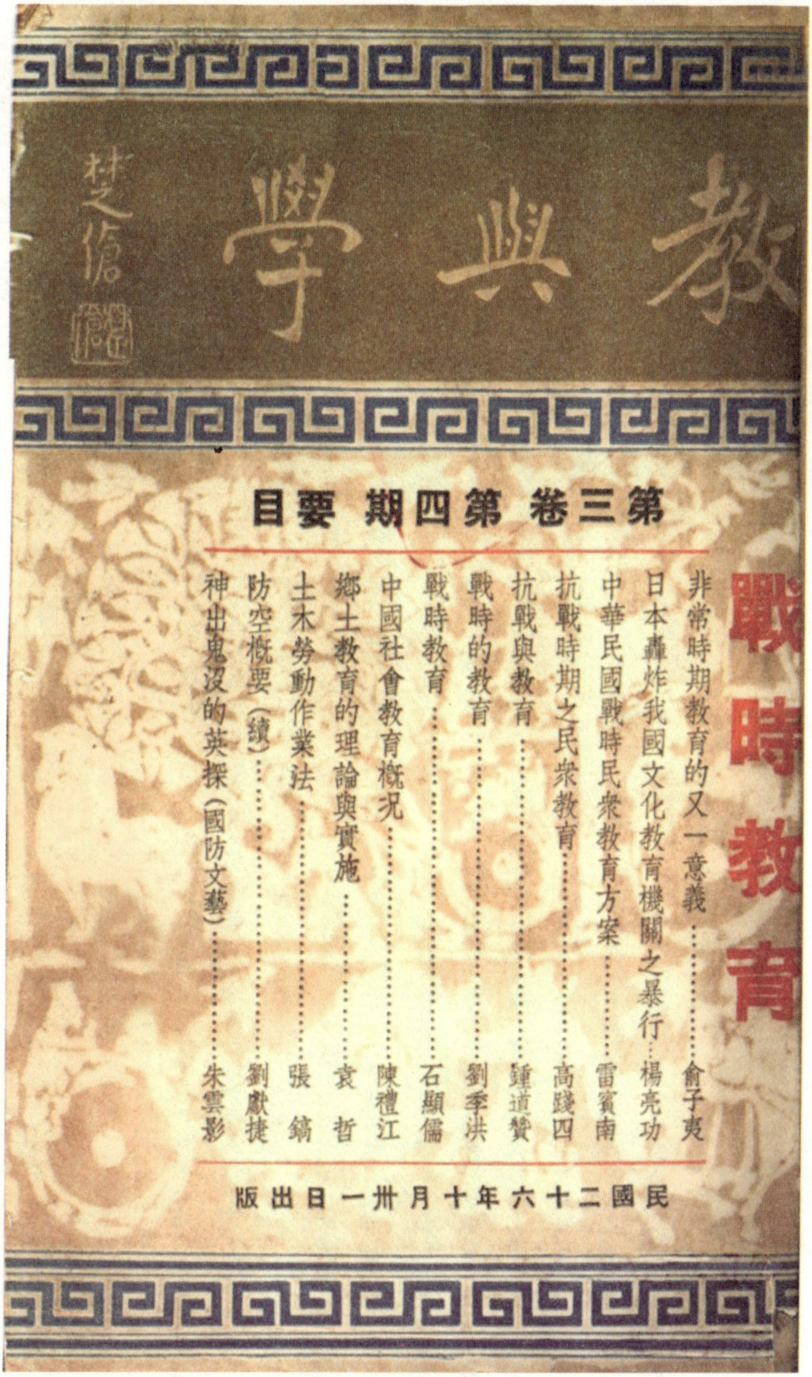

教與學

楚傖

第三卷 第四期 要目

戰時教育

民國二十六年十月卅一日出版

《教与学》杂志封面

日本轟炸我國文化教育機關之暴行

楊亮功

自從七月七日日本造成盧溝橋事件以後，到現在已經三個多月。在這三個月中，日本飛機有計劃的不斷轟炸我國文化教育機關，在戰區以內的文化教育機關被牠毀壞，當然不必說，就是在非戰區的文化教育機關亦受到同樣的摧殘。總計大學教育機關之被毀者，達二十三校：如天津之南開大學、河北女子師範學院、河北工業學院；保定之河北醫學院、河北農學院；上海之同濟大學、暨南大學、大同大學、復旦大學、大夏大學、上海商學院、上海法學院、持志學院、正風文學院、東南醫學院、同德醫學院、音樂專科學校、商船專科學校、體育專科學校；南京之中央大學、牙醫專科學校；南昌之醫學專科學校；廣州之中山大學。中小學校被毀之確數，尚無詳細統計。就報章所載，有天津之南開中學及附小，保定之育德中學，南昌之鄉村師範及美國教會所辦之葆靈女子中學，南京之中大實驗學校、遺族學校等校，皆橫被日機轟炸。而上海一隅，文化教育機關被炸毀者有大學十四校，中學二十七校，小學四十四校，社教機關八處。南京小學被炸者亦有十一校。以上各校，或部分炸壞，或全部被燬，昔日講習弦歌之地，今為頹垣瓦礫之場，令人言之痛心！

日本此種殘暴行為，非特違犯國際法及國際條約，且喪失人類道德。戰時國際法明白規定：「作戰地帶之城市村落住宅房屋，雖免於空中炸擊，然對於作戰地帶以外之城市、村落、住宅、房屋，則不得炸擊」。又「空中炸擊之際，對于宗教、技藝、學術、慈善用之房屋、歷史上之紀念建設物、病院、病院船、病者傷者收容所，苟敵人不利用於軍事，務設法不使蒙損害」。故依照戰時國際法，無論在戰區或非戰區域之學校、圖書館、博物館、美術館等建築物，以及關於學校、博物館、美術館、圖書館之各種藝術品、學術製作品，絕對無關於戰爭，為維護文明起見，應行尊重，不得破壞。

南京、南昌、保定、廣州等城市，乃作戰區域以外之城市。而日本在

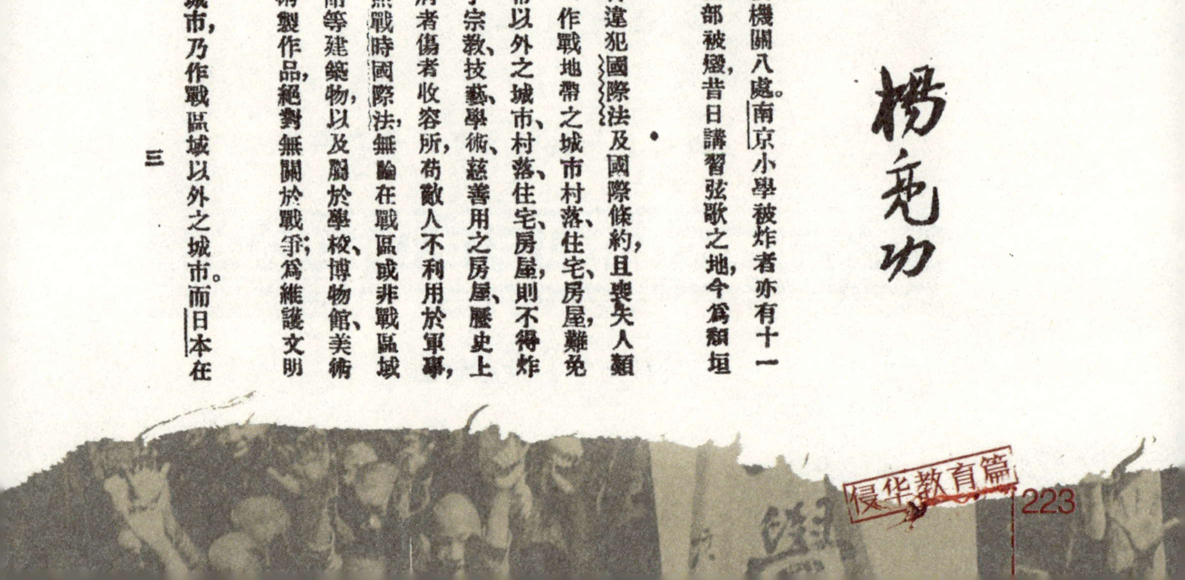

此等非戰區域之城市肆行轟炸。政治軍事機關受損害尚少，而特別注意於文化教育機關備受殘酷之炸毀。此種行爲，實顯然違犯國際法及國際條約。

再就人類道德方面說，日本此種摧殘文化之暴行，實爲現代世界人類之污點。學術文化是沒有國界的，大學校之實驗室，爲各種科學家集會研究之所。一旦研究結果有新學理的發現，新事物的發明，無論其發現者爲何種人，這種發現和發明，即成爲世界人類公有之財產。如指南針雖爲中國人所發明，無線電雖爲意大利人馬可尼所發明，但指南針和無線電已成爲世界人類文化公有之遺產。此次日本肆行轟炸我國學校，毀滅我國文化，使屬於學校之圖書館、科學館、美術館、實驗室等建築物，以及圖書儀器各種學術藝術製作品，皆成爲灰燼，此種暴行，實爲現代全人類之公敵。

柏拉圖在兩千年以前，教育初現曙光之時代，擬開始創辦大學，而爲宣言曰：「人類有清明的思想，有堅強的毅力，天生人類，賦予職責，使其將黑暗社會逐漸撲滅，造成光明世界，俾社會程度逐漸增高。」按柏氏之意，以爲大學之作用，乃使人類脫離黑暗社會而創造光明世界，現在日本肆行摧殘大學，是直欲使世界人類離開光明而走上黑暗的途徑。

上次歐洲大戰，比利時很多著名建築物被毀，而最令人痛惜者爲羅汾圖書館（Louvain Library）的被焚，認爲是舉世文化界重大的損失。此次日本在中國肆行轟炸，焚毀大學校二十餘所，校具儀器，淪爲焦土，標本圖書，俱成灰燼，其損失之大，又當如何痛惜耶！

日本以爲中國仇日者多係出自學校之青年，故痛恨學校，加以摧殘。以日本人對於中國數十年來之肆行侵略，凡爲中國人民莫不仇日。且世世子孫皆將仇日！日本不自悔過，雖欲舉中國學校而盡燬滅之，何補於事？徒見其心勞日拙耳！

我很希望我國教育界無論個人或團體公家或私人應當將此次各地學校被轟炸所受之損失，詳細調查，昭示於各國，使各國文化學術界對於日本在中國此種違犯國際法與國際條約及毀滅人類道德之殘暴行爲，有深切之認識，並希望他們能主張公道，加以制裁。

然而我們自己也要在艱苦環境中奮鬥，我們要努力研究科學，發揚學術。日本只能轟炸房屋，不能轟炸我國政府和人民的決心和意志。我們一方面抵抗日本的殘暴行爲，一方面在破壞中作建設。日本轟炸我們二十個大學，我們要有決心去建設二百個大學，爲世界學術增光，爲人類爭取光明掃除黑暗。

十月二十六日夜啟作

浙江战时教育文化

《浙江战时教育文化》创刊于中华民国28年（1939）3月，由浙江省抗日自卫委员会、战时教育文化事业委员会编辑，浙江省动员委员会战时教育文化事业委员会发行，月刊。出版地：浙江金华。该刊出版至民国30年（1941）2月终刊。

《浙江战时教育文化》杂志封面

敵人鐵蹄下的奴化教育

東北

僞滿在東北的統治辦法，主要的就是加強痲醉及奴化的教育，本來東北學制和中國內地一樣，原以三三制編成，每六年爲一學齡階段，十八年完成後，才可以達到一般現代國家的教育標準。僞滿深覺此種制度容易提高國民文化程度，並容易造成反滿抗日的中堅分子，因此把三三制取消而代以僞滿的奴隸學制，現在僞滿的學制，計分國民學校，優級學校（以上當初高小學校），高等學校（當初級中學），大學校（當高級中學或專門學校）四級。此外尙有國民學堂，國民義塾，和師道學校等，這些學校有的是按照日本學制編制的，有的簡直是僞滿的新愚民政策和私塾的混合物，同時僞滿爲澈底實行其奴化及順民教育起見，又將教育年限強制的降低，僞國民學校修業年限爲四年，優級學校二年，國民高等學校爲四年，大學爲三年，一共十三年，較之一般先進國少五年至八年的懸隔，全部修完了不過先進國家高級中學的畢業程度。

至於僞滿學校課程的內容是以養成「忠順良民」和「奴隸勞作爲中心，對於反滿抗日的「民族歷史」及「民族地理」的取締，非常嚴厲。其次如「社會科學」「自由思想」以及較高的生產技術，也都在禁止學習之列。一般私塾和小學裏，他們只准教授國民科（忠於僞滿的穢間）算術作業（奴隸勞作等。較高級的學校則學些國民道德（做傀儡做奴隸的道德），以訓練忠順的國民精神，而對於女子的教育，則以培養節婦孝婦爲最大的基點。課程則以家事裁縫，手藝等爲主。學校所用的教本都由僞文教部發給，教職員亦由僞文教部指定，校長無權過問。最近爲澈底執行愚弄人民思想的任務，又擬定思

想工作計劃，改變過去的形式教育而致力於奴化精神方面的訓練。並為養成一般青年對御影（溥儀像）詔書，國旗的尊敬心，偽文教部規定每週之第一日為紀念週。在上課前各校校長領導全校員生舉行向北「遙拜式」，同時並恭讀溥儀頒布的訓民詔書，表示對傀儡皇帝的擁護和崇敬，教員除講授指定的課程外，還須負責向學生或校外民衆宣揚「王道政治」的優點，和「日滿一體」的意義。總之日本在東北所施行的教育政策，是奴化愚民的，牠的目的在於消滅東北民衆，尤其是青年和兒童的國家觀念和民族思想，要他們俯首帖耳的子子孫孫做日本的奴隸。

在東北傀儡政權成立之後，跟蹤而來的就有所謂協和會，這是類似政黨的一種組織。牠的作用不外：一、以王道禮教等來掩蔽其帝國主義的侵略行動；二、以「共存共榮」「親善」「提攜」等口號來愚弄東北一般民衆，以貫澈牠獨古奴役的目的。協和會的要素，核說是「日滿聯合」和「民衆協和」，當然，所謂「日滿聯合」兩等於「日滿合併」，「民衆協和」，就是漢滿蒙與鮮諸民族須受日本民族的支配。談到協和會的工作，最主要的就是出版刊物，組織宣傳隊，以文字或口頭來宣傳「王道政治」的優點，和「日滿不可分的關係」。刊物中主要的有長春協和會本部出版的「協和之光」，「教育學報」，和瀋陽協和會支部出版的「新青年」數種。此外，如長春，瀋陽，吉林，濱江等地的報紙，亦均有各該地協和會分會所主持的副刊刊行，內容無非是千篇一律，宣揚「皇軍武功」贊誦「王道樂土」，和一些「歌功誦德」的漢奸文章，協和會並每年舉行一次敬老會及孝子烈婦會，歪曲中國固有的文化道德，滯塞一般民衆的前進思想。

至於協和會的會員，除了高級人員的日人外，餘則多數為中國人，他們大多數是滿口仁義道德，一肚男盜女娼的假道學先生和各地的土劣流氓，沒有民族意識和國家觀念，遇日人則脅肩諂笑，對自己同胞則作威作福，在他們高喊着「日滿一體」，和感謝「友軍」「弔民伐罪」的醜態，真非拙筆所能形容。

北平

日人進據北平後，平市各大學暨專門學校，幾完全停辦，各校的校舍，也幾乎都被佔領，作為營房或馬廐，就中受創最重者，當推北大清華平大東大等國立院校。本來日軍對以上各校，厭惡至深，向來就目為「排日或抗日的學校」，所以各該校的文物和建築，加以摧毀，北大的圖書，儀器被日軍當作燃料，研究院考古學會的石刻，被用拴馬石，室內的玉器銅器，不遭破壞，即被盜賣。至清華平大等校的圖書儀器和機器，也都搶掠一空。目前尚能勉強開學的大學，僅燕京，輔仁，中法，中國等校，但學生數日大減。思想較前進的教授，也都遠走內地，各校行政，除中國大學係由漢奸何其鞏主持外，餘雖均未受日人直接干涉，但圖書館以及私人的書籍，稍有涉及違礙日華親善合作者，概須檢出焚燬，以防意外災禍，教授和學生，在校內祇能「安分守己」的授課和讀書，不許有任何的集會和結社，以免日人藉口檢查和搜索。日人除改變各校課程內容，以加強奴化教育外，對各項書籍的檢查，亦頗嚴厲，本來在北平偽「警察局」成立之初，會規定違禁百二十餘種，凡稍有妨礙日華親善的書籍，都在禁讀之列，本年六月中旬，媚日求榮的「新民會」，又有「剿共滅黨運動週」的發起，在這一週內，對書籍的檢查，尤特別嚴厲，主持檢查事務的多為日人，檢查的場所，包括極廣，學校住戶公寓官廳，皆為彼等執行任務的地方，違禁書籍的範圍亦極為寬汎，地圖史地政治經濟社會問題等，都成禁品，且日人多文理不通，因而無辜罹禍者，實更僕難數，此外日人對函電往來，也都加以密切的監視，智識份子間的往來，尤為注意，困居故都的國人，因接南方友人的函電，而被拘捕陷身囹圄者，更數不勝數。

日人對北平教育除了以上的蹂躪方式以外，還唆使偽「社會局」發起中學生論文，演說競賽會，凡主張「親日」「滅黨」「剿共」則頒給獎金，每逢偽府重要城市，則強迫各校開會慶祝，有時還舉行提燈遊行，同時並組織「赴日教育考察團」「親善使節團」，以期澈底奴化北平教育。最近尤值我們注意的，就是日本對華文化侵略的策勵機關「東亞文化協會」，在日鮮浪人主持下，又

大事活動，和無恥漢奸們組織的「教育聯合會」「日語協會」「新民會」等覊狙爲奸的，向北平教育界瘋狂般的進攻，提倡「親日降日」的謬論，厲行奴化愚民的教育政策，俾使平市數十萬民衆，尤其是靑年和兒童，忘掉了民族，忘掉了國家，子子孫孫，俯首帖耳的爲牠的奴隸。

揚州

淪陷經年之揚城，日人積極實施奴化教育，以謀毒害華人之兒童，青年，以及無知大衆，用心頗深，玆將此間奴化情形，暨在中政府管領下之教育實施情況，分別探誌於次。

揚城成爲游擊區時，教界同人，大部份隨軍退出，間有少數無力逃亡之小學教員，困居城中，地方偽組織出現時，日軍即命組一偽「文化部」（現改偽「教育局」）召致此輩無以爲生之失業教員，「恢復」學校，當於今春起，由此輩與日人合作開辦初小五所，完小五所，經費由偽「會」擔負，教育科目，爲陳舊之國語（內容已經完全修改），修身，暨日語等科，日語科歸日人教授，此外並廢棄童子軍教育，蓋完全爲愚弱中華小國民之策略也。最初各生家長，都不願其弟子，接受此等奴教，但經偽組織疊次催迫，無法抗拒，祇有忍痛屈伏而已。惟彼亦子之心之兒童，年齒愈大者，頭腦愈清醒，日籍教員，雖時餉以菓餌，伴其嬉戲，企消滅其國家觀念，終不可得。夏間某小校中學生數人，竟於上課時，高呼「打倒日本帝國主義」，「擁護蔣委員長」等口號，靦顏事敵之該校校長與教員，咸相顧大驚失色，隨將此數學生開除，並罪責其家長，由是多數學生家長，深懼繼後爲此出岔，更不敢飭其子弟進校，乃多在家自課，或設法轉入私人學塾矣。

至於中學，日軍與偽府，初亦議謀設辦二所，第已經各校教職員暨青年學生，幾悉數逃亡在外，無法網羅；其次省立揚中等校舍，於日軍進城時，慘遭蹂躪，校具設備，全部蕩然，恢復不易，因作罷論。另設立日語補習學校一所，誘致城中失學與失業青年，研讀日語，將來云可由日方加以重用，無異一漢奸製造所；此外有教會中人，創辦一盛經中學，教材尚佳，青年就學者人數頗衆。

日方亦注重所謂「社會教育」，備有巡環電影一種，先後在揚仙邵等地開演，內容悉爲不堪寓目之種種肆意宣傳，期使地方大衆爲其毒化，更由偽會創辦一漢奸報紙，定名「大江北日報」，每日發表荒謬消息，橫事吹噓，惟居民良知不昧，咸偷閱隣縣報紙，期得正確消息，此項報紙，每日由報販設法帶進，計小報一張，售價恒貴至數分一角，購者仍紛爭不已，後爲日方查悉，搜殺報販達十數人，亦云慘矣。

最後一述在江都呂縣長管轄下之各鄉鎮教況，小學一律照常上課，教員均支最低限度之生活費，兒童弦誦不輟，教育効能較逕大增，中學部份，省立揚中，分在上海泰縣兩處復校，私立揚中，在揚泰交境之樊川上課，此外泰縣姜埝鎮有省辦高師一所，其中教職員及學生大部係揚州師範舊人，故揚城各校中學生，在外安插殆盡，失學者絕少，間有少數無力負笈外埠者，則進入鄉鎮私人設立之補習班修業，尚不失其求學之機會焉。

蘇州

蘇州於去年淪陷後，原有之各校，如東吳大學及附中與蘇州美術專校，都遷往上海復課，省立學校，除蘇州農業與陶瓷職校，無形停頓外，蘇州工業，蘇州中業，蘇女師，與金山衞濱海師範，及蘇中實小等校，均有各該校教職員在上海設立私校，救濟未往內地之失學學生（聞現在上海私立蘇中有簡師班，及小學班）。私立中等學校，如教會設立景海女師，慧靈女校、宴成、桃塢、及私立樹德、振聲等中學，亦皆遷往上海復校，此外振華女中、純一初中、英華初中、伯樂初中、樂益中學、二樂中學、初級商業、與中山體專，成烈體專等校，皆已完全休歇，惟義莊之崇范，與西美巷之崇實兩校，現仍繼續設立。吳縣教育局主持之中小學多所，多已解散。最近由偽組織在蘇州城區辦縣立中學一校，縣立小學十所（有高級者六校），鄉區辦小學六所，其課程，國文分讀經歷史地理三門，公民改修身，算術教材降低程度一年，初小三年級，即加日語，每週三

小時，以後年級加高，日語鐘點亦增長，倘日文一科不及格，縱他科成績優異，亦須留級，實行奴化教育政策，現在各校執教鞭者，多老邁龍鍾云。

上海

日僞實施奴化教育，將滬市原有各市立小學，先後開辦，惟一切均徒有其表，各校校長一部份係原任，爲生計所迫，靦顏附逆，但因僞組織對於教育經費，並不按期撥付，故欠薪恒達兩三月，此次「大道社會局教育科」，改組僞「市教育局」由吳文修任僞「局長」，其登臺後第一件要政，爲索取欠費，惟一經發下，即爲吞沒，各校教職員獲悉，紛請發付，恐將發生重大糾紛，而各校長及教職員之薪俸，原甚菲薄，故並要求提高待遇，但未得要領，至於教學方面，亦但求形式，所謂改編教科書，亦未成事實，各地學童，雖被迫進校，但無書可讀，故終日閒蕩無所事事，可見其內容之一班，茲將市立校長之名錄，探誌如次：江灣第一小學蔡吉卿，松井廸第一小學俞逢春，彭浦第一小學滿壽生，眞如第一小學王鈞，曹家渡第一小學李諱，法華第一小學趙琢成，南市一區第一小學李平，第二小學曹萍，第三小學夏郁夢，南市二區第四小學朱斌，第五小學周志讓，第六小學邵念北，特區第一小學孫大雄，浦東第一小學顧天森，第二小學顧如嫣，日語專修學校校本菊子，楊家渡第一小學金德彰，東溝第一小學朱潤生，第二將於張甫庭，第三小學楊粹謀，高行第一小學顧天民，第二小學顧聘珍，楊涇第一小學葉大鵬，高橋第一小學張仲仁，第二小學姚崇仁，第三小學張梅庭，長橋第一小學張瑞林，三林模範小學姚時競，第一小學未詳，第三小學曹劍青，第一小學喬忍之，第五小學周競，發五分校未詳，第六小學儲文勝，第七小學顧人杰，楊思第一小學金倩予，第二小學陸薇，第三小學姚隆宏，江浦第一小學王一川，第二小學未詳，第三小學孫友仁，第四小學藏志榮，第五小學未詳，第六小學張勤業，第七小學顧楚善，陸行第一小學朱文新，第二小學俞堅，分校主任張行，第三小學張惜春，分校主任仇煥章，第四小學曹孝瑾，第五小學張方，塘橋區遠北第一小學蘇振胡，北蔡第一小學顧名，高橋第一分校主任俞廷錄，閔行第一小學戴佐堯，顓橋第一小學朱道隆，川沙城區第一小學沈定一，塘墓橋第一小學張詠聲，第二小學高志清，第三小學應文元，曹鎮第一小學朱錫樵，王家港第一小學馬志闓，龔鎮第一小學丁蔚成，江灣第一小學吳應棟，靑墩第一小學　進昆，合慶第一小學郞席林，白龍港第一小學鄒寶田，蔡路第一小學應錫車，第　小學李吉甫，羅店第一小學趙文瑞，郞行第一小學陸鵬程，川沙第一小學金鍾琪，月浦第一小學郭以生，齋橋第一小學潘濤，淞陽第一小學王以清，吳淞第一小學陳其湘，共教員三百十餘人。

又上海縣自去年十一月淪陷以後，全境教育，悉數停頓，新建校舍六十餘所，大半毀滅，據最近調查，以中心、強恕、顓橋、北橋等校，損失最鉅，其餘遍布鄉村的校舍，日軍恐懼游擊隊之藏匿，亦多加以摧毀。當日機來縣轟炸時，各校弦誦之聲，猶未停歇，幸教育當局，防患嚴密，故各校學生，尚少發生生命危險，僅五權小學，炸死二人。目前該縣在日人控制之下，實行奴化教育，開學的在浦東有十餘校，在浦西祗有兩校，各校行政，均受日人支配，所讀書籍，竟爲三字經，千字文，論語，孟子等，以前教科書，概須檢出焚燬，校中不得集會，即國慶日亦不許紀念，且不時有日人來校檢查，學生不多，每以貧苦江北兒童充數，教師以老學究居多，曾任縣立學校之教師，則不滿十人云。

杭州

敵寇自盤踞杭市後，即着手於奴化教育的實施，僞「市府」便大費氣力，所以傀儡學校次第成立，當初學生極少，因爲做家長的都不願送自己的兒子去「奴化」，僞「市府」便多方作僞宣傳與僞恐嚇，這條奸計，頗有微效，學生本來疎落不堪的，也居然多起來。自然「奴化」有功，傀儡心喜。最近自僞「市長」何瓚被狙擊一命嗚呼後，各學校曾經遭敵寇一度的大搜查，一般僞「校長」與「教員」個個嚇得心膽俱裂，大呼「危險」不止。現在日把杭市奴化教育的概況分述如次：

「學校教育」方面：（一）杭州淪陷傀儡登場後，初設「中等補習學校」一所，計一二三年級各一班，後改爲「市立中學」，計分男女二部，男子部一年級二班，二三年級各一班；女子部一二三年級各一班，共計七班，學生二百二十五人，經費由僞「市府」月撥二千三百三十餘元。（二）「市立小學」，初僅五所，後又增設八所，內完全小學六所，初級小學二所，共計四十三級，學生一千九百五十四人，經費月支二千六百四十元。僞「校」課本，都經「宣撫班」的删改，凡有關愛國思想的一律删去，同時添設日語一課。總理紀念週，改爲孔子紀念週，仍舊於每星期一上午九時舉行。這是敵寇偷天換日的奴化政策。

「社會教育」方面：（一）因爲杭市自遭敵寇的蹂躪後，一般市民流離失業，所以難童頓成一嚴重問題。僞「市府」以機會難得，一面藉名施粥，略施小惠，一面則乘機施行奴化教育。傀儡沾沾自喜，認爲「露天教學」。值倒奴化功課完了，而所謂施粥也就停止。（二）杭州遊藝人員本來極多，當敵人進犯時，因經濟關係，不及逃出，因此依然流落西子湖邊。惟窮極無聊，乃重行調攝賣唱，僞「市府」仍恐其宣傳抗戰鋤奸，乃實行「登記制度」，發給登記證後，始准營業，計發登記證二百四十張。所演節目均須經「市府」審查，審查准予演唱的，都是誨淫誨盜的謠詞邪曲。這是敵人麻醉政策的又一陰謀。此外還有一僞「教育月刊」，係由僞「教育局」所主編，這是一般漢奸獻媚的作品，滿紙胡柴，不知所云。現已出至第三期。狗嘴中吐不出象牙，狗屁股裏當然只會放狗屁。

僞「市府」又爲獻媚敵人計，藉什麼「促進中日文化聯繫兩國小學生情感」云云。舉行「宇都宮市及杭州市小學生成績聯合展覽會」，於二月十二日假馬市街小學正式開幕，開幕的一天，「省市」傀儡都搖擺出場，而所謂「友邦」的軍事人物亦羅列滿堂。陳列品中有一屏書云：「中日小學生作品交換，爲中國和日本兩國交歡之初步，深願於今日種中日提攜之根，明日開中日親善之花，將來結和平之果，黃種民族共存共榮」。一派夢話，自然是漢奸馬屁主義又一醜態。

文化批判

《文化批判》创刊于中华民国17年（1928）1月15日，由上海创造社出版，丁哲主编，月刊。该刊的出版成为创造社同鲁迅进行革命文学论争的中心。《文化批判》登载了多篇文章对鲁迅进行“笔尖的围剿”。鲁迅冷静地理性思考，写下一系列文章对《文化批判》一些近乎谩骂式的攻击进行了尖锐中肯的反批评。值得关注的是围绕着“趣味文学”二者进行了一场激烈的批评与反批评。这对中国现代文学、社会发展起到了不容忽视的推动作用。报刊作为大众传播媒介，使知识分子有了论争的可能性。同时，也使其有了更多的思考与进步，通过论争，鲁迅的思想有了很大的转变，从此开始了他更具睿智的战斗。

大量史料证明:《文化批判》的编辑群体虽是一群无名的文学青年，但他们编辑立场鲜明，社会感应敏锐，刊物的风格内容又能积极适合读者和文化市场的需求，因此，恰逢其时地担当起从“文学革命”向“革命文学”转向的重任。

该刊自第5期改名为《文化》杂志。

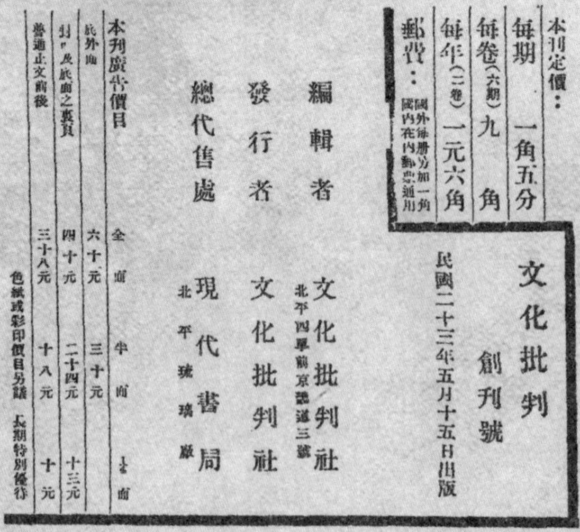

文化批判

創刊號

民國二十三年五月十五日出版

本刊定價：

每期　一角五分

每卷（六期）九角

每年（二卷）一元六角

郵費：國外每册另加一角　國內在內郵票通用

編輯者　文化批判社　北平四單牌京畿道三號

發行者　文化批判社

總代售處　現代書局　北平琉璃廠

本刊廣告價目

	全面	半面	¼面
底外面	六十元	三十元	
封面及底面之裏頁	四十元	二十四元	十三元
普通正文前後	三十八元	十八元	十元

色紙或彩印價目另議　長期特別優待

《文化批判》杂志版权页

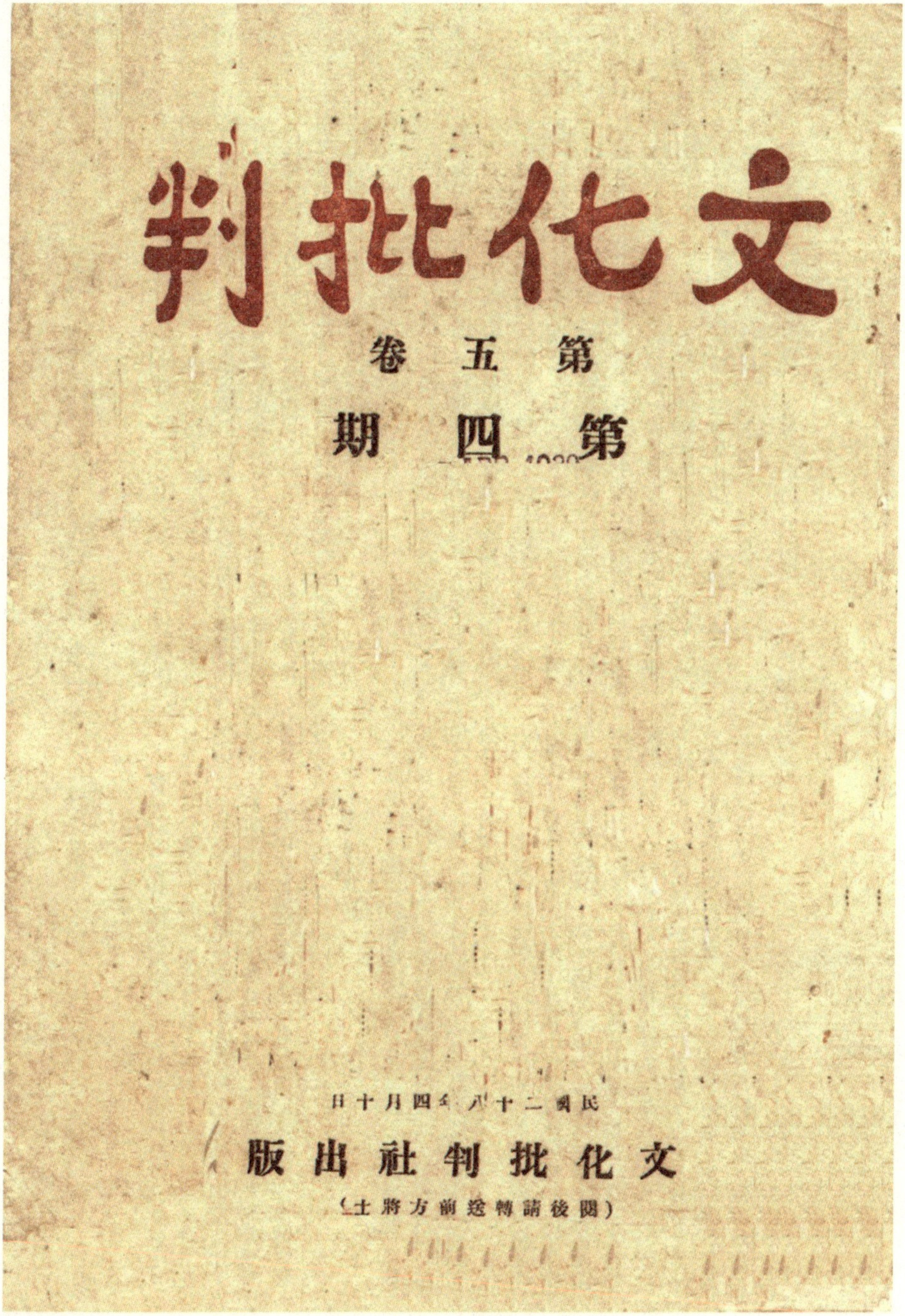

文化批判

第五卷

第四期

民國二十八年四月十日

文化批判社出版

（閱後請轉送前方將士）

《文化批判》杂志封面

東北奴化教育之現狀（通訊）

知恥

日寇侵佔我們的東北四省，已經七年多了，在它用高度的資本帝國主義的壓迫，搾取，奴化手段之下，我們一切都落後的四省同胞，除了前進而英勇的份子，用血肉和日寇不斷地鬥爭外，大多數的人民，過着那奴隸的水深火熱的生活。奴化教育，是帝國主義奴隸殖民地的唯一工具，日寇是最刻毒而下賤的帝國主義者，所以日寇在東北的奴化教育之現狀，如何的值得我人的注意喲！

一行政組織

僞組織最高教育行政機關，爲文教部。設總次長各一人，分設總務學務禮教三司，總務學務兩司長以日人充之。總務司下設祕書調查庶務文書四科，學務司分設專門普通兩科，禮教司分設社會教育及宗教兩科外，並有編審委員會及督學官。各省教育廳，設廳長一人，以下分設總務科，學務科，禮教科，督學科，有將學務科分爲學校教育及社會教育科者。總務學務督學三科科長，以日人充之，督學及科員日人華人參半。各中等學校設校長一人，教務訓育事務衛生圖書會務學級等主任各一人，教務事務兩主任，以日人充之。最近訓育主任亦多由日人充當。各實驗中學校長亦爲日人，各小學添設副校長一人，以日人充之。

教育廳對各校凡有重要訓示，即由日藉科長召集各校日藉主任面授機宜；各校對教育廳，有所請示，亦由日藉主任逕商之，日藉科長廳長校長簽字蓋章而已；關於機密之件，連簽押手續也沒有。文教部教育廳間之關係亦如是，各校所有用品，悉由教育廳發放，各校職教員之進退，亦由教育廳決定。

二教育宗旨

僞組織所標榜的教育宗旨，在男校爲「忠君退讓」，在女校爲「賢母良妻」。至闡揚組織僞滿的精神，實現所謂「王道主義」，僞滿與日寇的親善，「共存共榮」等的欺瞞謊語，則爲男女各校所共同。

依據了這樣的奴化教育的宗旨，以前的東北各專科以上的學校，當然在取消之列，並裁併中學及師範學校。對職業學校，則加以整頓，俾一般東北青年之最高理想，即爲養成最下層的技術人才。對於幼稚園及小學，則積極擴充，它的目的在於灌輸親日思想，以自幼稚園小學入手，爲澈底奴化的基礎。各級學校的公民黨義早已取消，代之以修身，並減少英文算學鐘點，而教授日語；日語不及格，則不得升級畢業。中等學校史地課本，均用新編之僞滿歷史，僞滿地理；

其他科目，則沿用舊日教本，而加以刪節塗改。各小學教科書，現均用新編者，各校日語，悉由日人担任講授。教育廳聘各科日籍教員多名，分任各縣立指導員。各級學校的訓育，除高唱偽滿與日寇的親善，共存共榮，王道樂土，組織偽滿的真諦外，並施行這樣的訓練方法：唱偽滿歌，拜偽皇城。就是每日晨操時，先升偽滿旗，師生齊唱偽滿歌，並遙拜偽皇城。

三留學政策

對九一八以前出國的東北籍留學歐美公費生，先由駐在國的日本使領補發學費，並勸令歸國，聽從者發給歸國路費。自此以後即不送歐美留學生，凡欲深造者，只准赴日就學。留學日本的考試分下規數種：

(甲)選派中等學校教員，留學期間為一年，每月津貼八十元。

(乙)選送高中畢業生，每月學費自二十元至五十五元，視所入學校之等級，及所在地而定。

(丙)選送初中學生，偽駐日大使丁士源，以年事稍長之學生，思想堅定，不易同化，有礙偽滿與日寇的協和工作，爰建議選送十五歲以下之學生，赴日留學，此項主張採用後，故近來留學日本之關外學生，不乏十五歲左右者，月給學費二十元至二十五元。

(丁)選派小學教員，分批赴日參觀遊歷聽訓，以增厚親日思想，而使效忠於奴化教育。

(戊)勸令偽官吏子弟赴日就學。

日寇為統制留日東北學生起見，裁撤往日各省經理員，而於駐日偽大使館內增設學務科，專司留學生事宜，以日人充科長，並利用關東洲（旅順大連）及南滿醫專，南滿公學等校出身之學生，組織團體，如指導團，瀋水會，同窗會，同鄉會等，以聯絡感情為名，監視各生行動，不使與內地省籍留學生往來。

四教員訓練

東北各校之日籍教職員，除支配校務訓練學生外，並偵察華籍教職員的行動與態度，偽教育廳常以「新國家的感想」為題目，令各校頭腦清晰之華籍教職員作論文，或講演，藉覘各員的思想，以定取舍。偽文教部利用寒暑假舉行中小學教員檢定試驗，該項試驗的最重要之項目，為「建國精神」，其餘科目，則為形式。偽文教部在長春南嶺設一教員講習所，選拔全國現任小學教職員講習「建國精神」，「國內事情」，「國際關係」，「經學教育」等。訓練期間為三個月。因此，到了現在，已有許多的知識分子被奴化了，許多的知識青年被奴化了，這是如何的一個嚴重問題喲！

东北论坛

《东北论坛》创刊于中华民国28年（1939）1月20日，刘守光主编，由重庆东北论坛社发行。应任题写刊名，不定期出版。社址位于重庆一中路274号。民国29年（1940）4月15日终刊，共出2卷5期。该刊主要刊登东北沦陷后相关情况的报道，关内东北人的动态，日本的政治经济情况，以及有关东北问题的政论、文艺作品等，强调中国是包括东北在内的一个整体，期待中国早日从殖民者的手中收复东北，重建东北人的美好家园。

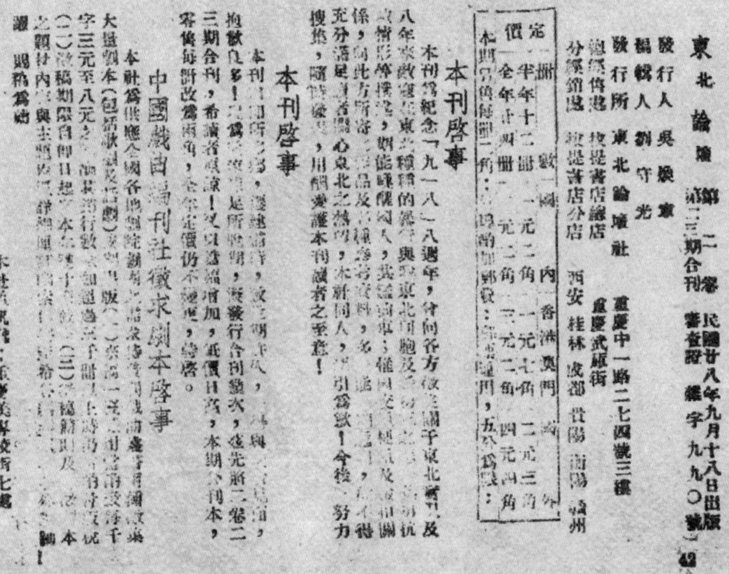

東北論壇 第二卷 第二三期合刊 民國廿八年九月十八日出版 審查證 [illegible]字九九〇號

發行人 吳煥章

編輯人 劉守光

發行所 東北論壇社 重慶中一路二七四號三樓

總經售處 拔提書店總店 重慶武庫街

分經銷處 拔提書店分店 西安 桂林 成都 貴陽 衡陽 贛州

定價 一冊 [illegible] 國內 香港 澳門 國外

半年十二冊 一元二角 一元七角 二元三角

全年廿四冊 一元二角 二元二角 四元四角

本期只售每冊一角；[illegible]郵費；[illegible]，五分[illegible]。

本刊啓事

本刊為紀念「九一八」八週年，曾向各方徵[illegible]關于東北[illegible]及八年來敵寇在東北種種的罪行與[illegible]東北同胞及[illegible]抗戰[illegible]等[illegible]，如能喚醒國人，共[illegible]；惟[illegible]係，向此方所寄[illegible]品及[illegible]，[illegible]不得充分滿足讀者[illegible]心東北之熱[illegible]，本社同人，[illegible]引為歉！今後[illegible]努力搜集，隨時發[illegible]，用酬愛護本刊讀者之至意！

本刊啓事

本刊[illegible]，[illegible]，[illegible]，抱歉良多！[illegible]，[illegible]，並發行合刊數次，茲先將二卷二三期合刊，希讀者原諒！又以[illegible]增加，紙價日高，本期[illegible]本，零售每冊改為兩角，[illegible]定價仍不變更，特啓。

中國戲曲編刊社徵求劇本啓事

本社為供應全國各[illegible]大量劇本(包括歌劇及[illegible])[illegible]字三元至八元[illegible]（一）[illegible]（二）徵稿期限自即日起[illegible]本[illegible]（三）[illegible]之題材內[illegible]與[illegible]

謝 賜稿為[illegible]

本社通訊[illegible]：重慶美專校街七號

《东北论坛》杂志版权页

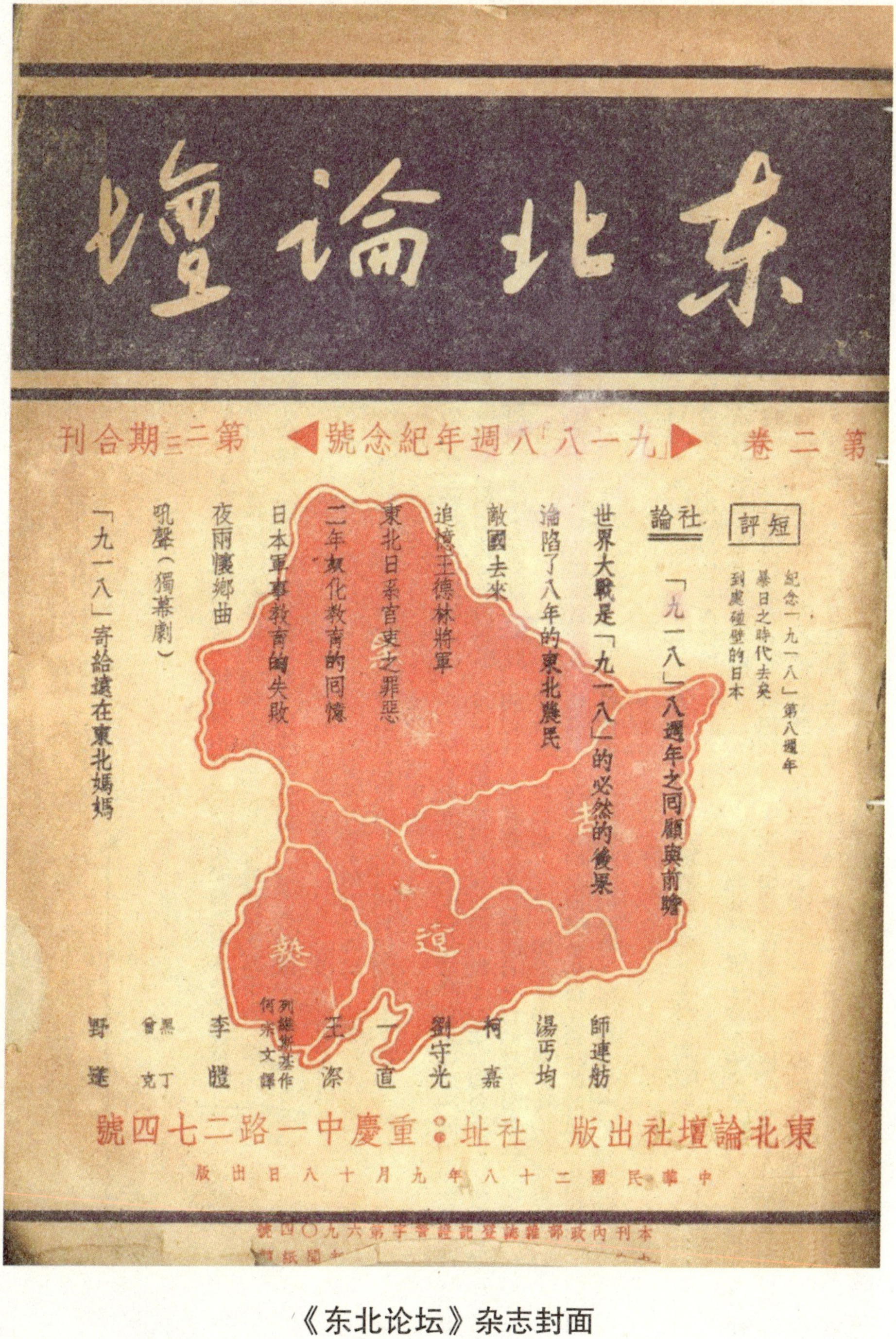

东北論壇

第二卷 「九一八」八週年紀念號 第二三期合刊

短評
紀念「九一八」第八週年
暴日之時代去矣
到處碰壁的日本

社論
「九一八」八週年之回顧與前瞻

世界大戰是「九一八」的必然的後果 師連舫
淪陷了八年的東北農民 湯丙均
敵國去來 柯嘉
追憶王德林將軍 劉守光
東北日系官吏之罪惡 一直
二年奴化教育的回憶 王漈
日本軍事教育的失敗 列謝斯基作 何宗文譯
夜雨懷鄉曲 李體
吼聲（獨幕劇） 黑丁 曾克
「九一八」寄給遠在東北媽媽 野蓬

東北論壇社出版 社址：重慶中一路二七四號

中華民國二十八年九月十八日出版

本刊內政部雜誌登記證警字第六九〇四號

《东北论坛》杂志封面

二年奴化教育的回憶

王潔

編者先生，

身受二年的凌辱，積累八年的怨火，使我情不自禁地用文字發洩出來。尤其當目前日本帝國主義跟偽政府實行侵略之後，大施奴化教育的時候，來描畫一段可紀念的活的歷史獻給祖國，獻給家鄉，該不是多餘吧！ 作者識——

(一)開學和刪書

時候是「九一八」的第二年春天，本應闊在關裏沒有回到東北，東北的許多小學和中學都陸續開學了。為了誇張是修飾着佔領區的秩序，冷酷的日子一向慣作這種醜陋的浮刻和叫人鄙視的裝飾品。我接到遼寧省立第二初中發出的復學通知，很躊躇。雖然在事變後關內的日語學校跟花煙館同速度的創設起來，可是我從未問津，因為我不甘作亡國奴！

「這大的小子不去念，在家閒着幹嗎？」父親的語調裏夾雜着命令的成分。

「…………」我緘默。

「「日偽讀」的書有屁念頭」澎弟替我辯護着。

開學的一天，我在勇敢和羞慚的矛盾意念下跑到學校。西關的一棟巍然矗立的紅樓像慈祥的母親擁抱着許多亂世青年，然而有的是不見了。因為機會不見着，我想對一群相見者熱烈地打招呼，可是一種異常的感覺箝制了嗓子。這種感覺給無法遏止的「自卑」心理浸染的愈形劇烈。我才是十三歲的孩子，痛得要哭，在充滿着異調國度的家鄉裏，能不憶懷往昔開學的盛況嗎？

吹着塞外蒼黃的三月春風，使我投入迷惘。信步走[illegible]，沉悶無聊地看那新填滿日的課程表。添了一門日語，[illegible]，國文改成漢文。

當我們在第一週進行「刪書」的工作時（偽「滿」教科書尚未編成）。教師都用沉痛的調子說：「教育廳命令！」身子給激動得發抖。空氣窒人，我們隨着教育的指示而塗抹。然而在這底下的筆跡越發惹人注意，隣桌同學把塗掉而依然清晰可辨的字句指給我看，在晶瑩的淚滴完全佔據了情感的瞬間，耳際彷彿聽到「濟南慘案——要塗掉」的呻吟。啊！駭人的一幕幕往昔記憶是永不可磨滅的！

(二)日籍的教師——秋山敏治

在準備上第一課日語之前，弱小的心靈感到忐忑不安。在最不幸運的時候，委實怕見一位得意的異國「主宰」。日語教師和校長隨着鈴聲大踏步走上了講台，台下的眼睛一起集中到這位「主宰」身上。他是肥胖胖的，穿着一身不大合體的西裝，很容易看出是東洋式的西裝，在發青的臉皮上到處是經努力修括而痕跡昭然的鬍根子腿子短得令人發噱，腳上胡亂地套上一雙笨重的皮鞋。從校長介紹詞裏我們知道他的犬名叫秋山敏治。他的親戚是男爵，他在日本社會地位很高。秋山操半通的中國話嘴角露着獰笑說：『「滿洲」的許多不幸事件，大半由於言語隔閡的緣故，所以日本人不懂漢話，不配到「滿洲」來，「滿洲」人民不懂日本話也不行，言語就是日「滿」親善的介物』。這一席話並不簡單，稍有常識的人都會聯想到「日韓親善」時，日本就是用這種技倆消滅朝鮮的語言及其文化的。

此外，秋山還有一套哲學：他的教授法是偏重會話，而且老是教我們講，僅僅日本封建社會才有的恭敬語。他又說讀書沒得用，讀書就是書呆子。領略秋山這一席話，使我感覺日寇在東北是已經開始其愚民政策了。

與其說是日本教師，勿寧說是奸細。秋山就是這樣性質的角色。他站在禮堂的講台上窺測學校的每一個角落，每天都這樣消磨一個鐘點。在他的手邊常有一個小冊子，你的一舉一動甚至你收到一封信或接見一位朋友都被登記上去。他認識每一個學生和校工，祇要你有「反滿抗日」的行動，就難逃出他的鐵掌。

(三)校長和教師

日本注意中國教師遠過於學生。在日本人看來初中學生不過是一羣小天使，幼稚率眞。教師則不然，所以各學校的校長每學期要被輪調一次，因此校長不能夠跟學生混熟，使可以防止軌外行動的發生。教師必須住民房，學校的教員宿舍反而空起來，藉資分散他們的力量，剝奪他們與學生接觸的機會。日本就想利用這種政策，過太平日子，可惜它那淺薄可憐的政策，並不能順利地實現！

教代數的趙先生曾經發誓說打事變起他就沒買過日本貨，他懺悔從前連他的孩子玩的輕氣球都是日本貨的過失。講歷史的竇先生時常在課堂上悄悄地報告他從收音機裏竊聽的中央社消息。校長暗示的鼓勵在他的訓話中很容易發現。假設秋山是一個幹練機警的傢伙，我們師生恐怕早已飽嘗陰沉寂寞的鐵窗風味了。

教育經費和學校行政校長是無權過問的，記得康有爲變法時的信條是當小官作大事，人家說他的含意深遠，然而日本的統制信條恰恰相反；就是叫傀儡作大官不作事。僞滿學校的校長是苦悶的，既不能調換一個小書記，又不能如意支配一個銅板。錢是一切的基本，沒有錢就不能作事。民主國家的預算案必須經民意的機關通過的原因，就是讓人民用財政堡壘防範政府。日本鬼子機巧地運用這一套邏輯，一到月底，就有滿載教育用品和教師薪金的大卡車從教育廳駛出，在每個學校門首的甬道上停下來，卸下一批東西，這些東西是預備下一個月的用度。假若不至期而把板擦子或其他教育用品用得精光，那祇有校長貼本。這樣一來，小學校用具使用得格外經濟，每一個板擦子都發揮了它的最大效能，一方面固然是達到限制校長職權的目的，他方面不也是達到節省經費的目的嗎？

(四)思想的麻醉

思想的麻醉是怎樣呢？圖書館的書燒掉一半，閱報室只有盛京時報」和「滿洲報」。在事變前誰也曉得這是漢奸報。長城戰爭方酣時，他們用頭號鉛字刊出「平津在指顧間耳」的煽動消息，在「九一八」紀念日無恥地寫着頌詞。這是報紙的宣傳工作。

三月三日是僞滿建國紀念日，在瀋陽的同澤大禮堂公映溥儀登極的傀儡戲給我們看，宣傳我們應該而且必須忠於皇帝和僞國。在消極方面嚴禁學生跟關裏通信，有兩個同學因爲接到從關內寄出的信，就在當日的夜裏被一輛神秘的汽車載到不堪設想的去向。

現在來談談課程方面；本國史是從金兀朮講起，本國地理祇限於北滿和南滿。講到秦始皇硬要說是外國的了不得的人物。秋山也時常忿忿地說是『中國是「新滿洲」發展的障礙』。日本想在十年之後完成麻醉政策，把祖國觀念從東北青年思想裏澈底地驅逐得一

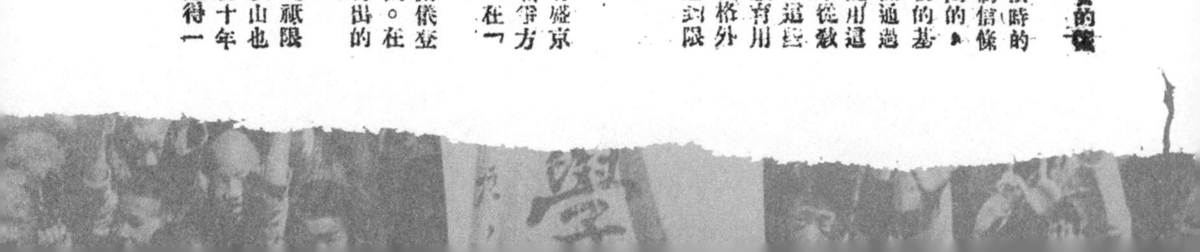

能二淨，使他們不知道在東亞的空間存在着中國這樣的一個國家，就是知道，也認爲是敵國。這是多麼毒辣呵！我們要知道這種麻醉政策不是統制過程中的偶然現象，而是敵人亡我國家種族有計劃的步驟。

最使我們感到難堪和躊躇不安的是慶祝偽滿的國慶和歡迎日本要人的蒞臨。有一天，學校奉令歡迎巡括東北的本莊繁。訓育先生從工字樓的東側鐵門趕出來，同學們狠狠地從兩旁佚場溜進，喊着關着：「去迎鬼子的，誰歡迎！」終久，我們在雨聲透了的日本站出現了，所有的人面朝着死板伸出去的鐵軌出神，這鐵軌是盤據關外的毒蛇！「鬼子」（站員）用喇叭筒子拉長聲音叱着：「來──天──」鬼才曉得本莊繁什麼時候下了車，月台上歡呼着。每個心都在想：「假使我有手鎗的話──一定不會來。」這真是遭[illegible]際政策的收獲呵！

（五）三個日的同學

在第二年開學的時候，有三個日本同學出現──齋藤大俊，吉田燾堯，原野（名記不得）。我們在一番驚愕之後，又恢復了平靜。沒有人追問他們的歷史，也沒有人推敲他們的來意。總之，同學都感覺他們彆扭，從來不跟他們聊天。齋藤反有親熱的態度，禮拜天他把從家帶來的餅乾糖菓給我們吃，然而我們都冷淡地拒絕了。一來受寵若驚，二來假如你真的不客氣，過幾天你日裝裏的鈔票會短了些或者你的自來水筆也許不翼而飛了，這就叫做「武士道」精神。吉田是很厲害的近視眼，他祇認爲了逃避兵役，家裏特意給他弄壞的。原野是一個陰險的傢伙。一個冬天的晚上他身子發燒，簡直地躺在牀上（日本人睡覺的姿態跟死了的人一樣）。一個初一小同學坐在爐旁漫不經心地用爐柄撥着火爐，發出有節奏的聲響，好像是宿舍裏沉寂空氣的拍子。誰會想到這樸實的聲響惹起了原野的怒燄，他猛然跳下了牀，巨掌沉重地擊在弱小者的臉上，拔出掛在屁股上的「盒子炮」，對準室內外的羣衆，羣衆像雷一樣吼起來。空氣激盪到極度緊張。然而，事實上除掉空言的譴責外，能把他怎樣呢？！我拉小同學到室外的消失在黑暗裏的榆樹下，我辨不清他的個頭的輪廓，我完全忘記了安慰話。宿室的黑暗終於給夜幕壓倒，我們的血在跳，心在想「我們是已經失掉了祖國保護的孩子，我們的祖國在遙遙千里外的南方。」意志堅定了，光明展現在前面。

（六）同學的生活和奮鬥

日本制服不了一夥反抗的心。

馬占山將軍和鄧鐵梅將軍是我們暗地裏談話中最感興趣的題目，我們懷着他們的戰績，盼着國軍反攻。當爐火將一羣臉膛烘得紅紅的時候，都豪放地眩耀自己的抱負。

記得所謂「康德元年」（偽滿年號）的一個隆冬夜裏，林宇義勇軍衝進瀋陽，城郊飛機場付諸一炬。鎗聲響了徹夜，火光冲上雲際。天剛亮我就跑學校去報告。一進門，就發現同學們亂糟糟鬧成一團，桌子推翻了，熱水瓶也打倒了。「十八架──媽的，全毀啦。」

「一個保安隊也拉出去了，人心不死。」

「你知道……」

他們才瞥見我，揮着問，立即又想到我一定知道多些，話停下來。

在我詳細報告義勇軍怎樣攻城和退出之後，我們都同意一道去看看秋山的懺悔態度，可是他老早逃得無影無踪了。我們更進一步地認識「武士道」的精神了。

與奴化政策平行的還有利誘政策。比方學生進娛樂場是半價，搭有女售票員的公共汽車和電車祇化二錢，就可以走遍全城。然而這些玩藝兒不但消滅不了我們的永恆不可磨滅的血的印象，反而加強了我們的戰鬥意志，我們積極生活着，不讀日語，因爲在那種環境裏讀日語就是客觀的漢奸；所有的時間都花在國英算上，因爲都打算到北平升學，雖然都對北平情形茫然無知。我們有的是勇氣！

在畢業典禮席上秋山鼓勵着動人的詞令：「……諸位畢業以後，稍有不得意，可以到這裏找我的朋友；倘若想留學（指留日），儘管來找我，我一定竭忱幫忙。」然而事實够使他失望，沒得一個「拜訪」他。除掉少數考入敵會學校外：大多數同學都在長城吃緊時，跨過榆關投到祖國懷抱來。現在有的進大學了，有的正在火線上爲家鄉爲祖國奮鬥着。我們能不致敬日本替中國辦教育的「汗馬功勞嗎」？

（完）

真光周刊

《真光周刊》也系《真光：真光中学学生自治会会刊》，创刊于中华民国28年（1939）6月，由陈汉琼主编，王易贤出版人，香港出版。内容有抗日形势分析，中国妇女读书修养，墨子学说述略，工厂参观记述，读书介绍，贫民窟特写，文学漫谈，诗歌、散文、小说、戏剧、日记及书简等。

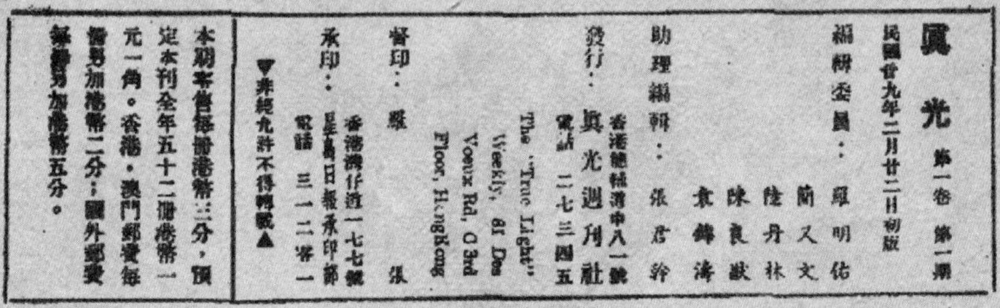

真光 第一卷 第一期

民國廿九年二月廿二日初版

編輯委員：羅明佑 簡又文 陸丹林 陳良猷 袁錦濤

助理編輯：張君玲

發行：香港德輔道中八一號 真光週刊社 電話 二七三四五

The "True Light" Weekly, 81 Des Voeux Rd, C 3rd Floor, HongKong

督印：張 張

承印：香港灣仔道一七七號 星島日報承印部 電話 三一二零一

▼非經允許不得轉載▲

本期零售每冊港幣三分，預定本刊全年五十二冊港幣一元一角。香港、澳門郵費每冊另加港幣二分；國外郵費每冊另加港幣五分。

《真光周刊》版权页

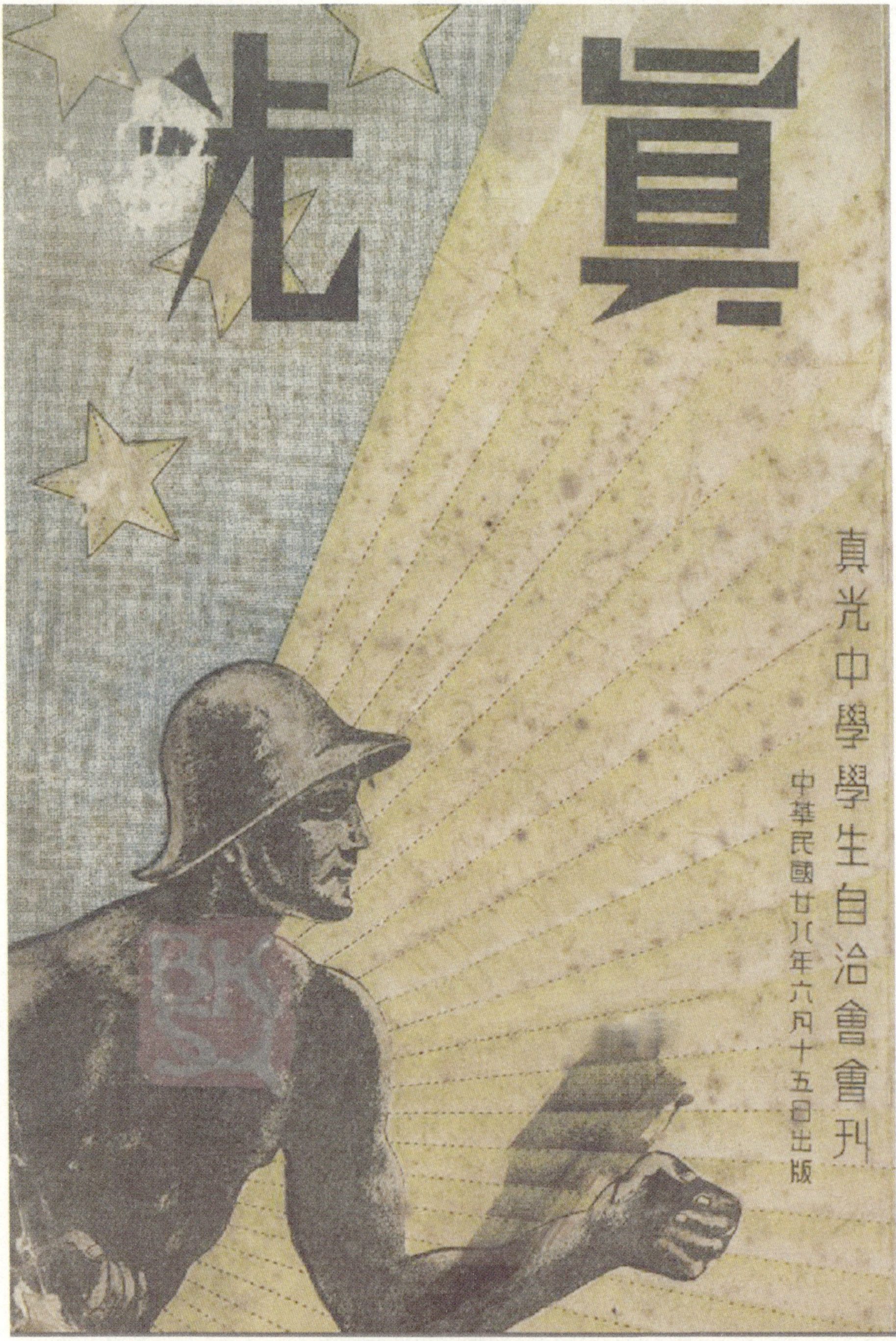

《真光周刊》杂志封面

廣州的奴化教育

趙孟飛

和日方所訂的秘密賣國條件——「日支新關係調整要綱」的附件二裏，有着這樣的一條「調整要項」：「日支滿三國撤廢一切政治、外交、教育、宣傳交易等足以破壞相互好誼之措置及原因，且將來亦禁絕之」。這個狠毒的文件，「換一句話說，中國境內凡有不便於日本者，一概永遠禁絕之」。（蔣委員長語，見「爲「日汪密約」告全國軍民書」。）說得更明白一點，就是：「在思想方面，日本恐怕中國人感覺他搜骨敲髓的痛苦，將來必起反抗，乃對文化教育加以統制，他要從生理到心理，統治中國的國民」。（陶希聖語，見「「新中央政府」是甚麼」？）所以日本每侵佔了我們一處地方之後，即在該地去施行他們在朝鮮和在台灣施行過的愚民和奴化教育。在廣州，當然是一樣的了。

日人在廣州施行愚民教育和奴化教育的步驟，大約分兩個時期，第一個時期是養成若干奴化師資，利用來做侵略的先鋒；第二個時期就是遣派這班會受奴化教育的奴才，在廣州或到內地去做教職員，以及廣泛的麻醉的功效。訓練奴化師資的地方，在高第路平民宮舊址，叫做「廣東小學教員訓練所」。在這個僞訓練所裏，已經有了一批奴才們受訓完竣去做傀儡的了，現在正在積極的去招收第二期的奴才，近已由僞教廳長出佈告招考高中畢業生一百廿名，取錄了之後，就每月津貼卅元軍用票。畢業的時間是三個月，畢業後，就派往台灣或是日本去考察，考察完了之後，歸來就做僞校長或是僞教員。招考到現在已好些時日了，而報名的却寥寥無幾，僞組織裏的人，雖然力勸他們的親友的子弟去應考，但青年們滿腔熱血沸騰，不爲所動；所以去報名的，祗是從前那些陳腐學究，無行文人罷了。

廣州現在有僞小學校卅八所，日僞當局宣稱「到今年春天，可以增至八十所，各僞校的僞名，通通是以該僞校的所在地的地名來作名稱的，如珠江小學，光復小學等。日僞當局强迫小學生去學習日文日語，規定每天加授日語教育一小時，教師當然是日本人，各校所用的課本，也完全給改編過了。至於課外讀本，也給限制，由日僞當局授命給各僞小學的僞校長去指定那些天眞的小學生們去閱讀那滿紙是「王道樂土」，「新中國的中堅份子」……等毒素的「兒童樂園」。這本僞刊物是僞協榮印書館出版的。該僞館最近大量的增出此種僞刊物，發給各僞學校，據說是：「以爲補助教材之不逮」的。

近聞日僞當局，待那批囚在僞廣東小學教員訓練所裏的第二期的奴才們畢業之後，即將該僞所改辦做僞中學教員訓練所來造就中等的僞學校的奴化師資，預備恢復現在還在停頓中的中等奴化教育。日前已由僞廣州市復興處發出僞佈告去招考僞中學教員入僞所訓練，招考名額，聞是五十名。報名日期是一月十五日以前；考試日期是一月十七日。考試及格，即於一月底入僞所受訓。受愚時間是兩個月，準於四月一日以前畢業，畢業即派往做新辦的僞中學去做僞教員。僞中學已決定於本年四月間恢復設立，辦法是先設男女僞中學各一間，初辦的時候暫設一年級，至於二三年各級，則要體察情形，然後再行增設了。

日人在廣州施行這種造成「新中國的中堅份子」的愚民和奴化教育，確是一個大的陰謀。然而日人這種陰狠毒辣的苦心設施，又碰到了釘子了，一個新近從廣州裏逃出來的朋友對我說，留在廣州裏的民衆，對于日人這些花樣，是知得清清楚楚的，而且又深深的記得他自己的祖國和生長於自己的民族，他們沒一個願意把他們自己的子女去受日人的訓，寧願他們坐在家裏白過日子。留在廣州裏的同胞，能夠這樣的——對日僞們作消極的抵制——和我們遙爲合作，我們聽聞之下，彌覺欣慰，雲山珠海，今日雖已無復是舊日河山，但總有光復的一天的。廣州的同胞啊！我們大家努力罷！

战时日本

由战时日本社主办的《战时日本》月刊，于中华民国27年（1938）8月在汉口创刊，宋斐如主编，不久即迁往广州、香港、桂林、昆明、重庆等地出版，战时日本研究会发行。我们在看到冯玉祥、郭沫若、沈钧儒、张友渔、刘思慕、李纯青、石西民、许涤新、王芸生、郑森禹等一批人们熟悉的作者名字的同时，也从社址不断变化的版权页背后，体味出当年办刊之艰辛。

《战时日本》月刊则显得更为理智，编者在“稿约”及“本刊宗旨与内容”中明确写道：(1)深刻而真确地刻画日本帝国主义的真相；(2)从日本本身有系统地研究日本各方面的问题；(3)从中日战争去真切把握泥足日本的危机；(4)从瞬息万变的国际环境去观察孤立的日本；(5)拟议各方对敌工作的方案及实施办法。

该刊出版至民国31年（1942）1月终刊。

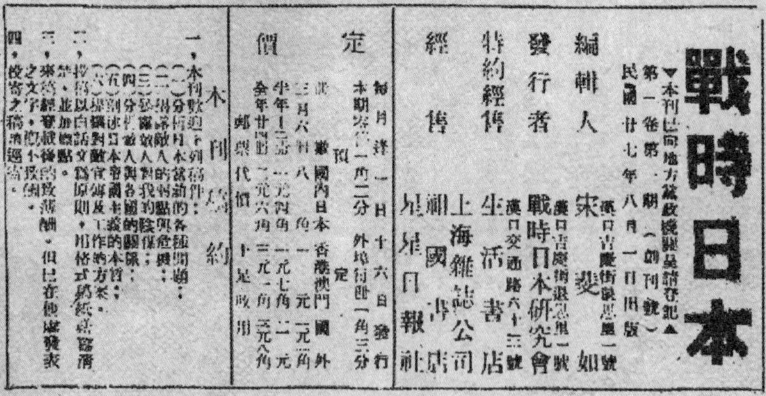
戰時日本

▼本刊已向地方政府機關呈請登記▲

第一卷第一期（創刊號）

民國廿七年八月一日出版

編輯人 宋斐如 漢口吉慶街吉慶里一號

發行者 戰時日本研究會 漢口吉慶街退思里一號

特約經售 生活書店 漢口交通路六十三號

經售 上海雜誌公司 [illegible]國書店 星島日報社

定價

每月逢一日十六日發行

本期零售一角二分 外埠每冊一角三分

預定

	國內日本	香港澳門	國外
三月六冊	八角	一元	一元二角
半年十二冊	一元四角	一元七角	二元
全年廿四冊	二元六角	三元一角	三元八角

郵票代價十足收用

本刊稿約

一、本刊歡迎下列稿件：[illegible]

二、[illegible]

三、[illegible]

四、[illegible]

《战时日本》杂志版权页

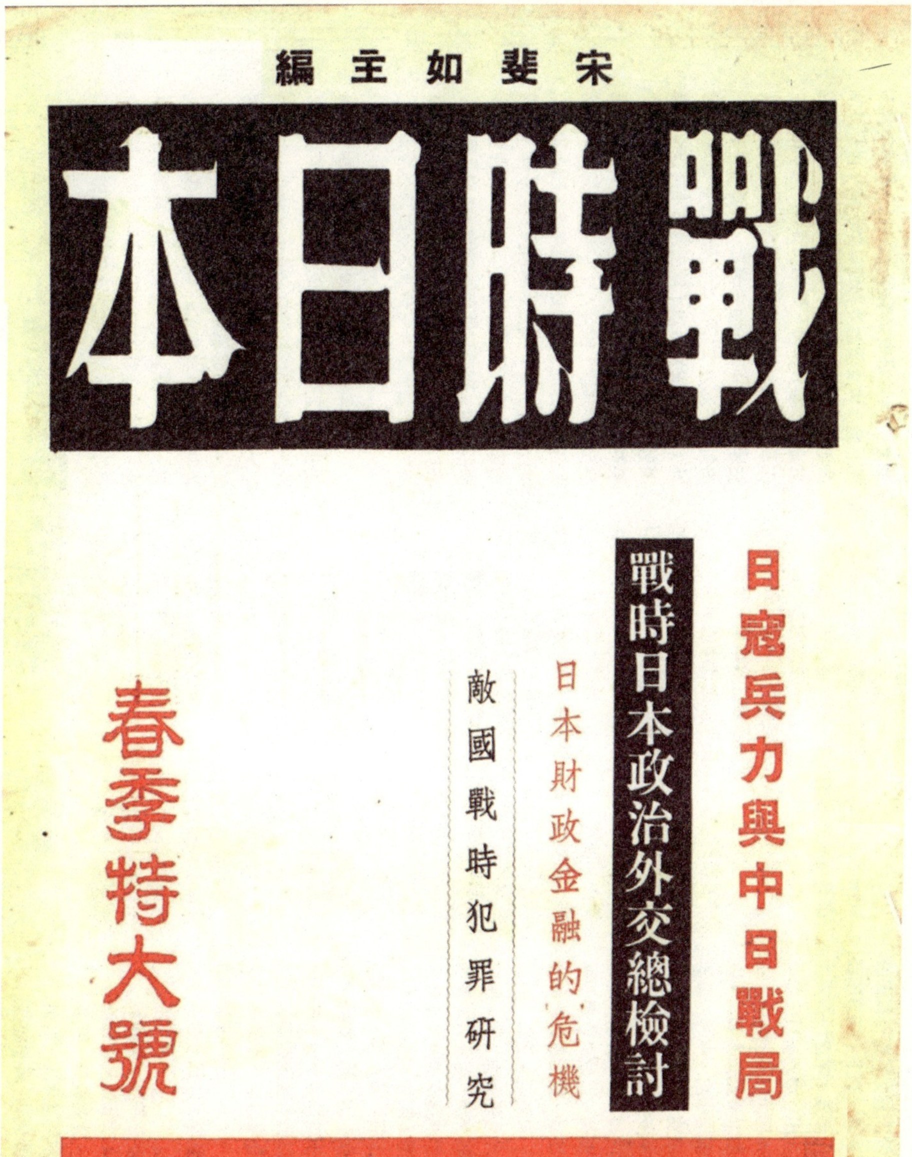
宋斐如主編
戰時日本
日寇兵力與中日戰局
戰時日本政治外交總檢討
日本財政金融的危機
敵國戰時犯罪研究
春季特大號
戰時日本研究會刊行
昆明生活書店特約經售

《战时日本》杂志封面

敵人在淪陷區的奴化教育

蔡雲騰

敵人鐵蹄在我國所到的地方，立刻厲行奴化政策；在我淪陷區域是恨不得把我同胞，都變成蠢如鹿豕，無識無知的受其鞭策宰割。那麼，奴化政策的實行，主要的從學校教育做起，敵人有數十年對台灣及朝鮮的奴化經驗，所以奴化的方法來得更毒辣。現在搜集了敵人在我東北、華北、華中等地所施行奴化教育的資料，寫成本文，以揭破敵人的猙獰面目。觸目驚心，益知非徹底抗戰則不能生存！

一

東北淪陷至今八年多了。敵人魔手伸到東北後，就開始推行奴化教育，以解除我同胞的「意識武裝」，成爲牠的順民奴隸。敵人在東北的奴化教育，可分兩個大階段。第一爲沿襲階段。自「九一八事變」起至一九三七年七月一日僞「滿」行政機構改組，「文教部」取消爲止。在這一時期，「文教部」部長是已故的鄭逆孝胥（一九三二年七月間，始把「民政部」的「文教司」擴大爲「文教部」），而其實權完全操在「總務司長」日人西山政務。「文教部」所標榜的根本方針，所謂「共榮化的教育，日語化的教育，職業化的教育。」這一套騙術，不過是轉移視線，利於榨取剝削麻醉而已。在這時期，其拿手好戲，就是：停閉大學和專門學校，改纂教科書，造就奴化師資，提倡私塾教育，鼓勵赴日留學並利用『日「滿」國民教育會』，『日「滿」初等教育聯合會』等來補助奴化教育的實施。在此期內，高級中學的數目，大爲減削。中學校則添設副校長，都以日人充任，副校長不管一校的太上皇，校長要聽其指揮。教員的任用，學校會計庶務的收支，全部取決於副校長。學生「教員」如被敵看不順眼，輕即坐牢，重即死刑。這一階段的特色是沿襲，統制，屠殺三者合爲一體。

第二是奴化全盛階段。自一九三七年七月，「文教部」被裁後，即在新設的「民生部」內置「教育司」及「社會司」，掌理一切學校教育和社會教育。由「文教部」降爲「教育司」的解釋，一爲教育系統完成，奴隸化的工作，已有把握，無須設此裝璜的「文教部」，用「教育司」即可以執行其工作；一爲教育的地位，在僞「滿」的行政系統中，失卻其原來重要性。學校機關裁撤的裁撤，減削的減削，所存留的僅僅微末的小學中學，由「教育司」執掌，亦能勝任。所謂「新制度」的實施，也就是奴化政策，愚民政策的全盛時代。經過這次「改制」後，東北教育，全改舊觀，奴化臭味更加濃厚。所謂「新教育制」的內容，大略如左：

小學．現改稱國民學校。計分初級部四年畢業，高級部二年畢業。

中學，現改稱高等國民學校，四年畢業、又分高級初級。

大學．現仍稱大學，有三年或四年畢業兩種。惟畢業後不得稱學士。現只有農工醫三科。

師範學校．現改稱師道學校。四年畢業。高師．現改稱高等師道學校，四年畢業。內設「建國精神，經學科，「滿文」科，史地科．數理科，博物科，音體科。

其他農工商科中學。改稱農工商業高等國民學校。

小學的數目，雖然沒有多大增減，可是奴隸化卻加甚起來。一九三七年日僞「滿」曾頒佈一件命令，其三條中的一條是：

『「滿洲國」學校爲實現日「滿」親善之具體起見，中小學以日本文爲教授之主體。』所以現在僞「滿」的小學，日文科每週六小時。國語三小時。初小第一課日文書就是僞「國旗」。「我國」「本國」的字樣，均稱中國。中學的課程日文佔更重要的地位。每週八小時。國文只有二小時，英文鐘點幾盡削掉。學生對於日語一科，必須徹底的攻讀。否則，至少予以站立，罰跑，打戒尺，批頰，留級，除名等懲制。至其他課程，及格與否，均不深究。據聞某中學畢業考試，英文一科有三人不能讀寫字母者，即此一點，可知其他。

高小及中學學生，除授予所定普通課程，又授以「經學」「國民道德」二科。經學包括論語，孟子，經學變遷史等全用老朽沒落的腐儒，爲經學講師。在漢文知識行將滅絕之教育下，授此艱深古老的文學，學者終因根柢淺薄，當然毫無所得。這種矛盾教育，正爲實現奴化政策之捷徑。敵人處心積慮，狠毒至極！「國民道德」一科，與其說是公民教育，莫妙謂之爲麻醉教育。其內容包括『日「滿」協和』

，「共存共榮」，「建國精神」，「効命皇室」，「奉戴詔書」等教條，逐項加以曲解發揮，歸結於『日「滿」提攜，一心一德』。命學生澈底奉行，以打破其內心對「新國建設」的疑團。

其他如「師道學院」，專爲製選奴隸師資。數目多過中等學校。農工商科的學生，數目也不少，訓練掠奪東北的下級幹部。「師養資成所」，由各省選授所謂『忠實於「滿洲帝國」，信仰王道主義，熱心教育事業』的人去訓練。然後派各地去厲行奴隸教育。「大同學院」，在「瀋陽事變」後不久就成立，計分普通，專科兩部。普通注重日語的講習，專科授於政治經濟等常識，院內教員，都是日人。學生人數甚多，是製造大批走狗漢奸，爲敵鷹犬爪牙，充任僞「滿」的下級官吏的大本營。「建國大學」是溥儀傀儡僭祚之日籌設了的。這個大學與中國或任何國家的大學不同，不過是一個政治練訓班，那裏談得上大學，「建國大學是專造中級幹部的僞官吏，所設科目有政治部門的科系。學生日「滿」鮮俄彙收，食宿均在一起。甚注重精神訓練，用所謂「大亞細亞主義」，「東亞協同體」，「日「滿」鮮俄」民族大團結這些騙人的幌子來麻醉。「女子師道學院」設在長春，這等於中國的女子師範學院，爲女子教育的最高學府。以造就「師道學校」的師資爲其功用。日「滿」鮮籍的女生彙收，東北女生的學額很少。「男子師道學院」，情形與女子「師道學院」大致相同。在長春新設的「法政大學」，僅有法律經濟兩系，組織情形與「建國大學」同。「大陸科學院」是掠奪東北一切產業的一種學術研究機關，研究的人全爲日籍教師。學生也是日「滿」鮮彙收，其主要的目的是造就開發東北產業的人材。同時還調查各種產業，以及研究開發的途徑。

二

日寇在華北所施行奴化政策大體和東北相同。平津的中小學校，僞「臨時政府」成立後，聽敵人的指使，即積極改訂「教育法規」，「大學組織法」，成立所謂「學制研究會」。現在中學和小學用日文和讀經來麻醉青年。初級小學念孝經，初中讀詩經，高中授孟子。小學的課本把所有關於三民主義和愛國思想的地方，都以「荒謬」和「有礙邦交」的理由被删改，或是用白紙蓋上，然而小學生把所删改的，所用紙粘了的都深深地記在心裏，並且每一個人都能把粘上的背誦出來。有一次曾舉行小學會攷，題目僅有兩個。一個是：「對事變的感想」，一個是：「給日本小朋友的一封信」。並且規定不交卷者除名，純潔的孩子許多看後大哭，有些勇敢的孩子大胆地說出他們所要說的話。良心未泯滅的教員看了文章嘆着氣說：「這樣文章交上去，你們還能有命」！結果全部試卷都由教員代做。至於高等教育有「師資講肄館」的設立。其所設的科目爲日語，日本史地，國際現勢及教育等非驢非馬之科目。其館長雖由無恥的劉某任之，實際係受敵人的背後操縱，體會敵人的意旨而行事。其最初設立講肄館的意義，原欲把現在任教的中小教員命入館肄業，保留原職，施以奴化的訓練，充分變爲親日份子，再使返原校任教。本牠的訓練，普遍奴化中小學學生，但多數中小學教員，多不願入館受訓，只好改變爲招募。竟造成另一系統奴化教育。濫造六月畢業，本應分發各中小學任事，無奈各中小學保守自己利益，不讓該輩摻入，設法拒絕。結果由河北省僞「教育廳」拿出開辦費和經常費，亦有由京津僞「特市」津貼的，另建「中心小學」，把該館畢業生充當「中心小學」校長。「中心小學」遂成爲獨立一幟的奴化教育機關了。現在「中心小學」爲數甚多，沿平津，平漢，平綏各鐵路的縣站均有之。此舉並不是爲着普及教育，實際是要澈底其奴化政策的陰謀，意在普遍的造成俯首貼耳的奴隸，便於統治，正如對飢餓垂死的人，給予蜜餞砒霜，甘其口而毒其心，其陰險殘酷，不言可知。

後來，即有「師範學院」（師範學院之前身，本爲師範大學）「女子師範學院」（前身本女子文理學院），「醫學院」，「農學院」，「工學院」，「理學院」和「北京大學堂監督」的先後創立。又有擬議恢復文學院的傳聞。在此必須說明的，即從前北平大學的農工醫三院和北京大學的理文二院，現均歸北京大學堂監督管轄。以上各院院長雖由那些寡廉鮮恥的漢奸充任，而實權都是握諸敵人。敵人之所以肯讓僞「維新政府」成立這些學院，目的是欲製造多些漢奸鷹犬，供牠利用驅使罷了。「師範學院」院長王逆，爲要獻媚敵人曾在報上發表了「改革教育芻議」，痛罵前此抄襲歐美教育和黨化教育的失策，今後的教育，即在厲行推廣師

範教育小學教育，和職業教育。研究高深學術的大學教育，可廢置不設。專事造成奴化和愚民教育。看吧！敵人在東北現在所施行的教育，就是根據此原則。敵人恨不得把華北的同胞即都變成元始的人，渾渾噩噩，以便其統治。王逆這個地道奴才爲敵作倀，實萬戮不足以蔽其辜！

僞「教育部」外設有外國語專門學校一所，校址在鼓樓東大街前河北省民政廳舊址。校長爲劉逆，該校名爲專門，實則一預備日文學校而已。雖設有日文組英文組及其他各組，僅日英組開班，日文佔最重要地位，英文不過陪襯而已。該校目的自屬在製造通譯日文的人材。教員日人爲多。其趾高氣揚，直視該校爲推廣大陸政策的良好機關。此外當有藝術專門學校，學生和教員的人數無多。

還有創立一所「新民學院」，該院的目的，在養僞「臨時政府」治下的僞官吏，推廣造成所謂「革新」幹部。該院爲僞「臨時政府」下的幹部學校，隸屬於「新民會」。「新民會」是僞「臨時政府」敵人操縱的教育文化政治侵略機關，該院僅係實際爪牙而已。該院招收大學畢業生，六個月畢業，即派往敵國見習一次。「新民學院」院長本爲王逆克敏，但大權都操在敵人佐藤之手。院內教官，三分之二屬日人。一切訓育行政都由日人指揮。「新民會」內設有「教化部」，該部爲統治壓迫平市各學校的最有力機關。平市所有敵人指使下的學生運動，全由該會主持，敵人檢閱。以討其「主子」的歡心而加緊奴化教育者，莫「新民會」若，痛心曷極！

超然的教會學校，如燕京輔仁二大學，在過去都在外人保護下，得以平靜上課，但是現在都不同了。輔仁的教務長和訓育主任（皆西人），都先後被捕，學生安全更失了保障。該校受敵之壓迫已允選聘日籍教授，講授日文。聞已聘就東京方面天主教徒的教授到校授課。燕京大學，「七七事變」以來，雖尚能保持完整。但敵僞橫加壓迫恐嚇，校方允取締抗日反僞宣傳，允許「新民會」在校內揭示實傳標語，故現在該校已爲妖魔籠罩了。燕大師生在校內比較安全，一出校門，就有被捕的危險，而敵人自舉行排美反美以來，連燕京校內也是不安全地了。

三

在華中淪陷區內的奴化教育策略，略爲不同。利誘一些落伍的腐儒，和少數不知廉恥的教育界敗類，恢復戰前的中小學校。南京、蕪湖、常州等地近有二十多個中學開課，所用的課本內容多數改過。特別是中學裏的「地理」「歷史」，小學校裏的「公民常識」，完全以適應「中日親善」，「共同防共」，「建立東亞新秩序」…的口號編改而成。同時，還經常贈送印刷精美的畫報給各校學生，在美麗的糖衣的包下，向我青年，兒童灌注毒汁，企圖將我年青的學子變成奴才。最近敵人還僞造所謂「新三民主義」，將我革命內容一掃而盡，民族主義換以「文化帝國主義」，民權主義換以「天，君，民主義」，民生主義換以「希特勒主義」，用心的惡毒，眞是無以復加了。

僞「維新政府」在南京建立四所「市立中學」又在中大原址內設立「維新學院」，此外創辦了「青年防共團」及「憲政訓練所」，培養奴才幹部。敵人有時派遣些甘爲軍閥利用的學生來華參觀，在鎮江，南京等地大開其所謂「中國學生聯歡大會」，除了些無恥的「教師」捧場外，一般學生倒腦筋很清楚，知道這完全是欺騙麻醉的手段，很少去自動參加「聯歡」。足見我民族意識的濃厚。

杭州自僞「自治委員會」成立後，就利用原有杭市各學校，舉辦各級漢奸學校，審核教科書完全操在日敵手中，各級教材，送「教育科」初審，再經僞「自治委員」復審，最後分送敵特務機關及敵憲兵本部核准，才能使用，各級漢奸學校在杭市舉辦的，據調查所得已有數十所，一切學校的假期節日，都依照敵國的風俗，如「天長節」，「海軍紀念日」都一律放假。學生制服也日本化。所以現在杭州學校，竟如初入敵國一樣。現在杭州的小學有三十間。僞「市府」主辦的市立小學十三所。教育小學共二所。私立小學共十五所，中等學校有僞「自治委員會教育部」籌設的「中等補習學校」一所，和「市立中學」一所。上述各級學校的教程中，都用日文做主要的科目。此外，還設立許多的日語學校，如日華佛教會及青年會的日語學校，鼓樓前仙林寺及國術館日語速成班，都是強迫各級學校教師與職業青年入學的漢奸練訓所。僞「市府」的官吏，更須研究日語，僞「市府」的日本語研究班中，都由敵憲特務人員來教授。僞官吏如有逃避不學習或缺席者，則以革職罰金來懲制。一切商籍廣告都漸漸加入一部份日文。企圖以日文代替中國文字，消滅我數千年的文化。

事實上，敵人的奴化教育，在效果上可以使一般稚子蒙童失去知覺，但對於本質優良認識清楚的青年，只是更加顯出暴敵侵略的惡毒而已。

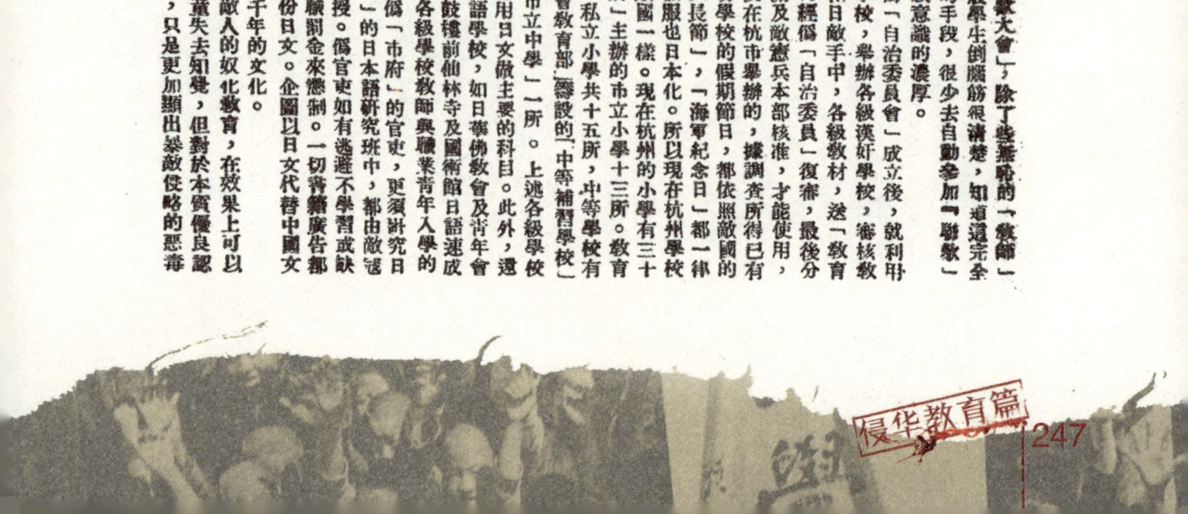

《九·一八》九周年纪念特刊

《九·一八》九周年纪念特刊出版于中华民国29年（1940）9月18日，系政治刊物。发表纪念“九一八”十周年的文章，刊有东北问题与推进东北外交工作问题座谈会记录，伪满实地研讨，及东北政治、经济、历史、军事、外交、青年问题的文章。撰稿人有陈立夫、潘公展、马占山等。

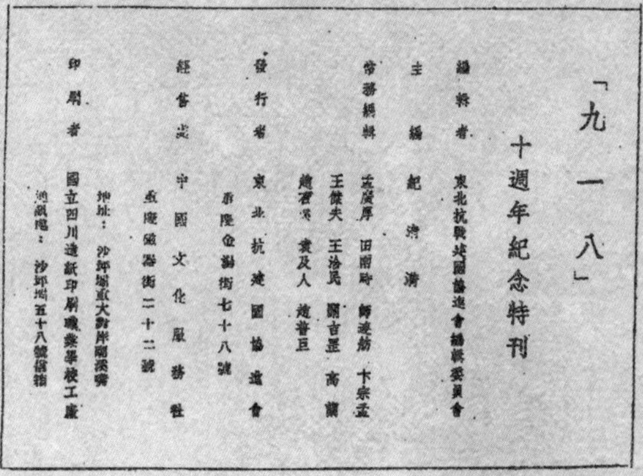

「九一八」

十週年紀念特刊

編輯者 東北抗戰建國協進會編輯委員會

主編 紀清漪

常務編輯 高廣厚 田雨時 錢迹舫 卞宗孟 王傑夫 王治民 關吉罡 高蘭 趙君豪 黃及人 趙普巨

發行者 東北抗建國協進會 重慶金湯街七十八號

經售處 中國文化服務社 重慶磁器街二十二號

印刷者 國立四川造紙印刷職業學校工廠 地址：沙坪壩重大對岸磁溪橋 通訊處：沙坪壩五十八號信箱

《九·一八》纪念特刊版权页

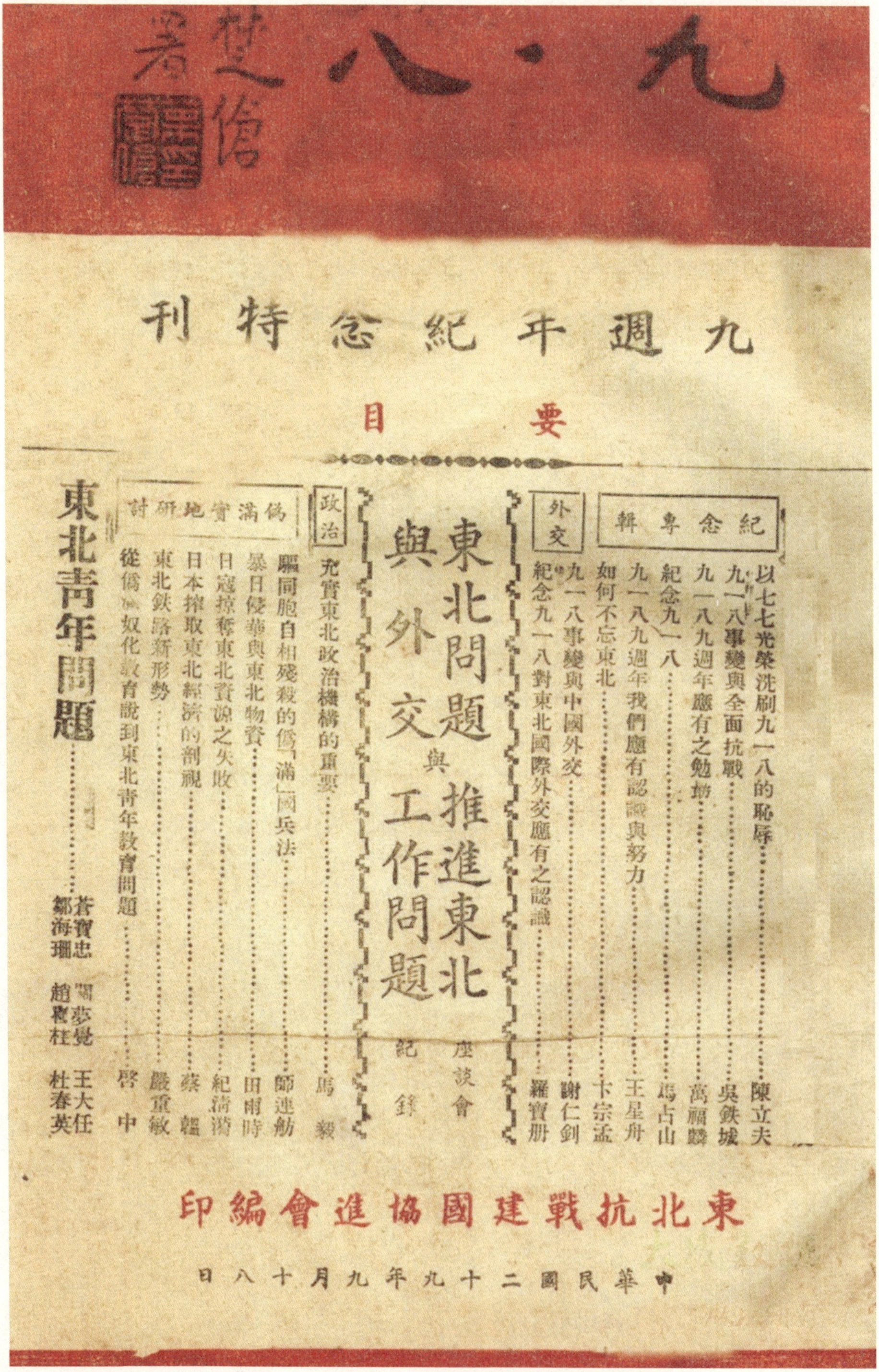

九·一八

楚僧署

九週年紀念特刊

要目

紀念專輯

外交

東北問題與外交與推進東北工作問題

座談會紀錄

政治

僞滿實地研討

東北青年問題……蒼寶忠 閻夢覺 王大任 鄒海珊 趙雲柱 杜春英

東北抗戰建國協進會編印

中華民國二十九年九月十八日

《九·一八》九周年纪念特刊封面

東北青年問題

從偽滿奴化教育說到東北青年教育與訓練問題

寰中

一

東北被日寇侵佔已經九週年；然而日寇所佔領的，是東北領土，而不是東北人心。由於亡人國家必先亡其人心的審計，敵人兇狠的目光，便投到一代國民身上。綜合我們最近從各方面得到的消息，知道敵人正在逐步加強東北奴化教育，預料不久就可以摧毀這個抗日的「最後壁壘」。

敵人對東北奴化教育的計劃，自「九一八」後不斷經由敵專家研究調查試驗，業經修改，至一九三七年五月大體完成。這一套奴化教育內容，拿一句話來概括它：就是在造就從事農工的勞苦群衆，永久作日本的奴隸。所謂「勞動教育」，乃是敵人在理論上找到的似是而非的根據，以爲造成此種奴化教育的掩飾，所以這一目的的奴化政策，便表現在教育的各方面：

在教育行政方面：初期的最高權力機關的文教部，是被撤銷了。現在執行這一個任務的機關是民生部的教育司、社會司，教育司下分學務科國民教育科大學教育科，關於學校教育方面；社會司下分社會科禮教科輔導科，關於社會教育方面。教育已失去爲國大計的資格，而降格爲附庸了。在學制方面：初等教育分國民學舍、國民學校、優級國民學校三級。國民學舍，相當於幼稚園，肄業年限、一年至三年。國民學校相當初級小學，肄業年限四年。優級國民學校，相當於高級小學，肄業年限二年。中等教育，有所謂國民高等學校，女子國民高等學校，肄業年限四年，略相於當舊制中學。大學教育三年，略相當於專科學校。合起來看，學制系統的年限縮短了，中等教育的國民高等學校，只有職業科師範科，缺少普通科。大學教育，也只有農工醫及師範等專科學校，完全職業化。例外的有兩個學校，一個大同學院，一是建國大學，在造就高級官吏與訓練高級技術人才。但實際上不過是敵人豢養的最忠實最馴順的奴隸和爪牙，作敵人的傀儡幹部，來替敵寇壓迫自己同胞，一般的人是無緣參加的。此外並送選認爲可靠的學生或傀儡子弟，赴日本留學，造成親日份子。

在學校方面：日語爲最重要的科目，初小一二年級便已加授日文，三四年級以後則日語與國語時數相等，到初中簡直日語要佔每週授課時數之半數，並開始用日

日語講授了。次要的科目是勞作，名爲提倡勞作教育，以矯正過去偏重知識訓練的弊病。所以按照年級分配適當作業，如掃除教室，裱糊牆壁，清除庭院廁所，種植，鋤草，收割……等，在節慶日更有所謂「清潔勞作週間」，要學生全體出動，分段掃除街市，馬路，房屋，替人拂拭門窗，收拾垃圾等。正式功課，反被看作次要的了。至於國語，則自初小起便讀那艱深的文言文；初中則多是選讀古文觀止東萊博議等毫無性靈的古文。又恢復讀經，小學讀孝經，初中讀論語孟子等並令學法背誦，天眞活潑的兒童，便這樣窒殺了。還有什麼「建國精神宣傳週間」，紀念節日，迎官接詔，日本軍人慰靈祭，戰勝慶祝會，都要學生參加，青年的光陰，一半都消磨在這些上面。至於教師方面，則多是來自日本留學生，或是由師導學校（高等師範）訓練出來的學生。非以上出身的教師，則分期調到師資訓練館，施以一年之訓練，經考查認爲非反滿抗日份子，方可繼續任教。這樣又恐教師久於其任，和學法發生密切關係，往往每隔一個期間作一次大調轉，使甲乙地甲乙校教師互換，以便於監察。說到監察，就是每一個學校必須用日人一人或數人教授日文或任重要的職員，名爲教職員，實是對教師學生的思想行動，作秘密的監察，權力超過了校長。此外更由日僞憲警指定三數學生組織祕密稽查班，專司偵查教師學生的言行，作經常的報告，所以同學間便造成一種疑懼心理，縱係親密的學友，也不敢談一句有關政治的話。就是這樣，還以爲不足以鉗制反日思想的萌芽，所以每隔一個時限，便有一次大檢舉大屠殺，因此便有若干無辜教職員學生悄然失蹤了。

在學校以外，更有青少年團訓練，行普遍的奴化教育。因爲僞滿學校並不多，舊有的學校，藉口要普遍設立，把接近的或裁減或歸併，而新的迄未設立。所以學齡兒童，有百分之二十三尙不得入學，施行學校奴化教育所收穫的結果，不過是幾個「愛路青年隊」，「少年團」，「童子軍」而已，只是東北青年一小部分，爲達到整個奴化東北青年，便有所謂青少年團訓練。在學校內，本也有青少年團組織，小學三年級以上就必須參加，施以軍事訓練，而號令全用日語，每週檢閱一次，有視學官視察時，則舉行大檢閱　內部組織是每級分三中隊，每隊舉中隊長一人，而以級任教師爲本級隊長，校長爲團長。學校以外的青少年團，連不識字的也網羅在內，以識字運動作用，推進到奴隸中心幹部的養成。青少年團的組織，是由「協和會」統一指導和管轄在僞康德五年六月公布青少團組織大綱，由各縣市分別設立，由十歲至十五歲爲少年團，實施所謂「優良青年國的基礎訓練」，十六歲到二十五歲受「青年訓練所」的訓練，爲協和會「青年團」之幹部。參加訓練的爲學生，由訓練所供給各種費用，師生共食寢，除精神教育軍事教育，識字教育外，從日常生活上加以基本奴化訓練。

二

從上述的一套奴化教育的體系與內容看起來，務在訓練青年肢體的活動，減少腦的運用，養成渾渾噩噩的勞苦勞工，作敵人開發東北資源的奴役。並減低普通功課的學習，高深學術的探討，政治意識的作用，想千年萬世保持它的統治權。更用威脅利誘毒辣的手段，摧毀青年國家民族意識，消滅反滿抗日的份子，以減少統治的阻力；嚴格施行軍事訓練，作對華對蘇戰爭的兵員補充，訓練少數傀儡幹部，替敵人執行統治殖民地的任務。揆厥敵人的用心，可算極陰狠極周密，無孔不入並且這種奴化教育，已經蔓延到內地各淪路區了。

我們一檢視敵人奴化教育的效果，表面上似乎相當成功，受偽滿大學教育的，已是甘心做敵人馴順的奴隸；受偽滿中學教育的之對祖國一切，已是模糊不清；受偽滿小學教育的，已不知其祖國，而真的相信「日滿一體」。一個小學生，可以很流利的背誦「建國詔書」，「回鑾詔書」，也可說幾句「王道樂土」，「日滿協和」的話。但實際一分析，這種成功是敵人的幻覺，是表面的，是虛像，是敵人用血債造成的，無疑問的每一個東北青年都在希望祖國的拯救。他們在敵人刺刀下，不得不虛與委蛇，被迫去接受奴化教育；而他們的心，卻早飛馳在祖國的原野。全面抗戰開始，更鼓舞了他們，增加了他們的信念。一有機會，他們便參加義勇軍，或是投到祖國懷抱裏。

青年是國家之寶，是次一代主人，國家是不應當遺忘他們。我們爭得了青年，便不難收復失土，便已經爭得了失土。日人視東北為它的生命線，並有「征服中國，先征服滿洲」的傳統國策。無疑問的，東北將是中日最後決戰場所，到那時東北青年，將發揮他偉大作用。倘我們教育出十萬東北青年，其強似百萬貔貅。如果每一縣每一鄉鎮，有我們教育訓練過的青年暗地潛伏聯絡，應機策動，大軍出關之日，東北一定可傳檄而定。

當明朝亡國的時候，青年抗清的首領鄭成功，率領閩浙青年，抗清復明，迭予清廷一打擊，雖當時未能成功，猶可退遠守，為清之大患，以後傾全國之師，累數年歲月，才算討平，歷史上的先例，很可以作我們的參考。

聽說政府已經注意到此，組有戰地青年招致委員會，並擬必要的計畫，逐步實施，雖內容尚不甚悉，但只就這一個組織來看，可見出政府的遠見與賢明之處，對於抗戰必勝的信念，又增加一層保障。我們在盼政府積極的迅速的推行這個政策，更盼有關部隊與地方人士一體協助，使這個政策順利的無阻礙的遂行，青年的得惠，也就是國家的利益。在此特別提出來的是東北青年的招致與教育，更刻不容緩，因為東北淪陷較久，距離較遠，在收復失地的途程上，東北將是最後而又最遠的一個。我們必須把握時機「爭取青年」，造就大批的先鋒隊，作收復東北的準備；否則，歲月要遷延，稍縱即失，敵人奴化教育成功之日，白水黑山，恐終不為我所有

打擊敵人奴化教育的對策，在「爭取青年」，故除招致青年而外，青年教育也很重要。東北青年的教育，不始於今日，早在「九一八」事變不久之後。當時東北青年因不願受敵人壓迫，自動的大批傾注到關裏來。於是東北大學首先在北平復校，接着成立了東北難民子弟學校，東北學院，知行中學，後來又有國立東北中山中學的創設。這些學校總算盡了一部分責任，收了相當功績。但在數量上未免還少，仍有大批青年向隅，流浪失學，並未達到爭取青年這一個任務。

自「七七」以來，上述這幾個救濟東北青年的學校，中間經過歸併，改組，遷移，現存的只有東北大學（四川三台），東北中學東北中山中學（四川威遠），競存中學（陝西鳳翔），東北青年升學補習班（四川北碚），和另外幾所小學，分在威遠，北碚，沙坪壩，西安，漢陰，如是而已。

由於幾度的遷徙流浪，光陰虛擲，課業荒蕪，校產蕩然，現在隨着抗戰前途的愈加艱鉅，於是，更引起了若干嚴重問題。

一、東北青年無法內渡，招生困難。敵人雖設有種種法網，限制青年入關；而他們都懷着一顆熱烈的心，履險如夷，不斷的逃到平津，希望呼吸祖國自由空氣。但

平津距離後方，遙遙萬里，青年實無獨自前來的力量。所以從去年起，東北各校招生，都感覺出極大的困難。聞總有一校到漢中招生，只招到兩個學生，學生來源枯渴可見。就是在校的學生，將來也不甚多，據去年有人估計，東大約有二百餘人，東中六百餘人，東北中山中三百餘人，競存六百餘人：共計約一千六百餘人。今年的數目，大約相等，或者還要少些。即使有些青年，不在上述的幾個學校裏，然畢究覺不多。倘若再過二年，除隨有家庭的以外，恐怕東北青年，真要絕跡了。

二、連年流亡遷徙，功課荒蕪。上述的幾個學校，都是隨戰局轉變，一遷再遷。東北大學是由北平遷到開封，由開封遷到西安，由西安遷到三台。東北中學是由北平遷到雞公山，由雞公山遷到湖南桃花坪，由桃花坪遷到威遠。東北中山中學則一遷於南京板橋鎮，再遷於湖南永綏鎮，三遷於廣西懷遠鎮，四遷於威遠，而每一次遷移，總是消耗若干光陰於途程上，少則兩三個月，多則七八個月，要想按期升級，就開快車，拚命趕功課，往往把一學期的學程，在一二月內趕授出來。有一校高中三年級，每週授課到四十一個鐘頭，結果填鴨式教學，學生不能消化，努力的疲於奔命，怠惰的任其自然，所以參加大學統一招生考試，成績便差得很多。就是、學校裏的學期試驗，留級學生也常超過百名之多。像這樣程度，欲恢復一般水準，恐怕非三五年，不易見效。

三、物質條件不足。學校每次遷移，都是輕裝簡從，教學設備，一再委棄，蕩然無存，學校經費，維持日常用度，尚感不足，當然無力添購。學生課外讀物，科學實驗用品，無不缺乏，紙上談兵，索然寡味。甚至學生沒有課本，由教師授書，或兩人共一課本，彼此傳閱，在在都減低了教學的效果。尤其物價飛漲，[illegible]固定的預算，如何能夠追隨？在威遠方面，每斗米現價二十五元，而學生伙食，每月預算只六元，每人每月以吃一斗米計算，外加煤炭工資，所差何止五六倍。所以學生大都營養不良，身體孱弱，病假學生，有時超過百人以上。況且除膳食外，紙筆鞋襪，全屬自備，除少數有家庭眷屬在後方能隨時接濟外，大都衣服襤褸，鞋襪不整，情形實在可憐！春間曾有一度大家喊出「救救學生」的口號，可是除了陳教長飛到昆明，發了一筆救濟款子而外，以後也就寂然了。

四、精神的煩悶。青年精神煩悶，是一般的通病，而東北青年流浪較久，苦難較深，其煩悶的程度也較甚。本年七月二十七日大公報社論，曾指出這種現象的原因，(一)環境的刺激。(二)基本需要之不能滿足。(三)對人生意義的茫昧。(四)前途隱晦而切己的生活心理上的問題，得不到指示與引導。(五)學業與事功不能兼顧或就業困難。本年八月十二日中央日報每週專論李惟果先生又指出青年煩悶另外的三個原因：(一)不覺政府的努力還沒有達到理想的程度。(二)感覺社會待遇不平。(三)自信過深的青年，常常有「懷才莫遇」的苦惱；意志較弱的青年，又常有「螳臂當車」的哀。這些說法，大致不差。我在這裏特別再指出東北青年煩悶又一原因，特別是關於中學生的煩悶。他們離家萬里，天涯流浪，迫切的需要精神安慰，視學校如家庭，希望學校家庭化，希望教師的溫情慰藉。但教師們，使他們失望了，冰冷的面孔，無情的斥責，使他們感覺天地雖大，竟無可依託之人。於是師生之間生出鴻溝，單純的智識的傳授，變成商品式的販賣，再加上其他原因，便成功普遍的煩悶現象。

此外，由於地域觀念，派系紛歧，造成教職員間不合作的怪現象，彼此傾軋，

從僞滿的奴化教育說到東北青年教育與訓練問題

排擠，製造謠言，扶植黨羽，各立門戶，自是其是，惟我獨尊，學校便像海水狂潮，一波未平，一波又起，永久得不到甯靜的一日，更談不到學校的建設與發展了。

四

敵人對僞滿奴化教育，是那樣積極，周密，無孔不入；而東北青年教育，是這樣被忽略，被輕視不進步，恰成了一個相反的對比，這未嘗不鬆懈了抗戰的力量，延緩了勝利的時間，實是不應該的。德國人說：「誰有青年，誰有將來」，不可否認的：希特勒在這次歐戰的成功，就是因爲他擁有全德的有訓練有組織的青年，在「爭取青年」上，他勝利了。

關於。爭取東北青年，政府已設有戰地青年招致委員會，對於如何爭取青年，必有詳密的計劃，具體的辦法，用不着我們多費心，多饒舌。希特勒說：「勇敢的邁步，勝於仔細的思量」；又說：「行動應當在思想之前」；我們僅在希望早一天邁步，早一天行動，而不再思量罷了。不過筆者對於青年招致後的教育問題訓練問題，略有管見，列述如左：

一、爭取戰地青年，應該不是簡單的招致，或是發一點救濟費，或是設立招待處招待所，就以爲盡了最大能事。曾在一本雜誌上見到一個青年的自述，他從上海到昆明，找到了招待所僅領了一筆救濟費，對於他的前途——讀書或就業——一點辦法沒有，幾天救濟費用完了；他不得不又溜到貴陽，但在貴陽，仍是昆明情況的重演，於是他就這樣遊蕩到重慶。像這樣消極的救濟，除消耗國帑外，實無其他意義。青年團在各地所設青年招待所，自然也盡到一部分責任，然而少連繫，少計劃，沒發生廣大的效果，這也是事實。所以對於戰地青年，必須參照外國青年訓練辦法，施以嚴格的有組織的訓練與教育，而由戰地青年招致委員會與三民主義青年團，教育部，政治部，中央訓練委員會，連合主持，或互相連繫。必能發揮青年力量，爲抗戰陣容生色不少。

二、由戰地或敵人後方來的青年，應盡量予以方便，不加限制或刁難。例如沒有證明文件的，年齡不合的，找不到保的，或成績稍差的，務皆按其志願，程度，年齡，分別予以安插與訓練。欲受正常教育的，入大中小學；欲受短期訓練的，入青年團或勞動服務營；欲作戰地工作的，入戰地工作幹部訓練團；決年齡過小的，可以入戰地兒童保育院。而每一種訓練，皆有其程度上差別，不可攏統混淆。聞有某戰地青年訓練機關，曾聚留學生，大學生，中學生，小學生於一堂而訓練之，這種訓練上的困難，不知他們如何打破，而這種辦法總是不足以爲法的。所以必須建立有系統有計劃的戰地青年教育與訓練制度，以適應現時代之要求，方能收廣大的效果。

三、對於戰地青年教育與訓練，指撥專款，增加經費，大量的設立保育院，青年團，勞動服務營，幹訓團，擴充學額，充實設備。固然戰時財政困難，各方面都需要錢，教育經費，不能打如意算盤，然而化在教育上的錢，究竟是有利的投資。總裁也曾說過：「國家不怕沒有經費，只怕沒有好的學校」。本年八月十六日掃蕩報社論說：「總理有於十年內訓練三千萬國防幹部，與一千萬技術幹部之計劃」，那麼，平時 總理就有這種偉大的訓練計劃，現當抗戰最嚴重最緊張的階段，更是刻不容緩，怎能藉口經費困難，因噎廢食呢？

四、爲了適應戰時需要，各級學校，各訓練機關，應確定教育與訓練的目標，改進教育方法，實施動的訓練。因戰時的

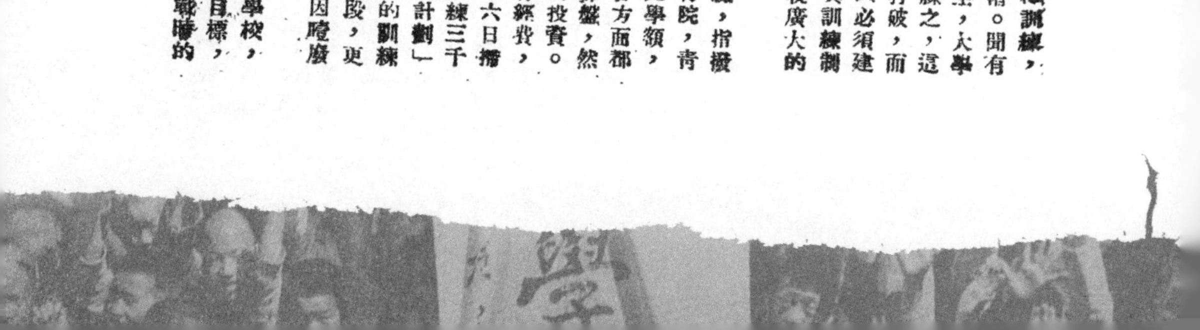

關係，學生遠離家庭，全部生活於學校之中，正是我們革新教育的好機會，我們不應該錯過。最好參照德蘇青年訓練方法，施以體育訓練，軍事訓練，政治訓練，生產訓練，智識訓練，精神訓練等。過去教育，過於偏重知識訓練，遂有「閉門造車」，「學非所用」之譏。今後，我以爲無論正常學校或短期訓練，都應以青年訓練爲主，如德蘇以星期一至星期五爲學校生活，星期六從事青年活動，星期日回家休息，是學校教育與青年訓練，並行不悖，很可以爲我們參考。最近看到空軍幼年學校之設立，便想到一般學校之失敗，使航空委員會不得不自行訓練飛行生候補員，其他，不合世用，可見一般。我們必須利用戰時的機會，實現總理三千萬國防幹部，一千萬技術幹部之訓練計劃，然後才可談抗戰，才可以談建國。

五、有了好的教育制度，有了好的訓練方法，而徒尚不能以自行，還需要有好的幹部來主持。過去教育的失敗，訓練的失敗，大都由人主持，無學識，無遠見，無方法，無魄力所致。他們對於术業並沒有確切的認識，深沉的感情，正當的了解，熱烈的熱愛；既不能用精誠感召，又不能以身作則，遂使青年失望，悲觀，甚至不接受領導。前見有人討論「青年人爲甚麼不接受成年人領導」問題，我以爲仍是人的問題。特別是短期訓練機關，份子複雜，高低不齊，更容易收相反的效果。所以學校教師與訓練幹部，無論在質與量上，都是青年教育上最大問題，必須迅速的確實的求得解決。過渡的方法，可以集中全國有學識有能力有志願之失業人士，施以短期訓練考查，派赴各學校各訓練班，將有的也輪流調訓，我法，作澈底的洗刷。

六、畢業生之出路，與訓練後之就業也須事先顧到，每一學校創設，或每一訓練班開辦，同時必須對他們的出路與就業，已經有計劃的安排了。照現在「人人找事，事事找人」的狀況，將來大批失地青年訓練成功，將更增加失業的人數與社會紛擾；此外嚴格的登記與考核制度，必須建立，以便隨時調查統制，指導，改進。一個最高教育行政，與訓練機關，對所屬的學校與訓練班的情況，必須瞭如指掌，像現在一個國立中學，二年未呈報學生名册的事，無論如何不能執行指導任務的。

這些一般教育與訓練問題，在整個東北青年教育與訓練問題，所以我把它相提並論。最後勝利愈加接近，抗戰情勢愈加嚴重，「收復失地」與「打回老家」的道路，是用青年以血與汗舖成的，我們現在要高呼：「爭取東北青年」，「打倒偽滿奴化教育」。

總裁說：「青年爲革命之先鋒隊，爲國家之新生命，舉凡社會之進化，政治之改革，莫不有賴於青年之策動，以爲其主力。證之我國近代歷史，如辛亥革命之推翻滿清，民國十六年之打倒軍閥，參加者大多皆以青年爲主幹，其犧牲奮鬥之光榮史蹟，固與中華民族共垂不朽」，這次抗日戰爭，我東北青年，必能以主角的身份，發揮偉大力量，予打擊者以打擊。

大路

《大路》创刊于中华民国28年（1939），社长兼主编人：翁北溟；编辑：陈明向；发行人：朱乃康；大路半月刊社出版、发行，社址位于江西泰和。中国文化服务社泰和分社江西泰和力学书店总店总经售。泰和生记印刷局印刷。第2卷第1期起有副题名：《政治、军事、经济、社会、文学、艺术综合半月刊》。第4卷第2期为《民意特辑》。其他题名：《大路月刊》《大路半月刊》。

该刊出版至民国32年（1943）8月终刊。

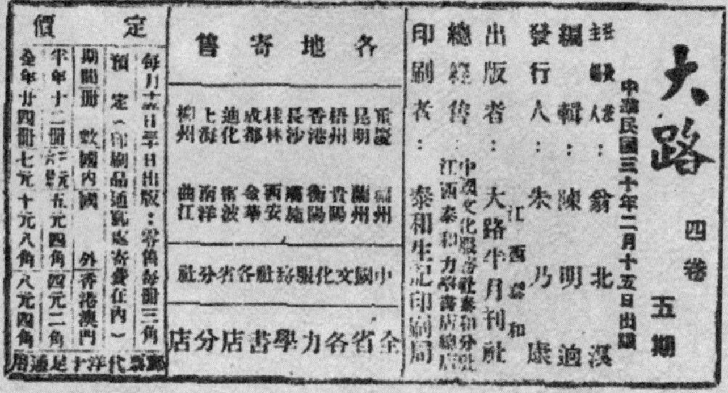
大路
四卷 五期
中華民國三十年二月十五日出版
社長兼主編人：翁北溟
編輯：陳明遒
發行人：朱乃康
出版者：大路半月刊社（江西泰和）
總經售：中國文化服務社泰和分社 江西泰和力學書店總店
印刷者：泰和生記印刷局

各地寄售
重慶 昆明 梧州 香港 長沙 桂林 成都 迪化 上海 柳州
福州 蘭州 貴陽 衡陽 衢縣 西安 金華 寧波 南洋 曲江
中國文化服務社各省分社
全省各力學書店分店

定價
每月十五日出版：零售每冊三角
預定（印刷品通訊處寄費在內）
期數 冊數 國內 外國 香港澳門
半年 十二冊 六元 五元四角 四元二角
全年 廿四冊 七元 十元八角 八元四角
郵票代洋十足通用

《大路》杂志版权页

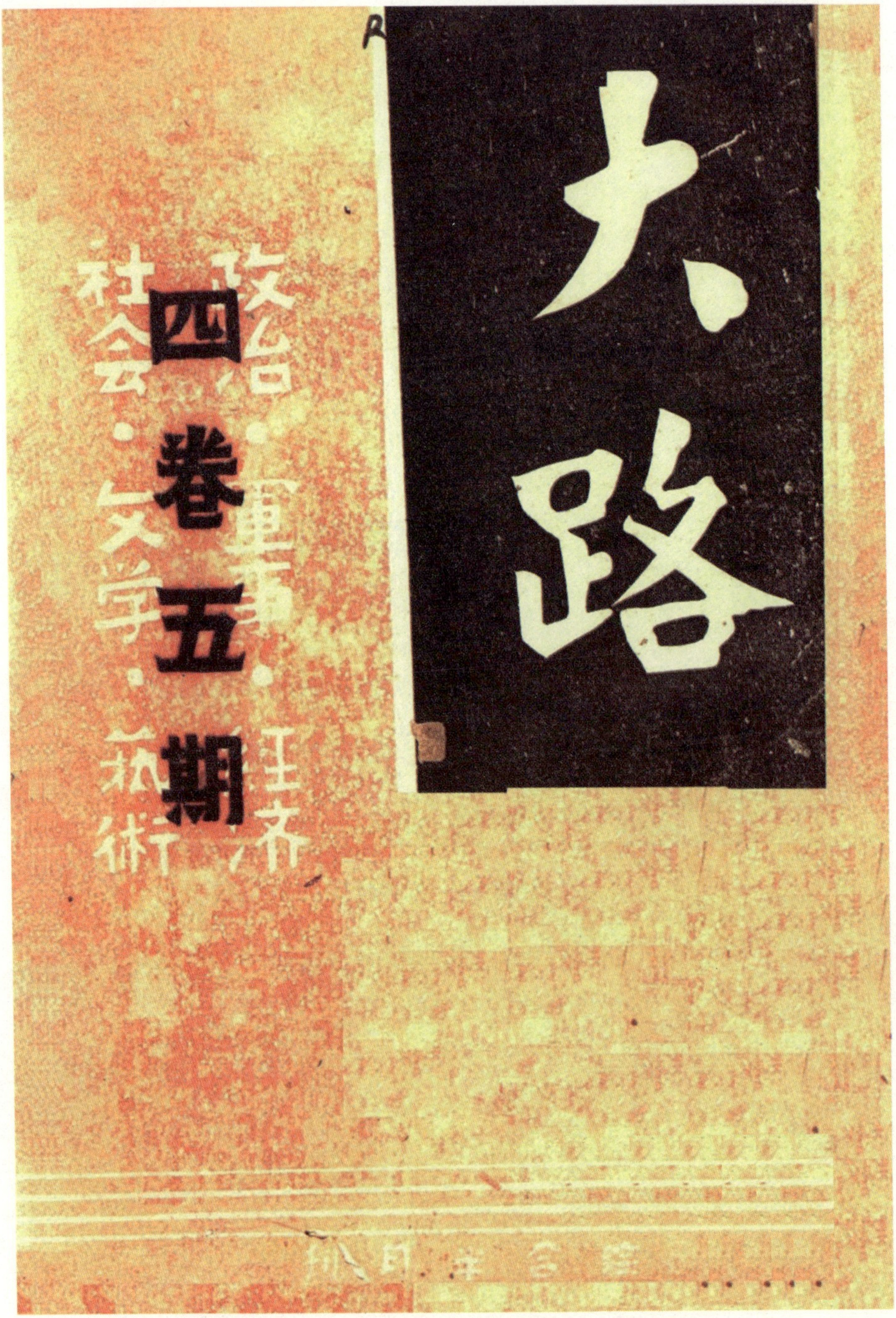

《大路》杂志封面

敵偽統治下的
金門奴化教育

張一帆

前言

足足三年了，金門從廿六年十月廿六日，開始遭受敵寇的蹂躪！

五萬的金門同胞，三年來飽受着「魚肉」的生活，他們已受盡敵寇守備隊的予殺予奪；更横遭偽組織奸逆們的壓迫！他們苟延殘喘着，希望光明日子早臨——克復。

由于金門是孤懸閩海中的島嶼，當此敵寇高唱南進聲中，她正是敵寇南進的海空軍補給站，於是，敵寇對於金門，除了敵軍的盤踞和偽府的統治以外，敵人更進一步的着重於毀滅民心的奴化政策，企圖永遠盤踞。

奴化實現

目前七所金門奴化教育的是偽金門行政署的教育科，在偽教育科主辦下的偽小學有：偽公立第一小學，偽砂美小學，偽小金門小學，偽金水小學及偽湖前小學五校；此外還有偽官澳日語講習所及料羅日語講習所兩所，玆將各偽小學及講習所情形，分述于后：

偽公立第一小學，廿八年春創辦，設於金門城內，校長由偽教育科長台奸蔡青自兼，強迫城內兒童入學，有男女學生二百七十七名，功課以日語爲首要必修科，其次有修身，國語，常識，算術，體育，音樂，美術及勞作等科。其訓育以「中日親善」，「和平反共」爲方針。雖有童軍之形式組織，實則純爲奴隸之訓練。該校尚附設有日語講習所，強迫成年順民入所學習，現有男女學生八十三名。

偽公立砂美小學，廿九年春開辦，設於金門砂美，偽校長由偽教導周逆江海兼代，偽教員有吳碧瑞(女奸)，蘇瑞月(女奸)，陳麗霞(女奸)，及日語講師張銅國(台奸)，現有男女學生二百二十七人，分設一上，一下，二下，三下，四下五級，其功課與偽一小同，以日語爲必修科，此外另設專修科一級，專授尺牘，簿記，珠算等科。教導方針以「教導兒童能認識中日新情勢」「打倒共黨的野心」及「了解東亞新秩序的建設爲中心」，校另附設日語講習所一所，強迫成年男女入學，計有男女學生五十四名。

偽公立小金門小學，廿九年二月開學，設於小金門西路新禮拜堂，由台奸李塗生任校長，偽教導陳逆建樑，教員林逆淑英，莊逆俊傑，及日語講師鄭金生(台奸)，現有男女學生二百一十一名，分設四級，學生均係被迫入學，並免費贈予書籍，惟課本皆係台灣總督府文教局及偽南京政府所出版者。該校亦附設日語講習所一所，被迫入學之男女順民八十名。

偽公立金水小學，原係旅外華僑爲振興桑梓教育捐資創辦者，金門陷後，員生四散，海外華僑亦以地方政權淪於敵手，停止捐款，該校因而停辦，今年二月，偽教育科強行予以沒收接辦，並改爲公立，由陳逆提標任偽校長，偽教員有王逆名松，林逆瑞生，蘇逆夢痕及蕭逆塏璹，男女學生計一百五十三名，分設五級。偽功課與上述各偽校同，教導方針以「中日永遠親善」，「共同建設新東亞」及「促進和平」「驅除共黨」爲中心。

偽公立湖前小學，籌備於廿八年十二月，今年三月開學，設於湖前社，偽校

長林逆水欽，偽教師林友仁及黃天啓，學生一百五十六名，分三學級，其偽功課亦以日語爲必修科，訓導卽以「養成兒童認識新東亞協同體的意義與新秩序之建設」爲中心。

偽官澳日語講習所設於官澳，經費由廈門偽共榮會供給，强迫當地民衆入學，有男女學生七十名（男子四十四名，女子二十六名），由駐於該地之敵軍隊長任講師。

偽料羅日語講習所設於料羅，經費亦由廈門偽共榮會供給，强迫當地成年男女入學，有學生六十九名（男子四十九名，女子二十名）由旅居該地之台奸任講師。

餘意

由于上述的種種，足見敵寇對於淪區民衆奴化工作的積極，其措施，皆以毀滅我民族意識，泯除我愛國觀念爲中心。所幸者，我金門民衆固處於敵寇鐵蹄之下，惟民心未死，對於敵寇奸逆皆恨之刺骨，去年四月及今年農曆元旦之兩次對敵襲擊，可爲明證，敵寇野心圖燄，而收效絕微也。

——自閩南前線

战地党政月刊

《战地党政月刊》创刊于中华民国30年（1941）8月，方霖主编，重庆战地党政委员会战地宣传书刊编审委员会编辑、发行。程潜题写刊名，月刊。曾任主编：尹述贤。该刊出版至民国31年（1942）11月终刊。

戰地黨政月刊 創刊號

民國三十年九月一日出版

發行者 軍事委員會戰地黨政委員會

編輯者 戰地黨政月刊編輯室 巴縣歇馬場珠市堡

主編人 尹述賢

印刷者 實業印務公司 營業部：重慶中一路一二八號 印刷部：南岸南驅路一八六號

每月一册全年十二册每月一日發行

《战地党政月刊》版权页

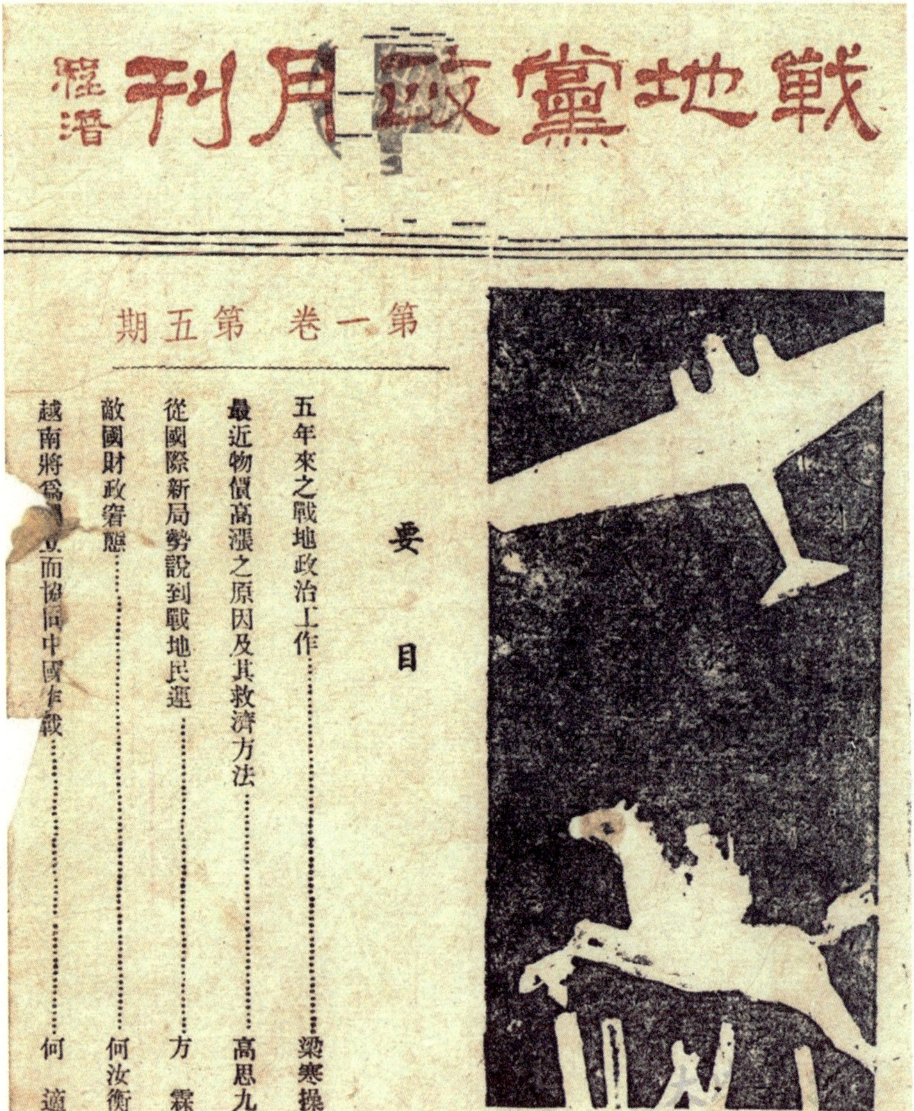

戰地黨政月刊

第一卷 第五期

要目

五年來之戰地政治工作……梁寒操

最近物價高漲之原因及其救濟方法……高思九

從國際新局勢說到戰地民運……方霖

敵國財政窘態……何汝衡

越南將爲[illegible]而協同中國作戰……何適

《战地党政月刊》杂志封面

華北敵偽奴化教育概況

曼青

「奴化教育」是敵寇亡華政策中的一個主要部門，故無時不在計劃積極推行之中。在偽「臨時政府」時代，偽教育部長湯爾和，即盛唱「恢復各級普通教育」，而其第一步之計劃，則主要在小學校之恢復，這裏包藏着一個絕大的陰謀，就是：日寇企圖利用兒童之天真無知，灌輸奴化思想，以期澈底奴化我民族。現在周逆作人，仍然是再調重彈，根據這個陰謀往下去作。

偽教育部改為「教育總署」後，年來雖在「精勵教育」之口號下，由各級偽政權，敵軍，及特務機關等，積極在華北淪佔區鄉村設法推行，但仍未能達到其目的。

據統計，華北敵侵佔區的中等以上學校與學生，均較戰前大為減少。其前後之比較如下：

專科以上學校：

戰前：一七校　戰後：一四校（直轄者除外）

中等學校：

戰前公立：五一校　戰後減為：二三校

戰前私立：一一八校　戰後減為：七八校

學生人數：

戰前公立為：一五·六七四人　戰後減為：八·六五三人

戰前私立為：四一·五二三八人　戰後減為：二六·一〇四人

初級中學：

戰前公立：一九〇校　戰後減為：七校

戰前私立：二八校　戰後減為：二七校

學生數目：

戰前公立：三六·六八七人　戰後減為：九八五人

師範學校：

戰前公立：二三三校　戰後減為：四二校

學生數目：

戰前：二〇·六五二人　戰後：六·五〇四人

職業學校：

戰前公立：五四校　戰後減為：九校

戰前私立：一七校　戰後減為：一一校

初等教育中，戰前與戰後的懸殊，更為顯著：

完全小學：

戰前公立：五·八七六校　戰後減為：九二八校

戰前私立：三三〇校　戰後減為：三二〇校

初級小學：

戰前公立：九九·七六六校　戰後減為：一九·八八

戰前私立：一·六三六校　戰後減為：四七六校

幼稚園：

戰前公立：五六所　　戰後減爲：一四所

戰前私立：二八所　　戰後減爲：一一所

這就是所謂「恢復教育」的實際狀況，也就是敵僞教育至今仍停滯在初步計劃的原因。

敵僞爲使其奴化教育之澈底推行，乃別出新謀，企圖使「奴化教育」與「強化治安」工作相結合（至少是相輔而行），完成「政教合一」，藉「強化治安」運動，遂行其「奴化教育」。

華北敵僞關於教育上新設施的主要辦法之一，即擴大過去的「學區制」，爲「聯合小學區制」。過去僞「學區制」係以聯鄉或區爲單位，與「行政區」相合一，建立學區，按區實行教育，督察，及指導，現在的「聯合小學區」，便是這種原定制度的擴大。從今年二月以來，冀中敵佔區各縣，已經開始實行，其方法：即分全縣爲若干聯合小學區，每區按其積大小，各分轄若干區。各聯合小學區，均組織「學務委員會」，以資彼此促進與聯絡。而其主要企圖，則在將鄉村教育行政，集中在幾個可靠的漢奸手裏。

據報載：河北順德寇轄下各縣，敵寇已實行武裝調查各鄉居民治安經濟等情形，隨同「宣撫」工作而強迫恢復學校。可是敵寇已走到惱羞成怒，與圖窮匕見的地步。然而始終還是要失敗的。（一九四一·十二·一。秋林）

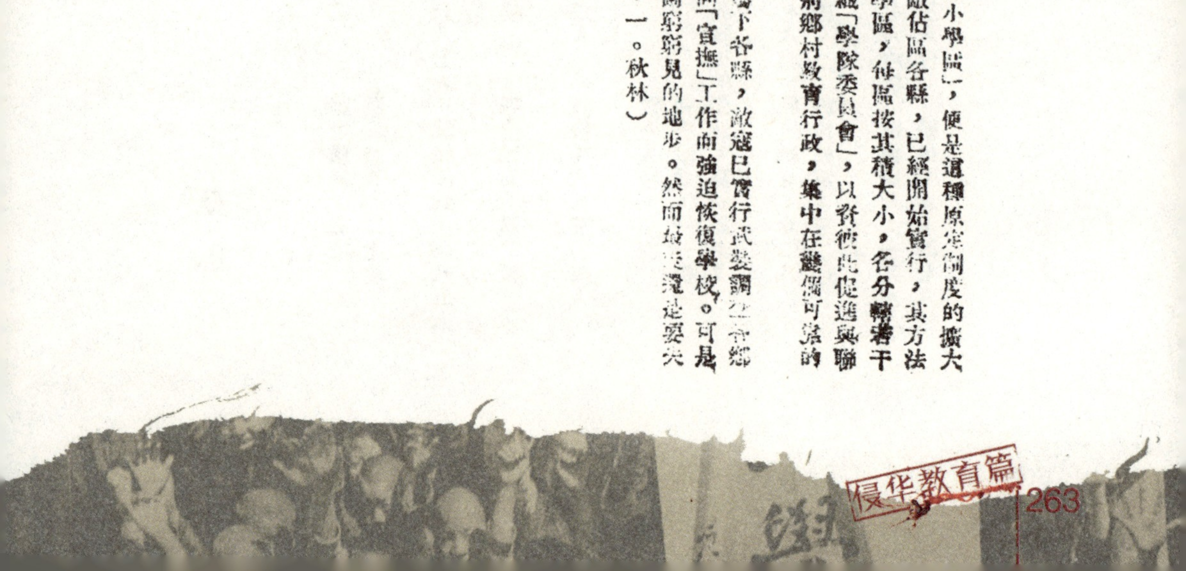

改进

中华民国26年（1937）抗日战争爆发，战火很快烧到了福建沿海，省会被迫由福州搬至小城永安。这个偏居东南一隅的小城，以它的宁静和相对开明的政治环境吸引了大批来自全国各地，拥有各自不同教育文化背景的知识分子。他们先后在永安创办了大小近30家出版社，先后出版13种报纸、136种期刊杂志及各类书籍700多种，掀起了东南抗战文化的繁荣。在这些文化机构中，改进出版社是影响相当大的出版社。而改进出版社出版的期刊《改进》更是值得我们注意。

《改进》杂志于中华民国28年（1939）4月1日创刊，民国35年（1946）7月停刊，创办者是著名的左翼作家、原《申报自由谈》的主编黎烈文。《改进》是一份贯穿抗日战争的综合性刊物，透过它可以看到东南乃至全国知识分子为支持抗战建国所做出的努力。

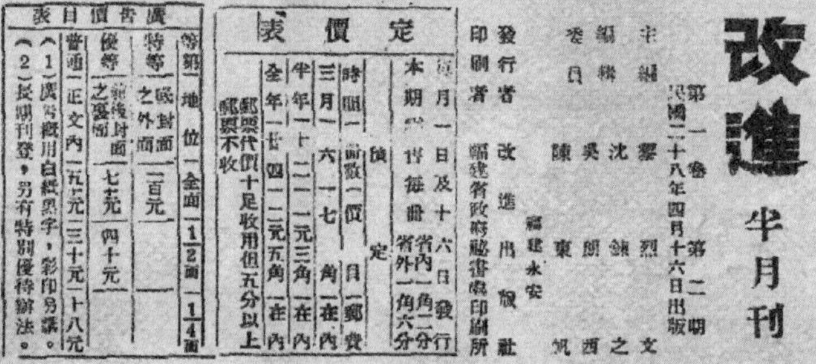

改進 半月刊

第一卷第二期

民國二十八年四月十六日出版

主編 黎烈文

編輯委員 沈鏡之 吳朗西 陳東帆

發行者 改進出版社 福建永安

印刷者 福建省政府秘書處印刷所

定價表

每月一日及十六日發行

本期每冊 省內一角二分 省外一角六分

時間	冊數	價目	郵費
三月	六	七角	在內
半年	十二	一元三角	在內
全年	廿四	二元五角	在內

郵票代價十足收用但五分以上郵票不收

廣告價目表

等第	地位	全面	1/2面	1/4面
特等	底封面之外面	一百元		
優等	前後封面之裏面	七十元	四十元	
普通	正文內	五十元	三十元	十八元

（1）廣告概用白紙黑字，彩印另議。

（2）長期刊登，另有特別優待辦法。

《改进》杂志版权页

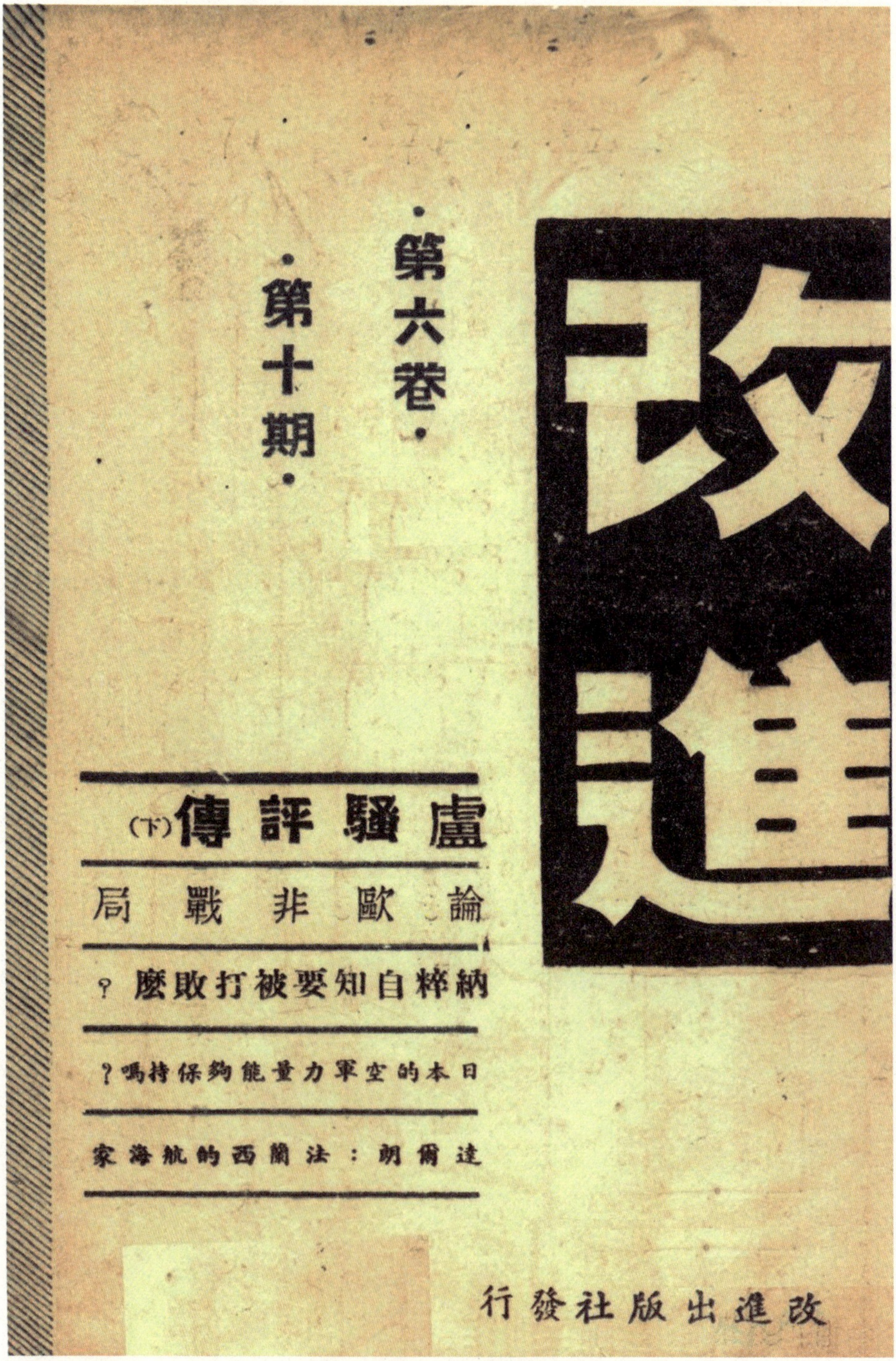
改進
第六卷
第十期
盧騷評傳(下)
論歐非戰局
納粹自知要被打敗麼？
日本的空軍力量能夠保持嗎？
達爾朗：法蘭西的航海家
改進出版社發行

《改进》杂志封面

敵國侵略教育的剖視

王秀南

(一)教育為什麼朝「侵略」路上走?

在敵國日本，我們時常可以聽到下面一首兒歌：

我要到支那去，你也去吧！
這狹小的日本，我們住得厭了。
在海的那邊有個支那，
他們有四萬萬人，在等待我們。
我要到支那去了！你也去吧。

日本為什麼要侵略我們？他們的藉口，不外是人衆，地小，物貧，所以要南進北進，向着東亞大陸上進攻，西南太平洋侵略。其實，他們地小人衆嗎？日本的北海道，到現在還是地曠人稀，同時庫頁島也沒有大開闢，這何以說是地小人衆呢？或許這兩個地方，地跨寒帶，不樂於居住，但是從我們手裏奪去了的台灣和朝鮮，到現在，日本人並沒有多大的增加，所謂地小人衆，祇是自欺欺人之談吧了。至於物貧，單就過去中國的市場上講，到處充斥日本貨，又何以說是物貧呢？總而言之，區區島國，倒底不能有所作為，打開天窗說亮話，他們祇是憧憬於「東亞共榮圈」，而做着「大陸帝國」的迷夢而已。敵國政治既是這樣一套的侵略把戲，當然教育便變成帝國主義的工具，而朝向侵略的路上走了。

(二)侵略教育是怎樣設施的?

敵國的教育，既變成帝國主義的工具，那末，一切教育設施，自然內以麻醉本國國民，外以壓抑殖民地大衆，為其最高的理想。

(甲)本國的教育：

(1)皇家中心思想的培植——敵國為鞏固其侵略的軸心，自然以「忠君愛國」為教育的目標，使每一臣民，都能剖腹明心，以維護其萬世一系的天皇，此種教育上的薰陶，實收效於無形，而造成今日忠君愛國的風尚。下列二例，即為明證：

A、皇后臨盆、朝野關注！——日本天皇，假使沒有皇儲，不但苦惱了皇家，還操心了朝野，因為皇統失繼，便易構成政權的篡奪，舉國惶惶，無不注目於皇子的誕生，一旦皇后臨盆，舉國上下，個個喜形於色。

B、天長節日，舉國歡騰！——每一學校，都懸有天皇的肖像，一入校門，便須鞠躬膜拜。升旗以後，又須朝向伊勢太廟，再行遙拜禮，倘遇天皇的生辰，那便是日本的「天長節」，舉國上下，無論機關、學校、工廠……都要放假一天，來表示慶祝，或到皇宮門前歡呼，或在公園中歡舞……處處顯出忠君愛國的精神。

(2)國民生育與民族優生的鼓勵——敵人為實行其「征服中國進而征服東亞以稱霸世界」的迷夢，自然要多多的製造砲灰，才能夠與侵略的國策相配合，不過區區島國，地狹人少，究竟何以為力呢？於是日本人有意地從教育方面鼓勵其國民，使大家放棄貞操觀念，恣情婚媾，提倡優生。下面兩事，實為著例：

A、蔑視貞操觀念、提倡男女雜交。日本人因為不知貞操為何物，所以女子都喜以娼妓為業；而一般所謂「下女」，更是公開秘密的娼妓。不過，敵人也有其「娼妓國策」，每之妓女，都經常地舉行檢驗。一有梅毒，即實行隔離；倘有懷孕，則撫養之，保護之，優遇惟恐不及；子女出生，便交村公育。休息滿期，仍歸返其娼妓的故業。最奇怪的有所謂婚姻媒介所。據統計，單就東京而論，已有婚姻介所五十餘家，至於全國更可想而知。敵人瘋狂地獎勵生育，從而鼓勵健男與美女，實行異

旅結婚。

(3)體育衛生與醫藥的注意——敵國責望國民，不但要生得多，生得好，還要死得少，才够軍閥的要求。因此，他們對體育、衛生，和醫藥都特別加以注意：

A、體育：

甲、設備——每一學校，最少都有柔道場、劍道場、和健身房等設備。不但學校如此，社會方面，也到處可以看到公共體育場，和兒童游戲場的設立。

乙、鼓勵——學校方面，由教師去鼓勵；社會方面，則由政府和社會團體去鼓勵。雙管齊下，自然會引起全國國民的注意。

丙、成果——全國國民，既注意於體育，當然運動成績蒸蒸日上。過去的遠東運動會，大部錦標，都由日人包辦，便是明證。由於注意體育的結果，日本男子身長已增加了二·八·八米厘，體重也增加了二·六kg.，女子身長已增加了二六·二米厘，體重也增加了二·六kg.。

B、衛生：

甲、浴堂佈國內——據統計，差不多距離百步就有一二家浴堂，因爲取費低廉，成人五分、小孩三分，所以國民都有入浴的機會。不過，他們洗澡的習慣，特別來的好，每個人入浴，都先要在池旁擦洗乾淨，然後跳入大池一浸，這樣皮膚病的傳染就沒有了。此外，還有溫泉，日光浴，和海水浴等，可見日本人好潔之風。

乙、潔習遍民間——日本人的唯一特色，就是潔靜，差不多家家戶戶，不論貧富，都是簡單清潔。他如學校、旅館、飯店、無處不感到整潔之美。

丙、郊外旅行——無論機關和學校，一遇星期六或禮拜日，都成羣結隊的旅行郊野，尤其是小學生、少年團、青年團等，更一隊隊的在導師領導之下，或到野外寫生，或採集標本，或郊外聚餐……此種郊外旅行，可增進國民的健康。

丁、健康展覽——在大都市，每一百貨商場，都有特設的一層，專爲教育展覽之用，如國民營養展覽、兩性健康展覽、住宅衛生展覽、廚房衛生展覽、嬰孩衛生展覽，差不多終年不斷地舉行。

C、醫藥：醫藥一道，在日本是特別發達的，其國際上的聲譽僅次於德國，日本人尤其對於婦科，因爲關係民族的將來，更是家喻戶曉，特別講究。這樣，嬰兒出生既多，死亡又少，帝國主義侵略工具，便不怕來源枯竭了。

(4)軍事教育的勵行——帝國主義的向外侵略，第一是武力。所以青年體魄的訓練，最爲注意，因此勵行軍事的教育。下列幾點，即其特徵：

A、國民軍事化——日本學生，自小學至大學，一律穿着制服，實施軍事訓練，他如柔道、劍術，也都家喻戶曉，個個精通，以造成其武士道的風格。就在社會上，專爲青年團創辦的青年學校，到處設立，除了進德修業而外，大半的功課，就是軍事的訓練。

B、注意天空和海底——日本帝國主義，現在所注意的是天空和海底。關於天空，小學生就開始研究飛機模型，中學生或大學生就要實地觀察與練習，日本著名的大學，至少都有五六架飛機，讓大學生坐坐練習。至於海底，首次歐戰結束而後，日人又從德國人賺得潛艇的秘傳，早在教導國民如何屠殺人類。此次橫行太平洋上，假非美國挫其鋒，不知道要怎樣的趾高氣揚呢！

C、神社的崇拜——敵閥利用宗教，以籠絡民心，所以設立許多神社，使爲侵略而在戰場上送死的冤魂有所歸宿，更進而鼓勵國民，不斷的爲敵閥作砲灰。最著名的莫如「靖國神社」，羅陳着中日，日俄二次戰役中的勝利品，中間更供奉着英雄神像，使全國兒童和青年去紀念他們，作爲一種軍人的精神教育。

(5)普及國民教育——戰爭，不一定靠武器；而精神上的武器尤爲戰爭必備的條件。所以每個國民，必須使其識字，教其忠君愛國的大道理。因此，國民教育的普及，已成爲建設新國家必經的途徑。現在，且就日本國民教育的普及情形，作一扼要的敘述：

A、文盲的掃除—現在識字的百分比，已佔

全國人口的九十五以上。此外五人，不是白痴，便是殘廢，幾乎難受教育。所以日本的國民教育已經近於普及。

B、家庭大學——文盲掃除了以後，還須不斷地補充國民的知識，日本所謂「家庭大學」，就使得家家戶戶裝設無線電收音機，可以聽國內要人的演說，可以聽大學教授的講學，也可以增進其他應有盡有的知識，無形中在家庭進了大學。

C、侵略思想的灌輸——在小學裏，教師時常問兒童：「滿洲是誰的」？無形暗示滿洲是大日本的。這就是東北事變未發生以前的情形。現在，恐怕天天在「東亞新秩序」「東亞共榮圈」「八紘一字」「共存共榮」不斷地嚷着。

(乙)殖民地的教育：

(1)拓殖大學的開辦——無疑地，這是一所人類毒菌的繁殖場。日本的拓殖大學，遠在明治三十三年卽已設立，當時的宣言，已揭露其侵略的野心：

「……在領土狹阻之我國(卽指日本)，每年增加七十餘萬之人口，雖似為國家之深憂，而實為國運之昌所表示之證據。在過去數百年，我民族屈居於黑子彈丸之地，未始無退嬰委縮之態度，待至今日，因國民之自覺，已不容極小之國民，醉心於桃源之夢。日自然之要求，年年愈有促人之深省。吾人海外之發展，較之先進之國，所以失敗者，職以缺乏適當教養之人士為其主因也。吾等有見及此，乃設立拓殖大學一所，以養成有為之青年，雄飛於海外為目的，所教授之學科，所涵養之精神，皆期此實現，以副時望」。

這些殺出來的劊子手，除留在日本內地外，以派往朝鮮及中國(當然是東北)為最多，台灣者次之，南洋及南洋群島者更次之。此外還有國士館高等拓殖學校的創設，目標在侵略南美，專門培養侵略拉丁民族的兇手。果然，所謂兇手走狗，自然名副其實，記得民國十七年，田中義一為日本首相時，主張對華採用強硬政策，而拓大學生，附和其鳴，未幾出兵山東，發生濟南慘案，當時日本朝野有識之士，多主不必出兵，獨拓大學生，齊聲倡議，爭相附和，更有「對華府議會」的演講。九一八事變，敵國人士有所謂打開國難的示威，二月十一日建國祭的行列，拓大學生首先參加，而反帝運動[illegible]一人。七七事變以來，拓大學生的瘋狂行為，更可想而知了。

(2)台灣的奴化教育——日本所給予台灣的殖民地教育，是主奴雙軌制：日本兒童所進的，是尋常小學，台灣兒童所進的，是公學校。尋常小學與公學校，程度之差，有如天地，所以有些台灣人士，便向總督府乞憐，請求「一視同仁」。結果也有一部採取混合制，把兩種學校併而為一。然而自此「同仁」而後，漢文改為日文，一切史地材料都以日本為中心，所謂「一視同仁」，便完全奴化了。現在保持着漢族精神的，還是台灣的私塾，多少表現着祖國的精神。但所授的書本，必須受政府的限制。實言之，今日課本，不是四書五經，便是民初的共和國教科書，否則便要受停辦的處分。可是，自從九一八事變以來，敵人更變本加厲，一律禁止漢文漢語的傳授。這一點微弱得可憐的民族斷絲，也竟不容其稍延殘喘了。

台胞由公學校畢業，可以進入高等補習學校，但很少進入日人子弟所專利的中學校高等學校。此外，有所謂實業學校，師範學校，專門學校，及台北帝大等，無一不是殖民地的典型教育。學校教育之外，有圖書館博物館，還有所謂家長會、桃香會、日本語練習會、東洋文化促進會，旭日會等，名目繁多，無一不是奴化教育的機構。總之，敵人的奴教台胞，由誘讀日文，而廢止漢文，而禁止漢文，斷絕進道，目下已達到相當的成功。所幸一班仁人志士，仍不忘懷祖國，青年中代回國求學運動的，項背相望，遂未始非將來民族復興的一線曙光。

(3)朝鮮的奴化教育——朝鮮的奴化教育，也和台灣是一樣一樣的。不過，敵人對於統治朝鮮，尤其嚴厲，而於台灣，多少還帶點軟化政策。所以朝鮮教育上的不自由，應還較台灣為甚。敵人的奴教朝鮮，第一，在破壞朝鮮固有的文化；第二，使朝鮮人民漸趨愚昧；第三，圖日本文化的侵入；第四，將日韓民族為一爐。所以明治四十四年所頒發的朝鮮教育令，即明白的規定：

一、抑制漢學之發達；
二、努力日本文化之普遍；
三、鉗制鮮人之思想；
四、降低鮮人之知識；
五、力求技師人才之培植；

可是，這麼一個猙獰的帝國主義面目，引起韓人不斷的反抗。結果，復於大正十一年頒佈新朝鮮教育令，措辭比較的文雅：

一、力謀日本文化之普及；
二、廢除日韓文化之隔閡；
三、增進鮮人吸收日本文化之機會；
四、努力朝鮮固有文化之日本化。

於是由愚民政策，轉變到同化政策，一切教育設施，都與日本相彷。最高教育機關爲大學；次之爲專門學校；再次爲高等普通學校，職業學校；最低教育機關爲普通學校，卽等於台灣的公學校。同時，復開放日人所獨享的尋常小學及中學校，允許朝鮮人的子弟入學。由此，日韓之間，日趨同化，想起我們的台灣和東北，眞是不寒而慄！

學校教育之外，也設有圖書館博物館。並在朝鮮總督府指揮之下，組織監督鮮民行動鉗制韓民思想的各種教育團體，如涼風會、教化會、太和會、家長會等，無一不是日本帝國主義者所御用的教育結社。

(三)侵略教育所造成的日本人：

最後，我們所要研究的，究竟侵略教育下的日本人，是怎樣的一種人？

(1)滑頭——敵人的頭是滑的。分明是「侵略」，偏說「自衛」。實在是自己可以橫行剝削的，偏偏要假手於僞組織，以掩蓋天下人的耳目。分明是先天不足，外強中乾，偏要南進北攻，裝腔作勢，以期刀不血刃，而嚇退英美。究竟交戰幾回合，已漸露其破綻，恐終非剖腹不可了。

(2)蒜眼——日本人的眼是蒜的。眼看着中蘇合作，便來個「蘇倭協定」，以離間中蘇的感情；又因美國援華的積極，便來個「美日談話」，送些秋波，以拆散中美的團結。卻不想自己的腳跟，便伏着傷人的暴蜂。美日的談判失敗，蘇倭的協定動搖，中美英蘇依然是抗戰中的柱石。

(3)嘴甜——日本人的嘴是甜的。分明是「征服中國」，卻美其名曰「日支提攜」，分明「吞併安南」，卻美其名曰「倭越協定」。分明要「泰國供其犧牲」，卻又來個「共存共榮」，重彈老調，泰越入彀。可是東亞省南洋省一成立，敵人的猙獰面目又再度湧現了。

(4)手辣——日本人的手是辣的。巧言之不足，繼之以利誘；利誘之不行，繼之以威迫；威迫失敗，終出其最後的辣手，飛機大砲，雙管齊下。中日過去的交涉，都循着侵略的三部曲進行。甚至貽笑萬邦的南京「蘇本事件」，也由於日閥的辣手排演而來。無怪乎寫「日本日記」的美國記者，在非律賓失陷之後便遭敵人的毒手了！

(5)心黑——日本人的心是黑的，只要有利於已，何幾凡丟一努，當初的軸心協定，何等冠冕堂皇；但一看英國的危機轉急，便伶兵海南，與英美送遞秋波。德蘇合作，悵然若失；然不久之間，卻又派使入蘇，甚至密訂蘇倭協定，保守中立。老實說來，這一個傢伙，只以德國的酒肉之交，難作莫逆好友。現在又聲稱要夾攻蘇聯，會兵印度，那就得看德國的戰績如何，敵人才敢附驥呢！

(6)足捷——日本人的腳是快的。他們一副小頭的笑臉，又加上一雙輕扒的快腳，一腳飛機，一腳戰艦，甚麼事情，都會給他們捷足先登的。比如九一八事變，當發生之始，他們已憑着宣傳的佈置，顛倒是非，蒙蔽國際；到了國聯調查團調查過後，眞相暴露，然而敵人已佔好了大片江山。又如此次七七事變，起初也是依法泡製，顛倒宣傳；可是國際上早已洞悉其奸，再也不上其當了！但是敵人又迅上幾步，投入軸心，脅制英美，在這迎拒的外交運用中，又殘喘苟延其侵略者的命運。

總之，敵人卑劣狹窄的國民性，早由自然環境所造成；現在更由教育的孕育而爲虎作倀，無怪乎四海之內，盡處樹敵；再不勒馬懸崖，祇有自趨滅亡。（特）

晨光

《晨光》创刊于中华民国21年（1932）6月，半月刊，晨光社主编，杭州正中书店发行，社址位于杭州市官巷口新民路373号正中书局内。该刊出版至民国23年（1934）9月9日改为《晨光周刊》，出刊两期后于民国23年（1934）9月16日停刊。民国26年（1937）4月18日复刊，至民国26年（1937）8月1日终刊。

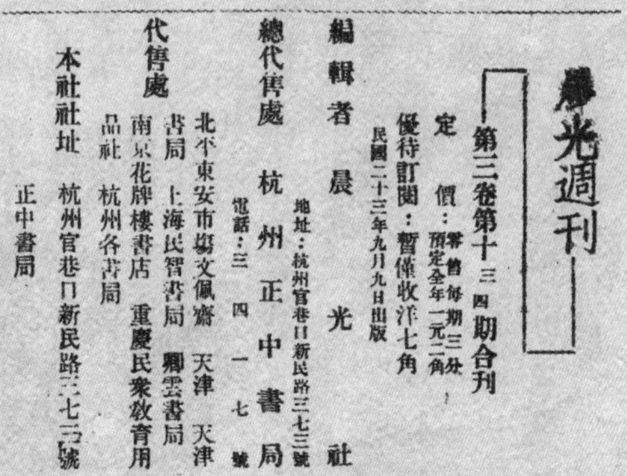

晨光週刊

第三卷第十三四期合刊

定　價：零售每期三分　預定全年一元二角

優待訂閱：暫僅收洋七角

民國二十三年九月九日出版

編輯者　晨光社

總代售處　杭州正中書局　地址：杭州官巷口新民路三七三號　電話：三四一七號

代售處　北平東安市場文佩齋　天津天津書局　上海民智書局　聯雲書局　南京花牌樓書店　重慶民衆教育用品社　杭州各書局

本社社址　杭州官巷口新民路三七三號正中書局

中華郵政特准掛號立劵

每逢星期六發行

全年五十期連郵費一元五角　國外四元　零售每份三分

本期零售五分

中華民國二十二年一月十四日出版

晨光

編行者　晨光社

杭州開元路四十一號

第一卷第三十一二期合刊

《晨光》周刊版权页和报头

日本在東北所施行的奴化教育

殷廬

當「教育革命」的高潮捲遍中國內地的時候，不料遠在天邊的關外同胞，却被迫着受亡國的奴化教育，説來眞有點欲哭無淚的感慨！

日本在東北奴化教育的設施，自始即有整備的計劃和一貫的系統，自僞國成立後特設文教司——直隸僞民政部，以掌握這種職務。據日本在東北所設立的學校有公學堂，中學堂，女子高等學堂，商業學校，專門學校，大學，高麗學校凡七種，統計各校學生共六六四〇〇人，若以學生國籍分，則華人佔最多數，高麗和日人次之；若以學生等級分，則小學生佔最多數，中學生次之，大學專門生又次之。所以日人在東北實施奴化教育的中心對象，無疑地是小學生了。另一方面，天眞活潑的兒童，智識既幼稚，頭腦又簡單，最易獲得無形欺騙和示範的效果。

這種教育的施行，不消説是要用糖衣包藥的手段來麻醉我國這些同胞的思想，使個個人成爲滿洲國的順民，而忘却眞正的祖國的！我們試將他們隨意取消課程和編訂小學課程內容一些主要的事實加以檢討。

黨義一科在全國各省市已普遍地被採用爲主要課程之一，與國語算術各科等量齊觀。在東北自無例外。但自東北被佔，僞國製造完成後，日人即於去年三月二十五日由僞國務院出名，通令東北各學校一律取消該課。試看原電：

「嗣後各學校課程，着重四書孝經講授，以崇禮教，凡有關黨義教科書一律廢止。」

至同年六月十四日又發一通電，誣指黨義爲反動課本：

「查我國（自然是僞國）肇造，已届三月，各地學校主辦人員，間有尚未洞悉建國精神者，乃蹈三民主義覆轍……今後……對於排外教材（不消説是指三民主義），應切實取締。」

此後三令五申，無非是荒謬絕倫的怪論。這種種分明是奴化教育政策最顯著的暴露。不僅侮辱我國國體而已，抑且將孫總理積四十年經驗和心血所創造出來的三民主義棄之不顧，孫先生地下有靈，將不知涕泗之何從！

黨義既絕跡於東北，用之代替此課而興起的就是公民科。（此處指小學而言）查這種公民乃是數十年前流行內地的古董式的舊公民，加一番巧製的工夫而已。故內容類多頌揚日本國體怎樣的好，「滿洲國」前途如何的偉大，以及，滿洲國的人民應該怎樣負起人民的責任，爲國家盡一分力。荒誕怪論，連篇累牘，不勝指謫！

茲舉一二示例，以見一斑：（此種材料請參看行健月刊第三卷第三期六四—六五頁）

「滿洲國是奉天吉林，黑龍江，熱河與安五省合成的，國都新京，溥儀爲執政，年號大同，這是東西的新國家。有三百三十九萬方里的土地，有三千萬的人民，這個新國家是全國人民公共的，應該各盡一分心，各出一分力，保護這個國家，將來國勢興旺，是大家的光榮。」

這些話雖然是平鋪直敘，沒有什麼出奇的地方，在我們看去，其主旨自然不攻而破。但是拿這些東西來敎諸兒童，已足夠欺騙而有餘了！

又「……建國的宗旨：大概以順天安民爲主，對內採取王道主義……對外實行門戶開放主義，講求親睦鄰邦之方法。」

「我們民衆既然有這樣的建設，就當共同努力……總要使國家有日新月異的現象，那才不愧爲新民啊！」這種奴化教育精神的表現，雖然無縫不至，極盡其縝密和巧妙之能事。但終究是糖衣包藥，外面的一層薄糖一經溶解後，藥的苦味畢竟是要被感覺到的！

至於歷史地理的編輯方法，其立意之深，實非我們這些局外人所能想像得到的。據說「講本國（滿洲國）的歷史，是從多爾袞入關起，以前的是混沌世界；外國地理歷史，先講日本，次講歐美菲澳諸國。獨獨對我中國一字不提。」（見國聞週報第十卷第三十八期三十八頁。）

記得胡適之先生曾教我們等五十年後，再去收復失地，但看了上面這些驚心怵目的事實，恐怕是太遲了。

以上所舉，僅着重在東北小學教育一階段而言　現在再進一步的來看看這同樣充溢奴化思想的東北社會教育。

關於這，我們就東北電影一點而言，已足夠證明。據說長春（新京）電影館多附設在有名無實的「俱樂部」內，熔大烟，娼妓，賭博多種卑汚的事情在一爐。所開映影片無不充滿日帝國主義的狂瘋，滿洲國的歌頌，極其下流的油腔滑調，浪漫頹廢的色情，毫無民族生氣的神鬼武俠。他們使用這些影片做工具，逐步推我們那些同胞們墮入色慾，荒唐，怪誕，享樂和頹廢的毒烟霧中，濡染成一副完全奴隸化的骨子，預備永遠做奴隸順民！其用心之毒，實非我人所能想像！

至此，我們可以概括的說，日本自攫取東北後，一方面傾全力控制東北全部經濟，一方面週詳設備，控制我東北三千萬同胞的思想，製造三千萬亡國腦袋，雙管齊下，實足滅我東北而有餘！

反觀我國，自東北亡後轉瞬二年多了，其間雖不乏救國圖存的愛國運動，然多屬片斷的，零碎的，既無固定的計劃，又無全國一致的行動，故嚴格言之，實等於無。政府如此，人民如此，馬虎從事，苟且偷生，顧念國家前途之黯淡，不禁慨然！全國同胞乎！對日本此種毒辣的政策，亦有所認識和感覺，而急速謀對付之道的嗎？！

平论

《平论》半月刊创刊于中华民国34年（1945）9月，编辑者：陈青士、刘大杰、傅统先，发行者：黄嘉德；平论社编辑、发行，社址位于上海地丰路5号甲。每册国币75元，国光印书局印刷。该刊出版至民国35年（1946）3月终刊。

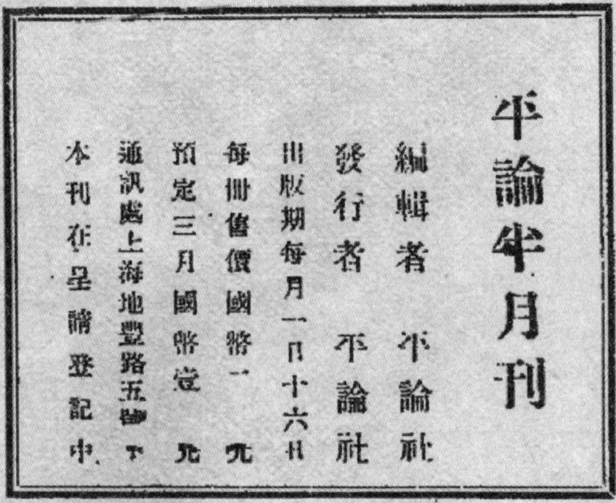

平論半月刊

編輯者　平論社

發行者　平論社

出版期每月一日十六日

每冊售價國幣一元

預定三月國幣壹元

通訊處上海地豐路五號甲

本刊在呈請登記中

《平论》杂志版权页

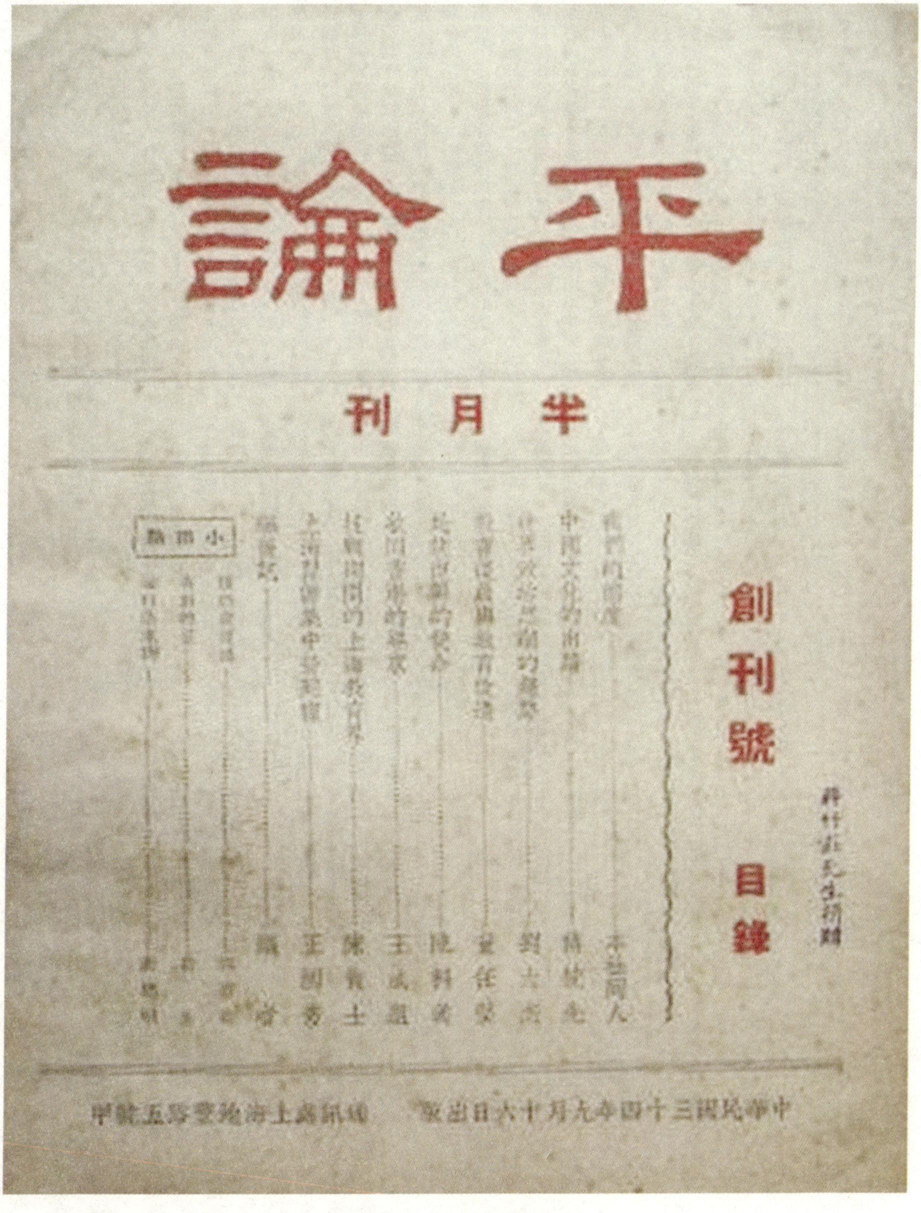

《平论》杂志封面

奴化教育和精神訓練

亞　抱

在大後方的人往往有一種成見，認爲上海的學校都有附逆的嫌疑，上海的學生都深深地中了奴化教育的毒素。爲澄清這種毒素起見，上海學生的「精神」須要一番「訓練」，他們的「思想」需要一番「改造」。教育復員會議所定的收復區學校學生甄審辦法以及臨時大學補習班的課程內容都是本此成見而擬訂的。

打開天窗說亮話，就一般而論，上海學生並沒有受到什麼奴化教育，更沒有受到奴化教育的毒素。在這幾年當中，雖然空氣極度的沉悶，環境萬分的惡劣，上海的學校大都能堅守崗位，保持原狀，不讓奴化毒素的薰染。上海的青年——何止有識的青年，一般民衆都是如此，——每天耳聞目睹和身受着敵僞的壓迫與欺陵，抗敵心和愛國心與日俱深，無時無刻不是敵愾同仇，盼望着勝利的來臨。他們都是愛國的青年，是眞是僞，是友是敵，認識得非常淸楚的。只要看到國軍和中央接收人員飛到上海的時候，青年和一般民衆的熱烈歡迎，歡喜得發狂的一般的情緒，便可見上海的民衆特別是青年學生，是未會被麻醉的。認爲這班青年深中了奴化教育毒素的人們一方面是誣蔑了忠貞不貳的上海教育界人士，一方面是把青年識別的能力估計得太低了，把敵僞宣傳工作的效果估計得太高了。什麼「大東亞共榮圈」，什麼「中日共存共榮」，騙三歲小孩子還不够，難道我們的青年就會上了當嗎？

在這幾年當中，上海的社會充滿着投機取巧的心理，僞官吏的貪污公行，暴發戶的窮奢極侈，青年處此黑暗惡劣的環境，難免不受到影響。所以我們認爲上海青年的精神應加振作，他們的思想應加啓迪。但是說上海青年竟會以僞爲眞，認敵作友，却是完全錯誤的觀察。教育部長朱家驊氏認爲過去淪陷區學生的精神並未淪陷。並且說：『學校有僞，學生無僞』。上海市教育局長顧毓琇氏認爲上海青年並沒有受奴化教育的麻醉，南京臨時大學補習班主任王書林氏也說他相信百分之九十九的學生並沒有受到奴化教育的毒素，這些才是正確而敏銳的觀察。

退一步說，假定收復區青年確實是被奴化教育麻醉了，要澄淸奴化的思想亦不是如中央原來所定辦法所能奏效的。精神的訓練，思想的轉移，要在不知不覺之中，用潛移默化的方法，才能生效。現在所採用的方式好像是先對收復區的青年說明他們已經中了奴化教育的毒素，他們已經不是愛國的青年，必須受過一番訓練，才配和自由區的青年一起受教育。試想愛國而熱血的青年對此處置能不生反感嗎？生了反感而仍勉强他們去受訓練能收多少效果呢？從教育的觀點來說，這種處置不是笨而且拙的辦法嗎？

昨日大公報的社論中說：『對收復區的教職員學生處置太寬大，則八年來在後方冒險受苦的教育界人士要鳴不平。這話我認爲非常淺陋。我們所追求的是公理正義，教育界人士尤其愛公理正義。八年來後方的教育人員，吃不飽，住不安，歷盡千辛萬苦，爲國家培養人才，他們要鳴不平，對象太多了。發國難財的奸商，游泳政治舞台的貪污，以及一切在抗戰中投機自肥的旣得利益階級，這些人都够教育界人士切齒痛恨。而淪陷區內堅貞自持的同業，無法到內地去，而又不願改行作混水摸魚的買賣，他們的生活和內地一樣苦，精神上更受着嚴重的迫害。內地教育界同業，明瞭了這種情形，當然只有同情，決不會再有非議了』。這意見可說是持平之論，我們絕對贊同。

《浙江战时教育文化》杂志封面

浙西敵偽奴化教育全貌

潛藏在柔和笑渦後面的文化劊子手的猙獰面目，除了靦顏事仇的漢奸，誰都不會看出他們以同文同種，「復興東亞」，建立「東亞新秩序」這些幌子來吞噬我們的文化，他們故意推崇中國的固有文化，但同時又說出他們才是真正能夠容納並發揮這一些文化，他們宣言：「中日兩國文化，幾乎包容攝取了存在於世界的一切不相同的文化，而且將這不相同的文化全部完全的咀嚼，並且造成了本國獨特的文化，這一點不論是在日本，或者是在中國也都是一樣的，在這種意義之下這兩國的文化是有着在世界上無可比類的誇耀的光輝」（錄笠間杲雄語。）

在這樣美麗的詞句下，倭寇顯明的野心，是要征服並吞滅我們的文化，所以這島國倭人盲目地在國家觀念的催動與勸誘之下，一致採取戰時的特別方針，在他們海陸兩部支持下組成了文化人的鋼筆部隊，到中國的各個戰場，當然江浙首先是有了這些部隊的足跡，他們看到江浙被燬滅了的都市文化，而向國人警戒着「戰敗國的悲哀」，他們鼓勵旅行戰地文化人的陣地創作，火野葦平描寫杭州灣登陸的「土與兵士」立刻被認為是開拓日本文學的新途徑，鋼筆部隊在游覽江浙一帶名勝之餘，和軍官們一同喊出「人生下來便是為了戰爭」。

再來一談他們怎樣地厲行他們的文化侵略吧；

首先，是決定了維護「東亞新秩序」的原則，於是選擇一些中華民族的敗類，忠實地在他們頤使驅策之下來加緊工作，於是更復加工製造一批一批的帝國奴隸，以更加強化，普遍並繼續執行他們所交待了的命令，教育的宗旨與方針是揭示了，而在欺騙的陰影裏，又附時傀儡們替他們去吞噬青年孩子們的心靈，用着新聞手段以朦蔽偽組區內人民的耳目，玩着各種各樣的把戲，以愚弄各種各樣的人物……最終目的是征服並且滅忘我們的文化。現在，且以敵寇在浙西所有的文化措施，來說明這一串的事實吧：

1.僞教育的宗旨與方針

傀儡們在暴敵的策動下，首先是更改了我國的教育宗旨：

「「維新政府」之教育，以恢宏中國之固有道德，文化，廣收世界之科學知識，養成理知精神，體力強健之國民爲宗旨。」

「1.改編教科書課本，於「維新政府」法統下，亦可應用別種教科課本。2.教育爲青年之根本方針，應徹底的排除抗日教育及促進親日思想」。

浙西當然也在奉行這一種「教育」上的「宗旨」與「方針」。浙江僞「教育廳」曾公布：「「教育廳」爲整飭學風，指示學生坦途，特標定義：1.信賴政府2.中日提攜3.協力防共，爲一切教育之基本精神」。杭州僞「市政府」所辦之「補習中等學校」，曾標明辦學的四條宗旨：「1.日華親善2.反共產主義3.擁護新政府4.復興治安產業」。這種教育宗旨與方針所決定了的課程內容，是可想而知了，他們以日語爲必修科，其他有：

A國民科——麻醉學生，效忠敵人及僞府之資料；

B算術作業——注重在奴隸勞作等；

C國民道德——當然是做帝國和傀儡奴隸的道德；

D家事縫紉——是奴化女子的主要科；

利用兒童特別發達的可塑性與模倣性，改製爲矢忠帝國的奴隸，是最容易而也最有效。可咒詛的昧心的僞「浙省教育廳」，他們努力地出賣浙西的男女兒童，竟建議強迫教育以討好他們的主子說：

「……強迫教育即義務教育之謂。蓋就人民之責任言，原爲義務，若就國家之政策言，則爲強迫……查十九年度初等教育統計，全國小學兒童僅佔學齡兒童百分之二一·八，近年失學兒童，並未減少，事變後（?），反見衆多，雖云茲事體大，亟宜早爲之計，以強迫教育四字標示，一、新視聽，明定兒童滿七週歲爲入學年齡，並即籌劃經費，增養師資，視各地財力之實況，爲分年推行之辦法……」

那樣鞠躬盡瘁地爲主子設法，以爲即使佔百分之二一、八的入學兒童盡做了忠實的帝國奴隸，還不夠使主子們高興，而必驅使所有兒童，都訓練爲忠實的奴隸，才會滿足，愉快，我們在他們的建議中，看出了他們的更大的罪惡與供詞。

2.浙西僞學校教育鳥瞰

在我們已被燬滅了的學校教育機關這一廢墟上，創造僞學校；用麻醉引誘的卑劣手段，以替代過去對於青年的屠殺和摧殘，這和他們在浙西軍事政治的種種動態，是相互呼應的，我們是看到了他們手段的更毒辣更險惡。要征服青年，劫持兒童的這一可怕現象，在浙西是這樣地在滋長着：

（1.）浙西的僞小學——計有七百餘所

A 杭州市

市立的私立而接受敵偽管理的

校名	校址	校長姓名	校名	校址	校長姓名
皮市巷小學	皮市巷	張宗禹	培德小學	元井巷	葉補德
飲馬井巷小學	飲馬井巷	江浩	紫陽小學	珠寶巷	朱棠
東青巷小學	東青巷	翁慕舜	養正小學	太平門外 東嶽廟	高忠英
百井坊巷小學	百井巷	范沂孫	大經小學	東青巷	大[illegible]堂[illegible]辦
新橋小學	新橋	孫士良	輔仁小學	湖墅	王[illegible]年[illegible]設
高銀巷小學	高銀巷	唐毅	[illegible]小學	[illegible]橋	曾[illegible]李[illegible]設
德勝橋小學	德勝橋	周屏如	凱成小學	忠清巷	朱棠
大同路小學	大同路	汪賢惠	湖墅小學	湖墅	千導[illegible]設立
四牌樓小學	四牌樓	俞大千	南山小學	滿覺隴	穆德新[illegible]辦
茅家埠小學	茅家埠	王煥卿	育兒院初小	藩署前	陸迪中
府前街小學	府前街	儲敬之	北新小學		於貽[illegible]
仙林橋小學	仙林橋	葉一之	聖經小學		吳慈
望江門小學	望江門	趙翰卿	臨時小學	青年會	朱孔陽
			樂英小學	興忠巷	沈[illegible]英

B 吳興縣

校名	校長姓名	學生數	備考
第一小學	周昌明	二〇〇餘	即前苕溪小學
第二小學	顏大稷	一八〇	即前道前小學
第三小學	姚仲藩	三〇〇	即前絲業小學
第四小學	趙樹聲	一五〇	即前繭業小學
第五小學	姚慕卿	一〇〇	北門米業公店
第六小學	蔣克勤	一二〇	前教育局舊址
第七小學	何志義	七〇	即前城西小學

C長興縣

校名	校長	校址
第一小學	周韶吾	前法院舊址
第二小學	欽茂林	前三萬小學舊址
第三小學	費人美	

D海甯縣

校名	學校所在地
更生小學	城內
雙山開知小學	硤石
模範小學	硤石
長安小學	長安

E崇德縣

校名	校長	學生數	附註
公立小學	盛庠	一百餘	高初級及特務班
區立小學	周政		

F平湖縣

校名	教員人數	學生數
第一小學	八	七〇
第二小學	七	一三〇

G餘杭縣

校名	校長姓名
模範小學	沈松年

當然，遺漏在我們調查所得之外的，是還有着許多，對於這一批可憐的苦難兒童，我們該怎樣地加緊努力我們的文化攻擊呢

（2.）浙西的偽中學

A杭州市

（A）偽「中等補習學校」。校址是前光華中學舊址，二十七年五月十五日開學，校長號寶時，學生分高中初中二級，課本是採用刪改了的商務出品，學生修業時期是四個月，他們招生時學額規定六百名，而當時報名投考的却祇有五十一人，實際上的學生還僅是三十九人。

（B）偽「市立中學」，分男女二部，男生部由王宇澄主持，女生部由何秉彝主持，每月經費由市政府撥二三二〇元，因為招額不滿，偽「市政府」竟下令該府職員及其親屬子女必需入學讀書，否則要受重大處分。

（C）日語學校，則有日華佛教會及青年會之日語學校，仙林寺，國術館及鼓樓前的日語速成班，及偽市政府的日語研究班，各偽公務機關人員及小學教師均被迫入學。

B吳興縣

偽「浙江省立湖州中學」，是在二十八年一月十五日正式成立的，內部所有佈置，都是前教育界腐化份子，「校長」是曾一度長吳興女子師範的胡叔珊，他也做過監獄長，「教務主任」是朱某，「訓育主任」是瞿理舟，「事務主任」是許克誠，

C嘉興縣

（A）偽「浙江省立嘉興中學」，由偽「教育局長」趙爾石籌設成立，校址是在前集小學內，「校長」由偽「知事」沈翰卿兼任，教本須先由敵憲兵及特務機關審查。

（B）中日文化統一語授受班，這是附設於偽「嘉興中學」的，由敵派教師里吉負責教導，學額定　百名。

（3.）高等學校

雖然浙西還沒有什麼大學及高等學校的產生，可是浙西學生去上海偽「維新學院」讀書，却並不是在少數，「維新學院」是設在上海江灣路，「院長」是敵人原田少將。今年三月底第一期學生修學期滿，就分發到各地工作，浙西當然又新增了一批御製的漢奸了。

（4.）婦女學校

「家政學校」，這是偽「維新政府教育部」正在計劃施行的婦女奴化教育，他們說：「因從來中國女性受腐敗不良教育之習慣，已失去婦女本性，今後决加以糾正。」他們已通令各偽「省」「市」籌設「家政學校」，施以家政教育(?)，並令各「公」「私」立學校，加增「家政」一科，授以保嬰，烹飪，縫紉等科，教養其所謂真正善良之婦女與更生所謂「新中國」，——這一種賊害中華婦女與養成女性奴隸的黑暗惡毒的教育計劃，要使我們為之警駭不已！（溫依夫）

跋

“高粱叶子青又青,九月十八来了日本兵!先占火药库，后占北大营！杀人放火真是凶!中国的军队好几十万,‘恭恭敬敬’让出了沈阳城!”每到“九一八”，我总想起老辈人经常唱的这首歌。80多年过去了，今天在编写这套《老报刊里的日本侵华实录》，一篇篇的“血泪大控诉”，让你对往事的再现有着深深的痛感!

我虽未亲历“九一八”，但从这些真实的史料记载中，可以看到：1931年9月18日这天晚上，北大营那边响起了枪炮声，震得房子直掉土渣，老百姓都不敢睡觉，天一亮，街坊四邻传递着小日本打了军火库、占了北大营的消息，全城人心惶惶。接着又听说少帅在北京叫东北军不要抵抗的消息，人们都不知怎么办才好。又有人说日寇最恨青年学生，要进城抓学生。还有人说，火车站日本人守着，不让学生走，认为学生进关就要搞抗日。于是很多青年学生都剃了光头，扮作关内生意人的小伙计，夹在逃难的人群中逃出了沈阳……

收藏领域包罗万象，我独钟老报刊的收藏。而战时遗物，更值得珍视!透过书案上摊放着陈旧而脆黄的近现代老报刊，我怀揣着敬畏之心，在茫茫报（刊）海中浏览，一行行细小而没有标点的繁体字在眼前闪过，将我带入似醉似痴、如梦如醒的状态。从而为这些老报刊中所提到的那些人、那些事、那些物，感到那么伤感，又是多么的叫人怀想!正是这民国的装束，使我等人不得不去爱她、动情地想要去亲她!如你也是这等人，就请收藏她吧!“娶”她回家吧!

我仿佛看到了一幅幅存废之争的画面，一篇篇声讨入木的檄文；好像听到了那久违的“我的家在东北松花江上，那里有森林煤矿，还有那满山遍野的大豆高粱……”“万里长城万里长，长城外面是故乡……”的歌声，“有亡国，有亡天下，亡国与亡天下奚辩？曰：易姓改号，谓之亡国；仁义充塞，而至于率兽食人，人将相食，谓之亡天下……保国者，其君其臣，肉食者谋之；保天下者，匹夫之贱，与有责焉耳矣！”的呼吁；似乎闻到了一发发炮火的气息，一首首良剂的芬芳。我感受到不屈不挠的战斗精神，力挽狂澜的英雄气概。

我向心仪的前辈们询问，曾最早使用“南京大屠杀”一词的《世界展望》杂志主编张正宇；作为了解中国的窗口，展现近现代中国社会的发展变迁、世界局势的动荡不安、中国军政学商各界之风云人物、社会风貌的《良友》主编梁得所；抗战胜利后最早发行的综合性刊物《周报》主编唐弢、柯灵，时过境迁，这些陈年过刊，已是明日黄花，究竟还有什么价值?

张正宇理理毡帽，唐弢微微颔首，柯灵捋捋胡须，梁得所缓缓启唇：此言差矣。老朽充实资料于此宝库，施洒肥料于此沃土，既映当世，又裨来兹，惜乎人多未识，视同弁髦。君若有志于此，不妨倡言开掘利用，吾等自可含笑于九泉。

黄粱枕失，南柯梦醒，四老之语，启我心扉。遂一一寻究，细细玩索。“既映当世，又裨来兹”之训，犹在耳畔，若有所得。

从老报刊里记录的“九一八”，再到北平听到“七七”事变的枪声，最后迎来抗日战争的胜利……我想，在历史的重要时刻，不论你是身居何处，是一种偶然；而在中华民族最危险的时候，作为普通的中国人，汇入全民抗战的大潮又是一种必然。

当下，出版资源的价值不仅仅体现在生产环节的当期，还体现在出版之后的再生产、再利用上，如何充分开发出版资源，延伸出版产业链，重新挖掘、组织并以合适的途径和载体再次送达给读者，不乏经营战略角度的考量。

新媒体、新技术、新平台的快速发展与普及，为传统出版和产业转型升级带来了前所未有的发展机遇。出版机构如何借助其参与出版资源的二次开发，怎样以资本力量撬动产业市场、以现代视野拓展产业规模、以多元运营提升产业效益，这样的大视野、大局观可谓重要。相较于过往稍显“粗放”、“单一”的经营理念，越来越多的出版同人更加看重出版资源的利用效率，甚至在业内形成一股出版资源二次开发的战略转变趋势。为此，老报刊价值的再利用，乃是一种必然的文化现象。

这些战时期间出版的老报刊其历史价值约有三端：一者，展示中日两国之间的交锋场面。它真实地记录了在三四十年代中国这个多事之秋，日本侵略我国的野蛮行径，奸淫掳掠、血腥冲天的场面，中国人民为驱赶倭寇所作出的不懈努力与抗争。二者，将这些的惨暴真实地挖掘、梳理展示给中国人民和世界人民，让人们永远牢记这段历史，以史为鉴。其现实意义在于针对当前日本右翼势力的否认、淡化和歪曲其侵华历史的罪恶行径，将有力地遏制日本军国主义反动势力的猖獗。三者，诸多老报刊及时报道战情，开设专栏，发表专论，刊载专著，成为文化界与敌人斗争的主要阵地。无疑还具有重要的学术价值和教育意义，其学术价值在于可为今后进一步深化研究抗日战争史提供坚实的史料基础，并有利于振奋国人的爱国热忱和实现“中国梦”的决心。

综观中国老报刊发展史的研究现状，对近现代学术发展的研究实在是一个薄弱的环节。造成这一现象的原因是多方面的，其中一个基本原因是近现代老报刊文本难得。因此，要想了解战时期间的真实状况，进而全面研究近现代日本帝国主义侵略行径，以及它对当代的影响与启迪，唯有望洋兴叹而已。因此，收集整理出版近现代老报刊无疑有着重大的学术价值。

为使近现代老报刊研究进一步拓展与深化，充分发挥它们的应有作用，我做了多年的近现代老报刊研究，饱受筚路蓝缕之辛，备尝爬罗剔抉之劳。《老报刊里的日本侵华实录》只是我编纂近现代老报刊的一种。

全套书分为战争篇、经济篇、教育篇、政治篇等四卷（6册）本。针对入编的老报刊，做了每种纸媒办刊目的、办刊人物、办刊内容，判为综合期刊、学术期刊、普及期刊三种类型，枝不旁引，井然有序；继者从全国研讨、地域交流、海派形成三个方面，阐发对学术的促进，中规中矩，有理有据。

近现代老报刊是一座资源丰富的矿藏，是一片尚待开垦的荒芜地域。今当这套丛书交与哈尔滨工业大学出版社付梓之时，或可改变近现代老报刊一向束之高阁人未识的困境，而出现一个研究近现代老报刊学术的热点，以告慰近现代出版界诸老。

在我眼里，一位思想家不在于他的著作有多么繁富，学说有多么缜密，如果缺少了独具慧眼的发现，缺少了照亮心灵的光色，那只能是平庸的再造或翻版。我们这么断言，是明代著名思想家、史学家、语言学家顾炎武用他独具慧眼的发现，照亮了我愚暗的心扉，给了我新的启迪。不要说他笔下那浩瀚的论著，就一句“天下兴亡，匹夫有责”便具有晴天霹雳的震惊效应。我知道这不是他的原话，这话是梁启超为之合成的。他的原话是：时光逝去数百年了，我坐在书斋轻轻掀动《日知录》，当字行里跳出这段话时，眼睛竟亮得如电光闪射，神魂竟震撼得如惊雷炸响！我把顾炎武尊为补天者，他要补的天是仁爱的苍穹，道德的星空。诚如那个阴沉沉的午后，我走进尚书浦畔的顾家宅第，顿觉阴霾四散，华光迸射，心胸亮堂得少见。是的，仁爱是天，一旦失去仁爱，人和兽还有何种差别？若是世道真的沦为“率兽食人，人将相食”，那可是最为恐怖的灾难啊！这灾难不是天塌，其危害甚于天塌；不是地陷，其危害甚于地陷。要免除这人为的天塌地陷有何良策？顾炎武已明确指出：“匹夫之贱，与有责焉耳！”是的，匹夫有责，匹夫履责，才会民风和洽，才会其乐融融，才会重现尧天舜日的美景。
顾炎武点起了一盏灯，一盏照亮人心的明灯！顾炎武就是一盏灯，一盏闪烁在中华大地的思想明灯！

《老报刊里的日本侵华实录》得以形成，这里由衷地感谢中国人民大学教授、中日战争研究史专家张同新欣然为本书作序；中国社会科学院研究员、教授李成勋为本书撰写了中肯的鉴评；军事科学院研究院岳思平，在审读全书后，给出了“深刻揭露了日本帝国主义自1868年明治维新后，积极进行大陆政策，以1931年至1937年间，中国东北为重点地区，在军事、政治、经济、思想和文化战线全面侵华的罪恶行径，使该书在一定程度上反映了中国军民抗战的历史。图文并茂、资料珍贵、内容丰富、具有重要的学术价值和现实意义。”人民日报社高级编辑王华兴为本书的编辑体例提出了宝贵的建议，还有中共黑龙江省委宣传部、黑龙江省新闻出版局联合组织众多专家对本书的审评后，最终给予了黑龙江省精品图书出版工程专项资金资助出版的支持，尤其感谢哈尔滨工业大学出版社的田新华编审在两年多的时间里，为本书的出版组织撰写材料报批、组织编审团队，并建议补充老报刊的历史出版信息，以便于读者按图索骥，付出了辛劳的汗水。

有了以上专家、学者及政府职能部门的肯定和支持，那么，让我在静夜里细细体味花开的声音，让一股生活的香甜顿涌心底。回忆不仅仅是为了铭记，更为了展望，我祝福我的祖国未来“春光尽十分”。当我们那燃烧的一代人的额头上皱纹愈来愈多的时候，我们的党和祖国却变得愈来愈年轻！

谢华

2015年1月25日 积宇斋

内容简介

《老报刊里的日本侵华实录》旨在通过对1931～1945年我国出版的诸多报刊系统的梳理，全方位、多角度地再现那段悲壮历史，揭露日本侵略者所犯下的滔天罪行，向国人揭开一幕幕鲜为人知的血腥史实，讴歌中国各族人民抗击日本侵略者的不屈精神品质。

本书既为专家、学者研究抗日战争提供了可贵的史料，又为进行爱国主义教育提供了生动的教材。

图书在版编目(CIP)数据

老报刊里的日本侵华实录. 第2卷，侵华教育篇/谢华主编. —哈尔滨：哈尔滨工业大学出版社，2015.10

ISBN 978-7-5603-5357-9

Ⅰ. ①老… Ⅱ. ①谢… Ⅲ. ①日本-侵华-史料②日本-侵华-殖民统治-教育史-史料 Ⅳ. ①K265.306

中国版本图书馆CIP 数据核字(2015)第083706号

策划编辑　田新华
责任编辑　杨秀华　田新华　丁桂焱
封面设计　恒润设计
出版发行　哈尔滨工业大学出版社
社　　址　哈尔滨市南岗区复华四道街10 号　邮编 150006
传　　真　0451-86414749
网　　址　http://hitpress. hit. edu. cn
印　　刷　哈尔滨博奇印刷有限公司
开　　本　787mm×1092mm　1/16　印张 18.25　字数 367千字
版　　次　2015年10月第1版　2015年10月第1次印刷
书　　号　ISBN　978-7-5603-5357-9
定　　价　242.00 元
(如因印装质量问题影响阅读,我社负责调换)